學術論文集叢書

地方書寫與教學實踐
2024年第四屆屏東學學術研討會論文集

賀瑞麟、林大維　主編

校長序
書寫與實踐中，看見屏東

　　屏東，這片富饒而溫暖的土地，自古以來在先民的拓墾與生活智慧中逐步成形，孕育出多元且深厚的地景、人文與情感。這裡不僅是南方之境，更是一片凝聚著土地記憶與生活經驗的所在。我們深信，屏東不只是地理座標，更是一個可以被深刻書寫與實踐的文化場域。

　　國立屏東大學作為一所承擔在地使命的大學，「屏東學、學屏東」已成為我們教學與研究發展的核心方向。從課堂的知識傳授到田野的實地踏查，從文獻探討到社區實作，無一不體現我們對地方的深耕與關懷。透過跨領域、跨世代的對話與合作，「屏東學」逐漸累積出豐厚的成果，也成為我校學生在學習歷程中不可或缺的一環。

　　「地方書寫與教學實踐」，正是本屆屏東學學術研討會的核心主題。書寫，是一種觀看與理解地方的方式；實踐，則是將認知轉化為行動的過程。當我們談論「地方書寫」，不只是文本的創作，更是透過學術、藝術與教學的多重語言，重新組織地方的記憶與知識。當我們強調「教學實踐」，更是在思考如何讓知識不僅存在於書本，更深植於校園、社區與生活之中，成為推動地方永續發展的重要力量。

　　本屆論文集所收錄的11篇論文，正是來自各地學者共同回應這一主題的精彩成果。無論是在地文學之敘事書寫、地方文化發展與認同、課程設計的創意發想，或是理論建構的深度思辨，都顯示出「屏東學」作為一門地方學研究，正逐步拓展出屬於這片土地的學術典範與教育實踐模式。

　　期盼透過本論文集的彙整與出版，不僅能讓這些珍貴的研究成果延續其討論的熱度，更能激發更多的共鳴與參與，讓屏東這片土地，成為我們共同書寫、共同實踐、共同成長的溫暖樂土。

願「屏東學」的發展，能在地方知識的沃土上，不斷開花結果，走向更深、更廣的未來。

國立屏東大學校長

陳永森

二〇二五年四月

院長序
書寫地方、實踐知識：屏東學的深化與擴展

　　本書為《第四屆屏東學學術研討會論文集》，收錄了發表於2024年11月1日國立屏東大學人文社會學院舉辦的「第四屆屏東學學術研討會——地方書寫與教學實踐」中經過精選與修訂的學術論文。此次研討會強調地方書寫、教學實踐、地方藝術與在地知識等幾個主題，旨在持續推進屏東學的理論深化與實踐應用。

　　「屏東學」自2017年於本學院開設為全院必修課程、2020年舉辦首屆研討會以來，已成為本院各系所教學研究聚焦的重點，跨足族群、歷史、文化、文學及社會發展等領域。本屆研討會以「地方書寫與教學實踐」為主題，邀集來自各大專院校及地方文化工作者，共同分享研究成果與實務經驗。論文內容涵蓋從文學地景教學、地方志書寫困境、原住民文化復振，到屏東美術發展歷程等，皆深刻展現屏東學與地方文化密切交織的樣貌。

　　本書中的多篇論文，均是作者在聽取評論人及與會學者的意見後修訂而成，內容更為嚴謹。這不僅僅體現學術交流的活力，也反映了屏東學教學研究持續創新的決心。屏東學的發展，是一條融合人文關懷與社會實踐的路徑，期盼本書的出版，能為推廣地方知識、促進學術對話及培養未來地方研究人才，提供持續的動力與資源。

　　在此謹向所有投入本屆研討會與論文集編撰的學者專家、評論人及工作團隊（特別是林大維副院長和院辦郭佩蓉、陳思雅和吳若語三位同仁），致上最深的謝意，並期待屏東學在未來能不斷壯大，成為推動臺灣地方學術與文化發展的重要典範。

國立屏東大學人文社會學院院長

賀瑞麟

二〇二五年四月

主編序
屏東風華

　　自2020年屏東學學術研討會創辦以來，至2024年舉辦第四屆了。本屆研討會雖然遭遇康芮颱風，但仍於11月1日透過視訊方式順利舉行。本屆以「地方書寫與教學實踐」為主題，延續了前三屆對於地方文化、歷史與教育價值的深入探索。

　　本屆研討會旨在深化對「屏東學」的學術建構，探討地方書寫如何透過文學、歷史、地理與文化等面向，呈現屏東獨特的地域風貌與人文精神。同時，研討會強調教學實踐，聚焦如何將地方學融入教育場域，啟發學生的在地認同與文化自覺。作為一場匯聚學者、教師與地方文化工作者智慧的盛會，本屆研討會不僅承襲了過往對地方知識的系統性梳理，更進一步拓展了跨領域對話的可能性，希冀為屏東的地方學研究奠定更穩固的基礎，並為臺灣地方學的發展注入新動能。

　　本論文集收錄了第四屆屏東學學術研討會的精華，共計15篇論文，涵蓋四大主要議題：地方書寫、地方學、地方學教學實踐與地方藝術。地方書寫議題聚焦於文學創作與歷史書寫，探討各地方的自然景觀、族群記憶與庶民生活如何在文本中被再現與詮釋；地方學議題則深入挖掘各地的地理環境、文化遺產與社會變遷，試圖建構更全面的地方知識體系；地方學教學實踐部分，關注如何將地方文化融入國民教育與高等教育，透過課程設計與教學活動，培養學生的在地意識與批判思考能力；地方藝術議題則聚焦於地方的視覺藝術與音樂藝術，探討藝術如何成為地方認同的載體與文化傳承的媒介。這15篇論文內容豐富多元，既有理論性的學術探究，也有實務性的教學反思，充分展現了屏東學研究的廣度與深度，為地方文化的保存與推廣提供了重要參考。

本論文集的出版，離不開眾多單位的支持與參與者的熱情投入，在此謹向各方致以最誠摯的感謝。首先感謝屏東縣政府長期以來對屏東學研討會的鼎力支持，讓地方學術研究得以蓬勃發展；感謝來自全國各地的友校，包括國立中央大學、國立臺灣大學、國立聯合大學、國立高雄師範大學、國立東華大學、國立屏東科技大學、正修科技大學、宜蘭縣史館、國立屏東高中、縣立大同高級中學等學術夥伴，他們的參與不僅豐富了研討會的視野，也促進了各地地方學研究的交流與合作；特別感謝國立屏東大學的師生，以無比的熱情投入研討會的籌備、執行與論文撰寫，展現了對在地文化的深厚情感與學術使命感。正是因為各方的共同努力，本屆研討會得以圓滿成功，論文集的出版也成為屏東學研究的重要里程碑。期待未來能有更多學者與文化工作者加入這場地方知識的探索之旅，共同為屏東、為臺灣的地方學開創更璀璨的篇章。

國立屏東大學人文社會學院副院長

林大維

二〇二五年四月十二日

目次

校長序	書寫與實踐中，看見屏東	陳永森	I
院長序	書寫地方、實踐知識：屏東學的深化與擴展	賀瑞麟	III
主編序	屏東風華	林大維	V

從文學認識地方
　　——文學地景的教學策略與實踐以《熱帶魔界》及
　　　《秋菊》為例 ………………………………… 郭澤寬　　1

從戰後臺灣方志到屏東縣地方志的纂修：論新園鄉鄉志
　　書寫的困境與可能的解決途徑 ……………… 黃贊蒼　　35

屏東古典詩人陳明鏘研究初探
　　——以《陳明鏘先生紀念詩詞畫集》中有關屏東的
　　　詩、詞、曲為例 …………………………… 劉誌文　　71

當代屏東原住民地方文化發展 ……………………… 郭東雄　　95

「城南小旅行」作為城南學建構的一種方法 …… 黃信洋、鄒家鈺　123

在心中放一座家鄉的大武山
　　——從「大屏共讀」分析南方青年的在地實踐與認同
　　……………………………………………… 鄭羽芳　　145

從「無感」到「有感」：用學習共同體與 PBL 解謎屏東三城
　　……………………………………………………… 李健宏　　185

從在地到全球，從閱讀到行動
　　——高中校訂必修課程之在地教學實踐 ···· 郭家瑜、廖怡鳳　221
屏東地方美術發展的歷程與特色··················· 張繼文　249
濕壁畫藝術的考證與教學實踐····················· 周美花　313
《台灣美術地方發展史全集・屏東地區》的續編及相關問題探討
　　——以戰後美術家小傳之水墨、書法篆刻類為例
　　·· 黃敬容、莊哲彥　343

「2024第四屆屏東學學術研討會
　　——地方書寫與教學實踐」會議議程表················ 423

從文學認識地方
——文學地景的教學策略與實踐 以《熱帶魔界》及《秋菊》為例

郭澤寬[*]

摘要

　　宋澤萊《熱帶魔界》及吳錦發《秋菊》等二種小說，分別以屏東海岸地區、高雄美濃為作品主要場景，除小說本有的情節，還有從個人經驗出發對於地理景觀、人地活動等的豐富描述。

　　本文以這兩部作品為例，討論文學地景教學策略及實踐的方法。除簡要討論文學地景意義，在策略上且說明從識覺經驗出發形成對地方的客觀物理形貌的描述；人作為空間能動的主體形成人地互動，如人文、產業、風物等將會是教學引導時的重心。

　　這兩種作品形成原因又有不同。《熱帶魔界》乃宋澤萊兩年此地服役經驗的再現，且因親歷嚴重軍中暴力事件，深烙其心，屏東海岸就成為其作品最常出現的場景，並時而與其「魔幻」技法互為交織；《秋菊》是吳錦發對年經時的故鄉生活、都市求學，與其發生的一段青澀卻是不幸結局的戀情的回憶、轉化，場景在都市與變遷中的農村中穿梭。這種不同人地經驗形成原因，充分表現在書寫上，亦是在教學實踐中須闡明的重點。

　　文學作品中對地方的描述，不是地理學報告、地方志，然卻保留特定時

---

[*] 國立東華大學臺灣文化學系教授。

空下，人作為認識的主體，從個人經驗出發下人地互動下的經驗、情感，是這些嚴謹的科學報告所缺，文學作品適可成為除了這些科學報告之外，另一種認識地方的方法，文學地景的教學，另一種意義亦在此。

關鍵詞：熱帶魔界、秋菊、高屏、教學、文學地景

一　前言：從文學認識地方

　　就廣義來說，文字作品只要在其中呈現了地景有關的現象或者表現了地景的意義，即屬於文學地景的研究範疇。觀看這些作品，自然可從其文學面，從其書寫方法、技巧解析之，更可從其呈現的空間意義、地理現象來解析其內涵。就作品的產生而言，許多並非專為此目的而形成，亦即有意作為地景記錄——地景文學、地誌文學、旅遊文學這專一目的而生，事實上，文學作品產生於人，人生於地理空間之內，作品中描繪的世界，不管是「真實」客觀的記錄，或是作者有意為之人為的再現，它依然會在作品中有意、無意的留下對於空間的描繪與記錄。文學地景的研究，另一個重要的意義也在於，它讓諸多原本只單純被視為文學的相關文字作品，透過另種視角，亦即結合文學、地理學與其它相關知識進行分析，從而發現其文學美學之外，另一種空間、地理現象觀察材料，從而發掘作品中所呈現的地理意義，或是附著其中，而並不會見於一般嚴謹的地方研究報告、地方志裡，作者對地景投射所賦予的意義及過程，進而表現在這些作品的感情等，而這些都可成為觀察、了解某空間、地方的一種補充。

　　就臺灣本地而言，各級政府即有許多以文學地景相關的各種製作，將與各地有關作家與其作品，與其所在的地景連結，作為其認識這個地方的重要方法，也是形塑「地方之愛」的手段。

　　2007年由文化部前身文建會所出版三卷共四本並附有DVD影像的《閱讀文學地景》（2007），即可視為官方對以文學地景推廣地方認識的一個典型，也是目前為止官方主導規模最大的相關成果，除了文本出版，日後建置在臺灣文學館的「臺灣文學網」，文學地景特立一項[1]。在此基礎下，由民視公司製作的「飛閱文學地景」系列影片，並於影音平臺上架，也是此計畫延

1　網址：https://tln.nmtl.gov.tw/ch/M12/nmtl_w1_m12_s0.aspx。

伸的成果。[2] 同時配合當今攜行式電子設備與日用關係之深，亦作有「臺灣文學地景閱讀與創作」App 於 Google 平臺上架，並鼓勵民眾創作上傳。

這個計畫，就如其出版前言即寫明：

> 本次辦理「閱讀文學地景」活動，以「反映鄉土關懷、在地自然環境地理與特色生活圈之優秀文學作品」為主軸，期待透過與土地、與生活關係極為密切的文學作品，喚起國人對家鄉的感情記憶，了解臺灣土地變遷的軌跡，進而喜愛閱讀臺灣本土文學作品。（2008，8）

即可看出本文前述的目的性。

除了中央部會的這個計畫，個別縣市文化主管單位，亦有類似的作為，亦是透過文學作品描寫的地景，在閱讀與實地走訪中，作為認識地方，甚至是行銷地方的方法。當然以上所舉之例，僅是一小部分，也足見文學地景的相關議題，是官方推動文學與地方認識結合重要的切入點之一。

李彩圓在其〈文學中看見美麗臺灣──國立臺灣文學館「文學地景」閱讀與書寫推廣〉（2022）一文中，即對以臺灣文學館主導的文學地景閱讀寫作系列，以博物館學的角度，認為文學博物館，跳脫了傳統並結合了「新博物館學」（new museology）的概念，透過將博物館既定印象的「展示」功能轉為「詮釋」，將文學的內容化為活生生的場景，提供觀者一種新的溝通途徑，這些以文學地景為主題相關製作，即是此一概念的實踐，並給予高度評價。並認為可達到：「讓不同民眾來到相同的場景空間，透過文字書寫腳下的土地景物與人文特色，建構集體的臺灣歷史地景記憶。」（2022，44）等目的。

作家諶淑婷以〈走讀臺灣──全臺文學地圖大搜查〉為名，搜集臺灣公、民單位所曾規劃，以文學地景為主題的文學地圖，並對其特色簡要分析。就如其文章開頭所述，這樣的活動，不僅是對作品、作家的了解，亦是

2　網址：https://program.ftv.com.tw/Variety/fei-yue/。

對地方另一種認識：

> 人與土地的關係密不可分，認識土地，可以從風景名勝、觀光景點、歷史古蹟、餐旅美食開始，也可以踏入文學的世界，走入作家的生命現場，捕捉城鎮和地區風貌的另一面。（2019）

許多關文學地景及相關教學的研究，除了文字本身的美學意義外，亦將研究重心著重在作品所呈現的地景現象與意義，並認為是可藉以作為認識地方的一種方法。就如陳怡婷〈文學地景在地理實察之應用研究〉（2019）一文，說明文學作品描述裡的地景，不僅除了客觀的地景現象本身，更承載作者內在的情感，甚或呈現了地方感，尤其在呈現人地關係及環境識覺上，將諸多抽象的概念賦予具體意義，若應用於地理實察教學，正提供了新的研究方向與素材，和更多的可能性。

吳懷晨〈通識化國文課程的教學理念與實施──以「國文：花東文學地景」為例〉一文中，即指出：「現代地理學家也體認，認識到文學的力量，經由文學的描寫或文學地景的闡述，地理學家能夠得到一種對文化與人文地景的更深的理解。」（2011，51）且以自身教學實踐的經驗，設計文學地景相關課程，除了文學意義本身，更多的在對花東當地多元族群的了解，讓同學重新感受觀察他們求學、生活的這片土地。

簡齊儒相關研究與上述類似，同樣是花東文學地景為教學主題，其課程設計同以：「透過文藝影像之載體，認識東臺灣、玩味東臺灣、進而參與東臺灣，增進同學對於在地的認同，並且對周邊的景觀，投以知識人身處／深處的責任及熱情，並激發『土地－人文』互動的關係。」（2012，70）

除了上述幾個研究，在網上的公開資料，可看到各級學校有許多老師以所處場域的文學地景為議題，有著豐富多元的教學設計，除了作品的文學意義外，同樣的也多把此為深化地方認識的手段，也可見此一議題之受人注目。

不過，回看這些豐富的活動、教學及成果，當然有許多值得參考，得藉以為後續操作的範例，然就此議題──文學地景，這既有文學自身規律，又

有著地理學意涵，且又夾有歷史、創作者個人經驗等等複雜因素所形成豐富的面相，就分析而言該如何著手？又該如何在教學現場化為實踐的手段？這即是本文要思考的問題。

本文試提出可操作之方法，認為文學地景的教學應從理論的引導著手，藉以提供結合地理學及其相關學科、知識的另種觀察作品的視角，同時本文也藉《熱帶魔界》及《秋菊》這兩種以高屏地景為場景的作品為範例，提出解析的方法，亦是教學的重點，而能為成為後來者之參考。

二　文學認識地方的方法

（一）理論的引導

　　文學地景──這種以地理學及各種關聯跨學科的視角切入文學作品的分析，在臺灣各階段的語文教育中是比較缺乏的，如何於學習一開始建立相關知識與能力，並能以過往所受的文學教育不同的視角切入，是首要之務。因此，如何以各種相關理論引導，可說是文學地景教學議題首先須考量。

　　文學地景，與其說是一種文學文類，不如說是一種看待文學作品的方法。其目的亦在文學作品本有的藝術意義外，從其描述的地景現象，以地理學等相關知識分析其意義，並解析作者此一書寫形成的原因，分析作者在此地人地互動，如何影響其書寫，並進一步作為認識此地方的另一種方法。

　　誠如上文曾引述，現代地理學對文學作品的態度，文學作品裡所呈現的「主觀的地理知識」（潘桂成，1998，6），或是作品裡呈現的人文現象、權力關係，均視為研究地方的重要材料，尤其以段義孚為代表的人本主義地理學，或文化地理學，甚或著重空間裡社會關係分析，以列斐伏爾為代表等所開創後現代空間分析，即相當重視文學作品作為一種分析材料的存在。也因為這些理論重視文學作品在地景研究的重要意義，正是文學地景分析尤須倚賴的工具。

　　其中，人本主義地理學的理論與其方法最為重要，以地方為場景的文學

作品，往往會充分展現作家個人對空間感知的能力，地方感的形塑，乃至對於地方的評價全會表現在書寫上。人本主義地理學重視「識覺經驗」的形成與分析，這是空間環境感知、地方感形成主要的來源，其所影響、使用的現象學（phenomenology）方法，亦是理論介紹、方法練習重心，尤其是在對於「空間」（space）意義的建立──形成「地方」（place）、對地方評價、情感附著過程，現象學方法可依為解釋，作者所透過作品所表達的地景意義，亦所謂「山水無情人有情」、「見山不是山，見水不是水」──這種「意向性」（intentionality）形成的過程。

而文化地理學相關的觀點，同樣也是切入文學地景分析研究重要的方法。人活動於空間之內，人地互動下所產生的各種文化現象，正是文化地理學所關注，而文學作品裡所描述的人地互動、人地關係的呈現，正是文學地景裡重要的焦點。而觀察的重心會在哪些？或許傳統地方志書寫的項目，是可以作為參考的對象。

當然，空間裡的社會、權力關係，也會表現在這些書寫，同時這些地景書寫，不能全視為一種全然客觀的模仿，而是經過作者創作後的再現，以列斐伏爾為代表的「後現代地理學」相關理論，亦可依為分析之用。

這些理論的先行引導，可開闊學習者過往習以看待文學作品的態度，且能一種新的視角，發覺這些作品裡描述的地景意義，與作者之間人地互動的成果，而具體如何使用與操作，則下文說明之。

（二）可行的分析方法

1　地理客觀物理形貌的呈現與識覺經驗的分析

文學地景，就其字面意義，或對未接觸相關議題者，可能會直接理解為文學對於地景──地表上可視景物的描述，尤其會重視所謂的「景觀」、「景色」等，這包括地方裡所有自然景觀，甚或動植物，以及人為的地景。這的確是文學地景的重要內涵之一，也是人們接觸地景──或可說是對於一切外

在事物，包括視覺、聽覺等感官的感受，得以形成最直接的原初經驗。文學地景第一層意義，即在於作品對於所在地景的各種客觀的物理形貌，所形成豐富的識覺經驗的描繪，這也是讀者最易從文學地景的角度，切入作品分析的方法。

而這些描述，不能僅視為單純客觀形貌的呈現，分析時還須注意其形成的意涵。

以段義孚為代表的人本主義地理學，即重視這種由人感官直接得來，而與思想等多方面綜合作用下形成的「識覺經驗」，對於認識地方、形成地方感的重要性。就如其所言：「人類空間感的構成，必須依賴實有的景觀，其他的感官機能亦可以增強視覺感官的感受」，同時也表示：「人類的空間感反映人的感受和精神能力。思想通常超越感官所得到的資料。」（1998，13）他就舉例，人們對海洋「廣大」的，並不是由感官的直接經驗，而是各種識覺經驗與思想等所形成的綜合成果。

如上述，作家對於場景的描繪，是最容易讓人掌握的文學地景因素，尤其對於地景物理形貌的描繪，更是如此。然文學作品所呈現的地景，畢竟是一種作者創作後「再現」的產物，並不能視為對於地景刻板的複製，然也是經過了作者之手，融入了他個人與環境互動之下，直接的識覺經驗加上自身的思想、過往經驗等所形成，更多了作者自身的感情的投射，再加上文學修辭、技法，也使得這樣的書寫的豐富性、複雜性，遠超過地理學的科學報告，或者是方志裡的地理志，這也是作品從文學地景審美判斷的重要視角。

以下可舉二例。蓉子（1922-2021）以臺灣南方，或可直接引伸為臺灣整個地方——對於諸多1949年後來臺的外省人，臺灣就是南方——，對於自然景觀、植被，以豐富的色彩、高亮度的視覺印象，披以溫暖的體感觸覺等識覺經驗，描繪七月裡的臺灣，所寫成的〈七月的南方〉（1968，1-9）即是一例。

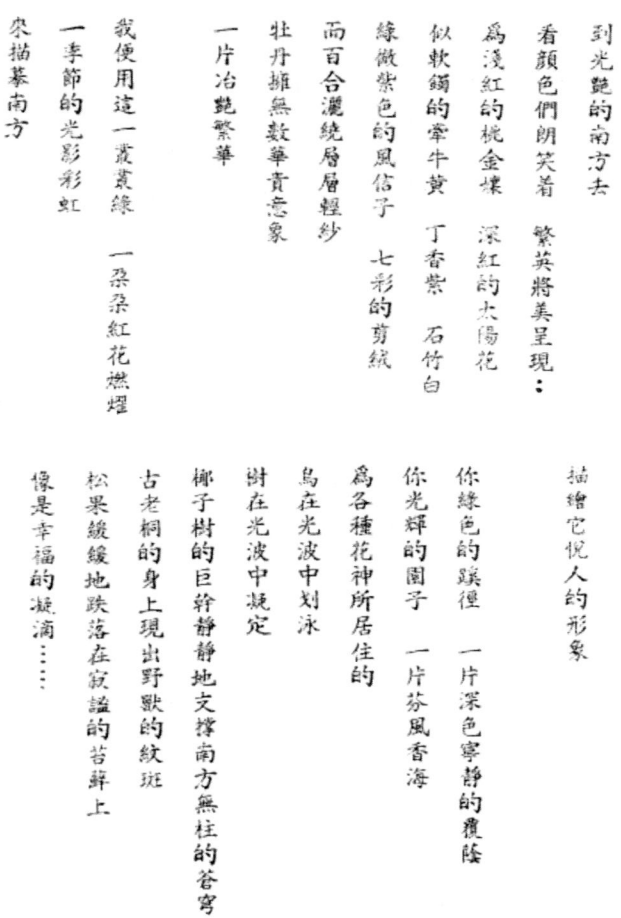

圖一　蓉子〈七月的南方〉詩作剪影（6-7）

文字裡豐富的顏色修辭尤其讓人印象深刻，也誠如詩中最後兩句所形成的總結：「我懨懨的灰衣遂也浸染了南方的繽紛／南方的華麗」（9）是一種識覺經驗的呈現，同也是自我心境的表白。

鍾鼎文（1914-2012）為戰後來臺，在1950年代及其後的臺灣現代詩壇具有重要地位的詩人，他曾以臺北冬天的雨季為題作有〈雨季〉一詩（1967，33-39）：

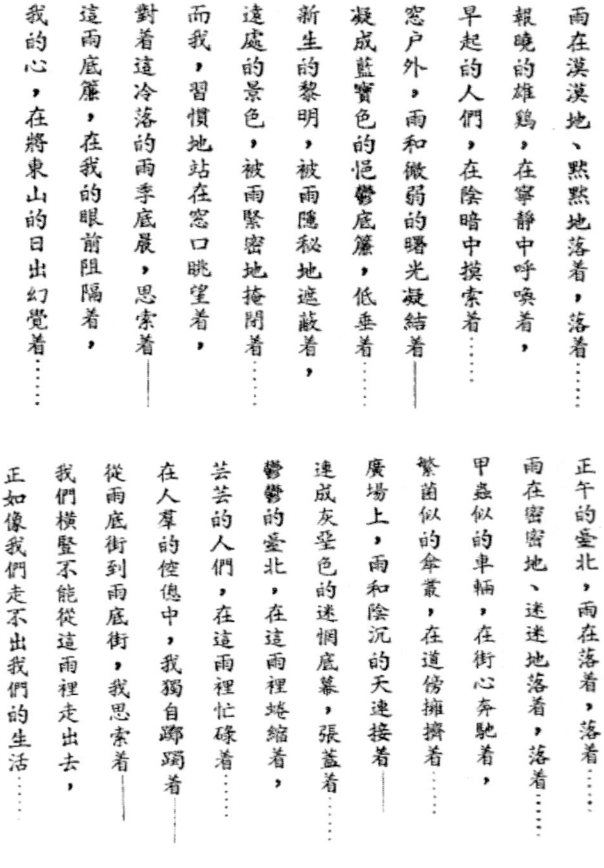

雨在漠漠地、默默地落著，落著⋯⋯
報曉的雄雞，在寧靜中呼喚著，
早起的人們，在陰暗中摸索著
窗戶外，雨和微弱的曙光凝結著
凝成藍寶色的悒鬱底簾，低垂著
新生的黎明，被雨隱秘地遮蔽著，
遠處的景色，被雨緊密地掩閉著
而我，習慣地站在窗口眺望著，
對著這冷落的雨季底晨，思索著
這雨底簾，在我的眼前阻隔著，
我的心，在將東山的日出幻覺著⋯⋯

正午的臺北，雨在落著，落著⋯⋯
雨在密密地、迷迷地落著，落著⋯⋯
甲蟲似的車輛，在街心奔馳著，
繁菌似的傘叢，在道旁擁擠著
廣場上，雨和陰沉的天連接著
連成灰壁色的迷惘底幕，張蓋著
鬱鬱的臺北，在這雨裡蜷縮著，
芸芸的人們，在這雨裡忙碌著
在人群的倥傯中，我獨自躑躅著
從雨底街到雨底街，我思索著，
我們橫豎不能從這雨裡走出去，
正如像我們走不出我們的生活⋯⋯

圖二　鍾鼎文〈雨季〉詩作剪影（33）

詩作對臺北雨中的街道、建築、車輛等視覺印象，以及雨聲、車聲、人們各色活動繁雜各異的聲音，有著大量的敘述，藉以描繪臺北冬天雨季景觀，詩作且又雜入自己遷臺後，故園不得歸的思家情緒，使得整首詩呈現一種陰鬱、煩悶感，是景觀識覺經驗帶來的，也是自己過往經驗帶來的。詩行每句都以「XXX 著⋯⋯」為尾，不斷反覆，將文字聽覺化、視覺化，這種修辭及表現手法，亦充分襯托這種情緒，而這種冬天的雨季經驗，無疑也是他對臺北這個地方「地方感」重要的一部分。

當然，對地景形貌的記述，在文學表現上，即使是描述同一地景現象，不同作家不同作品，識覺經驗的呈現依然有差異，而有各色不同的記述，如以嚴謹的科學記述來看待，這當然會有些許問題，但從文學的角度來看，卻充分表現文學作品作者的能動性，及其與空間互動的結果，這也是文學地景審美判斷另一個重要角度。而這些作品也隨著這些識覺經驗的差異，並被賦予各自不同的意義，這後文再述。

2　人地活動的觀察與作者的人地經驗

人在空間裡的活動，文學作品自然也必然會記錄這一切。有關人在空間活動的研究，在地理學中屬「人文地理」、「文化地理」研究的範疇，過往「環境決定論」特別強調自然環境對人類活動的影響，並形成各種理論據以解釋人地關係，雖然這種理論如今被各種研究方法所取代（施添福，1980，204），但空間環境與人之間的關係，卻依然是相關研究重要的主題。尤其人類作為空間的能動主體，豐富多變、意義繁複的各種人文活動，不僅是地理學研究的課題，文學作品也是這種活動記錄的重要一部分，亦是文學地景觀察分析的重點。

那作品中會如何呈現人地活動？或觀察的重點在哪？當然，如果從相關學科的定義中，是可以找出明確的觀察點，但在教學實踐中，可能又無法橫跨學科全面觀照、解釋，但如果從傳統──地方志的書寫，或許可以找到方法。

地方志是對於地方在時間、空間兩個向度發展樣貌的一種全面性記述，它一方面是史書，在體例上同樣有紀、傳、圖、表、錄等，但從其內容來看，地方志中，除了屬於自然地理有關的部分，其他諸如人口、政治、產業、交通、教育、藝文、風物、食物等等，均是地方志記錄的部分，由此來看，文學作品如有對地方如地方志內容中的一部分的記述，這些內容即屬於文學地景的觀照範疇。

當然文學作品不會是地方志，不可能、也無必要對一個地方，如志書般全面的記述，然這些經過作者視角呈現的各種人地活動記錄，更多了許多方

志中所無法記錄的，屬於人的感情呈現與相關細節，同時也承載了作者個人在此地的人地經驗。

就如張岱在《陶庵夢憶》中的〈西湖七月半〉，以明末遺民的身分回憶七月半西湖上的總總，除了夜色月影樓船燈火管絃聲光等景色的敘寫，更多的是，各種不同目的、不同活動方式的各色身分的人，群集於這個月色伴人的西湖，既充滿情趣，然也是對於已逝去的美好過往的一種憑弔。當然，除了這個小品，事實上《陶庵夢憶》也是對於明末商品經濟發達下的江南，富紳階級日常生活、娛樂等等世俗文化的記錄，在文學意義外，如今也是研究明末物質生活史的重要材料。

文學作品對於這樣的記錄極為眾多，當也是屬於文學地景研究的範疇。

3 地方感的描述與其意義

地方感，可以說是對一個空間的感情與記憶（蔡文川，2009），也是人與空間互動，透過識覺經驗與意識、記憶綜合作用，賦予空間意義，形成對於地方的整體感受。這種主觀的感受，是人本主義地理學研究的重心：

> 人本主義地理學者便可藉著「人對環境的價值回應行為所表達的資料而透視人的地理感」，從而闡說地理區的主觀的空間感和地方感。（潘桂成，1998，8）

這種對於地理區位的主觀感受，少見於對於地方的科學研究報告中，即使是地方志書中也難覓其蹤，過往也常因其主觀性而被忽視，但也是這種屬於情感的主觀感受，直接呈現人在環境的互動經驗後一種感性的成果，更在這種結果中，得知其對於環境的意向和行為。文學作品作為一種高度情意表達的文類，對於地景的描述，正可呈現這種屬於作者的，對於地方環境的感情與記憶。

這種地方感的呈現，當也伴隨上文所述識覺經驗、人地活動的描述中出現，或者從作品裡對於地方意義、價值判斷中的文字中呈現，這也是文學地

景教學引導同學觀察的重心。

地方感或有共感,但即使是相近的時空,因個人經驗的差異,也會形成明顯的不同樣貌,這也充分說明,個人主觀感受在構成地方感時的主導作用。

先以幾首流行於50-60年代的歌曲與歌詞為例來說明,這個時期有許多以「臺灣」為題、為名的歌曲,這些歌曲的作者基本上全是所謂的外省文人,臺灣是他們遷移後新的生活空間,其意義自然也與故鄉顯然不同,同時夾雜著戰亂、離散的個人經驗與當時的政治情勢,臺灣,這個地方意義自然也就不同了起來,同時也產生不同的地方感。

作於1954年由周藍萍作曲、潘英傑作詞的〈綠島小夜曲〉,其中的「綠島」並不是指臺東外海的綠島,且應是對於臺灣島的指涉。歌詞整體看是情歌,尤其是描述戀愛中的男女患得患失的情緒。但前半的歌詞,綠島——綠意盎然的臺灣島,月夜、歌聲、微風中的窗簾、椰子樹等由識覺經驗構成的描述,與輕搖、輕飄的體感,所構成的一種輕柔、安適的感覺相當強烈,配合柔和與歌詞中類似的「輕搖」的節奏,如果綠島是臺灣,所呈現的安適、宜居的地方感卻是極為明顯。

同樣由周藍萍作詞、劉碩夫作詞作於1958年的〈美麗的寶島〉地方感的呈現與上述的一致,歌詞同樣由識覺經驗的描述開始,既而寫景、寫物產,簡短的歌曲,呈現「人間天堂」這種對臺灣高度評價的地方感。

> 啊……美麗的寶島,人間的天堂,四季如春冬暖夏涼,聖地呀好風光。
> 阿里山、日月潭、花呀花蓮港,椰子樹高蒼蒼,鳳梨西瓜香蕉呀。

學者沈冬即結合周藍萍離散來臺的經歷,分析其創作,並說明臺灣這個地方對他的重要性,即使他離臺赴港工作後:

> 周藍萍離臺赴港後,在許多場合都表達想念臺灣,希望回臺工作的意願。他對臺灣充滿著脈脈溫情與美好想像,表現在〈綠島小夜曲〉、〈美麗的寶島〉、〈南海情歌〉、〈南海風光〉等許多歌曲中。對他而

言，他鄉已成故鄉，依託於斯土斯地，得以娶妻生子、功成名就，「美麗的寶島」，於他確是「人間的天堂」，這臺灣十年，是他生命中一段蒸蒸日上的幸福豐收期。（沈冬，2012，3）

而同樣創作於1950年代的〈臺灣好〉與上述兩首歌曲有著強烈的差異。這曲調源自阿美族民歌，後由羅家倫填上新詞而成。歌詞對於臺灣地景並無過多的描繪，只有點綴、象徵性的如「溫暖的和風」、「雄壯的海濤」及「阿里山」等，然卻透過詞中「復興島」、「愛國英雄英勇志士，都投到她的懷抱」表現臺灣是反共復國基地的地方感，尤其後段曲速加快曲風改變，激越的歌詞：「我們忘不了大陸上的同胞……」配合高亢曲調與節奏，充分表現那時反共復國的語境，以及將臺灣視為「反共復國基地」的期待與地方感受。

4　文字的修辭與技法

　　文學作品與地方志、地方研究報告，除了主觀感受的表達外，最大的差異即在文字使用所形成的美感對於這些作品的重要性。當然，並不是地方志、研究報告就不會有美感，或有許多可以作為具有文學性的作品來看待，這且是另話。

　　事實上，上述幾種對於地景經驗的描述，全也靠文字來形成，就文學地景而言，這些描繪是否與地景現象適配，或者說描繪出作者人地經驗等，當也是文學地景研究、教學首先可以判斷的。

　　其次，文學地景在文字上的美學規律，並不會和一般文學作品有明顯的差異，書寫的方式與技法，同樣也是豐富多姿、多變，這當也須靠教學者自己本身加以發掘。礙於討論篇幅，這部分先加以省略，待後文兩部作品作為實例討論之。

三　屏東海岸作為創傷／療癒之地──《熱帶魔界》的分析策略

（一）偶然卻長存的人地經驗──屏東海岸之於宋澤萊

　　宋澤萊出身雲林，工作長住於鹿港地區，然從他的創作史來看，早從《打牛湳村》（1978）開始，即有大量的作品都以屏東海岸地景為主要場景，並貫穿其創作史以至今，這是個相當特殊的一種現象，本文所討論的《熱帶魔界》即是其中最明顯的一例，整部作品即以屏東海岸地區為主要場景。

　　這源於宋澤萊1976-1978將近兩年在此地服預官役經驗，然這還不足以說明這種經驗為何深刻烙印在他作品中。對於臺灣男生而言，2年的服役經驗的確是一種共同的回憶與話題，也常常會在許多男性聚會中出現，成為一種印象──臺灣男生愛聊當兵。然宋澤萊作品這種情形其形成原因卻複雜許多，一是其持續影響其創作的時間之長，二是表現的不僅是單純軍中事務，還觸及諸多屏東海岸地區的地、人、事，這顯然有著更深層的因素。

　　首先，一般而言，許多人服役時期，在駐地單位並不會和民眾有過多的接觸。但宋澤萊服役於海巡單位，負責岸巡的督導，他可以騎著摩托車，逡巡於屏東海岸，同時又因負責岸檢工作，使得他和漁民、漁港有密切接觸的機會，得以觀察這裡的地、人、事。

　　更重要的，宋澤萊在此服役，經歷、目睹了部隊裡自己帶領的某位老兵，槍殺整個哨所其他老兵的重大暴力事件，並深深影響他。這在1988年版的《打牛湳村系列》序言，詳細記載事發過程。這些1949年跟隨國民政府來臺的老兵，多年單身、有家歸不得，甚或有的為繼續服役謊報年齡，已經老到站哨時，站都站不穩，竟只能蹲著服勤，致使這些老兵在心理上出現許多狀況，這個暴力事件，就因為這位老兵幻聽有人說他壞話，就拿起執勤的步槍做下此事。荒謬的是，年紀小於他們倍數有餘的宋澤萊，竟還是領導他們的長官，據宋澤萊自己說，類似事件在他服役期間發生過好多次，在《熱帶魔界》中描述的老兵逃兵，亦是其中之一。

這種堪比戰爭的慘烈血腥場面，深深影響了宋澤萊，且已經到了產生「創傷後壓力症」（post-traumatic stress disorder，以下簡稱 PTSD）的狀況。宋澤萊在另一個作品〈在太陽下〉，就描述兩代人在中日戰爭與上述類比戰爭的血腥場面下，身心受創的狀況，重現了暴力的場景與在惡夢中驚醒抱著家人哭泣的 PTSD 症狀，在作品以尉官父親視角所呈現的畫面：

> 「他竟把所有的人消滅了。一個一個，沿著餐廳，一直迤邐，碗大的傷口，縮小的身體，噴湧著的血，醫務士，就躺在後院，他握著針劑，呵！」
>
> 尉官緊緊抱著我，崩潰地哭泣起來了。
>
> 我和妻一直守護著他。從天黑到天亮，又從天亮到天黑。又未亮。（2002，185）

這種反覆不斷出現的場景書寫，也可以說是 PTSD 的一部分，不過，同時還有另一種功能——這也是一種療癒。屏東海岸的美景，也成為宋澤萊自我療傷的安慰劑。宋澤萊自己曾剖析：

> 在佳冬，我常出入在海鷗公園一帶巡邏，海上風景及漁民生活給了我一種治療；在小琉球，我住在一個舊日監獄改裝而成的指揮部，閒時巡視於碼頭與班哨間，我盡量涉足在礁石與沙灘上，想像地讓我的心靈變成一片的潮音。（1988，53）

同時，這些場景也不斷在回憶、夢境中變形，也成為他魔幻書寫技法的成因，在《熱帶魔界》的序言中，就記有：

> 退役之後，很難忘懷那段歲月。
>
> 我常做夢，夢見又回軍中，交織著美麗與恐怖。每一次醒來就渾身冷汗，筋疲力盡。

隨著歲月的流傳，夢中的情節逐一變形，都是難以承受的景象，慢慢沉澱在心靈最幽深的角落，變成無可化解的陰影。

因此，我就想動筆寫它，所採用的小說類型當然是魔幻寫實，我必須把軍隊生涯再回憶一次，看看是否能稀釋一些心裡的負擔。（2001，58）

宋澤萊對於屏東海岸的書寫，即源於上所述為主因，這種偶然的人地經驗，卻成為貫穿其創作史裡最常出現的場景。這也是在教學時，須先加以闡明之處──屏東海岸對於宋澤萊，顯然是別具重要意義的「地方」。

（二）魔幻現實交織的熱帶沿岸地景

《熱帶魔界》大量以屏東海岸地景為基礎，充滿識覺經驗描繪的熱帶海岸地景，是這部作品最讓人印象深刻之處，宋澤萊以熱情、豐富變化的印象，描述這塊與他近兩年相處的地方。

首先，港鎮──東港鎮的化身，以及沿岸的地形、充滿生命力的植被，即是他描繪的對象：

最令人愉快的莫過於那條出海的南勢溪，在出海的這一段，它似乎終年水量充足，……。

港口的兩側是狹長的椰林海灘，無數的魚塭、魚場隱蔽在堤岸邊，遍地都是酒杯大的黃蟬花。南邊的沙灘和北邊的沙灘在遙遠的地方各自形成熱帶植物聚落，即是被稱為維也納椰林及夏威夷礁帶。

鎮集之外，越過濱海公路，就是莽莽草林，龐大數量的香蕉園、甘蔗田、檳榔林、水稻把大地都蓋住了，熱帶的闊葉樹一直覆蓋到中央山脈餘脈的釜鼎山區，大地一片碧綠。（4）

這段虛實兼有的敘述，也把以東港、林邊一帶的海岸地景含括其中，尤其充

滿各種顏色，生命力旺盛的熱帶植被、農作的印象——豐富識覺經驗的描寫，貫穿整部作品，這在作品中極多。

曾實存於東港、林邊交界處，現已因多次颱風而消逝的「夏威夷」椰林海灘及「維也納森林」，是宋澤萊各作品時常出現的地景（如《廢墟臺灣》〔1985〕、《天上卷軸》〔2012〕），在《熱帶魔界》中，與常見於小琉球及枋寮以南的礁岩地形，混合成作品中人們躲避熱浪的勝地，作品分別這樣描述：

> 夏威夷海灘果然名實相符。大概是由於少了養殖場，它的椰林以不可思議的生長力量遍布向沙灘前後左右的村莊，而和連天的椰子樹村景相連，彷彿所有的人都不阻擋，任由它遍布整個天下。（100）

> 整個海灘連綿有幾百公尺都是珊瑚石的海礁，十分崢嶸。被鏤空的奇偉岩塊甚至會崢成嶸成一個接一個的石洞，可以容許人們在裡頭穿梭。有幾個村莊的小孩正在海礁洞穴裡玩耍，也有海釣客孤單垂釣，沿岸海水一片透明綠。（101）

圖三　小琉球中澳海灘圖照

圖片來源：筆者攝影。

圖四　小琉球海岸礁岩旁戲水之民眾
圖片來源：筆者攝影。

其他如在「釜鼎山」下抓捕逃兵時，所描述的沿山蔗糖種植區，都相當寫實的描述出屏東沿海地區的客觀地形、地貌。當然，在〈颱風海灘〉對於颱風對本地的影響，也是寫實呈現。如對比宋澤萊在此服役的時間，1977年對南臺灣造成重大災情，至今還存在於許多當地民眾記憶中的「賽洛瑪」颱風，也與之重疊。

　　當然以上僅只是大量對於地景書寫的一部分，而在這個作品中，宋澤萊還使用了另一種技法。

　　屏東作為臺灣之最南，是臺灣擁有平均最多日照天數的地區之一，夏日熱浪永不缺席，炙熱的陽光永遠是此地重要的風景。如何描寫這樣的陽光與帶來的炙熱？當以平實的技法，無足以描繪現實的世界，那就用誇張、變形甚而是超自然現象、甚而是幻象來表現，這即是所謂的「魔幻寫實」的文學技法。這種書寫，尤以拉美作家馬奎斯（1927-2014）等代表，為大家所熟知。

　　宋澤萊在這作品即使用了此技法，這一技法可在其諸多早前作品中看出端倪，除了是一種技法，也與其個人的宗教觀、宗教經驗有關係，這也有許多研究者討論。本作品除了逃兵抓捕事件、空中列車，以及以阿色家族為代表的宗教靈異事件，使用了此書寫技法外，同時也表現在對於本地「熱」的

氣候體驗的描繪上，這在作品中〈熱浪港鎮〉最為明顯。

作品描繪了當年的八月底，原以為夏天已結束，但熱浪來襲、颳來了三天的焚風：

在熱帶，要禁止陽光的肆虐是不可能的，你只能忍耐。（69）

隊部的自來水放出來……「唉！怎麼這麼燙，簡直可以煮熟一個雞蛋。」（70）

看到旁邊櫛比鱗次的新舊水泥樓房蒸騰了一層流動的水氣，（70）

小鎮的柏油路……，車輛輾過，居然出現輪胎的痕印。（70）

空氣也加速敗壞了。
海羶味道到處飄盪，不知起於何處的海羶，如夢似幻地籠罩市鎮。……它像千萬隻飄浮的水母，飄飄然地，緩緩移動地，緊纏著你不放。（89）

每隔二個鐘頭就用卡車載來冰塊，……。如此一來，包括購買漁貨的商人及居民都圍在漁市不走，將它當成躲避熱浪的好地方。許多小孩乾脆光著身體吸趴在冰塊上。管理人員警哨大響，但沒有人理會它。（89）

氣溫……，終於突破了攝氏五十度。（110）

許多人開始遷出港之外，……（112）

由鎮外回來，他頓感陷入巨大的熱浪中，溫差使他受不了。那是如同一個人由冰窖被推入煉鋼爐的感覺，他往往瞬間大汗淋漓，肌骨俱

> 焚，不知何地躲藏。同時不知起於何處的海羶味，溢滿了他的嘴巴、鼻子，下達於他的胃、肚腹，叫他無法可逃。（113）

這些充滿識覺經驗帶誇張甚而魔幻的描述，作品且總結這裡的「熱」：

> 在這個港口上，陽光一變而為有重量的東西，就像千軍萬馬，由空中奔騰而下，可以把人撞昏、擊潰。（117）

也「寫實」的把此地「熱」的地方感充分表現出來。

（三）老兵、年輕的少尉及港鎮的人──海岸的人地活動

> 最後我要申明的是：在這本書中，對老兵面貌及生活的描述皆本於真實，我不願意人家說它是虛構。（〈序〉，8）

這是宋澤萊在《熱帶魔界》中，說明自己書寫有關在東港、林邊服役時期與老兵相處情境的態度，有趣的是，這部作品往往又以魔幻書寫的技法被許多研究者所認知。

　　這些老兵和與宋澤萊自己化身的少尉等海巡軍方的活動，是作品中主要描述的對象，也呈現了此地海巡工作的特點。作品一開頭長官巡視時的狗肉宴、逃兵的抓捕、騎著車的特檢官（那位少尉）巡繞於各個哨所、老兵的日常生活、颱風時期海巡的救災，以至岸巡的日常、防止人民於危險海灘下海，與最後驚心動魄的走私抓捕，生動的呈現這群軍人在這一港鎮與沿岸工作的實況，寫實的呈現這種人地活動，當然這有其特殊性，一種屬於宋澤萊個人在此地人地經驗的呈現，然也是屬於此地，港鎮特色的漁業及相關活動的一種呈現。

　　如作品中，可說是女主人公的阿色，自己在泡沫紅茶店工作，然他的家庭正代表這個港鎮最主要的產業：

她哥哥是部隊的摯友，部隊三餐的魚大部分都向他購買。阿色的家在南勢港鎮稍有名氣，經營一家修船公司，投資遠洋鮪釣，（71）

作品中還對修船產業有所描述（78）。

港鎮（可認定為東港吧）大量的廟宇與豐富的宗教活動，當也是這部作品重要的部分，尤其後半以魔幻筆法呈現的異象更是。這在作品中有諸多描述，如指涉東港三年一科「迓王」活動時的樣貌：

在大拜拜的日子，所有的船都回港了，你可以由河口的岸邊上行，就是看到一艘艘的船把兩岸都佔滿了，祭典的彩旗飄揚在每艘船的船首，你會感到這兒是如何繁華熱鬧的天地。（4）

以東港東隆宮為描述範本，在此處的地理位置與相關宗教活動：

寺廟區其實是南勢港鎮的中心點，它是港鎮最早的聚落，也是三百年前的碼頭區，由於泥沙的淤積，港口一再周外移，使得它離開海邊越來越遠；歷經了時光的洗禮，古歷史在這兒沉澱下來了，變成文化遺跡的天然展示場。古屋古建築，尤其傳統寺廟都蓋在這裡，進香團一向絡繹不絕。（96）

以及大量的廟宇：

這條有些地方仍鋪著壓艙石的大街，幾乎每隔七、八戶的家就有一間家廟或神廟。或者是古意盎然或者是翻新重修的廟琳瑯地迎迓在兩旁。（96-97）[3]

---

[3] 在宋澤萊服役的那個年代，以東隆宮為中心，這些景觀的確如此，但歷經時代變遷，許多古廟、古建築、有壓艙石的大街，如今早已改建。

這些宗教景觀也成為作品裡阿色與其母親等,在「玄天道院」的活動,及隨後產生的異象最好的陪襯。

(四)高度評價的地方感

　　兩年的服役經驗,加上目睹慘烈的軍中暴力事件,使得屏東海岸深深烙在宋澤萊心中,甚至產生了PTSD,這的確困擾了宋澤萊,然卻也是屏東海岸的美景,並藉著不斷的書寫對其產生某種療癒的作用,[4]透過作品,我們可以發現屏東海岸對於宋澤萊的人生、作品是具有重要意義的地方。

　　宋澤萊總在作品中高度評價此地,在其他作品是如此,在《熱帶魔界》中更是如此,他描述港鎮在現代外表下,屬於古樸的美:

> 因此,在這個古鎮裡,你仍可以在近代水泥樓房外見到毗連的紅瓦屋宇,也可以在柏油路外見到青石板路;尤其是每當黃昏,你到鎮中央的寺廟街來觀看,成群百年的寺廟廟脊會返照夕陽的餘暉,引你落入了古老夢境。(3)

且用熱情的語句高度評價此地:

> 再也沒有哪個地方比這裡更適合人居住了。(4)

> 海岸的巡防使他的預官生涯變得十分愉快。湛藍的海水是如此地迷人,莽莽的草林是如此地香甜,他幾乎要醉倒在山海無言的旋律裡。(5)

---

[4] 在某次訪談中,宋澤萊的確承認一開始的確有這樣的目的,但他認為效果似乎並不大。有關創傷後壓力治療等,另屬專業的問題,本文先行略過。

這種對屏東海岸地區高度評價的語句，不斷可在他的作品中看到，甚至是在近年的長篇《天上卷軸》中。觀看臺灣文學發展歷程，宋澤萊可說是觀察屏東海岸地區，書寫規模最大者。

雖然這部作品的敘述重心，乃從這位預官的視角，敘述軍中老兵、人事、甚而是戀情為重心，並結合異象所形成魔幻的樣貌。但他以東港、林邊、佳冬一帶為主要場景，描會這裡的地、人與事，卻也是很值得作為描繪此地的文學地景寫作代表。

四　穿梭城鄉的視角──《秋菊》的引導重點

（一）美濃──消逝過往的懷戀

《秋菊》（1993）與《春秋茶室》（1985）、《閣樓》（1997），常被稱作吳錦發的《青春三部曲》，這三部作品明顯帶有吳錦發自身經歷的影子，可說是「半自傳式的小說」，同時這些作品全以成長中的青少年為主人公，描述他們在學習過程中，跟隨自身的發生的情愛、性的變化，也被視為臺灣「成長小說」的代表之一（黃淑琸，2004）。

吳錦發被視為臺灣鄉土小說家代表之一，且他的作品突出於早期鄉土小說，場景著重在「鄉土」──依然帶有前現代化景觀的農村、漁村等，而將場景擴展至都市，尤其是都市底層的勞工、上班族是他著力描繪的對象，且還包括原住民、外省族群議題。不過，這三部作品和他早期如《放鷹》（1980）等作品，帶強烈的社會批判性有著明顯不同，在保有對社會不公不義的批判之外，更多了情致，一種對於自身青少年成長期與故鄉的懷戀。

這三部作品一般都認為均以吳錦發自己的家鄉美濃為主要場景，公視後來改編成電視劇《菸田少年》，即將這三部作品的故事，採擷成情節而成，拍攝也以美濃一帶為主要取景地。但《秋菊》更具有特殊性與重要性。相較於《春秋茶室》有諸多架空的地景，就如那個「春秋茶室」，就以一種聖俗對立的態勢，作為本鎮「唯一茶室」，作品中被視為「骯髒的地方」，獨立聳

置在與一般民居隔離的吊橋對面的河堤邊：

> 春秋茶室位於吊橋的另一端，緊臨著河畔，是一幢日本式的木頭建築，一半在河堤上，另一半則懸在河床上方，幾根巨大的大柱子從乾河床上豎起來撐著它。（1988，103）

作品中，對於客觀地景的描繪，也是以一種較普遍性的田園風貌出現；《閣樓》更著重於主人公與惠貞之間關係的描述，對於美濃的客觀地景，或人文樣貌並沒有更多的描述，而《秋菊》除了自己本身的故事性外──一個初萌的情愫卻悲劇為終──，還有著對於正處於變遷中的美濃地景、人文，甚或是都市地景有所著墨，並有著深刻的意義，這也可使其成為作為美濃文學地景書寫代表之一。

美濃是吳錦發的故鄉，從《秋菊》中即可看到附著在其中強烈的情感，然吳錦發寫作當下與情節的時空早已歷經明顯的變遷，當也不能視為是美濃地景的鏡像重現，不過仍可視為是在一定的時空下，從吳錦發個人人地經驗出發，對於當時美濃，甚或是都市──高雄市的一種記錄。

吳錦發就暴露自己寫本作品的心境，這是他青少年時期對他最刻骨銘心難以忘懷的事，同時也記錄那個時期臺灣城鄉文化衝突對他留下的印記，想要表現那樣「純然」的情愫（1998，2-3），這也使得《秋菊》中的主要元素──過往故鄉、初萌即逝的情愫，架構在如此的人地經驗下，更從而顯得是對於逝去過往的懷戀。

這種懷戀情緒可說是臺灣文學，甚或藝術表現的一種共同的「感覺結構」，尤其面對激烈的現代化變遷之後，逝去的過往常以一種「美好」的形象，再現在作品中，典型的如羅大佑在華人文化圈引起強烈共鳴的歌曲〈鹿港小鎮〉（1982），歌詞中作為「故鄉」想像的鹿港「舊」地景──媽祖廟、紅磚牆、賣香火的雜貨店，與人──故鄉裡爹娘、有著一卷長髮和善良的心的愛人，召喚出人們回到那個已逝去的過往。從這個角度來看，《秋菊》也具有同樣結構。這也是在作為教學教材使用，必須要先加以解析的。

（二）影像化書寫下的地景呈現

　　《秋菊》當然有著許多對美濃地景種種的描述，這也是本文以其為美濃文學地景代表來分析的主要原因。不過，更值得注意的是吳錦發所使用的書寫技法。

　　吳錦發大學時期修讀社會系，其作品對於社會底層的觀察及強烈的社會批判性，當也與此有關。同時，其大學畢業後曾從事電影相關工作，對於電影拍攝工作相當了解，甚至也對其寫作產生影響。觀察吳錦發的作品，時可發現，其將如電影般的敘事技巧，運用到文字表現，從而使得其作品文字有強烈的影像化風格，這是其有意識運用，在2005年出版的《青春三部曲》他就自己說明：

> 也許你在閱讀這部書的時候，也可以順便注意我使用的語言以及電影技法如何運用在小說寫作方面等等問題。（2005，6）

這在《秋菊》中相當明顯。在作品開頭，主人公發仔假日時搭客運車從城市返家，在一陣擁擠和騷鬧後，下車後看到家鄉的美景：

> 由鄉道向前方望去，一片蒼蒼茫茫的綠海，直漫到金字山下才停住；這是家鄉菸田的景觀；這時期正是菸葉採收的季節，綠中帶點淺黃的葉片，隨著柔風，以雅緻的姿態輕輕擺動著，像跳「扇子舞」的仕女們手中的羽毛扇子一般，從葉尖細碎地抖動到葉柄，那種搖動如水樣柔和，一陣風過來，只見那葉海由近及遠，一波波漾動不已。齊人高的菸海裡，到處浮浮沉沉著摘菸婦女包著洋布巾的斗笠，看著眼前的美景，不自覺地地腳步便輕快起來。（6-7）

從這段對於當年美濃重要產業菸葉田的描述，即可看到如電影運鏡般的效果。金字山是美濃地區知名的地景，作品先是廣角全景式帶出整個菸葉田，

然後鏡頭拉近，看到菸葉的擺動及綠中帶淺黃的顏色，隨後鏡頭再拉近，以特寫的方式照出（寫出）葉尖到葉柄的抖動，既而再拉開鏡頭，看到摘菸葉工作中的婦女等。

　　這種書寫方式也用來描繪人，尤其作為主人公發仔愛戀對象的秋菊，作品中時而出現以如電影各色運鏡手法，近遠距離捕捉她身上的光影、色彩變化。（郭澤寬，2015，49-50）。

　　除此之外，作品最明顯還在於書寫結構，吳錦發有意識的使用電影的分場結構於其書寫中。

　　小說與戲劇均為敘事文類，但在敘事方法卻有明顯不同。小說敘事方法方式極為多變、自由，作家更可在多個時空中穿梭，創造屬於他們的世界。然戲劇為一種「動作」（action）藝術，在表現上須受時間、空間的限制，在戲劇舞臺上的「幕」、「場」即是對於整部作品中再細分出來的「小動作」。即使是後來電影、電視，透過鏡頭、剪接，得以一定程度跳脫這種限制，但依然仍屬於動作的藝術，仍得在一定的時空中進行，透過分場、分景、分鏡去表現情節，這是戲劇乃至電影的敘事特色與美學所在。

　　在《秋菊》中，即可以看到這種分場結構的存在，且結合如鏡頭語言般的敘事手法，成為這作品的特色。

　　《秋菊》的故事由主人公發仔，每個週末從在高雄就學的高中寄宿地來往於故鄉美濃，帶起整個情節，在故鄉參與農事與秋菊之間的情事；寄宿地參與「頹靡」的舞會與城市「騷包」的女孩等，所發生的串起整個故事。場景即在兩地穿梭：「公車上」、「美濃鄉景」、「菸田遇秋菊」、「串菸」、「宿舍」、「樓上的舞會」、「雄中校慶排球賽」、「菸樓烤菸」……等，甚至可以用分場表解析之，也還可以細細解析其分鏡的使用，就如上述他在描述發仔回鄉之後看到菸田鄉景一般。

　　觀察吳錦發的作品，常有這樣的特色，尤其是他「青春三部曲」《閣樓》、《春秋茶室》及本作品。這三部作品都分別被拍成電影，後公視又整合故事拍成《菸田少年》電視連續劇，除了故事本身的特性，吳錦發文本本身提供的影像性格，當也是助力之一。

當然，吳錦發這些作品依然是小說，不是電影腳本，也就如小說這一敘事文類，從其發展之始就不斷吸收各種表現技巧以成現有多姿型態，影像化技巧也被小說所吸收而已。

（三）穿梭城鄉／對比的人地活動與地方感價值判斷

這部作品從故事來看是一個對於當年初萌的情愫的回憶，並透過發仔來往於高雄市的寄宿點與美濃間，帶出各種不同人群及人地活動的樣貌。

《秋菊》在表現發仔和秋菊間純情故事之外，就臺灣現當代文學作品而言，可說是對美濃菸產業的採收、烤製過程以文學形態描述最為詳盡者。首先即可發現其菸業的收穫過程，並非全採雇工制，雖然作品沒有明指，但也可看出乃採「換工」制，在作品可看到發仔家菸葉收穫，諸多親族好友協同參與。同時，菸產業的操作出現在發仔每週回鄉後幫忙的描述中，也在這樣的過程中邂逅秋菊，兩人若無似有的感情也在此展現。

從「摘菸」、「搬運」、「串菸」、上菸架「掛菸」、「烤菸」等操作過程有詳細的描寫，其中還穿插許多細描，如對於烤菸室的空間構造與操作過程：

> 由木條構成的菸架，分成三排九層，橫直交錯地釘牢滿在菸樓內部，串好的菸，必須連同菸篙一串一串從地面傳上來，站在菸架上的人，接過手，有條不紊掛在木架上，這些掛好的菸，必須經過一個星期的烘烤烤熟，再從木架上取下，另外經過選別，打包等程序，才能繳賣給菸公賣局。（18）

以及對烤菸細節的描述等。（39）尤其在敘述中，配以辛苦但卻又充滿對於收穫歡愉的眾人對話與行動，加上又有著秋菊——既純樸，亦會操持農作的鄉下女孩，且看在作品中對她的描述：

> 阿信哥旁邊正在卸下菸葉的女孩，抱著過重的菸葉，一個重心不穩，

眼看要從板凳上摔下了來。(9)

她斗笠摔丟了，整個人趴在菸葉堆上，許久才轉過臉來，我到看她紅撲撲的臉扭曲著，有豆大的汗粒掛在額上。(10)

她發現我在看她，忙把頭低下去，長髮披垂到胸前，一動也不動地坐在簷下的椅子上，看著她高挺秀雅的鼻子，長而黑的睫毛，以及白晰的皮膚。(11)

這也是使得在發仔視角中的家鄉美濃與人，帶著強烈的情感——充滿濃濃美好的感受。

　　相較於對故鄉美濃的書寫，作品中對於以高雄市區為城市代表的空間、人、活動有著明顯的不同。相較於故鄉的開闊、舒適，他們在城市中的寄宿地是逼仄的，這個房間是他們向出身眷村的外省子弟，帶著江湖氣的二房東康 B 租的：

我們住在其中一間公寓的三樓，有四十多坪，分隔成五間，每間不到十坪，我和永德租一住間，每個月房租八百塊。兩人各自分擔四百塊，水電費另算，浴廁只有一間，廚房一小間，三樓的住戶大家共用。(20)

相較於農村的生產活動，在都市全是消費性的，尤其是這個寄宿點的四樓，就成為康 B 每週辦舞會的地方，作品對於舞會活動描繪——一種頹靡的視角。而在美濃作為農事產品的菸葉成品——香煙，卻成為頹靡消費活動的象徵，如以下描述：

環顧四周，發現我右側面有四個女孩子沒有下去舞池跳舞，每人手上都叼著一根煙，邊吞雲吐霧，邊用誇張的手勢交談。(22)

人也大不同，尤其是女性，在家鄉有純樸的秋菊，然城市裡的卻是，「女孩子則成熟得多，不知那兒來的，差不多都很野」（21），與發仔同宿的永德跳舞，也是讓他後來惹上麻煩的女孩，她出現的樣貌：

> 那女的穿著全套黑色的衣服，像黑瀑般的髮直垂到腰際，全身隨著音樂節奏緩緩扭動著，像一條蛇緊纏著永德。（23）

而康B的女友花咪，在康B的推搡下，推去他懷裡，要教他跳舞：

> 突然之間，我察覺我扶著她腰枝的手掌已汗濕了，她腰上的衣服也被汗漬濕了，我觸摸到她暖膩而輕輕蠕動不已的腰；整顆心忍不住又激烈跳動起來，慌忙中我把手掌的位置往上挪了一些，挪到她背上，沒想到她竟順勢把身子倒到我胸上來，剎那間，一陣血潮湧上我的腦際，我整個人一時便麻了，整個身子好似不存在了一般，只感覺剩下兩隻腳在漫無目的地動著，花咪貼到我臉上來的秀髮有一下沒一下地摩娑著我的右臉頰，散發出誘人的香味。（26）

這些人和活動的描述，顯然和他描述美濃鄉景明顯對比。尤其永德後來因那位女孩，和康B相同出身的眷村子弟發生衝突，永德先是被打傷，而後在冰果店的偶遇中，永德竟拿起預備的童軍刀刺向對方。惹出這麼大事，還是那有江湖氣的康B出面擺平，出錢解決。

這樣兩地的人與人地活動的描述，呈現兩種完全不同的地方感：鄉村生產的、純樸的／都市消費的、頹靡的，差異更是明顯。

作品中，早已透過發仔做出價值判斷。發仔到高雄上學寄宿，卻時常失眠睡不著，看了醫生，醫生問有何原因，發仔回以：「我聽不到青蛙叫睡不著！」（36）而後竟在合宿房間，養了一缸青蛙。就如作品中，發仔自我的剖析：

> 我上完上午的課，在學校餐廳用過午餐，一顆心早就飛回家鄉去了。我就是那種時刻忘不了家鄉的人，雖然我初中畢業之後，便離開了家鄉到高雄來唸書，但是二年半來，我依舊不習慣大都會的生活，……。儘管朋友們如何嘲弄我，我始終沒有辦法割捨我對家鄉的愛戀；有時我想想這份感情，真是有點像是一棵樹和泥土的情感。或者說，像是蝸牛和它的殼的關係一般。（36-37）

這樣的描述與評價，顯然和臺灣鄉土小說盛行年代的感覺結構類似，全是在現代化變遷下，對於逝去過往的前現代鄉村景觀的懷戀，與對現代都市生活壓力下的投射，即使他們還是只是學生，然也是一種隱喻：「寄居在大都會裡，雖然已經二年多，但對於都市的種種，我們仍常有不適應的感覺」（80），就連這位純樸、勤勞的秋菊，作品寫她後來離開美濃到高雄加工區的電子工廠上班，卻也無法適應城市的生活與異化勞動的壓力。

這種不適應不會只是在這兩年，或許在吳錦發寫作時依然如此投射在作品中，從而形成這樣的地方感描述。而這也是在教學時分析的重點之一。

五　結論

本文主要透過這兩部作品，討論在教學時如何引導分析相關文本，進而解析其中呈現的地景樣貌、人地活動，乃至個人人地經驗如何影響書寫，藉以解釋地方對作家而言，又具種何種意義，情感又如何附著於此。這些書寫與分析，是可以作為另一種認識地方的方法——有別於「客觀」、「科學」的研究報告與史志，一種負載了作家個人人地經驗、投射了特殊感情的視角，所看待的「地方」。

當然，在教學時除了本文所討論的方法以外，亦須搭配地圖、相關地景圖照以為對照說明；亦須補充文本所映照的地理區位相關地理、人文知識，以為分析輔助，這也是相當重要的。如有條件配合下，到文本所描述的地理區位，進行現地研究、教學，則更可收實踐之效。

教學是一門藝術，並非有一成不變的方法或步驟，但本文對文學地景教學，提出諸如須先從理論引導，再從文本閱讀後，分析其中的地景識覺經驗描述、分析其所描述的人地活動，並從作者個人其所產生的人地經驗，從其評價、地方意義的形成，可看出其感情附著於此的過程等方法與步驟，是可以作為相關教學實踐為參考。

　　當然，這些作品依然是透過再現而成的文學作品，不是地方志、地理研究報告，不可能有著對於地方全面的記述，或許僅在某部分、某種細節突出其中，但也因它是文學作品，所附著的豐富個人人地經驗的敘述與感情，卻也是一種另外值得重視的認識地方的方法。

參考文獻

民視飛閱文學地景，網址：https://program.ftv.com.tw/Variety/fei-yue/，瀏覽日期：2024年8月31日。

行政院文化建設委員會、聯合文學出版社編輯製作：《閱讀文學地景》，臺北：聯合文學出版社，2008年。

吳錦發：《青春三部曲》，臺北：聯合文學出版社，2005年。

吳錦發：《春秋茶室》，臺北：聯合文學出版社，1988年。

吳錦發：《秋菊》，臺中：晨星出版社，1990年。

吳懷晨：〈通識化國文課程的教學理念與實施——以「國文：花東文學地景」為例〉，《臺東大學人文學報》第1卷第2期，2011年12月，頁45-79。

宋澤萊：《打牛湳村系列》，臺北：前衛出版社，1988年。

宋澤萊：《廢墟臺灣》，臺北：前衛出版社，1985年。

宋澤萊：《熱帶魔界》，臺北：草根出版社，2001年。

宋澤萊：《變成鹽柱的作家》，臺北：草根出版社，2002年。

李彩圓：〈文學中看見美麗臺灣——國立臺灣文學館「文學地景」閱讀與書寫推廣〉，《博物館學季刊》第36卷第1期，2022年1月，頁29-47。

沈　冬：〈啊！美麗的寶島，人間的天堂——周藍萍的臺灣歲月〉，《寶島回想曲：周藍萍與四海唱片》，臺北市：國立臺灣大學圖書館，2013年，頁1-3。

施添福：〈地理學中的人地傳統及其主要的研究主題〉，《國立臺灣師範大學地理學研究報告》第6期，1980年1月，頁203-242。

段義孚著，潘桂成譯：《經驗透視中的空間和地方》，臺北：國立編譯館，1998。

郭澤寬：〈作為一位文字導演——論吳錦發小說影像化的書寫〉，《南藝學報》第10期，2015年6月，頁33-57。

陳怡婷：《文學地景在地理實察之應用研究》，彰化：國立彰化師範大學地理學系碩士論文，2019年。

黃淑琍：〈輕舟已過萬重山？——論吳錦發「青春三部曲」中呈現的成長本質〉，《雄中學報》第7期，2004年11月，頁1-18。

臺灣文學網・文學地景，網址：https://tln.nmtl.gov.tw/ch/M12/nmtl_w1_m12_s0.aspx，瀏覽日期：2024年7月1日、2024年8月31日。

蓉　子：〈七月的南方〉，《寶島頌》，臺中：臺灣省政府新聞處，1968年，頁1-10。

蔡文川：《地方感：環境空間的經驗、記憶和想像》，高雄：麗文文化事業公司，2009年。

諶淑婷：〈走讀臺灣——全臺文學地圖大搜查〉，臺北：Openbook，2019年4月25日，網址：https://www.openbook.org.tw/article/p-51190，瀏覽日期：2024年7月1日、2024年8月31日。

鍾鼎文：《雨季》，臺中：臺灣省政府新聞處，1967年。

簡齊儒：〈文學地景之閱覽與再現——以「閱讀後山：東臺灣文藝影像」通識課程為例〉，《關渡通識學刊》第8期，2012年12月，頁61-100。

從戰後臺灣方志到屏東縣
地方志的纂修：
論新園鄉鄉志書寫的困境與可能的解決途徑

黃贊蒼[*]

摘要

　　連橫〈臺灣通史序〉言：「夫史者，民族之精神，而人群之龜鑑也。代之盛衰，俗之文野，政之得失，物之盈虛，均於是乎在。故凡文化之國，未有不重其史者也。」沒有史，即沒有文化的表徵。國家不能沒有史，地方亦應不能捨棄文化和史的存在，適時記錄成為重要的方式，而地方志扮演其必要的角色。本文以回顧方志學主題為基礎，程洪「專題體」、林熊祥「綜合新體派」、來新夏「類書體」，近臺灣地方志書體例流派的傳統趨勢，審視戰後臺灣地方志的演變要素，回看屏東縣地方志書的發展，掌握張火木所言鄉鎮志撰述略古詳今的原則，融入在地獨特亮點為當代趨勢。今日屏東縣地方志書，最讓人關注的應是33個屏東縣鄉鎮市志書的情形，25鄉鎮市有志書，多數鄉鎮志非一人能讀完纂修工作，而8個沒鄉鎮志，新園鄉是其一；屏東縣村部聚落史誌上，以筆者所尋覓到為依據，以客家庄聚落居多，其內容展現其姓氏族譜世系為特色。至於筆者書寫與新園鄉鄉志篇章內容有關的困境，希冀能在研討會上得到寶貴意見與相關協助，藉由臺灣史相關的專家提點找尋新園鄉較完善的史料或管道，再次，志願性質的社會服務團體或個人

---

[*] 國立中山大學中國文學系研究生。

提供（蒐集）新園鄉聚落文史資料等，助筆者理出書寫明路，更期盼對未來新園鄉鄉志有所助益。

關鍵詞：臺灣方志、屏東縣鄉鎮志、村聚落誌、部落誌、新園鄉

一　前言

　　連橫先生在〈臺灣通史序〉道盡文化之國無不重視史，而史更是民族精神的所在、人類行動的指南；然而，從地方的視角看，何嘗不也訴說，地方志書寫的重要性如文化之國；符應新歷史主義所言的顛覆與包容，即在大敘述之下，不能一概而論，顛覆大敘述一言堂的定見，包容在小區域裡有其小歷史、小敘述的存在，使地方書寫有理論依據（盛寧，1996）。依此而論，在大中華民族的歷史下，容有臺灣歷史存有的空間，往下推論，臺灣於明鄭、清領、日治及戰後時期領治下，各地方族群藉由歷史文化活動共造屬於地方記憶和情感，記錄地方空間的人事物，構建地緣網絡，形成地方感與地方意識，而地方志是凝聚意識的良方。

　　何謂「地方志」？高志彬先生認為方就是地方，區域之意思，是人們生存與活動的特定空間，下分不同面向。志，有認識及記載地方之意思，記載論說區域發展的書體（高志彬，1998）。高先生完整解釋「地方志」字義，地方志亦稱方志，以臺灣為高位階的行政區域，其下有縣市、鄉鎮市區、村里等小單位，有以臺灣整體範圍為對象而書寫的志書，也有以縣市以下為單位所書寫的志書，歸屬地方志所要記錄的空間與生活面向。方志的名稱，又稱圖經、傳、記、志、錄、乘（來新夏，1995）。

　　屏東縣地方志書，除屏東縣縣志外，以鄉鎮志而論，33鄉鎮市中，今日有多少已有志書？有多少鄉鎮市尚未有志書？有再版的鄉鎮市志書？村部聚落誌書又有何？缺乏鄉志的新園鄉，筆者在書寫上面臨篇章內容的定位和找史料的困境，於是生成動機。本文首先回顧地方志書的相關主題，以作為對屏東縣地方志書論述的依據；其次，爬梳臺灣方志到屏東縣地方志的發展情況，並以臺灣戰後較佳志書——黃秀政教授總纂編的《鹿港鎮志》為對象，做相關議題比較，並舉筆者書寫新園鄉鄉志內容時，遭遇的困難與可能的解決途徑做一探析。

二　地方志理論相關主題的回顧

　　程洪先生指出地方志雖受儒家的思想影響，當代地方志不以此為標榜，在編纂過程適應時勢潮流，符合社會主流意識，又兼具有地區的亞文化特色（程洪，2019）。反映地方志的主要特色──不變性與可變性的，不變的是相涉於儒家思想傳統，可變的是在時代潮流中貼近社會脈動，符合新歷史主義小敘述的存有，方志學的理論依據於此證明。本段以體例內容、撰法纂修者、特色價值等面向進行回顧。

（一）體裁源流與內容篇章

　　整體志書體例言，傳統史書體裁有四種，以時間為主的編年體、以人為依的紀傳體、以事件為準的記事本末體、以空間為據的國別體。程洪先生（2019）認為地方志若歸類為紀傳體的志，不為過，更貼切的說法是專題體，以此論事究理，宋元朝代即已然成形，且延續到明清及以下。地方志體裁雖在中國的宋朝以後成形，但受外在因素（西方史學）干涉，逐漸發展新的體材，以適合當代地方志書的需求，尤其專題體會符合近現代志書的趨勢。

　　戰後地方志志體派別，以多元之姿開創新局外，自方志學始生兩派：一為地理派，又稱舊派、考據派，以戴震、洪亮吉為代表，修志貴在因襲，非創新；一為歷史派，又稱為新派，以章學誠為代表，修志實用、詳今略古、依史書體裁，他對古地志的輯佚（周迅，1994），俟後在梁啟超《清代學者整理舊學之總成績──方志學》1924年首提確認章學誠方志學上的地位（周迅，1994）。如果將地方志體裁在臺灣方志上，戰後新修志體的體例有如表一的類別：

表一　戰後地方志學派別一覽表

學派	代表人物或專家	特色實例
地理學派	史地學家張其昀	倡美國學者鮑曼I. Bowman「生聚的科學」，即土地、人口、資源為源，調查現況，製圖表為特色。陳正祥區域地理為例。
歷史學派	盛清沂和尹章義	以史法修志，史志結合體。
社會科學派	陳紹馨	區域研究一類，莊英章《林杞埔——一個臺灣市鎮的社會經濟發展史》為例。
綜合新體派	林熊祥	以科學方法修志，事、文、義三端為要，區域研究，綜合前面三派。
古體新例派	駱香林	花蓮縣志主修駱香林，分為地文、人文、藝文、雜誌。 莊英章、吳文星《頭城鎮志》，分志體。
百科全書派	林熊祥、周憲文、章勝彥等	區域之百科全書。
分科叢書派	劉枝萬、林美容、張炎憲	劉枝萬《南投文獻叢書》、林美容《高雄縣文獻叢書》，張炎憲宜蘭縣史。
復古正史派	唐羽承	唐羽承《臺灣礦業會志》，採正史體裁，分圖、紀、志、表、傳。

資料來源：整理自高志彬：〈臺灣方志之纂修及其體例流變述略〉，《臺灣文獻》第49卷第3期（1998），頁199-201。

陳紹馨博士繼往開來，論說新方志為生活的改進而修，實地調查及統計圖表為科學方志開新局，適應時代性、社會變遷，亦符應學術發展（陳紹馨，1956），為社會科學派之人物。綜合新體派應是地方志書綜合地理、歷史、社會科學的優點，所產生的志體。1980年代本土意識崛起，及1990年代各種學科分工整合，鄉鎮志體例打破傳統，或既有模式因人地事物而變化，呈現多樣且開放（蕭明治，2007）。再視來新夏先生按編寫體例分：紀傳體、門

目體（無歸類少用）、三寶體（土地、人民、政事為三寶，清嘉慶後少用）、編年體、紀事本末體、類書體（某一地區按類編排，保存地方文獻）（來新夏，1995），六體中類書體適合區域型地方志書體例。

綜觀上述，程洪的專題體、林熊祥綜合新體派、來新夏類書體，接近臺灣傳統地方志書體例的趨勢，當然若有創新的、融入地方特色者，隨時代隨須要加以變化，亦得以包容、調整。

就鄉鎮志而論，林美容教授（2000）於《鄉土史與村庄史──人類學者看地方》一文指出「史學主導方志」的編纂趨勢，臺灣被公認較佳鄉鎮志，由黃秀政教授總編纂的《鹿港鎮志》（1998）：「一面承襲傳統的史書體例，以紀傳體為主；一面突破傳統的侷限，以科學方法求創新」，能看出其偏向整體體例中的綜合新體派，新科學、新方法融入志書。然若改版，融入視覺上的饗宴是可行的，諸如顏色排版。本文後半段以其章篇為依歸，比較自己所欠缺的內容。

1970年代開始，受鄉土意識的影響，鄉鎮志融入神話或傳說如《員林鎮志》的〈神話傳說篇〉；具特色的民俗藝術、古蹟，如《頭城鎮志》的〈風俗志〉（蕭明治，2007），是人文區域志開創先例。1990年代開始，各地鄉鎮志的纂修體例，除沿用先前鄉鎮志體例外，更有新的突破，呈現特色體例，如下所示。

> 有的基於纂修者主觀之看法，而採用史篇體的《萬里鄉志》、《汐止鎮志》，雜紀體的《白河鎮志》、《彌陀鄉志》，六篇體的《芳苑鄉志》、《成功鎮志》、《烏日鎮志》等；有的因應地方特性或為突顯地方特色，如《湖口鄉志》之〈湖口老街章〉、《竹山鎮志》之〈竹業篇〉、《續修頭城鎮志》之〈搶孤篇〉、以及原住民鄉鎮的《牡丹鄉志》、《成功鎮志阿美族篇》等；甚者更打破志書體例嘗試以報導文學、影像紀錄等方式行之，例如《太平市志──鳥榕頭的故鄉》、《富里鄉志》。（蕭明治，2007，126）

甚至在纂修內容上,也突顯地區拓墾、聚落發展、信仰祭祀圈等議題,如《新莊志》就打破志書體裁(蕭明治,2007),這被蕭明治歸類為戰後臺灣方志歷史分期的興盛期階段,於文中段論述。地方志書有如此多元的展現,在實際志書篇章上的內容安排又是如何?先審視以下學者的看法:

> 地方誌的範圍:都市、交通、工業、物產、賦稅、風俗、人口、貨幣、地域、一般人民的日常生活、貿易、天災、官制、兵役、城市的遷移、宗教、縉紳與地主的姿態、商業、文化、教育。(王沉,1935,1-2)

> 方志,是地方歷史與人文地理、地文地理的綜合體。主要內容是以敘述一地的政治、社會、經濟、軍事、文化、人物等為經;以地理環境、天然資源、自然現象為緯,進而分析該地的發展過程底史實。(林天蔚,1995,3)

> 地方志為專記一地之地方事物,是地方歷史與人文地理、自然地理的綜合體,內容以敘述地方的政治、社會、經濟、文化、人物、軍事等為經,以地理環境、天然資源,自然現象為緯,進而分析地區發展之過程。(楊護源,2013,23)

上述三位學者所闡述的範圍共同區塊在張火木先生分為歷史篇、地理篇、政事篇、經濟篇、社會篇、文化篇(張火木,2007),六類基本篇章能涵蓋,再舉歷經1994年11月至1996年10月,黃秀政教授總編纂《鹿港鎮志》分為地理、沿革、政事、交通、氏族、教育、宗教、藝文、人物等十篇(冊)。這些分法有共同的部分,有屬於該區域特殊的亮點;其中藝文能獨立成篇,與地方的意義超越明白可見的事物,進入情緒與感覺的領域,轉求諸文學或藝術,以之為人類表達這些意義之方式有關(Mike Crang 原著,王志弘、余佳玲、方淑惠譯者,2008)。在方志的內容篇章上,以張火木提六類篇章為底,

對照其他方志書的內容，觀察出方志的發展方向，甚而發現該志書特色。

（二）撰寫方法與纂修團員

論說地方志書的撰寫方法前，應知其基礎標準，林開世（2009）提及，地方志形式上到了宋代以後，出現四個相對上明確的標準要求：「一、文字變成主體。二、不再只是行政要求，而是一種學術志業以及地方的文化成就。三、考證的要求與體例的討論（理論的建立），博、詳、完整而精確的要求。四、教化的功能。」可以看出學術文字、地方文化、博詳整精與教化功能為首的要求。對於地方志的官方和史料價值、地方認同和歷史意義皆要深入重視的要點（李宗翰，2015），鄉鎮志撰述方法上，適當篩選材料、縱述記事、突顯特色、深入淺出、善用圖表等五項（王良行，1999），有此原則方法，修纂人員以此為文，突顯其吸引人的亮點，若還有不足之處可以循邱正略博士提出的透過田野調查與運用古文書：

> 透過田野調查，填補已知的史事內容不全部分，或找到一些可能被忽略的史事或地景／遺跡。運用古文書可以重建重要史事、探索舊地名沿革，並釐清若干史事年代紀錄。（黃秀政，2017，3）

設想地方志書的完成實屬不易，多方考證，以求準確傳達地方文化和教化作用。撰寫方法的論與述之爭，全然學術「論」說的志書應少人閱讀，全然敘「述」的方志恐淪於資料蒐集，兼具論說與敘說應可行之方，其比例多寡視纂修者和當地史料而定，既有閃亮又引人入勝。

至於修纂成員，大體上以1973年為界，之前有縣市文獻委員會組織，修志成果佳；之後，學院中人主持修志，學術與志書結合（高志彬，1998）。昔日修纂者以歷史學者居多，後來地理學者、社會學者、經濟學者、人類學者等增加，不同學科領域分工，就有如《鹿港鎮志》優質作品（蕭明治，2007）。從人數或單位著手修纂面向看，新纂方志的風貌有：集體編纂而由

一人總其成如戴文鋒教授主編《東山鄉志》、分類纂稿叢書（多分篇委由專人纂稿而後彙為全志）如高雄縣志、公職人員編纂有如公牘文書如高樹鄉志、教師集體編纂如阿蓮鄉志、地方文史工作者私纂如劉萬枝和陳炎正、研究專業人員編纂如尹章義和施添福、修志專家老手編纂如劉萬枝和駱香林、一人修志（或二人、三人合修一志）如盛清沂和尹章義共修臺北縣各鄉鎮市志、媒體文字工作者組織公司承攬鄉鎮志編印（雖未列入仍屬一種）（高志彬，1998），似事業組織在全臺部分鄉鎮志書的纂修，如中華綜合發展研究院（簡稱華綜院）及漢皇文化事業機構（簡稱漢皇文化）等（蕭明治，2007），或者基金會組織方式著手，如財團法人蕭珍記文化藝術基金會受委集修屏東縣《鹽埔鄉志》，亦有以學者帶領該學系所師生一起編成團隊進行纂修工作，而地方公務人員負責如屏東縣南州鄉志（自行編印），至於中小學教師有屏東縣中正國中曾慶貞老師總纂修《屏東縣竹田鄉二崙村誌》，或由文史工作者如吳永村編屏東縣新園鄉《港堘村史誌》，甚而結合地方人士與專家學者，由鄉公所委託機關或組委員會纂修，如《鹿港鎮志》的纂修即是一例。以上修纂方式是多元化，筆者觀察以上修纂方式，不一人單打獨鬥，也勿過多人，有一領導者加上各領域專精者，甚至是符合該方志地區尤佳。無論何方式，能完成纂修工作即是佳作，更何況國史館臺灣文獻館獎勵出版文獻書刊地方志書類的活動。

（三）特色功用與地緣價值

周迅於《中國的地方志》中，描述地方志的特點有地區性、綜合性、資料性、連續性（周迅，1994），作為臺灣戰後地方志的特色，蕭明治有如表二所示進行分期，尤其1990年代興盛地方志纂修熱潮，其特色多樣化。

表二　戰後鄉鎮志三期的特色

時間	期名稱	特色
1952-1970年	萌芽期	發展受日治鄉土志之遺緒、縣（市）志之影響
1971-1990年	開展期	受鄉土意識興起之衝擊、方法與內容擴大
1991-2006年	興盛期	受政府機關獎勵與推動、學界與民間人士參與、體例與內容豐富多樣

資料來源：表格整理自蕭明治：〈論戰後臺灣方志的發展——以鄉鎮志為例〉,《臺灣文獻》第58卷第2期（2007），頁115-128。

至於功用，林天蔚提出五項：「（一）可補正史之不足；（二）可考訂正史之錯誤；（三）科技資料之增添；（四）地方人物、史事與藝文之蒐集；（五）有關宗教及中西文化交流史料之鈞尋。」（林天蔚，1995，3-9）由此可見有存史、科技、在地感、中西文化交流之效。高志彬先生（1998）說，方志的功能，受修志者主觀企圖，及時代與社會的變遷，而呈顯不同的效用。強調體例演變會隨時代而變化，受到多方因素影響。

地方志的價值性，存在於地方文獻中，從地方的過往歷史，知往開來，規劃個人團體單位未來的發展藍圖，提供多面向的貢獻。張圍東曾言：

> 因之，地方文獻的價值在於：（一）保存地方史料；（二）瞭解地方過去的歷史及體認傳統的重要性；（三）助長個人或團體組織對地方的共識；（四）促進社區、商業、家庭、教堂組織、城市計劃等未來的發展；（五）提供鄉土教材；（六）提供公共圖書館在從事地方文獻蒐集及整理時的參考。（張圍東，2007，41）

這背後的意義，在於地方文獻的價值記錄在地的歷史文化，凝聚居民的彼此共識，給予教育啟示，預計地區的發展藍圖，更重要的是確立地區的發言權，不再被漠視。反觀，各小區域的歷史世界裡，尋覓屬地價值的歸屬，地緣生成的特色亮點會導引方志的可讀性、可傳性及可尋性。

至今討論地方志書相關書籍資料甚多，從對岸大陸到海外華文地區，為達到基本功效，完成志書使命，深植在纂編者的內心，方志學相關主題影響臺灣方志學的發展，人、地方、志書彼此互相交錯影響。

三 從臺灣方志到屏東縣地方志

臺灣方志到屏東縣地方志，其實是一種從大歷史單一性的敘述，走向小歷史、小敘述的歷程，回應本文前段新歷史主義的觀點，小歷史的研究形成臺灣更小單位地方學，發展時間點是1992年宜蘭縣志，開啟地方志的新書寫方式（區域研究模式），此潮流下的高雄縣、澎湖縣、金門縣等皆是如此，地方學成為一種地方政府發展文史的新品牌（王御風，2011）。地方志書的家族成員：全國總志、地區志（含縣、鄉鎮志）、專志（專門記述某一地區的某一項特定事物）（周迅，1994），再納入村誌或部聚落誌較為完善。以下就臺灣區域的方志談論到屏東縣鄉鎮（市）志、村誌（部聚落誌）的纂修，作為下段書寫困境與解徑的基礎。

（一）臺灣方志的演變

論臺灣地方志的發展期別，蕭明治、林玉茹和徐惠玲三位學者有其不同分法。首先，鄉鎮志方面，蕭明治（2007）指出戰後至1951年，臺灣無鄉鎮志，鄉鎮志能劃分成三個時期，分為萌芽期（1952-1970）、開展期（1971-1990）及興盛期（1991-2006），各期主要特色分別為日治鄉土志影響，鄉土意識崛起，以及政府、法令鼓舞。（見前頁表二）如何鼓勵和協助方志纂修，蕭明治有詳細描述：

> 1997年後，省文獻會由於需負責審查鄉鎮（市、區）志書，因此為鼓勵鄉鎮（市、區）纂修地方志，以各種方式來協助各地纂修志書。首先，為考量各鄉鎮未具修志之經驗，對於相關修志實務不甚明瞭，乃

於1998年12月間出版「纂修鄉鎮市區志書服務參考資料」，內容包含地方志書的凡例、綱目、內容、以及纂修工作流程等，分送給各鄉鎮相關人員作為參考。其次，又從1999年初，在鄉鎮公所以輔導、座談方式，解決纂修地方志問題。又在同月22日至26日開辦「歷史文化講習班」，邀請各地有關人員，以纂修鄉鎮志為主題，經由學理之探討、實務經驗交流，輔導各地修志。（蕭明治，2007，122）

此研習講座與1997年地方志書纂修辦法通過有關，半世紀的成果與特色，屏東縣鄉鎮（市）志的纂修即是一例。

次之，就臺灣縣（市）志方面，表三戰後臺灣縣（市）志以戒嚴、解嚴、政黨輪替為分界標準，各縣市文獻委員會存在有其相對應功能，表三戒嚴時期的方志比起另兩期的產量多，在人力和資源上有優勢，解嚴後交由各縣市政府負責即少這優勢。高志彬先生（1998）曾說明，1972年臺灣省各縣市文獻委員會遭到裁撤，其工作交由各地縣市政府承辦。以1973年為界，之前有縣市文獻委員會組織，修志數量上成果多。屏東縣志纂修上，表三前兩期亦能跟上（鍾桂蘭、古福祥纂修，1983；黃典權，1998）。表三後兩期，縣志皆出現委託團隊的趨勢，想見縣（市）志所牽涉的因素過多，由專業團隊領導主持，是較易行的方法。

表三　戰後臺灣縣（市）志一覽表

時間	方志名稱	纂修者	備註
1949-1987年（戒嚴時期）	《臺北市志稿》、《基隆市志》、《桃園縣志》、《臺北縣志》、《宜蘭縣志》、《臺南縣志稿》、《臺南市志稿》、《屏東縣志稿》（二部）、《彰化縣志稿》、《南投縣志稿》、《臺灣省新竹縣志稿》、《高	各地文獻委員會、或各地縣政府主導。	民國61年（1972）臺灣省各縣（市）文獻委員會遭到裁撤，各縣（市）的文獻工作交由各縣（市）政府政局承辦。

時間	方志名稱	纂修者	備註
1949-1987年（戒嚴時期）	雄市志》、《新金門志》、《高雄縣志稿》、《花蓮縣志稿》、《新竹新志》、《臺灣省苗栗縣志》、《臺東縣志》、《澎湖縣誌》、《雲林縣志稿》、《澎湖縣誌》（二部）、《嘉義縣志稿》、《臺中市志》、《重修金門縣志》（二部）、《屏東縣志》、《臺中市志稿》、《臺中縣志稿》、《續修高雄市志》、《續修臺灣省苗栗縣志》、《宜蘭縣志續篇》、《花蓮縣志》、《雲林縣志稿》、重修《桃園縣志》、《彰化縣志》、《重修金門縣志》、《臺灣省新竹縣志》、《臺南市志》、《彰化縣志》、《福建省連江縣志》（二部）、《重修基隆市志》、《臺南縣志》、《續修臺南縣志》、《嘉義縣志》、《臺中縣志》、《嘉義縣志‧教育志》、《續修花蓮縣志》、《增修金門縣志》。		
1987-2000年（解嚴初期）	《新竹市志》、《續修臺南市志》、《重修屏東縣志》、《福建省連江縣志》、《南投縣志》、《續修臺北縣志》、《新竹縣志‧住民志宗教篇	各地縣（市）政府主導、或縣（市）政府委託專業編纂團隊等。	重修《桃園縣志》、《臺南市志》、《彰化縣志》、《基隆市志》、《臺中縣志》、《嘉義縣志‧教育

時間	方志名稱	纂修者	備註
1987-2000年（解嚴初期）	稿》、《嘉義市志》、《重修基隆市志》。		志》、《續修花蓮縣志》、《金門縣志》8部在「戒嚴時期」纂修，「解嚴時期」出版。
2000-2010年（政黨輪替時期）	《嘉義縣志》、《續修新竹市志》、《續修澎湖縣志》、《重修苗栗縣志》、《續修花蓮縣志》、《臺中市志》、《新修桃園縣志》、《續修臺中縣志》。	各縣市政府委託專業編纂團隊等。	《基隆市志》、《嘉義市志》、《福建省連江縣志》、《南投縣志》、《續修臺北縣志》5部因始於「戒嚴時期」纂修，「政黨輪替時期」出版。

資料來源：取自徐惠玲：〈戰後嘉義縣志的纂修——以新修《嘉義縣志》為中心〉，《嘉義大學通識學報》第9期（2012），頁152-153。

視角再轉至屏東縣志於2014年11月再次重新編纂出版，分領域分冊：人群分類與聚落村莊的發展、健康與醫療、民間信仰、產業型態與經濟生活、原住民族、文化形態與展演藝術、社會型態與社會等構成，以專業領導團隊方法行之。

學者林玉茹在1999年發表〈地方知識與社會變遷：戰後臺灣方志的發展〉，林開世先生將之整理成臺灣方志發展四個分期如表四，除了與1970年鄉土意識崛起、1991年政府鼓勵及1997年法令通過有關外，再分出位於戒嚴階段的停滯期，以行政人員為主導，安撫讀書人為目的纂修方志，能達到某程度上功效。

表四　戰後臺灣方志發展分期表

期別	時間	特點
早期	1949-1959	方志以章學誠歷史學派占優勢。
停滯期	1960-1975	行政人員主導，為攏絡、安撫讀書人。
醞釀與萌芽期	1976-1989	經濟起飛，方志以地方人士和行政人員主導，鄉土志大量出現，開始田調，重視新資料如古文書、族譜、口述歷史。
修志蓬勃期	1990-	多樣性目的、自主性提高、學者主導、資料更細緻全面、強調庶民和原住民受重視。

資料來源：整理自林開世：〈方志的體例與章法的權力意義：傳統與現代間的斷裂〉，《國史館館訊》第2期（2009），頁17-19。

　　1980年代才開始較多地方志書編纂，新一代學者戰後也加入此行列，1990年代學界取代文獻界的趨勢，編纂行列此時增加人類學者。書名亦不用「志」，迴避層層上報及審查工作，如《高雄縣文獻叢書》系列共十四冊。一直到1990年代學者主導地方工作不同於以往，有打破志書的體例、重視原住民、不同學科合作、重視田調、不服膺統治者等要點（林美容，2000）。此為林美容教授纂修高雄縣地方文獻叢書的亮點。

　　上兩段文述，符合表四醞釀與萌芽期及修志蓬勃期的特點。臺灣方志受文獻會組織、經濟起飛、政府及法令鼓吹影響深，設立一團隊共同協力完成是其方式。

（二）屏東縣鄉鎮（市）志

　　張火木先生（2007）將鄉鎮志定位為小範圍的歷史研究，並將鄉鎮志稱為鄉土史、地方史，如在缺乏史志記載的鄉鎮須要歷史研究論說模糊的族群移墾，然時代演進至今，鄉鎮志的內涵不應只在歷史研究的範疇，王良行教授一文能有較完整地方志的範疇描寫。

（《鄉鎮志纂修》）的宗旨，結合中國傳統方志學、大陸「新方志學」、歐美現代地方史學、區域研究、發展理論、地理學、政治學、經濟學、人類學、社會學、人口學、教育學、宗教學、民俗學、美學，以及文學等領域的理論與方法。（王良行，1999，2-3）

應可在臺灣鄉鎮志的典範是《鹿港鎮志》發現，該套書分為地理、沿革、政事、交通、氏族、教育、宗教、藝文、人物等十卷篇。再看屏東縣《鹽埔鄉志》一書分：卷一歷史篇、卷二地理篇、卷三聚落篇、卷四鄉政篇、卷五產業篇、卷六教育篇、卷七藝文篇、卷八宗教與民俗篇、卷九建設與觀光篇、卷十人物篇。在前段王良行教授鄉鎮志領域的引文中可見。

屏東縣有33鄉鎮（含縣轄市），包含屏東市采風錄、萬丹采風錄和佳冬鄉情，有25個鄉鎮市有方志（見表五），而8個未有志書，新園鄉亦為其一；25鄉鎮志中，《竹田鄉史誌》、《萬丹采風錄》為私修；而纂修時間，據蒐集到資料：《里港鄉志》四年、《霧臺鄉志》三年餘、《林邊鄉志續編》（上、下）兩年、《鹽埔鄉志》一年、《恆春鎮志》（上、中、下）一年半、《潮州鎮志》兩年、《牡丹鄉志》兩年、新編《內埔鄉志》兩年；而林邊鄉志、內埔鄉志再版，恆春鎮志三版。對照蕭明治所提：

> 歷年各地官修鄉鎮志初估約有203部，私纂則約有21部；纂修期程方面，官修部分少則一、二年，多則六、七年，而私纂部分大多時間因不受限制，所以彈性又更大，但至少皆超過一年以上。（蕭明治，2007，130）

近蕭氏所言的比例，官私比10：1，修纂時間為1至7年，至於私修時間從文獻上則看不出，李明恭先生在《竹田鄉史誌》修纂時間持保留態度。屏東縣鄉鎮志官修，由鄉鎮公所成立編輯委員會，如恆春鎮有纂編經驗第三次由主任秘書續修恆春鎮志增編、南州鄉由課長主編，或委託機關、學校等組織，如清華大學歷史研究所團隊纂修恆春鎮，中華綜合發展研究院應用史學研究

所受託纂修車城鄉、滿州鄉和琉球鄉，台灣原住民族文化永續發展協會纂修霧臺鄉和泰武鄉，社團法人臺灣史研究會續編的《林邊鄉志》。至於修纂經費及志書扉頁看得到署名，如蕭明治言：

> 修志經費也是一決定志書是否得以推行的焦點，通常大多由地方籌措，偶爾中央政府或精省前之省府機關多少予以補助，以貼補纂修或出版志書的經費；至於纂修者，則不限定於官方人員，惟鄉鎮長或民意代表等常會以主修、監修方式署名，或是以序言略述對該鄉鎮志出版前後的期許或敬語。（蕭明治，2007，130）

經費事無法預期，難以掌控，從志書的出版資料看出，官方民代掛名主修、監修方式署名方式，在近年新版鄉志已有簡省趨勢，只保留存鄉長、鄉代主席序言，如鄉公所委託由財團法人蕭珍記文化藝術基金會邀集鄭瑞明教授和領域專家共同纂修《鹽埔鄉志》；鹽埔鄉鄉公所應減輕許多人力上擔憂，應是未來可行的模式，《鹽埔鄉志》共七人合作，一年時間內各自完成負責的卷別，看似短期完工，能吸引筆者再次閱讀，除七位撰寫者功力外，圖文交錯論說與述說，分卷分章，排版讓人視覺上舒適引人，閱讀對象不僅為學術研究型人員，一般民眾不難進入其所劃定的領域內，此方面郭怡棻〈書寫作為一種連結地方的方式〉提供更好的詮釋。

> 新型態的地方誌湧現。地方青年團隊或社群透過政府補助、大眾募款、廣告收益貼補等方式，啟動雜誌類型的「地方誌」書寫與出版行動。這時期的地方誌內容，除了過往社區刊物注重的文史采風、自然生態、地方公共議題交流，更重視地方生活風格的呈現，藉由不同身分的居民（職人、店家、移居者……）專訪、美食探尋、景點散步路線等深具生活感的書寫主題，來凸顯地方魅力。而形式呈現上，這些刊物尤其重視視覺設計，攫人目光的圖片增加、文字量降低，再搭配精選印刷字型與配色，讓刊物易於親近和閱讀。（郭怡棻，2023，61-62）

而曾喜城教授總編纂《內埔鄉志》、《枋山鄉志》及葉志杰先生總編輯《林邊鄉志續編》亦有其特點——耕讀、油桐花、粉紅斗笠層層往上開出內埔鄉情，海與浪的交錯出枋山，水與藍天邂逅的林邊，以及2010年以青山為意象由戴文鋒教授主編原臺南縣《東山鄉志》構織的兩冊千頁內容與詳盡田野功夫更引為標竿。

　　再回書籍（含電子書）本身的目的，如沒能讓讀者短時間內進入作者所要傳達意思，完全靠讀者自發性動機是不足的，否則只能將書躺或豎在架子和檔案夾內蒙塵，何況這是一本（套）地方史料知識兼具傳承的志書。至此筆者將鄉鎮志書視為論說與述說並行，能見度高、易於近人，不讓行政單位有多餘負擔，非政治化宣傳為目的的書籍。

　　纂修鄉鎮志是件吃力不討好的工作，除了纂修者功力外，又得符合纂修理論原則，就屏東縣地方志書而言，應先求有再求好；先求有方面，未列入表五中的八個鄉鎮市，有個遺珠，枋寮鄉志曾出現在卞鳳奎教授（2003）〈民國三十八年以後臺灣地方志書一覽表〉第293頁，總編纂為政治大學文學院，因未出版經詢問未果，不能貿然歸入，有點可惜。再求好方面，一些年久歷史、版面不易近人者等因素須更新者有再版需求。此外，在《萬丹采風錄》內容上鯉魚山相關議題就今行政劃分的觀點有疑議的空間。除表列鄉鎮志外，筆者找到其它方志書：黃森松《增補阿里港志》、曾喜城《內埔鄉民寫歷史》、江敬業《鹽埔鄉志增錄》、陳智瑋《竹田鄉采風錄～頓悟踏查》。前述提及1990年代起政府獎鼓勵及辦研習是否成就屏東縣鄉鎮市志纂修，對照表五下出版時間，的確有很大的影響，1990年以前出版只有林邊、內埔、長治、高樹，1990年以後已有25鄉鎮市志相關書籍問世。

表五　屏東縣鄉鎮市地方志表

鄉鎮市	地方志書名稱	出版時間／纂修時間	編纂者	鄉鎮市	地方志書名稱	出版時間／纂修時間	編纂者
屏東市	屏東市采風錄	2000後	文星廣播事業社編撰	里港鄉	里港鄉誌	2003／四年	陳秋坤總編輯
恆春鎮	恆春鎮志（上、中、下冊）	1998、1999、199／一年半	張永堂總編纂、續修；清華大學歷史研究所	潮州鎮	潮州鎮志	1998／不到兩年	李常吉、陳秋坤（兼召集人）等編輯委員
恆春鎮	續修恆春鎮志增編	2014	王崇源總編纂（主任秘書）	鹽埔鄉	鹽埔鄉志	2014／一年	鄭瑞明總編纂、財團法人蕭珍記文化藝術基金會
恆春鎮	續修恆春鎮志	2010	張永堂總編纂、清華大學歷史研究所	車城鄉	車城鄉志	2004	中華綜合發展研究院應用史學研究所
霧臺鄉	霧臺鄉志	2022／逾三年	臺邦・撒沙勒總編撰、編撰單位：台灣原住民族文化永續發展協會	車城鄉	增修車城鄉志	2022	葉志杰總編纂
泰武鄉	泰武鄉志	2014	臺邦・撒沙勒、台灣原住民族文化永續發展協會	林邊鄉	林邊鄉志	1985	戴憲政總編纂、林邊鄉志編輯委員會
滿洲鄉	滿洲鄉志	1999	中華綜合發展研究院應用史學研究所、滿洲鄉志編纂委員會	林邊鄉	林邊鄉志續編（上、下）	2018／兩年	葉志杰總編纂、社團法人臺灣史研究會
牡丹鄉	牡丹鄉志	2000／兩年	陳梅卿總編纂、原住民委員會補助、成大研究發展基金會承接編纂	枋山鄉	枋山鄉志	2010	曾喜城總編纂

鄉鎮市	地方志書名稱	出版時間／纂修時間	編纂者	鄉鎮市	地方志書名稱	出版時間／纂修時間	編纂者
瑪家鄉	瑪家鄉志	2014	拉夫琅斯・卡拉雲漾等主編、社團法人屏東縣原住民族部落發展協會承辦	萬丹鄉	萬丹采風錄	1997、1998、2004	李明進
琉球鄉	琉球鄉志	2006	林澤田、委託中華綜合發展研究院應用史學研究所	佳冬鄉	佳冬鄉情	1997	余雙芹總編纂及編輯委員
獅子鄉	獅子鄉志	2015	臺邦・撒沙勒、台灣原住民族文化永續發展協會（計畫成果未出版）	新埤鄉	新埤鄉志	2008	林雲榮等十五位
麟洛鄉	麟洛鄉志	2022	黃啟仁總編輯	萬巒鄉	萬巒鄉志	2008	尹章義、社團法人臺灣史研究會
長治鄉	長治鄉志	1989	長治鄉志編輯委員會、劉正一總編纂	內埔鄉	內埔鄉志	1973	內埔鄉公所
高樹鄉	高樹鄉志	1981	康義勇總編纂	內埔鄉	內埔鄉志（上、下）	2022／兩年	曾喜城教授總編纂
南州鄉	屏東縣南州鄉誌	1996	鄉誌編輯委員會、張丁旺（民政課長）編撰（自印）	竹田鄉	竹田鄉史誌	2000初版、2001再版	李明恭編著兼發行人

資料來源：整理自國立臺灣圖書館：〈臺灣方志——屏東縣〉，網址：http://county.ntl.edu.tw/co_page/index.php，檢索日期：2024年7月4日，輔以屏東縣公共圖書館搜尋網、對照文本及電訪（2024年9月11日獅子鄉公所）。

（三）屏東縣村聚落誌（部落誌）

於此續論屏東縣村史誌範圍上[1]，包含原住民部落如王貴總編輯《青山村部落誌》、村中的聚落如藍聰信總編輯《屏東縣九如鄉昌榮社區文史集——歷史淵源篇》、跨村的聚落如李育琴主編《石獅、水圳、鍾理和：高樹大路關鄉土誌》，在在展現張翰璧、張維安〈國家歷史的基石：村史的在地書寫〉強調地域社會的空間，超越血緣和原鄉情節，融為一體的人群社會網絡（張翰璧、張維安，2011），林美容教授更是以人的生理學和心理學的視角比喻村史志的意涵。

> 村庄就像一個生命體，它有出生、成長、移動、傳衍、衰老、寂滅等等的生命現象，內部的組成成份有各種的組織結合方式，整體生命的基調與表現的方式也各有其獨特之處，而不同的村庄彼此之間的恩怨情仇，又刻劃了整體庶民社會的肌理，對這樣一個與我們的生活文化血脈相連的生命體……。（林美容，2000，234）

---

[1] 筆者所尋覓的屏東縣地方志書如下列：
新豐社區發展協會理事長曾昭榮主修：《屏東縣高樹鄉新豐村志》，屏東縣：屏東縣高樹鄉新豐社區發展協會，2014年。
楊明義總編輯：《里港鄉塔樓村誌》，屏東縣：屏東縣里港鄉塔樓社區發展協會，2001年。
曾慶貞、郭勤有：《屏東縣竹田鄉二崙村誌》，屏東縣：屏東縣竹田鄉二崙村社區發展協會，2018年。客家委員會經費補助。
王　貴總編輯：《青山村部落誌》，屏東縣：屏東縣原住民部落文化藝術發展協會，2004年。原住民委員會經費補助。
黃森松：《磚仔地莊志》，屏東縣：屏東縣里港鄉載興村磚仔地社區發展協會，2008年。
吳永村：《港墘村史誌》，屏東：港墘村辦公室，2016年。
藍聰信總編輯：《屏東縣九如鄉昌榮社區文史集——歷史淵源篇》，屏東：屏東縣九如鄉昌榮社區發展協會，2016年。
林俊宏、陳耀安主編：《屏東阿拔泉庄ㄟ故事——高樹鄉源泉村誌》，屏東：源泉村村長辦公室，2014年。
張添金：《琅嶠客車城鄉保力村誌》，屏東：屏東縣車城鄉保力社區發展協會，2001年。
李育琴主編：《石獅、水圳、鍾理和：高樹大路關鄉土誌》，屏東：屏東縣政府，2013年。

雖說從戰後初期寫村史的風氣興起，臺灣方志書寫將修志範圍擴及各地，地方歷史詮釋權還給全民（蕭明治，2007），但屏東縣村部聚落史誌撰寫不如想像熱絡，甚至比屏東縣鄉鎮志編纂熱度少些（就筆者目前所蒐集而言）。不過村史誌的重要程度不遜於鄉鎮志，筆者以張火木鄉鎮志基本六篇章架構為依，將張翰璧、張維安村史篇章架構與屏東縣其他村部聚落史誌篇章表整理表列如表六。由表六觀察知曉，張氏期刊中所列的分類中，有兩類凸顯不同之處，即自然環境資源類及文學類，而在右列屏東縣村部聚落史誌中，能與之配合上，是青山村部落誌和車城鄉保力村誌。再則村史誌裡，氏族家世系表顯得顯眼，二崙村誌及不在列表的高樹鄉新豐村志、高樹鄉源泉村誌[2]都以之為特色。筆者所找十本屏東縣村部聚落史誌的族群背景，客家族群的竹田二崙、高樹新豐、高樹源泉、高樹大路關、車城保力，閩南族群新園港仔墘，原住民部落青山，原為平埔族居地里港塔樓及九如洽興昌榮；客家占五本，原平埔族今閩南人居地有兩本，應還有筆者未發現的誌書。此外，曾喜城和曾瑋青〈淺談《美和村常民誌》的書寫〉（李錦旭主編，2024），從親民的視角，採完整的田調訪問方式，搭配古今地圖，書寫村誌的各面向，並以公聽會審定村文史；若論說與述說兩者中，述說方式會較親民，村史或部聚落誌述說方式應會大於論說。

2　曾昭榮主修，《屏東縣高樹鄉新豐村志》篇章分為：地名與建置篇、平埔族原住民篇、**姓氏與家族篇**、政事與選舉篇、產業與作物篇、歲時與禮俗篇、宗教與信仰篇、教育與學校篇、溫泉鄉的吉他等九篇。

《屏東阿拔泉庄ㄟ故事──高樹鄉源泉村誌》分為開墾荒地成良田、時光流轉中的村落與蛻變、從傳統產業中找出路、寄託心靈祈求平安、公共事務發展、**尋找親族根源：各姓家系傳承**、打開知識ㄟ門窗、地方傳奇軼事、服務鄉親ㄟ人物、庄內鄉親ㄟ願望、跋關於阿拔泉的二、三事、附表、附圖、附錄、參考文獻、致謝、編後：感恩與珍惜。

藍聰信總編輯，《屏東縣九如鄉昌榮社區文史集──歷史淵源篇》分為大事年表、來自番社的平埔勇士、認識古老部落（昌榮社區──番社庄）、血與淚的交織──番社先民開拓史、采風集。

表六　村史部聚落篇章架構表

	張火木〈臺灣地區鄉鎮志出版情形之探討（1949-2007）〉	張翰璧、張維安〈國家歷史的基石：村史的在地書寫〉	曾慶貞、郭勤有《屏東縣竹田鄉二崙村誌》	張添金《琅嶠客車城鄉保力村誌》	楊明義總編輯《里港鄉塔樓村誌》	李育琴主編《石獅、水圳、鍾理和：高樹大路關鄉土誌》	王貴總編輯《青山村部落誌》
歷史篇	村社基本資料、開發歷史沿革	創設庄村沿革史、歷年二崙村大事紀	大事記、開拓篇、歷史篇	塔樓村先民開拓歷程	新大路關的過去與今日	青山村歷史背景、青山部落遷移史
地理篇	地區環境特色、地名來由	-	地理篇	地理位置	-	-
-	動植物、自然景觀	-	-	-	-	動植物的認識、自然環境
政事篇	-	行政組織沿革史考	政事篇、行政篇			-
經濟篇	特色產業	二崙產業文化誌	經濟篇、建設篇	農業發展史、交通建設演變歷程	-	-
社會篇	教育機構、社區活動	二崙各姓氏源流考、二崙社區發展協會、二崙宗教與民俗信仰	教育篇、住民篇	教育發展史、社區組織—塔樓社區發展協會	老大路關的生活記憶	部落組織、社會制度
文化篇	民俗信仰、風俗習慣、耆老及重要人物、飲食、歷史建築	客家鄉土文化誌、二崙人物誌、懷念二崙風華	信仰與習俗篇、古蹟與傳說篇、	人文概況、宗教信仰、人物介紹	大路關特色文化、地方團體與人物集錦、鍾理和故居	人文景觀、風俗習尚、族群的藝術生活
-	民間傳說、俗語諺語、文學作品	-	民間文學與民俗藝術篇	-	-	-

張火木〈臺灣地區鄉鎮志出版情形之探討（1949-2007）〉	張翰壁、張維安〈國家歷史的基石：村史的在地書寫〉	曾慶貞、郭勤有《屏東縣竹田鄉二崙村誌》	張添金《琅嶠客車城鄉保力村誌》	楊明義總編輯《里港鄉塔樓村誌》	李育琴主編《石獅、水圳、鍾理和：高樹大路關鄉土誌》	王貴總編輯《青山村部落誌》
-	其他	二崙雜記、街頭巷屋軼聞軼事錄	附錄：蕉嶺尋根紀要	塔樓社區發展之展望、附錄	-	附錄

資料來源：筆者整理。

臺灣方志著書遼闊，以遠而近方式，從中央走向地方、私人纂修而努力，文獻委員會、鄉土意識和1990年代政府鼓勵皆影響屏東縣地方志書纂修工作。今後尋找較佳的途徑才得以解決面臨的困難。

四 新園鄉鄉志書寫的困境與可能的解決途徑

連橫〈臺灣通史序〉又言：「顧修史固難，修臺之史更難，以今日修之尤難，何也？斷簡殘編，蒐羅匪易；郭公夏五，疑信相參；則徵文難。老成凋謝，莫可諮詢；巷議街談，事多不實；則考獻難。」是連橫先生撰寫臺灣通史的難題，其實鄉鎮志的纂修亦是如此，尤其今無鄉志地方——新園鄉。上節已回顧，鄉鎮志原則採程洪的專題體、林熊祥綜合新體派或來新夏類書體，以論說與敘說並行，不一人獨編修，找出獨特亮點，不侷限單一種類閱讀人，亦不為政治宣傳的方式進行，參考黃秀政及鄭瑞明等人纂修篇章模式；筆者遇到書寫的困境，以 SWOT 自我分析，提出可能的解決途徑，分述如後。

（一）鄉志書寫的困境

回想新園鄉土地的困境，因2005年一連受梅雨、強颱海棠、輕颱碧利斯等，超大豪雨所襲，東港溪洪水淹沒大半個鄉域，挑啟筆者以時空追憶過

往，新園鄉東西南三方皆被東港溪和高屏溪所圍，只有北方與萬丹鄉陸鄰，沒有高屏溪堤防和東港溪堤防時期，閩南族群為多的鄉民如何與水共生？如何琢磨夏季洪水時期中安穩耕種？

人口最高曾達四萬餘人的新園鄉域找到莊勝全〈清代屏東新園地區發展初探——以鯉魚山功能的轉換為例〉一篇全鄉域性質的歷史人文論述的文章（莊勝全，2003），以解前人生活一貌。單一主題，有張素勤《大陳移民的聚落發展與社會生活變遷——以屏東縣新園鄉中興新村為例》、方冠丁《宮廟建築風水應用之探索——以屏東縣新園鄉仙隆宮為例》、邱宗治《台灣農村聚落規劃之研究——以屏東縣新園鄉港墘村為例》。筆者以自身經驗試著以報導文學作品〈橫臥在新園地上的軌跡〉推論與敘述水、人和地的關係，新園鄉生活樣態離不開水（水災、水蔗、水稻、曾經的水域）（徐芬春，2008），然有些問題仍難以理解背景或成因，一連串回想新園地區各個時空構面及交錯的事物：從何時開始就有人跡？開拓順序為何？人群互動如何？水患何時有緩解？為何戰後有新園鄉民要向他鄉鎮繳交地租的現象？日治時期得霍亂病者後續處置又是如何？試圖解開這些謎般的疑惑，筆者受學術訓練後，逐漸有了方向，不安的水患所衍生出各樣生活防禦工事也得解於〈屏東新園地區民居防禦性之空間意涵〉（黃贊蒼，2022），而族群開墾生活各式各樣的疑惑亦為學位論文所推論而得初步解答（黃贊蒼，2021），然地籍租金和不幸得霍亂鄉民後續等議題，可惜卻苦無更多史料佐證。

未進研究所前，筆者試著以年段分期模式套用在鄉志篇章上，因範圍太大，資料瑣細無法有效連貫，加上耆老記憶有限，訪談對象少又簡短回答問題，無法引此為完整論述的資料是筆者難點，專家建議轉換視角，聚焦在族群歷史和人文產業才得以完成某些議題的論說，然產業上漏列戰後曾聞名全臺養的鰻業，應有書寫空間。以上有些已解，仍有未解，為求有較完整的內涵，筆者以鄭瑞明教授和黃秀政教授為模本，對照新園鄉全鄉性質及單主題相關論文比較後，構想新園鄉鄉志能增補的篇章內容（如表七右一），此欄位亦為筆者須努力的點。

表七　鄉鎮志篇章內容一覽表

黃秀政《鹿港鎮志》篇章（開闢至1995年）	鄭瑞明《鹽埔鄉志》卷篇內容	黃贊蒼《屏東縣新園鄉族群歷史與人文產業研究》章節內容（明鄭以前至2021年）	比較左列三者後構想能增加的篇章內容
沿革篇（概說、大事記、漢人的移墾與社會發展、行政區劃沿革、各里概況）	歷史篇（鹽埔地區的族群關係、拓墾事業的開展、地方社會的發展）	第三章第二節 　三、歷史事件的地標——鯉魚山與林恭（弓）事件 第三章第三節 　二、新園抗日人士與無命庄——張鼻事件 　三、受高等事件波擊的菁英	大事記
地理篇（自然環境、市街發展、名勝古蹟、附錄鹿港古蹟的歷史地理意義）	地理篇（地理位置與村里分布自然地理、環境品質與災害、交通運輸）	第二章第一節　自然環境 第二章第二節　地名由來 第三章第一節 　一、平埔族下淡水社的生活範圍 第三章第二節 　一、新園沿海地區的發展 　二、下淡水溪東岸的開墾 第三章第四節 　二、聚落的傳承與發展	-
交通篇（鹿港的地理環境、清代的交通、日治時代的交通、戰後的交通）	-	-	交通

黃秀政《鹿港鎮志》篇章（開闢至1995年）	鄭瑞明《鹽埔鄉志》卷篇內容	黃贊蒼《屏東縣新園鄉族群歷史與人文產業研究》章節內容（明鄭以前至2021年）	比較左列三者後構想能增加的篇章內容
政事篇（一般行政、財政與地政、戶政與警政、地方自治、社會福利與公共衛生）清領、日治、戰後分期	鄉政篇（早期治理機關、日治時期鹽埔地方行政、中華民國時期—鹽埔鄉公所）	第二章第二節　行政制度的演變	地方行政單位、議事機構（戰後時期）
經濟篇（農業、漁業、工業、商業）	產業篇（鹽埔鄉產業發展概述、鹽埔鄉特色農業與耕地面積、養殖與畜牧、金融工商業）	第二章第二節　重大公共設施的興建 第三章第一節 二、沿海漁撈集貨的據點 第四章第三節　地方產業的興落	農業、養殖業（鰻魚）、小型工業
-	建設與觀光篇（地方建設、重大建設、觀光發展—休閒農業與生態旅遊）	-	民生公用設施（商業、醫療組織、遊憩）
氏族篇（概說、祖籍來源與姓氏分布、姓氏宗支與堂號源流、具有氏族性質的組織）	聚落篇（聚落沿革、人口組成與姓氏分布、鄉內聚落）	第三章第三節 一、聚落人口的開展 第三章第四節 一、新園鄉人口的變遷 二、新園人才薈萃 三、地方團體開展	-

黃秀政《鹿港鎮志》篇章（開闢至1995年）	鄭瑞明《鹽埔鄉志》卷篇內容	黃贊蒼《屏東縣新園鄉族群歷史與人文產業研究》章節內容（明鄭以前至2021年）	比較左列三者後構想能增加的篇章內容
教育篇（清代以前鹿港的教育、清代鹿港的教育、日治時代鹿港的教育、戰後的鹿港的教育）	教育篇（教育行政、學校教育、社會教育）	第四章第一節 一、文化教育趨勢	詳細版戰後學校教育
藝文篇（詩文、書畫、戲曲、建築、傳統技藝、社團）	藝文篇（地方文學的開展、工藝美術的傳承與創新、戲曲舞蹈藝術的發展、地方文化資源的整合）	-	傳說故事、地方文藝活動或表現
人物篇（政事、經濟、紳耆、學藝、教育、醫術、節孝懿行、抗日、人物圖目）	人物篇（政治、實業、藝文、醫藥、教育、宗教）	-	清領時期及戰後人物
宗教篇（早期的宗教與歷來之宗教政策、鹿港之寺廟教堂、鹿港的寺廟神及重要祭典、神明會的結構與寺廟的關係、年中行事與生命禮俗、結論）	宗教與民俗篇（鹽埔地上的聚落生活與信仰、歲時生命禮俗的韻律、家族角力與聯庄節慶、神聖空間入世之途）	第四章第二節 聚落公廟信仰	重大特殊廟會祭祀及遶境活動

資料來源：筆者整理。

書寫一篇論文已不易,更何況包含範圍廣大的鄉志,黃秀政教授（1998）總編纂〈論臺灣鄉鎮志的纂修——以鹿港鎮志為例〉所言纂修困境:資料零散不全、人才不足、經費短絀,此與中央和地方的經濟關係直接決定地方志的興衰（程洪,2019）,這些都是新園鄉的困境,黃教授所建議的解決方法:成立文獻專責單位、史料編纂人員特種考試、1997年地方志書修纂會議後列為施政工作計畫,並依〈地方志書纂修辦法〉（1946年發布,已於2004年廢除）鄉鎮市區公所編列預算外,中央縣市政府補助（黃秀政,1998）,就整體性言,有其明確性目標,但對知名度小的地方緩不濟急。

（二）可能的解決途徑

筆者再試從商管、教育行政常用 SWOT 分析出發,分析目前各面向的組成因素,提出可能的解方。SWOT 個別意涵,如表八所示,優勢和劣勢是衡量內部環境因素,機會和威脅是衡量外部環境因素,整合成了解這事上所處的位置是如何。優勢是既有的,可能成功;劣勢是既有的,可能失敗的;而機會是存在外部未來可能持有和可能成功;威脅則是存在外部未來可能持有但可能會失敗。

表八　優劣勢等相關概念之分別

		時間／範疇向度	
		存於內部,現在已經持有	存於外部,未來可能持有
結果向度	可能成功,產生喜悅和獲益	優勢 S	機會 O
	可能失敗,產生不悅和阻礙	劣勢 W	威脅 T

資料來源:葉連祺、林淑萍,〈SWOT 分析在國內中小學行政決策應用之檢討及改進〉,《學校行政》第29期（2004）,頁21。

表九　書寫新園鄉鄉志 SWOT 分析

	優勢 Strength	劣勢 Weakness
內部環境因素	學術訓練或領域專長，如：戰後報導作品、他鄉鎮志、文獻期刊、全鄉性質學位論文	日益繁雜公務行政無餘力可協助，如：鄉內耆老凋零、鄉內人口遞減鄉內清領、日治時期資料甚少非文史所學背景
	機會 Opportunity	威脅 Threat
外部環境因素	數位化圖書館資料、學術研討會交流或徵集、相關期刊專家檢視	缺乏經費支持、報酬率低的工作、無適當領域專業人才投入

資料來源：筆者自我分析。

由表八說明配合新園鄉鄉志書寫可能的影響因素分析如表九，而兩兩成對生成可能的解決途徑有 SO、ST、WO 和 WT 四類策略。首先，SO 策略，將未出版的全鄉域性質學位論文請臺灣史專家檢視，以求其完備性；WO 策略，鄉內耆老凋零、清領及日治時期資料甚少，轉劣勢為機會，即在研討會交流被忽視的概念及徵集更多管道（已知有中央研究院人文社會科學聯合圖書館、國立臺灣大學圖書館、國立臺灣圖書館、國史館臺灣文獻館、國立臺灣歷史博物館、三大報舊報紙資訊等管道取得被忽視的資料如檔案、公報）。ST 策略，日益繁雜公務行政無餘力可協助又無十足經費，公眾場合推開能見度，大學文史系所相關團隊或許是一種方式；誠如郭怡棻〈書寫作為一種連結地方的方式〉所言：

> 近年來，由於國科會和教育部實踐型計畫的推動，大學師生紛紛走出象牙塔和在地協作。與地方互動的過程中，為了盤點地方資源和議題、開發行動方案、帶動居民參與，經常向社造經驗借鏡，地方書寫與資訊傳播就成為行動的一環。（郭怡棻，2023，62）

WT策略，讓有意願的志工或志願團體成員（如社團法人屏東縣新園鄉青年服務協會）加入行列，如田調和蒐集史料，如黃秀政教授言：「資料蒐集乃是修志過程中最重要的工作之一，其方法亦可別分為徵集和調查。」（黃秀政，1998，222）

　　洪敏麟先生於1998年6月25-26日舉辦「方志學與志書修纂討論會暨臺灣文獻業務座談會」會議上言：「方志的編修應該是團體努力的成果，而不是個人的獨立完成。」（黃秀政主持，張尊敏、楊活源紀錄，1998，266）由以上的論述可知，鄉志要有內外在助力，一氣呵成。筆者目前能做的是透過SWOT 分析，將族群歷史論文的初步結果請臺灣文史相關期刊專家檢視，提供更完備觀點；其次，期盼研討會得到更多交流的機會，或許有突破點。

五　結語

　　地方志纂修有其傳統的原則，本文前段林開世先生提明確的標準：文字為主、不再只是行政要求、博詳完整而精確的要求、教化功能；若再加上近年張火木先生所言鄉鎮志撰述原則──「略古詳今」，以專案計畫方式辦理，簡明流暢、雅俗共賞之語體文書寫且圖文並茂（張火木，2007），一套地方志書由內而外成書，吸引讀者目光，使志書達最佳的功效。正如王良行教授提及鄉鎮志基本的功能，「對本地人言，有資治、教育、文化、公關、存史、反省、展望；對外方面，資治、學術、吸引投資、觀光、收藏。」（王良行，1999，9-15）

　　臺灣方志到屏東縣地方志書的纂修步調，受到日治遺緒、戒嚴解嚴、鄉土意識及1990年代政府法令鼓勵，有多元化的纂修成長，量與質皆可見；近年郭怡棻〈書寫作為一種連結地方的方式〉一文所言內容，更是打開地方書寫的視野，可考慮融入鄉鎮志的篇章。屏東縣鄉鎮志趁1990年代政府法令鼓勵潮流，修纂志書成書時間多數在1990年代之後，甚至有二版、再續修的情景；屏東縣村部聚落史誌，筆者所見有限，應該有更多史料和志書；然就蒐集的志書而論，村部落的家族世系的傳承獨具一格，原住民的動植物、社會

制度尤顯獨樹一格；已蒐集的書，客家村地方志書比閩南族群多，而舊地原為平埔族今日村聚落凝聚意識完成志書尤顯眼。就親民的觀點言，越基層的村誌部落誌應述說方式大於論說方式。

　　林美容教授（2000）所說，完成地方志書須要結合不同專長的人，但1990年代後，分工細，志書（偏向論說與敘述兼具）被認為非論文，學術性低，少學者主動投入。新園鄉全域相關文史文獻，於筆者書寫新園鄉報導文學作品時，只有莊勝全先生一篇，而後接續張素勤老師的大陳移民碩論、方冠丁先生仙隆宮建築風水，以及筆者碩論和新園地區民居防禦性文章；最難的無中生已有初步史料，接續戰後新園鄉應有多方能為之力，雖不期盼日治初期當代鄉鎮志纂修代表的《苑裡志》修撰者皆為苑裡人（顏清梅，2003），新園鄉鄉志書寫或纂編相關任務，除地方創生團隊或返鄉服務隊協助為可能的解決途徑外，將已完成的未投稿出版的文章請專家點評和建議，引起共鳴的前輩提供相關經驗是本文另一的解徑，為屏東縣鄉鎮志盡一點心力，希冀全屏東縣鄉鎮市都有屬於自己所在地的方志書。

參考文獻

一　書籍

〔美〕Mike Crang 原著者，王志弘、余佳玲、方淑惠譯者：《文化地理學》，臺北：巨流圖書公司，2008年。

王良行：《鄉鎮志撰修實務手冊》，臺中：中興大學，文建會中部辦公室，1999年。

江敬業：《鹽埔鄉志增錄》，屏東：屏東縣鹽埔鄉公所，2018年。

來新夏：《中國地方志》，臺北：臺灣商務印書館，1995年。

周　迅：《中國的地方志》，臺北：臺灣商務印書館，1994年。

林天蔚：《方志學與地方史研究》，臺北市：南天書局，1995年。

林美容：《鄉土史與村庄史——人類學者看地方》，臺北：臺原出版社‧臺原藝術文化基金會，2000年。

李錦旭主編：《屏東縣地方學的多層次建構與協作——2023年第三屆屏東學學術研討會論文集》，臺北：萬卷樓圖書公司，2024年。

盛　寧：《新歷史主義》，臺北：揚智文化事業公司，1996年。

陳智瑋：《竹田鄉采風錄～頓悟踏查》，屏東縣：屏東縣竹田鄉公所，2018年。

曾喜城：《內埔鄉民寫歷史》，屏東：三間屋文化工作坊，2012年。

黃典權：《重修屏東縣志》，屏東：屏東縣政府，1998年。

黃森松：《增補阿里港志》，屏東：屏東縣里港鄉磚仔地社區發展協會，2020年。

鍾桂蘭、古福祥纂修：《屏東縣志》共六冊，臺北：成文出版社有限公司，1983年。

二　單篇論文

卞鳳奎：〈民國三十八年以後臺灣地方志書一覽表〉,《臺灣文獻》第54卷第1期，2003年，頁249-294。

王　沉：〈關於地方誌〉,《食貨半月刊》第2卷第1期，1935年，頁1-2。

王御風：〈地方學的發展與挑戰〉,《思與言：人文與社會科學雜誌》第49卷第4期，2011年，頁31-55。

王良行：〈鄉鎮志體例另論〉,載於許雪姬、林玉茹主編：《五十年來臺灣方志成果評估與未來發展學術研討會論文集》,臺北：中央研究院臺灣史研究所，1999年，頁259-310。

李宗翰：〈清代地方志的知識性質——以光緒《金門志》為例〉,《漢學研究》第33卷第3期，2015年，頁242-243。

林開世：〈方志的體例與章法的權力意義：傳統與現代間的斷裂〉,《國史館館訊》第2期，2009年，頁8-25。

高志彬：〈臺灣方志之纂修及其體例流變述略〉,《臺灣文獻》第49卷第3期，1998年，頁187-205。

張火木：〈臺灣地區鄉鎮志出版情形之探討（1949-2007）〉,載於《海峽兩岸檔案暨微縮學術交流會論文集》,2007年，頁51-63。

張圍東：〈地方文獻刊物發展概述〉,《全國新書資訊月刊》民國96年9月號，2007年，頁41-46。

張翰璧、張維安：〈國家歷史的基石：村史的在地書寫〉,《客‧觀》創刊號，2011年，頁70-79。

莊勝全：〈清代屏東新園地區發展初探——以鯉魚山功能的轉換為例〉,《臺灣人文》第8號，2003年，頁191-205。

郭怡棻：〈書寫作為一種連結地方的方式〉,《臺灣出版與閱讀》112年第2期（總號第22期），2023年，頁58-65。

陳紹馨：〈新方志與舊方志〉,《臺北文獻》第5卷第1期，1956年，頁1-6。

程　洪：〈地方志體裁的演化與社會結構的變遷：一個宏觀的史學方法論探

索〉，《天祿論叢——中國研究圖書館員學會學刊》第9卷，2019年，頁83-96。

黃秀政：〈「地方史志編纂與研究」專輯（下）導讀〉，《臺灣文獻》第68卷第1期，2017年，頁1-4。

黃秀政：〈論臺灣鄉鎮志的纂修——以鹿港鎮志為例〉，《臺灣文獻》第49卷第3期，1998年，頁219-226。

黃秀政主持，張尊敏、楊活源紀錄：〈「方志學與志書修纂討論會暨臺灣文獻業務座談會」會議紀錄〉，《臺灣文獻》第49卷第3期，1998年9月，頁265-278。

黃贊蒼：〈屏東新園地區民居防禦性之空間意涵〉，《屏東文獻》第24期，2022年，頁63-85。

黃贊蒼：〈橫臥在新園地上的軌跡〉，載於徐芬春編：《第八屆大武山文學獎作品集》，屏東：屏東縣政府文化處出版，2008年，頁71-93。

楊護源：〈清代鳳山縣志的書寫與視角〉，《高雄師大學報》第35期，2013年，頁21-34。

葉連祺、林淑萍：〈SWOT分析在國內中小學行政決策應用之檢討及改進〉，《學校行政》第29期，2004年，頁17-37。

蕭明治：〈論戰後臺灣方志的發展——以鄉鎮志為例〉，《臺灣文獻》第58卷第2期，2007年，頁109-158。

顏清梅：〈日治初期臺灣鄉鎮志纂修之研究——以苑裡志為例〉，《臺灣文獻》第54卷第1期，2003年，頁225-248。

三　學位論文

方冠丁：《宮廟建築風水應用之探索——以屏東縣新園鄉仙隆宮為例》，屏東：國立屏東科技大學土木系所碩士論文，2018年。

邱宗治：《台灣農村聚落規劃之研究——以屏東縣新園鄉港墘村為例》，臺北：國立臺灣大學土木工程研究所碩士論文，1980年。

張素勤：《大陳移民的聚落發展與社會生活變遷——以屏東縣新園鄉中興新村為例》，花蓮：國立東華大學臺灣文化學系碩士論文，2014年。
黃贊蒼：《屏東縣新園鄉族群歷史與人文產業研究》，屏東：國立屏東大學中國語文學系碩士學位論文，2021年。

屏東古典詩人陳明鏘研究初探
——以《陳明鏘先生紀念詩詞畫集》中有關屏東的詩、詞、曲為例

劉誌文[*]

摘要

　　陳明鏘先生，誕生於1935年2月28日，逝世於2011年1月23日，享年77歲。先生平生致力於研究古典文學，傳承中華國粹。於研究學有專精；於傳承不遺餘力。尤其於2002年10月，其與屏東市各校教師藍奉忠、湯連惠、杜紫楓、周素昭、宋雯賢、黃靜娟、施淑汝、劉誌文、郭春蘭、黃偉菖，暨屏東基督教醫院督導馬世亭小姐，共同發起成立「屏東仁愛國風詩社」，並擔任社長，致力於推動欣賞創作古典詩詞、復興傳統文化，對屏東文學之貢獻，實功不可沒！陳明鏘先生一生從事教育工作，個性恬澹自適，不求名利，一輩子悉心戮力於復興中華文化，舉凡古典詩、詞、曲、書法、國畫及國樂，皆深入鑽研、樂在其中，並有豐富之創作且不吝提攜後進。

　　本文將論述陳明鏘先生的生平以及其有關屏東之古典詩、詞、曲等創作。祈為屏東文學之古典篇增添新的一頁。

關鍵詞：臺灣文學、屏東文學、陳明鏘、漢詩

---

[*] 國立屏東大學附設實驗國民小學退休教師、國立中山大學中國文學系博士候選人。

一　前言

　　2023年10月，由黃文車主編，王國安、余昭玟、林秀蓉、傅怡禎、黃文車、楊正源、鍾屏蘭所著的《屏東文學史》[1]出版，這是屏東文學界的一件大事。《屏東文學史》的第二章，是由黃文車所執筆書寫的〈清領至日治時期的屏東古典文學〉[2]，分別書寫了清領時期的屏東古典文學以及日治時期（1895-1945）的屏東古典文學。可惜的是，日治時期以後的屏東古典文學尚付之闕如。

　　陳明鏘（1935年2月28日～2011年1月23日）雖不在臺灣出生，但於1946年隨父親陳文俊[3]來臺之後，幾乎全在屏東工作與生活。更於2002年與友朋共同創立「屏東仁愛國風詩社」，也帶領友朋寫下了與屏東地景有關的詩、詞、曲等古典文學創作。筆者跟隨陳明鏘先生學習古典詩詞多年（2002-2011），與先生全家熟識。茲不揣淺陋，介紹陳明鏘先生的生平以及其有關屏東之古典詩、詞、曲等創作。祈為屏東文學之古典篇增添新的一頁。

二　陳明鏘先生之生平述介

　　陳明鏘（1935年2月28日～2011年1月23日），生於福建省福州，自幼從其父親陳文俊（1908年12月7日～1992年12月10日）學習作詩填詞，奠定了傳統詩詞的根基。在國共內戰期間隨軍遷移各地短暫就學，1946年隨父親的軍隊來到臺灣，才在屏東完成高中學業。高中畢業後就讀於政工幹校第四期（政戰學校前身），畢業後服役於嘉義縣大林鎮。1957年任教於屏東縣恆春初級中學任教國文。同年與康昭女士結婚。（婚後育有子女三人，長子鼎元、

1　黃文車主編：《屏東文學史》，臺北：萬卷樓圖書公司，2023年。
2　黃文車主編：《屏東文學史》，頁33-84。
3　著有《象崗別館吟草》詩集，因其祖居於福州市西門外象崗山下也。曾在1985年夏，與同好者正式成立「洛杉磯晚芳詩社」。

次子鼎方、長女毓華）後申請轉調至屏東市明正初級中學任教國文。1970年屏東市中正國民中學創校，再轉至該校任教國文。1972年在中正國中成立國樂團，擔任教練。退休後創立國風詩社，並受聘至高雄女子監獄及屏東監獄任榮譽教誨師，指導受刑人國畫、對聯、書法、國樂。[4]

綜觀陳明鏘先生，其一生大部分時間都在屏東工作與生活，詩、詞、國畫、國樂皆其所擅。曾任屏東縣明正國中、中正國中教師，於2002年與友朋共同創立「屏東仁愛國風詩社」。自1994年至2011年1月，擔任屏東監獄榮譽教誨師，期間並成立收容人文詞欣賞班級詩歌朗誦班、屏東監獄職員國畫社、屏東監獄職員詩詞社等，並因此而榮獲南部七縣市社教有功人員表揚。

陳明鏘先生一生從事教育工作，個性恬澹自適，不求名利，一輩子悉心戮力於復興中華文化，舉凡古典詩、詞、曲、書法、國畫及國樂，皆深入鑽研、樂在其中，並有豐富之創作且不吝提攜後進。為屏東地區留下了精采的古典詩詞與對聯。

陳明鏘先生與其所教導的學生湯連惠、黃偉菖、杜紫楓、許櫪珍、方錦柔、施淑汝、周素昭、宋雯賢、黃靜娟、劉誌文、郭春蘭、馬世亭等人，收集自2002年至2006年詩友們創作的絕句、律詩、詩鐘、詞等逾一千多件作品，出版有《國風詩詞集（上）》一書。[5]

2011年1月23日陳明鏘先生逝世後，其後人與學生編輯先生作品，於2012年10月出版了《陳明鏘先生紀念詩詞畫集》一書。[6]

本文將介紹陳明鏘先生有關屏東之古典詩、詞、曲等創作。祈為屏東文學之古典篇增添新的一頁。

4　根據2024年9月3日陳明鏘先生長子陳鼎元先生所提供之陳明鏘先生事略編寫。
5　陳明鏘等：《國風詩詞集》上冊，屏東：屏東國風詩社，2006年。
6　陳明鏘：《陳明鏘先生紀念詩詞畫集》，屏東：屏東國風詩社，2012年。

三　《陳明鏘先生紀念詩詞畫集》中有關屏東的詩、詞、曲作品探析

（一）詩

〈春三地門[7]紀遊二首（一）〉七絕，尤韻
山自青蔥水自流。尋幽探勝我來遊。
小亭含笑迎詩客，天地無私任去留。
〈春三地門紀遊二首（二）〉七絕，刪韻
閒愛溪聲靜愛山。浮雲野鳥恣飛還。
塵煙夾岸何時靖，不見桃花展笑顏。[8]

三地門鄉距離陳明鏘先生所居住的屏東市並不遠，可藉地利交通之便經常往遊。兩首應是春天不同的時間前往後所創作。第一首從山上往下俯視。先描寫三地門的外在景觀青山綠水（隘寮溪），再寫作者來此尋幽探勝一番。第三句一轉，寫山上小亭似是含笑歡迎來訪的詩人賓客，實是寫今日來訪的詩人賓客是心情愉悅的。末句再總結天地山川的廣闊無私，任人來去、自由悠遊。

第二首從隘寮溪的溪谷往上仰視。靜聽溪聲淙淙，遙望遠山青青，看著天邊的浮雲與傍晚時刻飛翔的野鳥隨意歸巢，第三句一轉，以隘寮溪兩邊堤岸的塵煙比喻海峽兩岸的煙硝不斷，最後以「不見桃花展笑顏」的詩人憂心作結。

7　三地門鄉（排灣語：Tjimur）位於臺灣屏東縣北端，為屏東縣的山地鄉之一。北臨高雄市茂林區、六龜區，東鄰霧臺鄉，西鄰高樹鄉、鹽埔鄉，南接內埔鄉、瑪家鄉。面積為196.3965平方公里，是屏東縣面積第三大的行政區（僅次於獅子鄉及霧臺鄉）。地處山地與平原的交界地帶，多屬丘陵地形，海拔在100-2159公尺之間，有隘寮溪流經鄉境。

8　陳明鏘：《陳明鏘先生紀念詩詞畫集》，頁71。

〈訪吳氏山莊〉[9] 七絕，元韻
小遊勝日到山村。柳護花遮滿翠園。
亂世逃秦何處去，原來此地有桃源。

〈訪吳氏山莊四首（一）〉七絕，元韻
花紅柳綠滿芳園。瑞氣氤氳罩柴門。
小坐涼亭消世慮，詩聲細和瀑聲湲。

〈訪吳氏山莊四首（二）〉七絕，陽韻
春遊世外訪山莊。花自深紅柳自芳。
怒瀑潺潺如小詠，騷人正合滌詩腸。

〈訪吳氏山莊四首（三）〉七絕，先韻
青蔥環繞翠含煙。鳥語蟬聲勝管絃。
舊雨新知皆盡興，難能半日作神仙。

〈訪吳氏山莊四首（四）〉七絕，元韻
故人厚意訪仙源。塵外清幽一翠園。
亂世正宜高士臥，蟬吟鳥唱瀑潺湲。[10]

〈訪吳氏山莊〉七律，陽韻
故人有約訪山莊。正值幽園嫩草香。
舞柳多情迎墨客，游魚繾綣擁荷塘。
翠巒玉石華泉激，瓊樹琪花錦蝶忙。
小坐閒亭消俗慮，誠知隱者用心長。[11]

第一首〈訪吳氏山莊〉（七絕）寫作者於天氣晴朗的好日子，懷著好心情到此山村小遊一番。山莊滿園翠綠，柳多得掩護住山莊，花多得遮住視線。此處好比是亂世逃避秦政的桃花源啊！

---

9 陳明鏘先生之友吳先生的私人山莊，位於大武山下屏東縣沿山公路185縣道路旁。
10 陳明鏘：《陳明鏘先生紀念詩詞畫集》，頁97-98。
11 陳明鏘：《陳明鏘先生紀念詩詞畫集》，頁232。

〈訪吳氏山莊四首（一）〉寫吳氏山莊滿園有綠柳紅花，在大武山下的莊園滿布著山嵐，煙雲瀰漫籠罩柴門。在涼亭小坐可以消除俗世的憂慮，詩人們小聲地吟唱詩歌應和著瀑布的水流聲。

〈訪吳氏山莊四首（二）〉寫於春天到訪有如世外桃源的吳氏山莊，滿園的紅花綠柳兀自吐露芬芳。強勁的瀑布水聲潺潺，好像大自然在歌詠吟唱詩篇，這潺潺的水流聲，正好可以給我們這些騷人墨客們清淨俗耳，引發詩情啊！

〈訪吳氏山莊四首（三）〉寫吳氏山莊草木繁盛，清翠而煙雲瀰漫。鳥語啁啾、蟬聲唧唧勝過交響樂團的演奏。新舊好友來吳氏山莊旅遊都感到十分盡興，好像神仙一般地偷得了浮生半日閒！

〈訪吳氏山莊四首（四）〉寫老朋友深厚的情意到訪此有如仙境般的桃花源。吳氏山莊是超越世俗塵囂之外，清靜而幽雅的翠綠莊園。身處這個動盪不安的時代，吳氏山莊正好適宜品德高尚而隱居不仕的君子在此遁隱，終日聆聽蟬吟唧唧、鳥唱啾啾、瀑聲潺潺啊！

最後一首〈訪吳氏山莊〉（七律），寫老朋友相約來訪吳氏山莊，正好是清靜而幽雅的莊園內的嫩草發出清香之時。隨風舞動的柳樹，好似多情地歡迎我們這些騷人墨客。水中悠游的魚兒猶如情意纏綿、不忍分離地聚集在種滿荷花的池塘。青翠的山巒，美麗的玉石，光澤的泉水噴濺激盪著。美好的樹木，精緻的花朵，惹得色彩鮮豔的蝴蝶忙著穿梭其間。心境清閒地小坐在涼亭，消除俗世的憂慮，這時才真正體會知道，隱居的人他的用心良苦啊！

〈國風詩社[12]一周年二首（一）〉七絕，先韻

國風立社一周年。筆硯勤耕大雅賢。

喜見三唐瑤韻續，溫柔敦厚賴流傳。

---

12 指於2002年10月，由陳明鏘先生與屏東市各校教師藍奉忠、湯連惠、杜紫楓、周素昭、宋雯賢、黃靜娟、施淑汝、劉誌文、郭春蘭、黃偉菖，暨屏東基督教醫院督導馬世亭小姐，共同發起，所成立的「屏東仁愛國風詩社」，陳明鏘先生擔任詩社社長與教席。

〈國風詩社一周年二首（二）〉七絕，豪韻

社立吟旌志續騷。一年歌唱曲彌高。

詩壇所見皆凋盡，惟有國風意氣豪。[13]

〈國風詩社三周年〉七絕，侵韻

菊黃大地又秋深。三載國風正氣音。

應是蒼天敦雅意，故教我輩發長吟。[14]

〈國風詩社一周年二首（一）〉寫國風詩社成立一周年，詩社的社友們在一起共同學習，勤勞筆耕創作，個個都是風雅賢能的詩人。非常喜悅地看見初唐、中唐、晚唐以降珍貴而美好的詩韻能夠傳承延續下去。溫柔敦厚，也就是溫和而篤實寬厚的詩教，可以依賴傳承而能繼續流傳。

〈國風詩社一周年二首（二）〉寫國風詩社成立的宗旨志在延續風雅的詩詞。歷經一年的努力，大家的詩詞愈作愈好，境界也愈來愈高。屏東縣的古典詩壇目前所見盡皆衰落。唯有國風詩社意氣風發足以自豪。

〈國風詩社三周年〉寫在深秋，黃色的菊花開滿了大地，國風詩社成立三周年，所發之音為天地間至大至剛之正氣。應該是上蒼老天敦促我們的風雅之意，所以教我們這些詩人長聲吟詠、創作詩歌吧！

〈賀仁愛國小[15]創校八十周年慶（一）〉七絕，寒韻

清芬明德見忠肝。作育英才立杏壇。

仁愛能教春化雨，良師興國作標竿。

13　陳明鏘：《陳明鏘先生紀念詩詞畫集》，頁89。
14　陳明鏘：《陳明鏘先生紀念詩詞畫集》，頁110。
15　位於屏東縣屏東市仁愛路98號的一所歷史悠久的國民小學，民國13年4月1日，由屏東公學校抽出女生259人編為7班，創立女子公學校。民國35年4月10日改名為屏東市北區仁愛國民學校。民國39年10月1日改名為屏東縣屏東市仁愛國民學校。國風詩社曾於2002年10月起至2010年5月止，商借仁愛國小的教室作為社址與上課的地點。故陳明鏘先生有此作品。

〈賀仁愛國小創校八十周年慶（二）〉七絕，歌韻
朝暉暮靄聽絃歌。八十年來校譽多。
啟瞶震聾吾輩責，春風化雨育菁莪。
〈賀仁愛國小創校八十周年慶（三）〉七絕，先韻
春風化雨入心田。八十年來育聖賢。
請看域中樑與棟，都從仁愛得薪傳。[16]

〈賀仁愛國小創校八十周年慶（一）〉寫清新芬芳、崇高顯明的德性，可以顯示見義勇為的忠誠。仁愛國小歷年來培育優秀的人才，樹立了教育界的典範。仁愛國小以和藹親切的教育，來嘉惠莘莘學子，優良的教師可以振興國家，作為努力的目標與方向。

〈賀仁愛國小創校八十周年慶（二）〉寫仁愛國小的學生，在早晨的陽光中上學，傍晚的雲霧中放學，在學期間聽著上下課的鐘聲作息，絃歌不輟。仁愛國小創校八十年來校譽優良眾多。要善用語言文字來喚醒糊塗麻木的人，是我輩的職責，更要以和藹親切的教育來培育優秀的人才。

〈賀仁愛國小創校八十周年慶（三）〉寫仁愛國小和藹親切的教育深深地刻入學子的心田。八十年來培育了許多的聖人與賢人。請看國內許多的棟樑之材，都是從仁愛國小的老師手中傳給學生，傳承綿延不盡，世代相傳的。

〈屏東基督教醫院[17]創院五十周年慶（一）〉七絕，侵韻
懸壺濟世表天心。妙手回春見杏林。
基督精神長不朽，朝朝暮暮報佳音。

---

16 陳明鏘：《陳明鏘先生紀念詩詞畫集》，頁82-83。
17 屏基醫療財團法人屏東基督教醫院（簡稱屏東基督教醫院、屏基）是1953年由白信德、畢嘉士和傅德蘭等人開辦的診所，1956年由挪威協力會（The Mission Alliance）接辦診所並改名為基督教診所，並在1964年設立財團法人屏東縣私立基督教醫院。今日位於屏東縣屏東市大連路60號與屏東市建豐路2巷113號。

〈屏東基督教醫院創院五十周年慶（二）〉七絕，陽韻
紛紛醫苑說岐黃。此處高明有祕方。
痼疾沉疴何所畏，可憑術德保安康。[18]

〈屏東基督教醫院創院五十周年慶（三）〉七絕，先韻
濟世懸壺五十年。高屏醫遍維摩仙。
仁心妙手回春術，博愛精神萬口傳。

〈屏東基督教醫院創院五十周年慶（四）〉七絕，尤韻
世人疾病久煩憂。一到屏基不用愁。
請看來時多苦臉，從茲出去喜難收。

〈屏東基督教醫院創院五十周年慶（五）〉七絕，侵韻
五十年來博愛心。椰城醫癒苦呻吟。
人間何處真消息，惟獨屏基有福音。

〈屏東基督教醫院創院五十周年慶（六）〉七絕，陽韻
五十年來歲月長。沉疴醫癒有良方。
基督術德人間少，眾口同聲眾頌揚。

〈屏東基督教醫院創院五十周年慶（七）〉七絕，尤韻
醫療器材第一流。高明術德此奇優。
耶穌博愛精神在，病入膏肓有甚愁。[19]

〈屏東基督教醫院創院五十周年慶（一）〉寫屏東基督教醫院於1953年創立，至2003年創立滿50周年，懸壺濟世行醫救人無數，代表著天上基督的博愛之心。屏東基督教醫院醫師的醫術高明，能把垂危的病人治癒，望重於醫學界。基督博愛的精神恆長不朽，從早到晚，日復一日，傳出將病人治癒的好消息！

〈屏東基督教醫院創院五十周年慶（二）〉寫各地醫療院所，總是接連不斷地訴說自己的醫道有多麼的好，屏東基督教醫院的醫術是高明而有祕方的。就算是多年難治的疾病又有什麼好懼怕的呢？屏東基督教醫院的高明的

---

18 陳明鏘：《陳明鏘先生紀念詩詞畫集》，頁83。
19 陳明鏘：《陳明鏘先生紀念詩詞畫集》，頁85。

醫術與崇高的醫德可以確保你的平安與健康。

〈屏東基督教醫院創院五十周年慶（三）〉寫屏東基督教醫院懸壺濟世行醫救人五十年。屏東基督教醫院醫治的病人遍布高屏地區，使眾人身體健康、延年益壽。仁愛之心與能把垂危的病人治癒的高明醫術，使得基督博愛的精神萬口傳頌。

〈屏東基督教醫院創院五十周年慶（四）〉寫世上之人有疾病時，就會長久煩惱憂愁。一到屏東基督教醫院就不用憂愁了。請看病人來醫院時大多是愁眉苦臉的，但是看完病，從屏東基督教醫院出去時的欣喜之情卻是難以形容的。

〈屏東基督教醫院創院五十周年慶（五）〉寫屏東基督教醫院創院五十年以來，秉持博愛的中心思想，在椰城屏東醫療治癒了許許多多痛苦呻吟的病患。若是要問人世間什麼地方才有真實確切的消息，也唯獨只有屏東基督教醫院能傳遞這種福音。

〈屏東基督教醫院創院五十周年慶（六）〉寫屏東基督教醫院創院五十年的漫漫歲月以來，醫師對於治癒多年難治的疾病有良好的方法。屏東基督教醫院高明的醫術、崇高的醫德人間少有，大眾都異口同聲地中心頌揚褒揚。

〈屏東基督教醫院創院五十周年慶（七）〉寫屏東基督教醫院有一流的醫療人才與器材，高明的醫術與崇高的醫德在此處是特別的優秀的，就算病患在別處病重，被診斷為無藥可救，來到屏東基督教醫院就不必憂愁了。

〈墾丁[20]遊〉七律，庚韻

青松綠竹尚冬菁。乘興遨遊契墾丁。
北嶺梅開西閣蕊，南園菊採東籬英。
海天一色家鄉杳，霞鶩齊飛客思生。

---

[20]「墾丁」舊名「墾丁寮」，起源自清領時期光緒三年（1877）官方設置招墾局，募得粵籍客家人壯丁在此搭寮墾荒而得名。《恆春縣志》亦記載墾丁莊為「客番雜居」（客家人與原住民雜居）的村落；另外亦有同治年間開墾之說法。該聚落舊址原在大尖石山山麓，本只是個小地名，今日一般指墾丁路夜市（仍在大尖石山下），行政上隸屬於屏東縣恆春鎮墾丁里。由於後來成為國家公園名稱，亦常泛指整個恆春半島地區。

洞裡群仙[21]歡席罷，日觀峯上落銅鉦。[22]

〈墾丁遊〉寫墾丁位於臺灣最南的恆春，到了冬天，松、竹依然青綠，尚是菁菁繁茂之狀。我乘著遊興，逍遙自在地遊玩，與墾丁是多麼地契合。北邊山嶺西閣旁的梅樹已經開出花蕊，我在南邊的莊園效法陶淵明去採東籬的菊花。向西一望，海天一色，家鄉福州不見蹤影。彩霞與孤鶩齊飛的景象令我這個遊客思鄉之情油然而生。仙洞裡的群仙歡樂地舉辦筵席停罷，在日觀峯上落下了銅鉦。

〈離恆春有贈〉[23] 七律，尤韻
局促南冠類楚囚。遷身還嘆學齊優。
三年不負窗燈志，一別忍看桃李秋。
斟酌人生須歡樂，浮游世上任驅留。
天涯海內存知己，俚語半箋結友儔。

〈離恆春有贈〉寫這些在恆春初級中學念書的學生們，局促在臺灣最南的頂端類似楚囚一般。感嘆品學齊優，還無法優遷或升拔。三年來看著你們在窗燈下苦讀沒有辜負了遠大的志向，如今師生一別恐怕要好幾年才能再見面。人生若要決定取捨必須是歡樂的，我們漫游周流在世上，有時就會任憑別人驅趕或挽留。今天雖然我要離開了，但願天涯海角我們仍如同知己一般，留

---

21 仙洞，位於墾丁國家森林遊樂區內，洞內各種景象皆為鐘乳石凝結而成，在燈光掩映中宛如墮入幻化的世界裏，令人嘆為觀止。依照外貌形象的特徵，分別命名為微笑老人、鐘乳瀑布、懸垂寶蕊、南極仙翁等別名，可考驗遊客是否有好眼力分辨出來。仙洞全長127公尺，另有支洞30公尺，是臺灣最長的石灰岩洞。鬼斧神工的天然美景，配合明亮的燈火照明設備，色彩繽紛層次錯落的景緻，也難怪它成為墾丁最具代表性的地形景觀之一。
22 陳明鏘：《陳明鏘先生紀念詩詞畫集》，頁200。
23 陳明鏘先生1957年曾任教於屏東縣恆春初級中學，主授國文。推斷此為陳明鏘先生調離恆春贈學生之作。

給你們一些隻字半語，和你們結交當作同輩的好朋友。

〈高屏道上〉七律，豪韻
淡溪[24]兩岸長蓬蒿。搖曳臨風類鳳毛。
晝夜車馳劉伯道，春秋浪湧曹公濠。
九槐堂外虹霓曲，萬壽山前日月高。
夕照樹梢疑有戀，歸林飛鳥踏松濤。[25]

〈高屏道上〉寫下淡水溪，也就是高屏溪的兩岸長滿了飛蓬與蒿草。臨風搖曳晃蕩類似鳳鳥的羽毛。車輛日夜奔馳在劉伯道上，一年到頭河浪湧向曹公圳。九槐堂外有彎曲的虹與霓，萬壽山前高掛著日與月。夕陽照在樹梢令人懷疑有所愛戀，回歸森林之家的飛鳥，對著清風吹松樹所發出像波濤般的聲音，應和般地踩踏著腳步。

〈遊東山寺〉[26]七律，魚韻
竹林深處隱幽居。修道神仙此結廬。
貝葉[27]聲含三昧[28]偈[29]，禪枝光照六根[30]疏[31]。

---

[24] 淡溪，指的是「下淡水溪」，即今日之高屏溪。「下淡水」之名來自高屏馬卡道族「鳳山八社」中之「下淡水社」（荷譯為Verrovorongh），又名下澹水、麻里麻崙。下淡水社確切位置約在今日屏東縣萬丹鄉社上村附近，其範圍則遠達內埔鄉新東勢等地。
[25] 陳明鎝：《陳明鎝先生紀念詩詞畫集》，頁204。
[26] 東山寺為東山禪寺之簡稱。東山禪寺位在屏東市勝利里修德巷6號，供奉釋迦牟尼佛，民國十三年六月創建，由信徒林慶雲等人捐資建成，次年三月，興建殿堂及左右兩室、拜亭等，稱為「屏東佛教臨濟宗佈教所」，聘請日僧東海宜誠為第一任主任。民國十七年，迎請詮淨法師繼任，隔年三月以該寺位於半屏山之東，同時取六祖大開東山法門之意，更名為「東山禪寺」。
[27] 貝多樹的樹葉，古代印度人將佛經書寫於上。
[28] 原係梵文Samadhi，漢譯為定、正受、息慮凝心之意。
[29] 梵語gāthā的音譯。意譯為頌、諷頌。本為梵語文學的贊歌、詩句。每偈由固定的音節的四句組成，音節的格式種類不一。在中國則用來指佛教修行者的宗教詩。
[30] 能接觸外境與心境的眼、耳、鼻、舌、身、意（心理）的六種感官功能。
[31] 闡明經義或古注的文字。

九天香火均如昔,三界[32]凶災尚似初。
佛手願將双放下[33],逐歸北岱逋逃[34]車。[35]

〈遊東山寺〉寫東山寺位居於竹林深處,隱密幽靜的地方。修行到神仙到此地構結廬舍,建造房屋。誦唸佛經的聲音,意含定、正受、息慮凝心的讚詩。富含禪理的枝椏被光照耀,使眼、耳、鼻、舌、身、意等六種感官都有所闡明。九重天的香火都如往昔一般,欲界、色界、無色界等三界的凶險災害尚且像當初一般。一個人如果能擁有平等心、慈悲心,就能將生活中的種種不滿,環境、人事的不如意,心中的計較不平都能放下。

〈遊小琉球〉[36] 五律,尤韻
啣命琉球去,樂從彼岸遊。
灘頭舟唱晚,海宇鳥橫秋。
悵望鄉關樹,驚登島外樓。
干戈猶未靖,赤禍幾時休。[37]

〈遊小琉球〉寫作者奉命去小琉球出差,樂意從那邊的海岸開始旅遊。海邊灘頭有漁舟唱晚,海域天下有飛鳥橫越秋日的天空。情緒落寞而想望故鄉的老樹,在驚訝中登上島外的閣樓。世上的干戈戰爭仍然還未停止,紅禍何時才能休止呢!

---

32 三界(梵語:त्रैलोक्य,羅馬化:trai-lokya),佛教用語。三界為:欲界、色界、無色界。
33 佛教有一句話說:「願將佛手雙垂下,摸得人心一樣平。」一個人如果能擁有平等心、慈悲心,就能將生活中的種種不滿,環境、人事的不如意,心中的計較不平都能放下。
34 逋亡。《書經・費誓》:「馬牛其風,臣妾逋逃,勿敢越逐。」
35 陳明鏘:《陳明鏘先生紀念詩詞畫集》,頁205。
36 小琉球,又稱琉球嶼,原名拉美島,荷蘭人曾稱金獅島,是臺灣島西南方的一座外島,全境屬屏東縣琉球鄉管轄,為珊瑚礁石灰岩島嶼,面積6.802平方公里,位於屏東縣東港、高屏溪出海口西南方海面約15公里處,島上有許多石灰岩洞穴,全島在大鵬灣國家風景區範圍之內。
37 陳明鏘:《陳明鏘先生紀念詩詞畫集》,頁210。

〈恆春紀遊〉五律，庚韻
郭外長空淨，輕煙拂古城。
濤聲秋後激，松色晚來清。
貓鼻觀漁釣，鵝鑾望月明。
乾坤涼意重，黃菊正敷榮。

〈恆春紀遊〉寫恆春古城牆外晴空萬里，家家戶戶縷縷輕煙掠過恆春古城。秋天的海濤聲激越，晚上的松色冷清。在貓鼻頭觀人釣魚，於鵝鑾鼻遙望明月。天地乾坤涼意漸重，黃色的菊花正茂盛地開放著！

〈內埔昌黎祠〉[38]七律，尤韻
臨潮八月著勛猷。天啟斯文聖教修。
諫佛批鱗離帝闕，安民驅鱷靖荒陬。
詩書隔海開蓬島，俎豆南雲享客州。
萬古韓江師百世，先生與國永咸休。[39]

〈內埔昌黎祠〉寫韓愈到臨潮州僅僅八個月就有顯著的功績、功勞與遠大的謀略。蒼天開啟了禮樂制度教化，聖人之教在此獲得修持。韓愈向皇帝諫迎佛骨，批其逆鱗，遠離帝闕宮門。在潮州安定人民、驅逐鱷魚、治理了偏僻荒遠的地方。詩書隔海開化了神話傳說中的蓬萊仙島。在臺灣南部的客家庄內埔享用奉祀。韓愈此一萬古流芳的百世之師，先生與國家的命運是同生共死的。

---

38 位於屏東縣內埔鄉內田村廣濟路218號，是臺灣唯一主祀韓愈的廟宇，也是清治時期六堆培育進士與舉人的教育場所，緊鄰六堆天后宮。創建時間有二說：一說是嘉慶八年（1803）由鍾麟江倡建；一說是道光七年（1827）由武生李孟樹創建。根據鄉土文史學者說法，此祠最早並不是寺廟，而是教育地方學子之處，所以建築不以三川殿表現。

39 陳明鏘：《陳明鏘先生紀念詩詞畫集》，頁234。

〈昌黎祠〉五律，寒韻
斯文興海嶠，紫氣照迴瀾。
鸚鵡鐫金賦，風雷洗惡灘。
臨官才八月，政績已千般。
俎豆香煙盛，江山易姓韓。[40]

〈昌黎祠〉寫韓愈帶來的禮樂制度教化振興了海邊多山的地方。祥瑞之氣光照環繞的大波浪。鸚鵡洲因東漢末年的狂士禰衡一首鸚鵡賦而出名使人銘記在心。韓愈則雷厲風行清洗險惡的鱷魚灘。韓愈到臨潮州任官方才八個月，政績已如千般之多。昌黎祠祭祀的香煙繁盛，潮州百姓為表達對韓愈的紀念，就直接將當地重要的江河和山脈改名為「韓江」和「韓山」了！

〈敬字亭〉[41]七律，陽韻
文徵科斗[42]創偏旁。史據六書意義長。
倉頡三才成錯畫，聖賢千載立綱常。
教民應自尊師始，化俗先從敬字匡。
此日客家猶愛惜，可憐黯黯戀斜陽。[43]

〈敬字亭〉寫周代的古文字科斗文，信而有徵創立了偏旁，歷史上依據六書──象形、指事、會意、形聲、轉注、假借等造字原則來造字，其意義十分深長。倉頡天、地、人三才成錯畫，聖人與賢人千年來樹立三綱──君

---

[40] 陳明鏘：《陳明鏘先生紀念詩詞畫集》，頁235。
[41] 敬字亭又名聖蹟亭、敬聖亭、字紙亭。「敬字重字，崇尚文風」是深受儒家思想薰陶的傳統觀念；加上客家人對書寫後的字紙相當敬重，因此在村莊設焚燒金紙的爐亭，專門化紙。
[42] 科斗文，周代的古文字。上古筆墨未發明前，以竹梃點漆文字於書竹上，竹硬漆膩，畫不能行，文字之體乃頭粗尾細，狀似蝌蚪，故名。也稱為「科斗」、「科斗書」、「科斗文」。
[43] 陳明鏘：《陳明鏘先生紀念詩詞畫集》，頁236。

臣、父子、夫婦與五常——仁、義、禮、智、信。教育人民應從尊敬老師開始。易化風俗要先從敬字來加以匡正。時至今日客家民族仍然敬字愛惜文化，可憐有些人已心神暗淡的愛戀斜陽歪道了。

〈阿猴城[44]二首（一）〉七律，尤韻
猴城自古出獼猴。猴性精靈少遠謀。
狡點椰林如鬼魅，衣冠蕉蔭類公侯。
一朝被逐深山去，千載空餘往事悠。
萬卷詩書堪養德，世人切莫學搊搜。
〈阿猴城二首（二）〉七律，歌韻
譽滿南臺景物多。椰風蕉雨影婆娑。
聖王廟外城門古，天后宮中正氣和。
燦爛街衢興陋邑，崢嶸庠序育青莪。
殷殷寄語兒孫輩，振作精神扣角歌。[45]

〈阿猴城二首（一）〉有點像是陳明鏘先生的戲謔之作。他說猴城屏東自古出產獼猴，猴子的性情雖然精靈卻缺少深謀遠慮。一些狡詐的猴子在屏東的椰林裡如同妖魔鬼怪一般；一些衣冠楚楚的猴子在蕉影處處的屏東裡就類似沐猴而冠的官員，一旦有一天被罷官驅逐到深山去，一切都將只剩餘千載空悠悠的往事了。讀完萬卷詩書可以涵養德行，世間之人千萬不要學獼猴般的勇猛啊！

〈阿猴城二首（二）〉寫屏東譽滿南臺景物多。椰風蕉雨，在太陽照射之下，影子好像翩翩起舞著。在屏東書院之外古色古香的朝陽城門，火車站前有正氣中和的慈鳳天后宮。光彩美麗而四通八達的街路使原先狹窄的城市

---

44 阿猴城及指今日之屏東市。屏東古稱阿猴或雅猴，昔為平埔原住民馬卡道族阿緱社址，1684年便有福建海澄縣民來此建立村落，正式開墾，後則設下鳳山縣屬下淡水巡檢分署於此，並在隨後由村落發展為粗具規模的市街，成為下淡水地方的行政中心。
45 陳明鏘：《陳明鏘先生紀念詩詞畫集》，頁237。

興旺起來，辦學突出的各級學校教育了莘莘學子。我懇切地轉告兒孫輩們，要振作精神好好努力以便將來為人所重用啊！

（二）詞

〈浪淘沙（屏市古城門）〉
　　古道綠楊村。屹立城垣。當年客旅往來喧。兀傲金湯雄峙處，南國屏藩。　　歲月剩殘痕。有恨陰吞。斜陽尚照舊時門。幾許興亡都閱盡，寂寂無言。[46]

〈屏市古城門〉指的是屏東公園內的朝陽門古蹟。附近有古舊的道路與青綠的楊柳樹。想當年過客旅人熙來攘往、熱鬧非凡。朝陽門倔強而不隨俗地矗立在臺灣的南部作為藩籬屏障。經過許多歲月，如今只剩殘痕，只能暗暗地吞下遺憾。斜陽還照著古舊時光歲月的城門。它看盡許許多多的興亡盛衰，默默無語。

〈鵲橋仙（霧臺[47]遊）〉
　　山開畫卷，崖飛玉瀑，策杖尋幽小旅。行來幾曲見村家，遍罩在迷濛薄霧。　　登臺眺望，臨風詠嘯，享盡雲浮鳥語。人間處處是危筌，不若此神仙眷侶。[48]

〈霧臺遊〉寫霧臺山上如詩如畫，懸崖上有瀑布飛瀉而下，我扶著登山杖到此探尋美景，順便小旅一番。走過幾個曲折的小路，看見小小的村落人家。它們都被籠罩在迷迷濛濛的薄霧當中。登上高臺向遠方眺望，迎著風吟詠長

---

46 陳明鏘：《陳明鏘先生紀念詩詞畫集》，頁291。
47 屏東的「雲霧之鄉」之稱的霧臺鄉，是屏東縣最高的一鄉。不僅保有魯凱族部落的文化，還有如神山瀑布、哈尤溪七彩岩壁等天然美景，霧臺櫻花季時還能看到浪漫粉雨。
48 陳明鏘：《陳明鏘先生紀念詩詞畫集》，頁294。

嘯，充分享受了漫步在雲端與鳥語啁啾的喜悅。人間處處是危險的陷阱，不像在霧臺山上還可以權作神仙眷侶啊！

〈畫堂春（憶三地門吊橋）〉
橫空懸臥一瑤琴。春雲秋雨交心。高山流水奏徽音。騷客行吟。
歲月長侵古道，風霜幾換煙林。重來不見舊登臨。惆悵至今。[49]

〈憶三地門吊橋〉寫三地門吊橋好像橫空懸臥的一把用玉裝飾、音色優美的琴。春雲秋雨都交響於心。高山流水都演奏著美好的樂音。騷人墨客詩人們到此邊走邊唱吟。歲月常常侵蝕了古舊的道路，寒風冰霜幾經更替了煙霧籠罩的樹林。我再來一次時，已不見過去登臨的地點。一直失望悲愁到如今。

〈賀聖朝（萬年溪[50]之戀）〉
一彎綠水千年路。歷幾多風雨。柳梢又見燕歸來，覓故人何處。
斜暉脈脈，月華楚楚。聽夜鶯輕語。溪流不捨逝昏晨，賸夢魂無數。[51]

〈萬年溪之戀〉寫萬年溪這一彎綠水，走過了千年的水路。經歷了許許多多的風雨。柳樹的樹梢又再次看見春燕歸來，是要到哪裡去尋覓老朋友呢？夕陽斜照，脈脈含情，月光楚楚動人。靜聽夜鶯輕聲細語。萬年溪的溪流不捨晝夜地向前流逝而去，只剩下我夢中無數的思念。

---

49 陳明鏘：《陳明鏘先生紀念詩詞畫集》，頁296。
50 貫穿屏東市的萬年溪，為古籍所載之「阿緱溪」，縱貫市區長達6公里，是屏東市的生命之河。1954年市公所在萬年溪畔種植柳樹，營造「楊柳絲絲綠」之美，吊橋、柳樹、划船、垂釣是早年屏東市民最美好的記憶。在打開加蓋多年的萬年溪重新整治後，如今的萬年溪以生態、景觀、人文、休閒作為主軸，成為這座城市的新風景。
51 陳明鏘：《陳明鏘先生紀念詩詞畫集》，頁301。

〈賀聖朝（公園[52]）〉
　　朝曦冉冉光微露。聽樹梢鶯語。花前晨運樂開懷，況白頭閒步。
　　星稀月隱，柳遮煙護。毓幾多佳侶。世間兒女總癡情，正依偎低訴。[53]

〈公園〉指的是今日的屏東公園，寫早上時，早晨的陽光，慢慢地露出細微的光線。聆聽樹梢黃鶯在歌唱。在美麗的花叢之前，有許多人在做著早晨的運動，非常快樂了無牽掛，更何況是白頭的老年人悠閒地散步呢！晚上時，星光依稀月亮隱沒，在柳樹的掩蔽和煙霧的掩護之下，產生了許多對的好情侶。世間的男女總是癡傻而專情的，正彼此靠在一起，低聲地訴說著情話呢！

（三）曲

　　〈梧葉兒（望海思友）曲〉小令
　　暮靄西山樹，朝暉東海流。沙鷗自沉浮。
　　白浪兼天湧，西風八月秋。不見駕歸舟。空教我踏翻渡口。[54]

〈望海思友〉寫傍晚的雲霧瀰漫在西山的樹林，早晨的陽光照著湧流的東海。海上飛翔的沙鷗，有時飛高，有時飛低。帶有白色泡沫的海浪好像要併吞天一樣地向上湧動衝出。此時正是西風凜冽八月的秋天。不見朋友乘船歸來。白白教我踏遍了碼頭渡口，一直空等。

---

[52] 屏東公園，又名阿猴公園，是一座位於臺灣屏東縣屏東市的公園，成立於日治時期明治三十五年（1902）。為面積僅次於屏東縣民公園之屏東市區內第二大的公園綠地。1945年後，公園曾改稱中山公園。2016年7月29日，公園在各界努力下恢復原名屏東公園。公園內有阿猴城門（朝陽門）及阿猴神社等文化遺產。
[53] 陳明鏘：《陳明鏘先生紀念詩詞畫集》，頁301。
[54] 陳明鏘：《陳明鏘先生紀念詩詞畫集》，頁285。

四　結語

　　陳明鏘先生有關屏東的詩、詞、曲作品，包含了許多屏東重要的文學地景，如三地門、墾丁、佛光山、東山寺、小琉球、吳氏山莊、昌黎祠、敬字亭、阿猴城、屏市古城門（朝陽門）、霧臺、萬年溪、公園（屏東公園）、望海思友（東港）等，也有屏東市之機關學校，如屏東基督教醫院、仁愛國小、國風詩社等，敘寫之範圍廣闊。創作的體例也涵蓋了五律、七絕、七律等古典詩與詞、曲等。其作品多能情景交融、抒發胸臆，音韻也鏗鏘和諧，質量皆高。

參考文獻

陳明鏘：《陳明鏘先生紀念詩詞畫集》，屏東：屏東國風詩社，2012年。

陳明鏘等：《國風詩詞集》上冊，屏東：屏東國風詩社，2006年。

龔顯宗：《臺灣文學研究》，臺北：五南出版社，1998年。

王玉輝：《日據時期高雄市詩社和詩人之研究——以旗津吟社為例》，高雄：國立中山大學中文所碩士論文，2003年。

王玉輝：《清領時期的屏東文學研究》，高雄國立高雄師範大學國文所博士論文；後出版成專書，新北市：花木蘭文化出版社，2015年。

王玉輝：〈屏東礪社的發展始末〉，《臺灣文獻》第63卷第1期，南投：國史館臺灣文獻館，2012年。

黃文車：〈找尋地方感的書寫：清代屏東地區古典文學發展概述〉，《屏東文獻》第16期，屏東：屏東縣政府，2012年。

黃文車主編：《屏東文學史》，臺北：萬卷樓圖書公司，2023年。

臺灣文學館線上資料平臺，網址：https://db.nmtl.gov.tw/site4/s8/info?year=2021&type=Review。

全臺詩，智慧型全臺詩資料庫，網址：http://xdcm.nmtl.gov.tw/twp/。

附錄

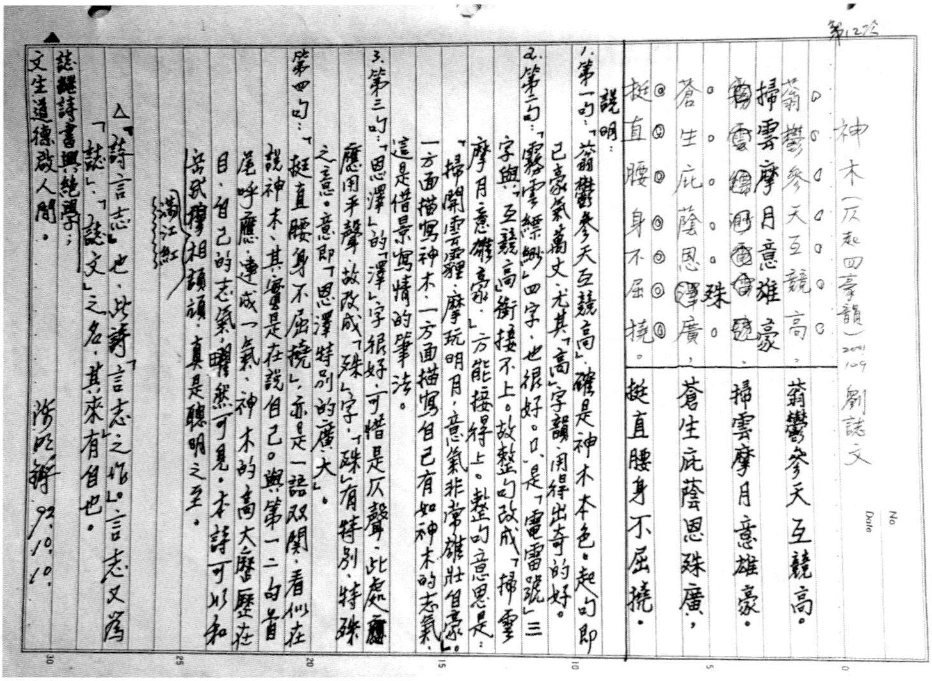

第12冊

神木（仄起四豪韻）　劉誌文

蓊鬱參天互競高。
掃雲摩月意雄豪。
蒼生庇蔭恩殊廣，
挺直腰身不屈撓。

說明：

1.第一句：「蓊鬱參天互競高」，確是神木本色。起句即已豪氣萬丈，尤其「高」字韻，用得出奇的好。

2.第二句：「霧雲縹緲」四字，也很好。只是「雷霆號」三字與「互競高」銜接不上。故整句改成「掃雲摩月意雄豪」。方能接得上。整句意思是：「掃開雲霧，摩玩明月，意氣非常雄壯自豪」。一方面描寫神木，一方面描寫自己有如神木的志氣。
這是借景寫情的筆法。

3.第三句：「恩澤」的「澤」字很好，可惜是仄聲，此處應用平聲，故改成「殊」字。「殊」有特別、特殊之意。意即「恩澤特別的廣大」。

第四句：「挺直腰身不屈撓」，亦是一語双關，看似在說神木，其實是在說自己。與第一二句首尾呼應，連成一氣，神木的高大歷歷在目，自己的志氣，躍然可見。本詩可以和岳武穆〈滿江紅〉相頡頏，真是聰明之至。

△「詩言志」也，此詩「言志之作」。言志又為「誌」、「誌文」之名，其來有自也。

誌耀詩書與絕學；
文生道德啟人間。

陳明鏘 92.10.10.

圖一　2003年陳明鏘老師批改劉誌文的詩作「神木」原跡

圖二　2005年2月6日陳明鏘老師與國風詩社詩友們的合影

圖片來源：陳明鏘：《陳明鏘先生紀念詩詞畫集》
（屏東：屏東國風詩社，2012年），頁28。

當代屏東原住民地方文化發展

郭東雄[*]

摘要

　　Paiwan（排灣族）、Rukai（魯凱族）是屏東原住民的原鄉，座擁連綿的山脈和溪流，長遠的歷史積澱優美的傳說故事。本研究試圖從屏東原住民地方的人與環境觀點來討論屏東原住民的發展。本文以傳統原住民生活空間知識為場域，並以田野調查的實際經驗與結果，由深度描述、參與觀察與田野調查研究並輔以相關文獻進行論證，探討近代其所面臨之外來文化衝擊；從日常生活適應、文化保存與公部門文化政策轉向以及創新教育設計，梳理出屏東原住民族文化的適應採取代換改變（substitute change）的策略，接受某些技術形式上的改變，但是並不產生基本文化價值之原則的改變。

　　本研究將以傳統知識體系架構為原則，確保 Paiwan（排灣族）、Rukai（魯凱族）原住民文化的安全，提升原住民在地文化生活品質，作為社會變遷衝擊下原住民部落文化復振與知識永續的模式，提升家園重建文化效能。期能為部落建立一個自信樂活示範部落，讓部落在全球化的衝擊下，可藉由自力發展的機會，推展並推及尊重生命，以適應全球化下迅速改變之環境。

關鍵詞：屏東原住民、魯凱學、排灣學、文化發展

---

[*] 國立屏東大學文化發展學士學程原住民專班副教授兼學程主任，排灣族名Tjangkus. Pasal jaig。國立臺南師範學院鄉土文化研究所碩士、高雄師範大學地理學博士。排灣族七佳部落族人，研究專長石板屋建築研究、聚落研究、民族教育及文化觀光。

一　前言

　　肇始於三、四百年前的全球化，臺灣今日已發展成由跨國企業、國際組織、非營利組織所貫穿，跨越國家界限，涵蓋各種面向的資本主義世界體系與全球性的動態連線。在數位網路化的全球社區中，地方從國家或民族之下成為全球部落的一個單位，其價值、功能與角色也因而重新逐層定義、調整與發揮。臺灣從荷西殖民、明鄭統治、清領占有、日本殖民、國府接收以迄今日，不斷被捲入東／西方帝國主義或亞洲民族國家的擴張史之中，被迫在政權更迭的不同政經條件與區域關係裡，演練其置身多重地域空間的地方歷史。「臺灣（地方空間）」作為不同地域社區單位的性質不變，然而「臺灣（臺灣性、臺灣文化）」卻是一個變動性的歷史現實，四百年來不同政治隸屬引發的空間重塑過程，每每牽動繁複的政經、社會、文化、語言、認同之整建，使得臺灣在東亞社區乃至全球社區中的主體位置、網絡屬性、社會風習、文化意識與日常生活，發生一次次遷移轉化（柳書琴，2010）。

　　從在地文化角度而言，殖民統治與資本體系擴張伴生的地域聯繫與文化衝擊，為這片土地引入了各種資源，同時扣動在地文化迫使開放或順從。殖民活動中發生的全球化現象與本土化過程，時而壓制對立，時而滲透循環。本研究將以傳統知識體系架構為原則，確保 Paiwan（排灣族）、Rukai（魯凱族）原住民文化的安全，提升原住民在地文化生活品質，作為社會變遷衝擊下原住民部落文化復振與知識永續的模式，提升家園重建文化效能。

二　屏東原住民文化空間形塑

　　因自然條件及環境空間的限制，族群的文化發展與互動賦予不同的空間意義，不同文化意義下的自然空間，進而影響族群之間的文化互動關係。自然空間和族群文化互動關係的交互作用，提供了一條切入探討文化空間內部之文化地理和社會組織分化的重要線索。在一個可以稱為文化區的地域中，

組成人群的成員，分享共同的歷史過程和歷史經驗，分享人群和土地、人群和人群交互作用的經驗，也分享人群和人群之間合作競爭衝突甚至勾心鬥角、相互殘殺的經驗。因此，對文化區內的人群而言，是生命歷程的舞臺，也是生命意義之所在；是難以割捨的鄉土，也是一個生命共同體。

　　空間形塑與跨界流動的現實基礎，為領土的攻擊與占領。帝國主義是近代全球化散播的首要動力，殖民體制為其界面與渠道。殖民主義、民族主義、社會主義是近代全球化的顯著產物，它曾經影響全球化的成形，卻又為當代全球化步步瓦解（柳書琴，2010）。屏東原住民地區社會曾遭受帝國主義與殖民主義等外力衝擊，雖然當代原鄉社會政治、經濟、教育、衛生醫療、社會福利等已經獲得改善，但是人與土地被強行脫離的傷痛記憶，某種程度上呈現當代排灣族和魯凱族在文化傳承的無奈與無助。

（一）原鄉傳統文化領域

　　屏東原住民地區多屬中低海拔，包含中央山脈知本主山至恆春半島中央山脈末端為止，以卑南主山（3294公尺）和北大武山（3092公尺）為脊梁，是屏東縣最著名的地標，因此形塑出屏東縣原住民地區山林資源的空間基礎。排灣族和魯凱族居住在海拔500公尺到1300公尺間的山地。選擇居住在山區的原因可能有：

一、原鄉文化的影響：原住民選擇居住在山地可能和東南亞各地的原住民一樣，因為從事山地耕作，即文獻上所謂的「刀耕火種」，山坡地適合焚耕，所以原住民移住到臺灣的時候，便選擇了山區。

二、躲避瘧蚊的侵害：瘧蚊為瘧疾的傳播媒介，瘧蚊的分布很少高於海拔1000公尺。低於此高度的原住民部落，大多遠離溪流，這樣的選擇居住地原則顯然違背了一般常態，但是也可能是因為遭受虐害的經驗而遠離溪流和選擇居住在較高的地方。

三、平原地區已開發：原住民移入臺灣的年代，各族皆不相同，而臺灣的

考古發現，平原地區早就有先人開墾居住，所以當原住民一批的到來，無法在平原地區發展，遂而轉進山區開疆闢土，建立新的家園。

原住民部落現在都已遷往交通便利的淺山，遠離偏僻山林之境，聚落生活空間的改變，帶來生活物質、交通的改善。但是隨著生活空間的變遷，對外族群文化交流日益頻繁，強勢文化的影響力逐漸在部落空間的場域中發生作用（李馨慈、郭東雄，2024）。

1　雲豹的子民：Rukai（魯凱族）

Rukai 世居中央山脈南段主脊西側，即北大武山以北、卑南主山以西的傾斜山地，平均海拔高度約1000公尺，擁有霧頭山、大母母山、知本主山、井步山等高山，北半部屬於隘寮北溪流域[1]，南部屬於隘寮南溪[2]及其支流。

屏東魯凱族群屬於西魯凱群，多數可將祖源追溯自最古老的東魯凱族 Tarumak（大南社[3]），其中以好茶社起源最早。魯凱族自認為 Rukai 一詞是指「深處的山地」之意，正因為魯凱族傳統文化領域主要位於大鬼湖和小鬼湖所含括偏遠且身居山區，長期以來未有外界進入，幾乎呈現與世隔絕的狀態（臺灣地名辭書，2001）。

2　大武山子民：Paiwan（排灣族）

在屏東縣山嶽地帶，北自口社溪，南至恆春半島，為 Paiwan 的傳統領地。關於 Paiwan 生活領域構成之敘述，依據日本學者的看法，[4]本族最早居住在排灣隘寮溪流域上游，然後，以此為根據地逐步向西、向南、向東拓殖，最終抵達臺灣最南端之鵝鑾鼻（Goloan）。據口傳歷史的描述或文獻記

1　發源於大鬼湖區域。
2　發源於北大武山區域。
3　現為臺東縣卑南鄉東興村。
4　〔日〕佐山融吉：《生番傳說集》上冊，臺灣總督府警察局：《高砂族調查書》第5卷，臺北：南天書局，1923年。

載，Paiwan 子民均是由大武山（排灣語：Kavulungan 祖先發祥地，3092公尺）西北的母社——八歹因（Padain）和排灣（Su-Paiwan）自北而南、自西向東逐漸遷移，這個遷徙行動大約在西元17世紀時就已完成（高業榮，2000）[5]。

（二）原鄉族群離散經驗

離散是如何在絕大多數情況下喚引出兩個互動性的社會場域，亦即居住地和遷移發生地。在遷徙的多重位置裡，離散族群含有某種能動性（agency），展現出呈現了家鄉與異國之間張力的某種集體流動形式。這些政治、經濟、社會與文化關係在多重體制空間裡的運作，決定了離散的特性（Virinder S. Kalra, Raminder Kaur, John Huntuyk, 2005; 陳以新譯，2008）。

屏東原住民（排灣族、魯凱族）的集團移住大多數於戰後的1950-1960年代完成（圖一）。1951年，臺灣省政府頒發〈臺灣省山地施政要點〉第八點指出：「獎勵山胞分期集中移住，以化零為整或由深山移住往交通便利地點為原則。」[6]集團移住不只是換一個地方居住，經常使原住民有遭到分化的感覺。究其原委，很多地方的移住並非團進團出，而是分拆重組。第一種情況是：原社分割為幾塊，分別移至不同地點。第二種情況是：關係緊密的原社互相遠離。第三種情況是：關係疏遠甚至敵對的原社移入同一聚落（葉高華，2023）。表一說明自日治時代（1900-1945）屏東縣原住民遷村歷史與聚落組成的分析：

5　高業榮：《第一期浸水營（三條崙）越嶺道之研究》（屏東：屏東縣政府，2000年），頁15。

6　臺灣省政府：〈臺灣省政府代電／事由：茲續頒發本省山地施政要點希遵照辦理〉，《臺灣省政府公報》第40卷春字號第26期（1951年2月1日），頁415-416。

表一　屏東縣原住民遷村歷史與聚落組成

鄉別	村別	遷村史（年）	聚落組成	備註
霧臺鄉	Vedai（霧臺村）	112	3	1912年設日治駐在所
	Adel（阿禮村）	95（80）（15）	3	1929年設日治駐在所；2009年莫拉克風災遷至長治百合
	Kinuran（去露村）	102（15）	3	1920年霧臺駐在所管理；2009年莫拉克風災遷至長治百合
	Kucapungan（好茶村）	96（49）（32）（15）	3	1928年設日治駐在所；1977年遷至新好茶；2009年莫拉克風災遷至禮納里
	Kanamodisan（佳暮村）	102（15）	2	1920年霧臺駐在所管理；2009年莫拉克風災遷至長治百合
	Raibuan（大武村）	80	4	1944年設日警駐在所
三地門鄉	Auba（青葉村）	93	1	1931年遷至現址
	Samohai（青山村）	98	2	1926年遷至現址
	Anbaka（安坡村）	99	1	1925年遷至現址
	Kamanulan（馬兒村）	57	1	1967年遷至現址
	Sakalan（口社村）	96	3	1928年遷至現址
	Tjailaking（賽嘉村）	85	1	1939年遷至現址
	Tavalan（大社村）	102（15）	1	1920年遷至現址；因2009年莫拉克風災遷村至禮納里
	Tukuvulj（德文村）	102	3	1920年遷至現址

鄉別	村別	遷村史（年）	聚落組成	備註
三地門鄉	Talatalai（達來村）	102	2	1920年遷至現址
	Setimor（三地村）	89	3	1935年遷至現址
瑪家鄉	Makazayazaya（瑪家村）	89（74）（15）	3	1935年遷至現址；2009年莫拉克風災遷至禮納里
	Masilit（北葉村）	71	2	1953年遷至現址
	Ijiutji（三和村）	70	3	1954年遷至現址
	Wakaba（涼山村）	83	1	1941年設日警駐在所
	Kazangiljan（佳義村）	94	4	1932年設日警駐在所
	Paiwan（排灣村）	113（63）（50）	4	1911年設日警駐在所；1974年遷至現址
泰武鄉	Amauwan（萬安村）	70	4	1954年遷至現址
	Kaviyangan（佳平村）	70	2	1954年遷至現址
	Ulaljuc（泰武村）	63（13）	1	1961年遷至現址；2011年因風災遷至吾拉魯茲
	Apedang（武潭村）	70	1	1954年遷至現址
	Piyuma（平和村）	56	1	1968年遷至現址
	Punti（佳興村）	70	1	1954年遷至現址
來義鄉	Tjaljaavus（來義村）	68（13）	2	1956年遷至現址；2011年因風災有175戶遷至新來義
	Tjianasia（義林村）	68（13）	2	1956年遷至現址；2011年因風災有57戶遷至新來義
	Kuljaljau（古樓村）	70	2	1954年遷至現址
	Caljasiu（丹林村）	70	2	1954年遷至現址

鄉別	村別	遷村史（年）	聚落組成	備註
來義鄉	Pucunug（文樂村）	73	1	1951年遷至現址
	Vungalid（望嘉村）	68	1	1956年遷至現址
	Tjulualjadju（南和村）	62	2	1962年遷至現址
春日鄉	Tjuvecekadan（七佳村）	64（52）	4	1960年遷至舊七佳；1972年風災再遷至新七佳
	Ljakeljek（力里村）	64	1	1960年遷至現址
	Kinaiman（歸崇村）	91（64）	1	1933年遷至舊歸崇；1960年遷至現址
	Kasuga（春日村）	83	1	1941年遷至現址
	Kuaba（古華村）	113（83）（52）	2	1911年設日警駐在所；1941年遷至舊古華；1972年風災再遷至新古華
獅子鄉	Seveng（士文村）	104	1	1920年遷至現址
	Nansiku（南世村）	104	1	1920年遷至現址
	Kacedas（內獅村）	104	2	1920年遷至現址
	Qaciljai（和平村）	104	2	1920年遷至現址
	Kaidi（楓林村）	104	2	1920年遷至現址
	Quai（竹坑村）	104	1	1920年遷至現址
	Putalu（丹路村）	104	3	1920年遷至現址
	Subau（草埔村）	104	4	1920年遷至現址
	Naipun（內文村）	104	1	1920年遷至現址
牡丹鄉	Sikimong（石門村）	104	3	1920年遷至現址
	Sinvautjan（牡丹村）	104	4	1920年遷至現址
	Maljipa（東源村）	104	1	1920年遷至現址

鄉別	村別	遷村史（年）	聚落組成	備註
牡丹鄉	Putanlu（旭海村）	104	2	1920年遷至現址
	Kuskus（高士村）	104	1	1920年遷至現址
	Seljaki（四林村）	104	1	1920年遷至現址

說　　明：遷村史之數值代表距今年數，括弧表示遷村次數及該次定居期間年數。
資料來源：筆者整理自《臺灣地名辭書》卷四，屏東縣，2001年。

圖一　1950-1960年代屏東原住民聚落分布圖（可見附錄大圖）

圖片來源：參考葉高華（2023），底圖引自 Google Earth。

從以上表圖中可整理如下資訊以供討論之：

1. rukai 族部分村落遷村次數多，例如好茶村已歷經3次遷村。
2. 相較於北部地區，恆春地區原住民村落自日治時代即已完成遷村並穩定居住至今。
3. 原住民村落安定發展時期不長，平均遷村歷史約60年。
4. 近代遷村的原因主要為天災因素。
5. 原住民村落名稱皆已中文為名，未見恢復族語的跡象。

6. 國家政策主導遷村，族人被迫接受政府安置。

> 漢人的宜居，好茶的危居
> 好茶村魯凱族山胞　熱烈慶祝遷村落成
> 屏東縣霧臺鄉好茶村一百戶五百多位魯凱族山胞，昨（十二）日咸以無比歡慶，熱烈慶祝遷村移住落成，並同時隆重舉行經由村民恭建的先總統蔣公銅像揭幕典禮。
> 原本住在白雲深處，崇山峻嶺，海拔九百三十九公尺北大武山背側山腹的的好茶村山胞，是在政府協助下，於民國六十六年七月決定遷至平地，標高僅得兩百公尺的現址，以後山胞不但可免翻山越嶺、交通不便之苦。而且因現址依山傍水，環境清幽，更能使他們安居樂業。
> ──摘錄自《中央日報》，民69年2月13日

根據《莫拉克風災重建條例》，屏東縣政府與臺糖洽談將「瑪家農場」移撥，規劃「禮納里」提供大社、瑪家及好茶安置，於2010年完成「禮納里」空間、建築配置。然而禮納里的空間、建築配置，卻忽視大社、瑪家為排灣族，好茶為魯凱族，及族群之間長久以來歷史、文化發展上的差異性。

　　瑪家和大社，雖然同屬排灣族，但分別隸屬不同的亞群，瑪家屬於布曹爾群，大社屬於拉瓦爾群。兩群無論在神話起源、頭目世系及傳統領域範圍，可以說是完全獨立自主、互不隸屬。因此，即使同屬一個族群，語言也相通，一旦涉及部落主權，尤其關係到土地權的歸屬，不同部落間也是壁壘分明，甚至曾發生武力的衝突（臺邦・撒沙勒，2012）。此外，排灣族與魯凱族過去歷史，因彼此爭奪生活場域而常有相互獵人頭的事件，三大族群的地域性十分明顯，但在官方眼中認為皆是「原住民」。（洪新恩、徐琬婷、黃珩婷，2020）

　　因此，殖民主義刺激與之相對立的國族主義產生，殖民主義成了國族主義在全球擴散的工具；而國族主義壓抑內部多元文化促進同質性民族文化生成的作為，及其與殖民主義間的合作，則再製、再演化了殖民主義。著眼於

原住民在近代史中，與土地連結的文化生命離散，面對的而面對這樣複雜多元的族群文化存續挑戰，一般民眾常用「我們都是一家人」、「我也是臺灣人」的故意漠視對待，不願意誠懇、認真的面對真相深刻反思。

三 當代屏東原住民地方文化展演

因為自然環境條件的限制，自古以來承載 Paiwan、Rukai 文化的生態環境成為決定聚落消長的重要因素。而族人極力營生於自然環境所孕育的生態觀和信仰觀，形塑出在聚落文化空間景觀上的特色，同時也表現在族群社會階序、石板屋建築形式、語言特色、藝術表現等文化內涵。

（一）社會階序的呈現

Paiwan、Rukai 社會中基石是家，家與家之間除了原家與分家的關係，還可以藉由婚姻進一步連結。部落是一群家所組成的地緣團體，傳統領袖家（頭目）則是部落的領導中心，凝聚與保護著其他平民的家（譚昌國，2007）。從表二、三說明傳統社會階序在時代變遷下的變化。

表二 時代變遷下傳統領袖角色功能之差別

項目	傳統部落頭目[7]	現代社區頭目[8]
1.土地資源全掌控	有	無
2.佃租與勞役支配	有	無
3.獵物漁獲享受贈	有	尚存

---

[7] 「傳統部落頭目」指外來文化尚未衝擊傳統部落文化，頭目階級權力左右部落生活而言。

[8] 「現代社區頭目」指歷經時代變遷下，「文化意識解體」、「部落變成社區」、「社區勢力的重組」、承襲頭目階級名銜居住現代社區之頭目而言。

項目	傳統部落頭目	現代社區頭目
4.祭典儀式之主導	有	尚存
5.圖騰徽飾有專利	有	無
6.部落爭戰領導	有	無
7.部落與部落之和平調停	有	無
8.部落內部之衝突和解	有	無
9.季節特有活動之主導	有	無
10.傳統祭典之籌備	有	無
11.部落生計之指導	有	無
12.部落（社區）社經地位	高	低
12.自我優越感	高	低
13.部落（社區）發展主導	有	無

資料來源：筆者整理。

表三　時代變遷下傳統領袖享有之權利與義務

權利	現代存續與否	義務	現代存續與否
1.土地資源全掌控	否	1.部落與部落之和平調停	否
2.佃租與勞役支配	否	2.部落內部之衝突和解	否
3.獵物漁獲享贈與	有	3.季節特有活動之主導	否
4.祭典儀式之主導	有	4.傳統祭典之籌備	否
5.圖騰徽飾有專利	否	5.部落生計之指導	否
6.部落爭戰領導	否	6.濟弱扶助之角色	否

資料來源：筆者整理。

生命是一張充滿歡喜悲傷、快樂與憤恨交織的網,在生命延續的過程中,誰都不能拒絕宿命的安排。原住民文化的起落對身為原住民的一分子,自當勇敢地扛起承先啟後的擔子。雖然早已不再有頭目貴族、士族祭司、平民的階級制度,可是在現實生活中對自己的生涯規劃與新知慾望滿足,默默的去思考,祖先留下來的訓示,讓傳統文化與現代思想的結合,共譜新生代原住民樂天樂章。

(二)石板屋建築形式

Paiwan、Rukai 聚落分布在屏東縣與臺東縣境內,海拔約100到1000公尺左右的緩坡上。聚落所在地質分布以頁岩與板岩為主,從山脈崩塌面露頭和溪流沖刷留下的岩石質性與碎屑就可以判斷。石材來源的區域北自大母母

圖二　石板屋
圖片來源:筆者攝影。

山脈，南達高士佛山都有板岩的出產，惟自士文溪（率芒溪）以南之岩層主要是砂岩為主。因此在開採石板的難度頗高，若非自然形成板狀裂解，以人工採集頗為耗時。

（三）族語多元呈現

人類以語言為媒介的象徵（symbolic）認知模式，是塑造族群的主要「超機」（super-organic）力量。共同生活經驗成為族群凝聚的最低要求，因為沒有共同的語言，就沒有共享的象徵世界。民族和語言曾經是緊密相關的，然而隨著種族遷移或混血，再加上現在沒有保護而任其消失，民族和語言的關係也就不再那麼密切。而語言作為民族認同感依據的概念，會依照民族、集團、個人等層面而有程度上的不同。

屏東縣原住民族語言分布、語言群的範圍（圖三）、和各語言的差異分析，有下列的特色：

一、Paiwan 族原住民族，以潮州斷層帶為其語言分布的範圍，自海拔100-1000公尺之山地，成一自北而南狹長型的語言分布，也是臺灣Paiwan、Rukai 族文化區。
二、Rukai 族則是分布在海拔1000公尺以上山區，和高雄縣、臺東縣魯凱族，形成一個圍繞大母母山的文化區。
三、Paiwan 族語和 Rukai 族語交會的地區，語言融合的情形普遍，亦即當地居民雙語（Paiwan、Rukai 語言轉換）能力很強。
四、Paiwan 族族語因遭受政府遷徙的影響，致使語言文化流失的程度有南重北輕的差別。

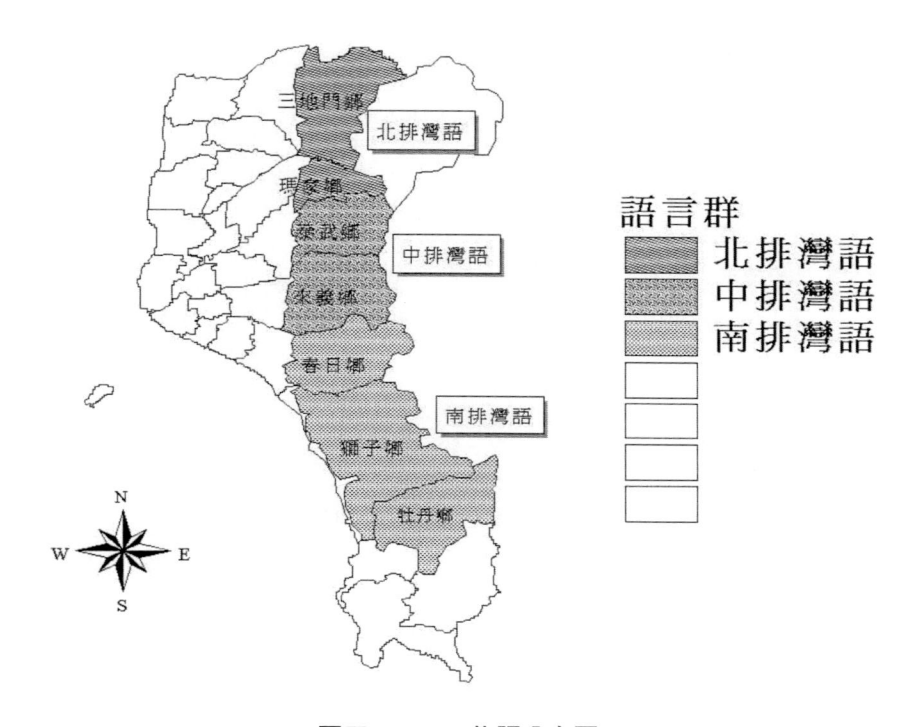

圖三　Paiwan族語分布圖

資料來源：筆者整理。

筆者為排灣族，故以北中南 Paiwan 和 Rukai 族語之差異，擇選日常使用之詞彙作個簡略對照（參見表四）。

表四　Paiwan 語（北、中、南）及 Rukai 語之差異

詞彙	北Paiwan	中Paiwan	南Paiwan	Rukai
錢	paisu	genpian	pakiau	paysu
家屋	umaq	umaq	tapau1	tavanane
男人	uqaljai	uqaljai	ualjai	sawvalay
豬	acang	ljilji	qacang	beeke
鴿子	vaduvadu	cukulj	hatu	tavagu

詞彙	北Paiwan	中Paiwan	南Paiwan	Rukai
芒果	duying	vuiking; manges	ngacuq;kamaya	kamadha
香的	salum	saum	nguljingulj	sangualralreme
地瓜	vurasi	vuati	vurasi	urasi
地瓜葉	quzu	lacing nua vuati	ludus	dawdaw
藤心	ljusi	quwai	ljusi	vaedre
昭和菜	kamutu	ljukakau;kauljiulji	tekaz	lacenge
花生	paketaw	paketjau	sunat	makapairange
苦瓜	kiuli	kaukui	kaukua	gulrugulrane
橘子	tiyanes	tjanes	valjkerau	tianese
木瓜	katjawa	muka	mukui	muka
桃子	qudis	tuwa	kamumu	udisi
食用油	abulja	siljasimi	apulja	abulja
碗	tjapaq	kisi	tjapaq	kisi
菜刀	tjakit	sihutju	caitu	bakale
漂亮	buljai	samiyan	papuljayan	mathariri
身體	kinacavan	kinacavacavan	lingalingau	kinawmasane
原住民	kacaljisiyan*	paiwan*	kacaljisiyan	kacalrisiane
長褲	kacakac	kasui	kacakac	kasuy
裙子	kun	kuen	tjuvilj	kuunu
鞋子	kucu	tapi	kucu;tjukap	kece
內褲	pakatjaljad	saljumata	kilung	pangce
牆壁	deljep	tjeljep	kabi	balingibingi
牛車	palilin	pailjing	giusiya	bitata
牛	ljuwang	gung	sakimkim	luange
馬	va	par	uma	rigi

詞彙	北Paiwan	中Paiwan	南Paiwan	Rukai
猴子	ljavingan	ljai	pucauan	babila
兔子	lutjuk	kuning	ludjuk	cariathe
烏龜	vauraviran	cacukcukan	djukau	cukucuku
蝴蝶	kalabiyabi	quljipupu	kalalazung	lialivarane

*說　明：「原住民」一詞：北 Paiwan 語「kacaljisiyan」、南 Paiwan 語「paiwan」之指稱，研究者認為與其指涉之空間尺度有關；kacaljisiyan 在範圍尺度上較為廣大，而 paiwan 之指涉範圍較為窄小。此即該族群之詞彙使用當時的社會與外界交流寬廣有關係。

資料來源：筆者整理。

　　人類以不同方式使用語言，形成語言的結構規則。有時候，這些用法不會遵守結構規則，如果這種情形經常發生，語言結構就會開始改變。如果沒有結構，語言的使用就毫無意義，就此而論，結構使語言產生意義。如果沒有人類來使用語言，語言無法形成結構，它就是個死掉的語言。語言文化是一個動態性變遷的有機體，它透過族群流動、互動和生活經驗的積疊，從個人、群體到部族之共識與利用，在生活中實踐並廣為流傳。對語言保持敏感與警覺，始有助於思想及觀點的創新。對一個原住民族族語而言，如果「死亡」終不可免，至少我們要死的很莊嚴，像一個勇士、像一個酋長的後代（孫大川，1993）。

（四）生活藝術表現

　　在現實生活中，原住民透過展示其生活藝術和周遭的各種情況與環境，讓我們了解他們所扮演的角色。以下透過部落景觀意象、音樂、文化展演描述屏東原民生活藝術表現的特色。

1　部落景觀意象

　　走進原住民部落，皆可輕易觀察到獨特的村莊入口意象、街道邊坡駁坎

繪製傳統生活意象的浮雕；聚落座落在起伏的山巒中，呈現自然純淨人文豐富的氛圍。較具知名度的原住民部落有：雲端上的部落——阿禮社區；雲霧圍繞的部落（岩板巷）——霧臺社區；雲豹的故鄉（脫鞋子的部落）——好茶社區；原住民藝術村——三地社區；傳統古謠基地——吾拉魯茲；木雕的故鄉——佳興社區；平地上的非地——三和村；清除野藤的部落——牡丹社區；風吹颺地的部落——高士社區。

圖四　雲霧繚繞部落——霧臺社區　　　圖五　木雕故鄉——佳興社區

圖六　山蘇的故鄉——草埔社區　　　圖七　風吹颺地部落——高士社區

圖片來源：筆者引自 Google Earth，瀏覽日期：2024年9月15日。

2　民族音樂表達

〈大武山美麗的媽媽〉詞／曲：胡德夫（創作年份：1974年）

haiyan……山裡的歌聲是那麼的嘹喨

haiya……唱呀用力的唱　山谷裡的歌聲

你是帶不走的歌聲　是山谷裡的歌聲

有一天我一定要回去　為了山谷裡的大合唱

我一定會盡情的唱歌　牽著你的手

naluwa na yianaya　hoiya o hoiyan

haiyan……山裡的姑娘是那麼的美麗
haiya……跳呀用力的跳　山裡的小姑娘
你是帶不走的姑娘　是山裡的小姑娘
我現在一定要回去　為了山谷裡的大跳舞
我一定會用力的跳舞　牽著你的手
naluwa na yianaya　hoiya o hoiyan

haiyan……大武山是美麗的媽媽
haiya……流呀流著呀　滋潤我的甘泉
你使我的眼睛更亮　心靈更勇敢
我現在一定要回去　為了山谷裡的大合唱
我會回到大武山下　再也不走了
naluwa na yianaya　hoiya o hoiyan

haiyan……太平洋是美麗的媽媽
haiya……流呀流著呀　滋潤我的甘泉
你使我的眼睛更美　心靈更勇敢
我現在一定要回去　為了山谷裡的大合唱
我會回到太平洋邊　再也不走了
naluwa na yianaya　hoiya o hoiyan

本首歌為日治時代，臺灣南部一帶在林班工作的原住民，因工作苦悶，常在工作中隨意哼唱的曲調，胡德夫小時候曾聽見父親與長輩吟唱此曲，印象甚深，直至1974年感因「未成年少女雛妓」的社會問題揭露出來，而以國語創作這首歌，是胡德夫在悲慟之餘，最想給予自己與社會安慰與呵護的創作曲。

3　文化展演

屏東縣自1990年代起開始重視鄉土文化，由縣政府支持原住民各鄉自行

辦理小米收穫祭（豐年祭）等文化活動，重視鄉土語言教學等，帶動部落社區營造的風潮。自2015年辦理斜坡上的藝術節、扶植原鄉藝術團體與個人、設立文物館等，讓部落藝術家有了展演的舞臺，並且激勵其創作的靈感。同時，重視原住民族文化資產的保存，針對有形與無形文化資產登錄與保存，在全國皆屬領先指標，尊重和支持是一種欣賞的積極表現，透過具體政策行動，讓原鄉藝術文化被看見、受重視就是建構原住民文化復振的作為。

四　復返：成為 Paiwan 和 Rukai 族

政治、經濟、教育、宗教、在戰時「殖民地地方化」的帝國整體趨勢下，原住民文化在強烈運行的皇民化、離地性措施下蒙受震盪，卻未曾間斷地，以轉化性模式持續開展其「混雜的地方歷史」。文化創造力是激生混雜的場域，這是因為許多相關論述提供宏大的潛能，是我們得以抵抗同質劃一的霸權政治。

（一）走讀原鄉土地

屏東縣是一個山海人文薈萃的地方，地理環境得天獨厚，尤其原鄉地區有山有水，更有深厚的文化底蘊，成為國人追逐自然山海、體驗原民文化的最佳去處。尤其此區仍保有許多豐富的原住民文化，境內擁有九個原住民鄉[9]各有其主題特色，其中以排灣族及魯凱族為主要族群，這裡有傾心的原鄉文化傳說之美，也可以遙望山海相鄰的美景，值得深入探訪。

以下介紹屏東原鄉地區較知名的登山健行景點，提供作為假日休閒踏青的參考：

9　由北而南依序為三地門鄉、霧臺鄉、瑪家鄉、泰武鄉、來義鄉、春日鄉、獅子鄉、牡丹鄉、滿洲鄉。

1　健行路線

（1）尾寮山健行步道（三地門鄉）

（2）賽嘉健行步道（三地門鄉）

（3）笠頂山健行步道（瑪家鄉）

（4）棚集山健行步道（來義鄉）

（5）力里山健行步道（春日鄉）

（6）浸水營健行步道（春日鄉）

（7）雙流健行步道（獅子鄉）

（8）阿塱壹健行步道（牡丹鄉）（如頁117圖九）

2　登山路線

（1）大小鬼湖登山（霧臺鄉）

（2）舊好茶登山（霧臺鄉）

（3）北大武登山（泰武鄉）（如頁117圖八）

（4）石可見登山（春日鄉）

（5）里龍山登山（獅子鄉）

（二）河海任你遊

　　屏東原住民地區因位處臺灣中央山脈南段，連綿高山溪谷形塑出來、挾著臨山而下在河谷開闊的沖積扇腹地發展，同時深邃的溪谷地景，也是戲水賞瀑的絕佳場地。區域內河流主要發源於中央山脈南段西側，各溪流源頭其主流、支流所涵蓋之傳統領域。本區域溪流水系大致呈樹枝狀，這表示該地區的岩性及地質構造對水系的發育控制較少。

　　從北而南依序如下（括號為 Paiwan 族語拼音）：

　　一、高屏溪流域：主要有沙漠溪（Samuhai）、井仔溪、埔羌溪、口社溪

（Sagalan）；隘寮溪有兩大支流系統，一是隘寮北溪，其上游有來布安溪（Laibuan）、巴油溪（Payu）、哈尤溪（Hayu）、喬國拉次溪（Tjukulac）；另一是隘寮南溪。
二、東港溪流域：主要是牛角灣溪和萬安溪匯流而成。
三、林邊溪流域：上游有瓦魯斯溪（Kualjuc）、大後溪（Tjuaqau）、來社溪（Tjaljakavus）、力里溪（Ljakeljek）等匯流。
四、率芒溪流域：上游有士文溪（Seveng）和草山溪。
五、枋山溪流域：上游有阿士文溪（Kasevengan）和西都嬌溪（Situtjau）匯流。
六、楓港溪流域：新路溪和塔瓦溪。
七、四重溪流域：大梅溪、里仁溪、牡丹溪、竹社溪匯流而成。

近年來探索活動發展蓬勃，各種水域活動也應運而起，例如：哈尤溪、海神宮溪、萬安溪、瓦魯斯溪、力里溪、塔瓦溪等溯溪活動。夏季溪流豐沛，可見戲水遊客在溪流間游泳、划舟等，在炎熱的季節裡，提供人們消暑和休閒運動的場域。

（三）深度原遊程

屏東原住民地區部落的社會變遷劇烈，目前仍舊保存傳統文化的部落以魯凱族霧臺鄉好茶、阿禮、青葉等部落為主（如頁117圖十）；排灣族則以山地門鄉、泰武鄉、來義鄉、春日鄉等鄉鎮維持傳統文化。其文化特色以魯凱族特有的 Kalalisine（豐年祭）、排灣族 Masaljut（小米收穫祭）等為各部落於特定時節舉行之文化活動（如頁117圖十一）。

圖八　北大武山喜多麗雲海　　圖九　阿塱壹古道健行

圖十　部落長老導覽解說　　圖十一　部落節慶活動

圖片來源：筆者攝影。

表五　屏東原鄉之旅路線

名稱	路線	遊程特色	說明
屏北拜訪三地門	屏東市－青葉部落－青山部落－安坡部落－馬兒部落－口社部落－賽嘉部落－三地門部落－屏東市	從屏東縣最北端大津沿185縣道（沿山公路），往南沿途拜訪魯凱族和排灣族的部落。可以規劃登山健行、夏日戲水（海神宮）、體驗飛行傘（賽嘉）。	交通便捷，自行開車或騎車都屬便利，各部落餐飲提供也很方便。

名稱	路線	遊程特色	說明
拜訪魯凱族	屏東市－谷川大橋－神山部落－霧臺部落－大武部落	本區屬魯凱族文化區，可欣賞北隘寮溪美景，魯凱族石板屋等。	交通便捷，自行開車或騎車都屬便利，各部落餐飲提供也很方便。
北大武山朝聖	屏東市－泰武部落－檜谷山莊－北大武山－檜谷山莊－泰武部落－屏東市	市區搭乘接駁車上登山口，山區皆登山路線，本區可欣賞屏東壯闊山林美景和豐富自然生態。	本行程須充分的體能，一般必須安排3天2夜，建議跟團較為安全。
石板屋文化體驗	屏東市－新好茶部落－舊好茶部落－新好茶部落－屏東市	本區屬魯凱族舊部落探查，全程須要爬山，有豐富的自然和人文景觀。	本行程須充分的體能，一般必須安排2天1夜，建議跟團較為安全。
	屏東市－禮納里部落－舊筏灣部落－禮納里部落－屏東市	本區屬排灣族文化區，可欣賞北大武山美景，排灣族石板屋等。	交通便捷，自行開車或騎車都屬便利，須事先預約。
	屏東市－七佳部落－老七佳部落－七佳部落－屏東市	本區屬排灣族文化區，可欣賞完整石板屋景觀。	交通便捷，自行開車或騎車都屬便利，須事先預約。
獅子牡丹之旅	屏東市－雙流森林遊樂區－內文濕地－東源濕地－牡丹水庫－石門古戰場－屏東市	本區可由臺9線到壽卡轉臺199線，沿途排灣族部落分布，自然與人文生態豐富。	交通便捷，自行開車或騎車都屬便利，但路程較長，須有充分體力。
滿州旭海之旅	屏東市－滿州－旭海－草埔－楓港－屏東市	本區可由臺26線到滿州，沿著太平洋海岸抵達旭海，再轉臺199線到楓港，沿途排灣族部落分布，自然與人文生態豐富。	交通便捷，自行開車或騎車都屬便利，但路程較長，須有充分體力。

資料來源：筆者整理。

（四）用心欣賞與愛相隨

用心欣賞讓愛傳播，用腳閱讀原鄉部落美景與文化的同時，請預先建立以下的態度和原則：

一、登山健行應遵守 LNT（「無痕山林」）的規範，並且建立致敬山林的態度，用學習和欣賞的心境，親近山林與在地文化，如此能豐富你的心靈智慧，亦能感受屏東山林美景和原民部落文化的真實存在。
二、試著開啟語言之窗，運用「Masalju、Malimali」、「Sabau」[10]，誠心學習不同族群的語言和文化，成為認識屏東多族群的重要管道，也是了解不同族群文化的試金石。
三、參加部落節慶活動應遵守活動規範，事先收集相關禁忌並由在地族人帶領參加，才能貼近部落文化，而不會入寶山空手而返的遺憾。
四、讀萬卷書不如行萬里路，行萬里路必須先開啟自己的心門，屏東山水秀麗，人文薈萃，豐富多彩的原住民文化，更增添了屏東的歷史文化的獨特性和價值，值得我們用雙腳慢慢體驗，細細品味。

五　結論：你眼中有我，我眼中有你

（一）離散、混雜與韌性適應

置身於全球現代史中的臺灣本土化歷史，與東亞地區的全球化歷程難分難解；和東亞境內不少地方相似，區域性的殖民主義與族裔性的國族主義，同樣扮演了臺灣文化生成變遷的最大動力。然而，此時還有一股顯著的逆勢力，那便是屢屢以地方文化論述顯現的——全球在地化勢力（柳書琴，2010）。原住民社會即是面臨急遽變遷的困境，大都會用族群經驗與智慧，

---

[10] 排灣語「謝謝」、魯凱語「謝謝」之意。

透過自身對環境、不同對象的理解，適切的轉換與適應變化，此即文化韌性的表現，當代族人透過文化轉換過程，採擷全球化下風潮的流動，展現在在地聚落景觀、文化活動等形式。

（二）共享在地知識

　　全球化的浪潮席捲而來，多元文化觀點也在當前的趨勢成為少數族群所寄託的目標。因此，如何尋求可持續發展、友善土地、兼顧文化與經濟等方向性，成為未來想要解決的課題之一。原鄉悠久的傳統文化，結合土地生態至今仍持續運作，實踐在日常生活中的各個層面，希冀一般民眾透過自身體驗與深刻反省，理解原住民在地知識的價值，共享根植於屏東的原住民文化。

（三）思想包容的地方學

　　一個地方的意義形成，是來自於個人生命歷程與環境間所累積的互動。地緣經歷常常會包含某些所有權的感情。所謂所有權是一種心理與現象，是人們和某種特定環境間有一種不尋常的、特殊的關係存在之感覺。這種心理上的所有權之特質有許多的名稱，可以稱為領土（territory）、親屬關係（kinship），或是以某一景色的局內人（insider）或局外人（outsider）來作為區分屬於個人的，但群體、整個社區，也會發展出這種情結。誠如 Paiwan（排灣）、Rukai（魯凱）在其文化認同上，至高生命出自於 Kavulungan（北大武山）和 Taljupaljeng（大鬼湖）聖地，族人生命經驗圍繞著聖地形成領土，構成親屬關係，同理可說明，漢人祭祀圈的概念，須要定期繞境祈求安康，獲得心靈上的認同。因此，建構具包容性的地方學，承認 Paiwan（排灣學）、Rukai（魯凱學）的文化存續，始能切實將自己身、心、靈安置在屏東這塊土地上。

參考文獻

〔日〕佐山融吉：《生番傳說集》上冊，臺北：臺灣總督府警察局：《高砂族調查書》第5卷，臺北：南天書局，1923年。

高業榮：《第一期浸水營（三條崙）越嶺道之研究》，屏東：屏東縣政府，2000年，頁15。

洪新恩、徐琬婷、黃珩婷：〈什麼是家？好茶部落宜居生活的想像與建構（上、下）〉，網址：https://geogdaily.wixsite.com/twgeog/post/kucapungane2，發布日期：2020年，瀏覽日期：2024年9月15日。

李馨慈、郭東雄：《屏東學概論》第二版，臺北：五南圖書出版公司，2024年。

孫大川：《久久酒一次》，臺北：張老師出版社，1993年。

柳書琴：〈「總力戰」與地方文化地方文化論述、臺灣文化甦生及臺北帝大文政學部教授們〉，《臺灣社會研究季刊》第79期，2010年，頁91-158。

葉高華：《強制移住：臺灣高山原住民的分與離》，國立臺灣大學出版中心，2023年。

臺灣省政府：〈臺灣省政府代電／事由：茲續頒發本省山地施政要點希遵照辦理〉，《臺灣省政府公報》第40卷春字號地26期，1951年2月1日，頁415-416。

譚昌國：《排灣族》，臺北：三民書局，2007年。頁39。

Virinder S. Kalra, Raminder Kaur, John Huntuyk著；陳以新譯：《離散與混雜（Diaspora and Hybridity）》，臺北：國立編譯館，2008年。

附錄

圖一　1950-1960年代屏東原住民聚落分布

「城南小旅行」作為城南學建構的一種方法

黃信洋[*]、鄒家鈺[**]

摘要

　　科技大學學生的學習歷程是在技職體系實作氛圍的學習脈絡之下養成，換言之，科大學生的學習特色乃是具有實作特色的「實作知識」，是一種理念與行動合一的知識類型，而這種主要是透過行動來體現知識的特性，亦容易讓技職體系培育出來的學生呈現出「重實作輕論述」的技職人習性。就國立臺灣大學系統的三所大學（國立臺灣大學、國立臺灣師範大學、國立臺灣科技大學）來說，國立臺灣科技大學的學生的特殊之處就在於自身的技職人習性，其實作知識主要展現在其實作層面，透過身體的行動來體現習得的知識，不是透過口說溝通方式來展現對於知識的掌握。

　　國立臺灣科技大學通識教育中心便發展出以地方特色為訴求的「城南小旅行」相關課程與活動，以實作體驗來推動城南文化的課程規劃與地方學研究，希望地方文化的重視能夠引起本校師生社群對自身所處文化的尊重與保護，在文化、環境、社會甚至經濟層面能夠思索永續發展之可能性，而這也應該是檢視一個地區的地方文化是否有持續發展的能力與價值的指標。

關鍵詞：城南小旅行、實作知識、城南學

---

[*] 國立臺灣科技大學通識教育中心助理教授。
[**] 國立臺灣科技大學通識教育中心助理教授級專業技術人員。

一　實作知識與社會行動

　　2010年代中期開始，為了平衡城鄉的發展差異，國家發展委員會（以下簡稱國發會）主導的「地方創生」計畫在臺灣的各部會開始起到了極大的影響力，而臺灣大專院校高達百萬的可用勞動力，在教育部大力推動大學社會責任實踐計畫的引領之下，在全臺各大學的普遍參與之下，出現了一股全國性地方創生計畫的高等教育動員風潮。

　　在此股風潮的引導之下，國立臺灣科技大學（以下簡稱臺科大）也開啟了一種強調大學社會責任的 USR 計畫（大學社會責任實踐計畫，以下簡稱USR）計畫申請力道，在最近期的 USR 計畫申請過程中，臺科大五項申請計畫全數通過，說明了臺科大對於社會參與的積極度，也開啟了科技人生與社會發展的可能趨勢。就教師端來說，此種趨勢開啟了臺科大課程設計與學術發展的在地性格與社會連結；就學生端來說，此種發展趨勢讓學生必須更加注意知識多元與多元包容的人文素養培育向度。

　　不同於一般大學的學習養成方式，科技大學學生的學習歷程是在技職體系實作氛圍的學習脈絡之下養成，換言之，科大學生的學習特色乃是具有實作特色的「實作知識」，是一種理念與行動合一的知識類型，而這種主要是透過行動來體現知識的特性，亦容易讓技職體系培育出來的學生呈現出「重實作輕論述」的技職人習性。就國立臺灣大學系統的三所大學（國立臺灣大學、國立臺灣師範大學、臺科大）來說，臺科大的學生的特殊之處就在於自身的技職人習性，其實作知識主要展現在其實作層面，透過身體的行動來體現習得的知識，不是透過口說溝通方式來展現對於知識的掌握。

　　臺科大學生的實作習性的實作知識特性，基本上是一種默會致知的「具身性知識」（Embodied Knowledge），是一種藉由身體行動展現出來的知識。此種透過身體行動而非口語訴說來展現知識特性的實作知識，其實有利於學生往社會實踐的向度發展，其差別就在於社會實踐不僅是身體行動的顯現，也是一種社會行動的展現，其共同點就是都有實作知識的特質，而其不同之

處則是社會行動仍須要人文論述來說明自身的行動理念，不過，實作知識上的同質性傾向卻有利於學校的社會實踐相關作法的推動。

二　臺灣的地方學學院

隨著大學社會責任實踐計畫的大力推動，各校地通識教育中心也有了另一波轉型的機會出現，有許多國立大學的通識教育中心紛紛出現了地方學學院化的轉型，其中比較重要的代表性地方學學院是西灣學院、大武山學院與洄瀾學院，而水沙連學院則是沒有含納通識教育中心的一個地方學學院，如下會進行簡單描述。

（一）國立中山大學西灣學院

西灣學院是一個專責跨領域教學與規劃的地方學學院，其宗旨是期望能夠培育出具備多元能力與跨界資源整合的斜槓青年。國立中山大學「西灣學院」是由原有的「通識教育中心」與「人文暨科技跨領域學士學位學程」整合而成，內含「基礎教育中心」、「博雅教育中心」、「運動與健康教育中心」、「服務學習教育中心」、「人文暨科技跨領域學士學位學程」、「公民素養推動研究中心」及「運動健康產業研究中心」。[1] 國立中山大學原先就有建置完備的通識教育中心，於此基礎上，若能加值跨領域學習之向度，就有機會成為全校各學院進行跨領域溝同時的橋樑。

西灣學院是臺灣高等教育界最早將通識教育中心進行地方學學院化升格的單位，以西子灣的在地地名作為自我定位的名稱。作為通識教育中心往地方學學院發展的首要代表案例，西灣學院的存在對於其他有志於往地方學學院發展的通識教育機構起到了激勵性作用，然而，雖名為地方學學院，西灣學院卻是以跨領域學院作為自我發展的重要方向，不是以地方參與作為發展

---

[1] 不著撰者：〈培育斜槓人才　中山大學成立「西灣學院」〉，《中山新聞》，網址：https://www.cm.nsysu.edu.tw/p/406-1024-199572,r3217.php?Lang=zh-tw，發布日期：2019年。

的主要原則，而這就與後續出現的大武山學院與水沙連學院著重學院周邊在地社群發展的作法有所不同。於此，筆者的看法是，西灣學院坐落於高雄的城市之中，明顯是屬於「城市」而非「地方」，身為一所國際化的頂尖大學，西灣學院似乎有一種把整個高雄作為自身社會實踐場域的做法出現。當然，這也是城市學校想要發展地方學時可能都會面臨的複雜課題與處境。西灣學院的存在讓我們思考「地方」與「城市」的內涵差異，「Place」這個字在英文中並無「偏鄉」的意涵，而「地方」這個詞彙卻帶有有待往現代都會方向發展的意涵。因而，從「在地性」來思考地方學的方展，可能是一種值得思考的思路之一。

（二）國立屏東大學大武山學院

　　大武山學院設立於2020年的8月1日，也是整合原有的通識教育中心之後成立的地方學學院。大武山學院將原有的共同教育組與博雅教育組改制成共同教育中心與博雅教育中心，於此之外，類似於西灣學院之作法，大武山學院也建置了推動跨領域教學的「跨領域學程中心」。大武山學院比較特別之處還在於，該學院還設立了「大武山社會實踐暨永續發展中心」，而這個一般來說屬於校級層級的社會實踐單位，讓大武山學院的社會實踐傾向更為明確。大武山學院的獨特之處在於通識、跨領域與社會實踐等三大向度的同步整合，成為屏東大學進行跨界連結時的有力制度性媒介。

　　雖然成立於西灣學院之後，大武山學院具有更鮮明的地方性性格，基本上大武山學院是以屏東在地社群的發展作為地方學推動時的社會實踐場域，更能突顯出地方學院與在地社群協作共創的在地性格。筆者認為，城鄉推動地方學的主要差異在於城市比較不會出現社會創新團體，而城市性格比較不明確的鄉鎮聚落則比較有機會出現協助在地社群發展的社會創新群體，因此緣故，大武山學院有更多與在地社群協作地方發展之機會，其地方學學院的社會實踐性格也就會更為明確。屏東大學的社會科學院已經連續四年辦理以屏東學為主題的地方學研討會，會後也都會將代表性的論述集結出版，而這

些都有利於屏東大學持續深耕以大武山周邊為核心的地方學發展。

（三）國立暨南國際大學水沙連學院

國立暨南國際大學於2021年8月1日獲准成立水沙連學院，讓這個與在地連結十分密切的「大學城」大學的長時期地方參與特色更為突顯出來了。水沙連學院體現的是該校2010年以來超過十年推動在地的地方創生計畫、大學與社會責任計畫、大學與地方治理計畫等計畫的統整結果，讓有心關注在地社群發展的人士可以藉此學院的推動而集結起來。[2]該學院目前存在著一個「地方創生跨域治理」的碩士學位學程，突顯出了該學院對於地方社會的實踐與關注之重視。

不同於本文論及的其他三所地方學學院，水沙連學院的現況是學院與通識教育中心處於分行的境況，通識教育中心沒有被整合進去水沙連學院之中。暨南大學的「人文創新與社會實踐研究中心」之於水沙連學院的關聯性，在於強化水沙連學院的地方創生與社群參與，而該校對於水沙連在地區域的長期參與歷程，讓該校獲取2022年國家永續發展獎，也見證了該校的長時期地方參與及投入。

不同於大武山學院的通識中心、社會實踐中心與地方學學院三位一體的規劃設計方式，水沙連學院與通識教育中心及社會實踐中心彼此分立的協作方式，沒有整合通識教育中心的地方學學院可能因為失去透過通識課程來進行校內連結的機會，也就會顯得有點勢單力薄。

（四）國立東華大學洄瀾學院

國立東華洄瀾學院成立於2022年，是國立東華大學的八大學院之一，本

2　劉文珍：〈暨南國際大學成立水沙連學院，希望成為臺灣通識教育的新典範〉，國立教育廣播電臺，網址：https://www.ner.gov.tw/news/618e1a36a5b233000740763e，發布日期：2021年。

身是一個跨領域整合的學院，由縱谷跨域書院學士學位學程、通識教育中心、藝術中心、體育中心、語言中心、華語文中心組成。[3]洄瀾學院目前是臺灣東部規模最大的地方學學院，此學院除了整合了通識教育中心，與清華學院的位階相似，洄瀾學院也是東華大學共同教育委員會轉型之後的發展成果。就組成結構來說，洄瀾學院有點類似跨領域書院的組織架構，地方學色彩比較不明顯。

綜觀臺灣近年地方學的發展，臺灣社會陸續有了淡水學、北投學、苗栗學、彰化學、雲林學、嘉義學、南瀛學、屏東學、高雄學、花蓮學、臺東學、澎湖學等地方學研究與發展，不過，大學學院層級的地方學的發展趨勢，似乎才正要開展出來，而這些都與教育部推動大學社會責任實踐計畫的作法密不可分，而且主要都發生在國立大學的組織變革過程中。

（五）國立臺灣科技大學通識教育中心的兩種轉向

綜觀臺灣大專院校通識教育中心的轉型發展，書院與地方學院化的發展應該是比較明顯的轉變趨勢。2010年代中期開始的全國性地方創生計畫，讓臺灣的大學也開始有了地方學學院的發展趨勢。呼應前述提及的四所國立大學的地方學學院化趨勢，臺科大通識教育中心也有了往地方學學院方向發展的想像，而這也是城南學院之所以會漸漸浮出檯面的原因。

臺科大希望藉由城南學院來推動城南文化的相關研究，以課程為媒介引領本校師生進入學校周邊的城南文化聚落。清朝建城以後，臺北城府以南的地方稱為「城南」，是現今牯嶺街、南昌街、廈門街一帶，而城南的區域裡有三所以國立臺灣大學系統為夥伴關係的三所重點大學，吸引著國際學者師生、城鄉移民在此落腳，而座落於新店溪、蟾蜍山和小觀音山之間，新城

---

3 「國立東華大學洄瀾學院」，維基百科，網址：https://zh.wikipedia.org/zh-tw/%E5%9C%8B%E7%AB%8B%E6%9D%B1%E8%8F%AF%E5%A4%A7%E5%AD%B8%E6%B4%84%E7%80%BE%E5%AD%B8%E9%99%A2。

與舊市交織、都市與自然相疊、自由思潮與反動精神在此不斷推演，積累出豐富多樣的文化地景，也塑造出城南三大特徵：山水生態、聚落文化、文人精神。

臺科大周邊的城南文化地區是一個文化多元又特殊的區域，華新街一帶有雲南緬甸邊境移居而來的緬甸族群聚落，也有歷經戰役後流離失所輾轉遷移，定居在此已超過一甲子的外省籍文化聚落，在此也歷歷可見。除此之外，芳蘭山存在著閩南泉州文化的陳姓家族聚落，且市定古蹟芳蘭大厝在此已經存在超過兩百年之久，其家族後代從清朝至今仍在此居住。汀州路上的臺北市客家文化主題公園是臺北市重要的客家族群交流場所，而新店溪沿岸的河岸部落溪州部落，則是城南區域的阿美族都市原住民聚落。總括來說，臺科大周邊的城南文化，存在著臺灣五大族群的文化，從福佬、客家、外省、原住民到新住民文化，都可以發現文化聚落或文化群體之存在，文化資源十分豐富，而如何讓這裡具有歷史代表性的文化與景物能持續的傳承與永續發展，成為後人可以創新再造的文化元素，也是本中心發展城南學的目的之一。

職是，臺科大通識教育中心便發展出以地方特色為訴求的「城南小旅行」相關課程與活動，以實作體驗來推動城南文化的課程規劃與地方學研究，希望地方文化的重視能夠引起本校師生社群對自身所處文化的尊重與保護，在文化、環境、社會甚至經濟層面能夠思索永續發展之可能性，而這也應該是檢視一個地區的地方文化是否有持續發展的能力與價值的指標。

城南周邊的文化聚落，其獨特之處就在於大多存在著族群進行社會抗爭的歷史。芳蘭山的土地徵收引起了在地陳氏家族的不滿，蟾蜍山的土地撥遷議題亦引發了超過10年的社會抗爭運動，而嘉禾新村與溪州部落亦有歷時不短的社會抗爭運動出現，於其中，芳蘭山與蟾蜍山的土地徵用問題分別涉及了臺大與臺科大，因而本校的地方學發展中涉及在地互動的部分也就有其侷限。

以寶藏巖的發展為例，1980年7月，臺北市政府將寶藏巖由原本的水源保護地劃入公園預定地，原有的房舍就面臨被拆遷的處境；隨後，在文史團體

及社運人士的努力下，群起動員自發起一連串聚落保存運動；1999年，臺北市文化局將「藝術村」作為未來經營之目標，2004年，寶藏巖被公告為歷史建築，2011年被公告為本市第一處歷史聚落，2018年隨文化資產保存法公告為聚落建築群。寶藏巖以其特殊的地理位置及歷史為特色，發展出以生態、藝術、社區三者互相對話的場域。透過藝術來進行社區營造，雖然成功地豎立了寶藏巖在地社群的文化認同，在地空間卻也因為成為一種國際藝術展演空間而漸漸失去在地文化再深化的機會。筆者認為，一旦寶藏巖成為松山文創基地之內的空間展演與文創商品聚集地之時，也是在地文化性格消逝的時候。

另以蟾蜍山為例，蟾蜍山聚落位於臺北盆地南端、臺大公館商圈旁，聚落內保留了都市發展的軌跡，包含清代的水利設施、日治時期的農業研究布局，中美協防時期因戰略重要性成為軍事進駐要地，除空軍眷村「煥民新村」隨之興建之外，部分眷戶及臺北城鄉移民更在聚落周邊「自力營造」家戶房舍。蟾蜍山煥民新村是臺北市少數被完整保留的空軍眷村，同時也是建物型態多元的山城聚落。豐富的歷史文化及生態資源，蟾蜍山聚落在2016年由臺北市政府登錄為文化景觀。蟾蜍山居民與臺科大之間由於土地爭議問題而存在著某種程度的對立關係，而這也是我們通識教育中心在推動城南學發展之時的侷限之處。實質上，當我們的學習空間是建立在當地社群的居家環境之時，如何帶領學生在認識在地文化之時卻不會影響在地居民的居家生活，這也是我們在推動城南學之時的挑戰之一。

身處城市中心卻要推動地方學的發展，其出發點應該不是在於在地社群之培力，因為都市核心比較不會有社會創新團體的存在。因此緣故，城南學院的城南學的推動方式，應該會是一種社會創新理念與論述的建構過程，鼓勵臺灣各地於臺科大就讀的學生能夠帶著新觀念回到自己的故鄉發展，推動青年返鄉的發展歷程。循此，筆者認為，城南學院的地方學發展歷程，「城南」的意涵指的是「從城南到地方」的發展路線，因而我們的城南學不是要學生留在「城南」，而是希望學生可以留在「地方」。林海音女士《城南舊事》中的「城南」是一種「離別」意象的闡述，我們城南學院的「城南」則是希望學生能夠回到「地方」，回到故鄉發展。

三　建構中的「城南學院」

（一）城南的意象

　　對於「城南」意象的相關討論，通常都會從清朝臺北府建城的決定開始討論。清廷的臺北府城共有五個城門，南門麗正門由於象徵的是面向南方的王者視野，因此是最為宏偉秀麗的一座城門。日人統治臺灣之後，由於醫療衛生與城市發展等相關考量，城牆雖然陸續拆除，南門以南卻因為開發較少而成為日本政府推動各項文教發展的重要區域，各種文化與教育機構紛紛於此建立。大致上來說，麗正門以南的大臺北區域，都可以視之為「城南」之一環，亦因為如此，城南的區域便由古亭一帶一直往景美、新店的路徑推展了出去，而城南的風貌也由新店溪畔的親水意象，發展成有山水陪伴的「山水城南」的意象了。

　　雖然說南門麗正門有其「王者之姿」的寬宏意象，不過，「城南」意象浮現的重要關鍵，其實是在於林海音出版的《城南舊事》與其在臺北城南的文化出版事業的生活經歷有關。《城南舊事》描述的是北京城南方的故事，而林海音的事業與生活則是位於臺北城南的經歷。《城南舊事》一書讓「城南」兩字浮出了檯面，而林海音主編的聯合副刊與純文學出版社則讓臺北城南在眾多文化出版社與文人的伴隨之下被戲稱為「文學重工業文化園區」。林海音的「雙鄉」生活，亦即北京與臺北的雙首都的城南生活，是兩種城南文化的生活記憶，既促成了「城南」兩字在華人社會的流通，也見證了臺北城南由日治時期的文教區域進一步發展成國民黨撤守來臺時期的文學生產基地。總體來說，文化韻味濃厚可說是臺北城南區域的重要特點。

　　林海音的城南文化雙鄉經歷，讓臺灣的文化界普遍關注到了「城南」這個詞彙，而「城南」二字再次浮現臺灣社會並且開始進入臺北都會居民的生活體驗，則應該是與2018年中華文化總會連續多年辦理「城南有意思」這個大型文化嘉年華活動有關。「城南有意思」此種大型的城南文化生活節活動於每年春假期間的連續辦理，讓「城南」二字的受關注，其受眾漸漸由文化

人移轉到臺北生活的一般大眾。

從文化人的「城南」到一般大眾的「城南」,「城南」文化的實質影響層面雖然日益增廣,但尚未成為一種「制度性」的組織,即便說有眾多官方與半官方的組織一直在推動著城南文化的發展。職是之故,將「城南」詞彙的內涵由文化語彙往制度性的體制發展,或許是一種值得思索的相關做法,而臺科大通識教育中心對於城南學院與城南學的想像,其實就是此種思索向度的一種可能嘗試。

關於「城南」的界定,筆者大致上把它區分成兩種類型,分別是「經典城南」與「山水城南」。「經典城南」指的是傳統上一般認定的城南範圍,大致上是麗正門延伸至古亭紀州庵的範圍,而這個範圍也是中華文化總會及其協力團隊規劃「城南有意思」活動時的大致範圍。「山水城南」的城南範圍則是由古亭沿著寶藏巖與芳蘭山一路往景美、新店發展下去的有山有水的城南範圍,其具體活動就體現在臺北市文化局於蟾蜍山煥民新村舉辦的「城南山水・共聚棲地」展覽活動之中,[4]而臺科大所處的城南區域,就是位於這個山水城南的範圍之中。這一道一路由南門麗正門往南延伸的城南區域,嚴格說起來並不存在具體的界線,或許也有跨越縣市界線的可能性。因此緣故,臺科大城南學院的城南學建構歷程,類似於南門麗正門一路往南的延伸歷程,似乎也可說成由「城南」往「地方」發展的一種歷程,畢竟,城南學其實也是一種地方學。由中心到外緣,由城南到地方,或許就是城市發展地方學時可以思索的一種發展方向。

臺科大城南學院的城南學發展歷程,釐清自身周邊的城南文化社群與聚落,乃是臺科大教師以課程為媒介帶領學生與文化社群發生互動的起始作法,也就是說,釐清臺科大城南周邊的文化聚落,可以是臺科大發展城南學的基本做法。由於臺灣存在著五大族群文化,分別是福佬、客家、外省、原住民與新住民,以這五大族群文化為切入點來思索臺科大周邊的文化聚落與

---

4 臺北市政府文化局,〈「城南山水・共聚棲地」展覽〉,網址:https://tcmb.culture.tw/zh-tw/detail?indexCode=Culture_Event&id=652937。

發展，可以比較具體地指出各文化聚落的文化特殊性，例如說：芳蘭山陳家（泉州人後代）是福佬族群文化聚落；蟾蜍山（煥民新村）是外省族群文化聚落；臺北市客家文化主題公園是客家族群文化聚落；華新街是新住民文化聚落；溪州部落則是阿美族原住民文化聚落，如下將會分別說明這些文化聚落的特殊性與族群性格。

1　芳蘭山

　　芳蘭山主要由兩個部分構成，即閩南泉州籍的陳氏家族聚落，其古蹟與歷史建物包括芳蘭大厝與義芳居，以及由與國民黨撤守臺灣時一同前來的榮民組成的芳蘭山莊。芳蘭大厝於20世紀初期建成，如今已經有超過百年的歷史，而義芳居目前仍有陳氏家族後代居住於其中，其建築是一個典型的閩式建築，義芳居古厝首由陳氏家族陳朝來所建，位於臺北盆地的邊陲，依靠在蟾蜍山、芳蘭山與中埔山綿延而下的山腳下。

　　芳蘭大厝見證了陳氏家族於此定居超過百年之歷史，此座市定古蹟也是一種閩南文化聚落於城南區域深耕定居的例證，可說是臺科大周邊比較具體的一個福佬文化聚落。

2　蟾蜍山

　　蟾蜍山聚落位於臺北盆地南端、臺大公館商圈旁，聚落內保留了都市發展的軌跡，包含清代的水利設施、日治時期的農業研究布局，中美協防時期因戰略重要性成為軍事進駐要地，除空軍眷村「煥民新村」隨之興建之外，部分眷戶及臺北城鄉移民更在聚落周邊打造「自力營造」的家戶房舍。蟾蜍山煥民新村是臺北市少數被完整保留的空軍眷村，同時也是建物型態多元的山城聚落。蟾蜍山聚落自2013年發生拆除危機至今，不論在保存運動、文化資產身分的認定皆有正面的成果，相對於寶藏巖（保存與修復歷程漫長）、嘉禾新村（僅保留七棟建築，其餘遭拆除）等都市聚落，蟾蜍山聚落完成了煥民新村的修復工作。

　　蟾蜍山的煥民新村目前是臺北城南區域保存完整的空軍眷村，空間上與

文化上還保有外省籍文化的特殊性。相對於城南區域的現代化都市性格，蟾蜍山還保有過去相對弱勢的城市討生活者於此群聚的歷史痕跡，其中頗具特色的部分應該是蟾蜍山的自力營造戶，而這些由自家人一起打造完成的家戶建築，既是城市弱勢者的的生活見證，也是一種「手感工藝」的藝術展現。

3　寶藏巖

　　認識寶藏巖可以有很多種方法，我們可以選擇自由自在的在聚落裡面的開放區域閒逛，也可以報名導覽以特定的路線繞行村落一圈，當然也可以有意無意的路過——騎腳踏車到大草原野餐、休息，口渴到柑仔店買杯酸梅湯，或是就僅僅像那些公館商圈的上班族，騎著自行車「路過」聚落就是每天的生活日常。這一個村落的邊界由小觀音山、新店溪和萬盛溪所圍繞，山下是聚落村民主要生活的場所，包括菜園、柑仔店還有聊天休息聚會的「涼棚」，山上則是藝術村主要的管理範圍，包括各式各樣的藝術家工作室和商店。就歷史來看，供奉觀音菩薩的寶藏廟和寶藏塔則是這個聚落最早的空間核心。穿梭在巷弄中，還可見到過去遺留下來的防空洞和機槍堡等建物、因拆除而成為開放區的爐灶、路上斑剝的磚瓦和保留下來的房舍；在社區生活的長輩和居民，讓整個聚落活脫脫變成一本歷史書，也更能體會大時代變遷下群聚空間的整體氛圍。

　　寶藏巖是臺科大城南周邊的一個重要文化聚落發展範例，其藝術村的發展轉向雖然成功地讓該聚落轉變成一個知名的國際文化聚落，該聚落也因為成為知名文化景點而出現過度觀光化之現象。

4　嘉禾新村

　　嘉禾新村位於臺北市永春街，鄰近新店溪畔，日治時期曾為砲兵聯隊營房基地，於國民政府遷臺而聯勤通信廠遷入後，既有營房建築改為眷舍使用，也在周邊陸續興建不同等級之眷舍，形成眷村建築群，呈現眷村空間之特色。嘉禾新村並非傳統眷村，而是由廠房直接改作外省居民的住房，因此居住於其中的眷戶是因為工作單位的關聯性而居住在一起，因此是比較特殊的眷村型態。

隨著時代變遷，嘉禾新村空間功能不斷轉換，曾是軍事設施，轉為住家居所，如今成為傳揚眷村精神的文化場域，以「環境劇場」、「親子園區」、「文物館」為定位，透過親子園區、眷村文化保存創生、藝術實驗／展覽演出等3大面向為營運架構，也透過假日市集與地方創生的工作形式來引起關注。[5] 與蟾蜍山及寶藏巖的情況相同，嘉禾新村也是由臺北市文化基金會來參與維運工作。從芳蘭山、蟾蜍山、寶藏巖到嘉禾新村，我們都可以看見不同型態的外省籍文化聚落。

5　華新街

1962年緬甸軍政府上臺後實施國有化政策，對於緬甸華僑的求學與就業層面皆產生了重大打擊，致使許多華僑會選擇離開緬甸，而部分華僑因抱持對於中國故土的想念，便來到了被視為「自由中國」的臺灣。

緬甸華僑的祖輩由中國遷徙至緬甸，而後代又因緬甸的政治、經濟因素必須再度遷徙，部分緬甸華僑的落腳處為同是華人社會的臺灣，而這些受緬甸文化影響的華僑，在華新街塑造出異於臺灣其他角落的文化地景。2010年代，新北市為了發展觀光，將華新街整建為「南洋觀光美食街」，於街頭街尾設立「南洋觀光美食街」牌，並統一華新街店家招牌。華新街是臺灣最大規模的緬甸聚落，也是臺灣十分重要的東南亞新住民文化聚落。只不過，這個東南亞新住民文化聚落，並不是1990年代進入臺灣生活的外籍移工或配偶的後代，而是1960年代的緬甸華人後代。臺科大華夏校區的出現，讓華新街的東南亞新住民聚落也成為臺科大日常生活的一環，也讓這個擁有全國最多東南亞籍研究生的學校，有了實質親近東南亞文化聚落的機會。

6　溪州部落

溪洲部落是位於臺灣新北市新店區的阿美族部落社區，與臺灣東部阿美族原鄉部落環境類似，是個居住在都市邊緣的小集居部落，居民近200名，

---

[5] 嘉禾簡介，網址：https://homevillage.taipei/about。

因長年在眾多社會團體的協助下，反抗政府強迫拆遷而聞名。

懷著對原鄉的眷戀，族人在一片蘭草中開拓自己的家園。他們在這裡落地生根、安居樂業，和這塊土地有著密不可分的情感。新北縣政府曾提出「大碧潭再造計畫」，希望能藉由碧潭和新店溪的開發，帶動觀光人潮、吸引人口移入。基於河岸美化和行水區安全，居於此地的溪洲部落居民曾被要求搬遷至三峽「隆恩埔原住民臨時安置所」，如今溪州部落已經以一個都市原民文化園區的樣態存在。

溪洲部落阿美族多來自花蓮、臺東，遷移至都會區邊緣，就地取材自建部落家園，隨人數增加，形態與文化更為豐富多元，延續原鄉之空間樣式，保留宗教信仰與祭典儀式傳統，與都會區漢人截然不同，富有與自然共生、永續經營自主性原民部落的精神。溪州部落文化空間的獨特性，反映出原住民傳統文化，凝聚部落族民的向心力，此空間中社會網絡的緊密交集在溪洲部落中更顯重要。

（二）「城南講堂」作為一種跨域連結平臺

國立臺灣大學系統的三所大學均座落於臺北市的城南區域，隨著大學社會責任的大學風潮崛起，共同發展城南就成為三所大學協力在地發展的重要使命之一。於此種背景之下，臺科大通識教育中心決定透過城南學院的推動來參與在地城南的發展，讓社會創新的概念能在此地生根、茁壯與發展，而城南講堂即為落實此項作為的直接作法之一。

城南講堂的成立目的在於成為一個分享、討論與流通社會創新概念的平臺，以城南地域為討論的出發點來連結海內外夥伴，進行社會創新概念的社會網絡建構，期以協作共創的精神來打造美好的永續社會。同行才能致遠，為了能夠尋找願意一路同行的同好夥伴，須要一個能夠跨越界線的對話平臺來進行交流，畢竟，誠摯的對話才能產生深度的連結，而深度的連結也才能共創更有影響力的社會創新概念。因此，城南講堂真誠期待各位的參與，透過論述的激盪來推動社會創新概念的建構與傳播，形塑一個共創共好的論述

環境。

　為尋求具共同願景的夥伴進一步建設城南周遭，城南講堂誕生於2022年，作為跨界對話新平臺。延續前一年「專業通識化：教學與實踐」的主旨，2023年則以「通識專業化」為題，反向探討課程如何在教學設計及核心價值等層面，確立系統化思維，並結合社會創新精神深入發展。期待培養臺科大學生兼具專業技能及人文思維！

　城南講堂作為一種論述與連結的平臺，以2023年的城南講堂為例（圖一），屏東大學的人文社會科學院向來是地方學論述的生產基地，而國立政治大學、國立臺灣師範大學（以下簡稱臺師大）與國立臺灣大學（以下簡稱臺大）則是廣義上隸屬於城南區域的重點大學，衡諸臺灣各大學地方學學院的重點內涵：地方學、社會實踐以及跨領域，這樣的議程設定方式，有助於未來臺科大城南學院的相關規劃與發展。

圖一　2023城南講堂議程

圖片來源：臺科大通識教育中心網頁。

四　「城南小旅行」作為一種城南學建構方法

臺科大發展城南學的具體作法之一，就是從「城南小旅行」的角度來進行學生端與教師端的課程規劃與教師社群活動。如下將會分別說明之。

（一）課程「城南小旅行」

「城南小旅行」是一門由筆者於臺科大開授的通識課程，臺大系統的學生都可以來修讀這門課程。本課程的設計主要是透過文化行旅來了解臺北城南地區的文化特色，從臺灣的族群關係來了解臺北城南地區的公民社會發展，並且從臺科周邊的族群文化聚落與族群文化館舍來體驗學習城南文化。本課程的設計內容主要涉及兩種層面：其一是讓學生從臺灣的五大族群的角度來理解城南的社會與文化，其二是讓學生以五大族群文化為主題來進行城南的文化踏查與體驗學習。

圖二　「城南小旅行」課程師生參訪臺北市客家文化主題公園
圖片來源：黃信洋提供。

臺灣社會的族群發展已經從四大族群發展成五大族群，本課程以這五大族群文化為本來讓同學了解臺北城南周邊的五大族群文化聚落，其規劃如下：福佬：芳蘭山泉州文化聚落、客家：臺北市客家文化主題公園、外省：蟾蜍山煥民新村與嘉禾新村、原住民：溪州部落，以及東南亞新住民：華新街。臺灣社會的文化發展與這五大族群之間的複雜糾葛有關，而這五大族群文化最終也持續豐富了臺灣文化的多樣性。

（二）教師社群的「城南小旅行」：見習交流與文化踏查

臺科大通識教育中心教師端的「城南小旅行」活動，主要是透過教師社群的見習交流與文化踏查活動來進行。如下將分別說明之：

由於本校通識教育中心的未來發展設定是邁向城南學院，因為城南學院也是一種地方學學院，本中心便開啟了地方學院的見習與交流互動的參訪學

圖三　臺灣科技大學通識中心及屏東大學師長同仁合影，交流地方學發展心得
圖片來源：陳怡文提供。

習規劃，分別前往高雄與屏東的中山大學西灣學院與屏東大學大武山學院進行參訪。這兩個地方學學院是臺灣社會最早出現的地方學學院，其組織架構的形塑歷程非常值得參考：西灣學院的發展重點是對於跨領域課程規劃的重視，而大武山學院的特點則是地方學、社會實踐與跨領域學程的三位一體結合發展。

圖四　通識中心師長同仁參訪中山大學西灣學院
圖片來源：陳怡文提供。

　　由於本校是屬於臺灣大學系統三校合作發展的學校之一，與臺大及臺師大等有志於共同發展城南文化與社會實踐的夥伴共創合作是一件十分重要的事。於是乎，本中心分別有了與這兩校相關單位進行交流合作參訪的實質規劃。

　　近幾年臺灣大學博物館群開始進行博物館相關的社會實踐活動，本中心的教室社群活動便規劃去參訪該校博物館群中的三間博物館（植物標本館、校史館、人類學博物館），了解這三間博物館社的策展方式以及博物館群總辦對於博物館相關課程的規劃設計方式。本中心也與臺師大「大學之道」執行團隊進行交流，了解該校如何透過全校性的社會實踐計畫來帶領學生思索城南區域的永續發展相關問題。

圖五　通識中心師長同仁與臺師大「大學之道」執行團隊師生合影
圖片來源：陳怡文提供。

　　除了臺灣大學系統夥伴學校之外，本中心與自身城南周邊的兩所學校進行交流，其一是與政治大學的 IGER 總辦及通識教育中心進行交流，其二是與世新大學的社區創想中心進行交流。通識教育中心與他校的見習交流歷程，除了學習了解各校的社會實踐方式的特點之外，其實還透過交流來展現本校通識教育中心邁向城南學院的發展決心，亦因為如此，在本中心的城南學論述與城南學院建置都尚未完備之時，臺科大城南學院卻已經在這些互動過的學校之中產生了深刻的文化印記。

　　教師社群文化踏查的部分，本中心已經分別實地參訪過芳蘭山的義芳居與芳蘭山莊、蟾蜍山、嘉禾新村、寶藏巖，以及臺科大校本部後門旁的臺大昆蟲館展示館、回字樓、歷史建築（農試所、宋細福舊居、胡開仁舊居）。其中，回字樓與農試所的歷史建築目前屬於臺科大的校地部分，未來仍有很多教學上的創發可能性。

五　結語：見學、體驗與深化

　　臺科大通識教育中心在邁向城南學院的發展歷程中，從上述論及的「城南小旅行」的規劃向度來說，可以暫且用「見學」、「體驗」與「深化」來進行簡單歸結。「見學」可以理解臺灣地方學的發展趨勢，「體驗」可以透過文化行旅在教師端的教師社群與學生端的課程學習產生城南文化在地體驗的初步感受與體認。「深化」則是本中心未來即將努力的部分，要透過城南學的建構來匯集深度的知識，深化城南在地知識的內涵。

　　臺科大位於城南文化地區，讓學生們能了解城南文化地區的特色相當重要，與生活息息相關，也能更認同城南文化。「社會實踐」與「城南學」的課程設計，可引導學生逐步地參與社會、環境等公眾事務，這是一種城南在地的文化實踐，也可從過程中引發學生對臺科大周邊城南文化情感的認同與認識，並透過設計實作逐步地爬梳城南文化的脈絡，且這種潛移默化的醞釀，也將是軟實力的建構，綜觀臺灣大專院校的社會實踐相關論述，雖然說針對課程發展「社會實踐」的理論基礎還處於發展階段，然不可否認的，這是一個時代趨勢，因知識須要被實踐才能產生力量。

參考文獻

王甫昌：《當代臺灣社會的族群想像》，新北市：群學出版公司，2003年。

洪佳辰、游閎皓、倪郡霙、吳苑榮、陳偉龍、張文玉、溫筱琦、葉馥瑢：〈夢河畔——溪洲部落〉，《人類與文化》第39與40期，2009年，頁62-68。

洪偉毓：〈都市阿美族人的音樂生活：以溪州部落為例〉，《台灣原住民研究論叢》第16期，2014年，頁95-126。

李思薇：〈蟾蜍山聚落保存歷程中的社會參與〉，《文資學報》第12期，2019年，頁1-31。

游惠晴：《中和華新街緬華族裔經濟社區形成與發展之研究》，臺北：世新大學社會發展研究所碩士論文，2019年。

在心中放一座家鄉的大武山
——從「大屏共讀」分析南方青年的在地實踐與認同[*]

鄭羽芳[**]

摘要

　　本研究以返鄉青年與高中生共學的組織「大屏共讀」為對象，分析行動者離鄉就學前後的生長經驗、對屏東的想像，以及在大屏共讀的多元實踐。究竟返鄉青年如何與高中生共學，進而形成支持性的「社群」，並形塑出屏東認同，此乃本研究的核心關懷。

　　研究分析大屏共讀與其他人文社科營隊、屏東地區地方學課程、文史相關團體的區別，同時觀察不同屆多元的實踐方式，對比各屆參與者的回饋，以及對地方帶來的影響。透過筆者作為大屏共讀籌備團隊的參與式觀察，深描行動者的生命經驗，理解身處島嶼之南的行動者面對所謂「人口流失與老化」、「資源稀缺與不足」的屏東，個人生命經驗與外在時代處境如何驅使大屏共讀得以創立和延續。

　　藉由描繪這個南方共學組織對在地高中生扮演何種角色，了解青年在地

---

[*] 本文以國科會大專學生研究計畫成果修改，指導教授為清大社會所林文蘭老師。計畫編號為112-2813-C-007-007-H，全文可至國科會網站查詢。本篇著重分享大屏共讀之於地方連結的篇章。出刊前已通過臺灣社會學年會審查，於2024年臺灣社會學年會自組主題場次口頭發表。

[**] 國立臺灣大學建築與城鄉發展所研究生。

實踐、人文社科共讀辦學，如何轉譯社科理論、以共有的日常經驗串聯參與者，引導南方青少年正視屏東主體經驗，找到新的社會想像、形成社群感、產生對屏東的地方情懷，而後透過參與者將關懷周遭、議題討論的公眾意識，開展至班級、家庭、社區等不同地區。

關鍵詞：在地實踐、地方認同、社群、青年返鄉、大屏共讀

一　前言

　　國二那年，我決定留縣升學。身旁同學則各有盤算，有人想直升地區高中拚繁星，也有人說他「死都不要留在屏東」。許多朋友頭也不回地奔向北方高雄就讀。

　　高中階段我不斷地被鼓勵要向外尋找資源，然而每次看到有興趣的活動都在臺北便會瞬間沮喪。往往為了節省交通住宿費，搭半夜的客運晃五個多小時去臺北，要不就是因為距離遙遠、旅費昂貴而作罷。對於很多人來說伸手可得的學習資源，我們必須獨自克服艱難地尋找，搭夜車北上參與講座和活動的生命經驗更難以被理解。約莫在此時，我在心裡偷偷許下願望，大學要考到一間離家遠的北部學校，這樣以後參加活動再也不用舟車勞頓。

　　「屏東就是文化沙漠啊。」我差點也要帶著對資源不足和交通不便的抱怨北上，直到遇見「大屏共讀」（以下簡稱大屏）。在當年的報名表上，我寫著：「我們慣於主流思考，忽略事件背後的因果以及忘了去瞭解事件的另一種可能。我希望能來大屏，重新學習如何去同理、去體認不平等。」

　　在大屏裡，我們會一起探問那些以往沒有人和我們共同討論的、被忽視的議題，並將視角放回屏東本位，不再只是作為都市對照組。漸漸的，屏東在我眼裡，不是一個資源稀少的鄉下，它是我的家。基於這些真實而直接的體驗，我也開始成為大屏籌備團隊，帶領更多人「看見」屏東地方不為人知卻在暗處發光的人事物。讓屏東孩子能夠找到對家鄉的認同，而不是急著想「逃離」屏東。參與「大屏共讀」，就彷彿踏上一條回家的路。

　　高中時，認為屏東不值一談，總是面朝北方，想像大學畢業後一去不返。大學後，異常眷戀想回到這塊土地上，期待每次返鄉和高中生一起讀書、從文本回望家鄉議題，並帶著渴求與在地交流，以文字和影像承載在地居民的生活、以及學生在此地的洞察，讓高中生成為在地知識的「學習者」、「分享者」和「創造者」。

　　本研究以返鄉青年與高中生共學的組織「大屏共讀」為對象，分析返鄉

青年如何與高中生共學,進而形成支持性的「社群」?嘗試理解面對所謂「人口流失與老化」、「資源稀缺與不足」的屏東,大屏共讀如何透過在地行動,讓南方青少年正視屏東經驗的價值,在青年的在地實踐、人文社科共讀辦學中,找到新的社會想像。

每一屆大屏共讀總會有一張團體大合照,大家肩膀微張、雙手指尖微微相靠。那是大武山的手勢,我們想要在每個屏東學子心中,放進一座家鄉的大武山。透過這份研究,將大武山安放進每個大屏行動者的心中。

圖一　他人眼中又老又舊又窮的屏東,是我們美麗的家
圖片來源:大屏共讀 FB 粉絲專頁。

二　文獻回顧與探討

(一)認同感與地方感的建立

對家鄉前景的不看好、對地方的認同感薄弱是部分屏東人選擇頭也不回離開屏東往外縣市發展的因素之一,倘若人與地方失去連結,便難以指望其願意回鄉協助公共事務和發展。黃應貴(2015)提出現今的地方認同並非依據血緣、地緣的結構性原則,構成認同感的方式,可以是個體與日常周遭的他者、空間地景、事物彼此互動中建立,亦透過集體共同歷史經驗建構對於

社會的想像。

當前地域疆界對於人口移動的限制力較以往縮減，人不再被血緣、地域侷限後，集體認同和社群的成立方式，皆不同於以往。大屏的成員涵蓋屏東以外的成員，人員的組成皆是跨越疆界。儘管如此，大屏仍以屏東作為在地行動的場域，從中更打造出自我與共同歸屬、認同的場域。正如同楊弘任（2011）所提及，臺灣社造運動足以形成的重要基礎即是：這裡仍有明確的邊界與歸屬感。疆界中的人依然以一特定空間範圍為單位，形塑出其中眾人獨有的價值觀與核心關懷。成員間彼此肯認，進而凝聚出社群而展開社區行動。

以大屏2020年發布在關鍵評論網的文章為例，參與的成員深入屏東高中與潮州高中，訪問教學現場的師生，了解繁星制度如何對屏東的高中生產生影響。學員在參與的過程中帶著自身的好奇進入場域，在調查的過程中不斷探究和凝視當今存在於屏東的問題，並回望自身過去的生命經驗。大屏創造出一個陪伴的空間，鼓勵高中生從自身發問，走進屏東各處尋找答案。經由討論整理蒐集來的資料，進行社會書寫，讓思考得以透過網路串流平臺擴散，增加大眾對於屏東在地議題的認識。如同李文玫（2020）提及，個體透過對話與歷史、空間及他者連結，方能建構出相互對話的空間、啟發創造性轉化的可能。當個體明白其與周遭的關聯、自身所處的時空位置，開啟與外在他者對話後，在交換想法的過程方有機會凝聚出改變現狀的群體。如何引導個體對周遭有感、形成社群，也正是大屏共讀長期試圖回應的課題所在。

（二）青年在地實踐的意涵

在當今，個體透過多樣化的實踐來建構單一個人，建構自我的過程當中亦拓展出面對新世代的視野與知識（黃應貴，2021）。社會內個體對體制的撼動，也從街頭反抗轉變成內在的自我探尋，轉為了解自己、體察自己與周遭的關聯，藉由回應自身所處的課題，擾動日常生活。臺灣的社會運動在當前處理的議題不只侷限在政治層面，新型態社會運動的訴求已擴大至追尋認

同層面的問題。

　　社會運動的場域，也從街頭轉移至常民生活。李丁讚（2014）於《社區如何動起來》推薦序提及，1980年代的社會運動目的多是為了引起政府、媒體關注，對引發政治效果的重視程度，大於對社會內部文化、生活的改造。此舉使社會運動效果停留在法規修改與制定，社區內部的生態沒有改變，社會運動的觸角往往無法推行到社會內部，改革無法實踐到常民生活間。如同何榮幸（2011）在《我的小革命：永續生活》書序提及，大論述、大革命的背後通常過於理想、口號而缺乏行動力，當今公民社會的形塑靠的是小革命的總和。好比大屏共讀一時之間無法撼動南北城鄉與資源落差，但是卻能夠透過行動組織共讀的社群帶動討論風氣，將關懷周遭議題的影響力透過文字、影像擴散。

　　臺灣社會在九零年代後更發展出以回歸土地、回歸生活為主張的各種社會運動、公民運動。從而落實到社區中，自民間扎根，從社會內部對社會進行根本改造。透過社區對己身認同的建立，創造出具備自主性、民主實踐動能的共同體。此外，社會運動的場域由街頭轉往社區，這樣的觀察也與周昱君（2017）對新竹青年之在地實踐與地方認同所做的觀察脈絡雷同。他指出在三一八學運之後，以「認識在地」為動機的學生團體出現，進而奠基在各自的理念以不同的行動進行在地實踐。例如：「見域 Kendama」、「風起 Uprisings」、「開門工作室」，即是以發行刊物、舉辦講座、策展等形式，與地方上的人互動，帶領青年走入社區從事各種交流，慢慢營造出集體，同時形塑出新竹的多重文化樣貌。

　　除了大學生的實踐，學校亦會推行地方關懷，推動社會責任實踐。在新竹縣立竹東國中校園成立的《逐步東行》[1]刊物，由老師、畢業學長姊帶領學弟妹於寒假一起深入地方書寫；大屏共讀皆由大學生組成，創立起源為自主性的起心動念，期許在高中生之間打造出願意為家鄉「做點什麼」的社

1　說書Speaking of Books：〈百人說書070〉竹東在地刊物《逐步東行》：從學生的角度去訴說自己家鄉的故事〉，故事網站：說書專欄，取自網址：https://storystudio.tw/article/sobooks/people-x-sobooks-jhu-dong/，發布日期：2020年。

群。從學期間的聚會議題討論，延續至暑期共同討論並將資料整理，協助學員將視野放回屏東的主體，帶著問題意識深入在地。除了嘗試轉譯、討論彼此從大學習得的學術知識，更將內容扣合高中生的生命經驗，透過長期的聚會討論，漸漸引起在地學子對於生活周遭的意識與好奇，進而促成人物訪談、在地書寫等具體行動。

（三）屏東青年的返鄉實踐

除了大屏共讀，屏東亦存在其他青年返鄉組織。例如：「三線路」、「屏東縣愛鄉協會」、「五金兄弟」，以及「大同青年軍」。由趙文俊籌組的三線路團隊自2014年開始，從農產品推廣開始，到近年來開發文史導覽行程，參與者涵蓋國小學童至社會人士。屏東縣愛鄉協會則是有感於地方政府的失能因而成立。[2]另外，有鑑於屏東過去發生的種種歷史[3]以及「人口老化」等現況，部分解釋了為什麼我們父母輩及前人對於屏東多半抱持負面觀感。採取結盟方式創業的「五金兄弟」透過政府、民間接案的方式，規劃平臺協助獅子鄉芒果行銷，更協助地方設計鄉刊。「一般屏東年輕人，國、高中以後就出去了，留在屏東發展的使命感是五金兄弟情感上的凝聚力，了解彼此目標與價值是一樣的。」[4]（林科呈，2021）

年輕人出走、就業機會不足，留在屏東的人口越趨高齡化。為了使更多屏東人能夠回頭關心家鄉發展，培育的觸角向下延伸，希望從國中、高中階段便慢慢培養屏東學子的地方認同。「大同青年軍」的存在即是為此。此組織由文史工作者利天龍與夥伴創立。利老師是屏東大同國中的教師，常利用

---

2 單位介紹，社團法人屏東縣愛鄉協會網站，取自網址：https://sme.moeasmea.gov.tw/startup/modules/rmap/space_detail.php?sId=503。

3 1995至1997年間，時任屏東縣議長鄭太吉因殺人罪被判死刑、屏東縣長伍澤元因「四汴頭抽水站工程弊案」入獄、屏東市長黃清漢涉入工程弊案。

4 林吉洋：〈把鄉刊變潮、在廟裡策展，「五金兄弟」結盟創業分進合擊，創生心中的活力屏東〉，上下游新聞，取自網址：https://www.newsmarket.com.tw/blog/159789/，發布日期：2021年。

暑期輔導帶領學生認識青島街，並且由畢業學生組織成青年隊，負責和學弟妹介紹青島街上的景物。期待學生能因為參與青年隊，更深入認識屏東，並願意回鄉耕耘。

上述組織皆以自身的理念實踐，以多元形式回應家鄉問題與需求。與大同青年軍相比，大屏共讀與該組織主要都是面向國高中生的組織，核心目標皆為讓屏東的學生更認識家鄉。不過，在大屏共讀規劃的活動中，地方文史的成分相較之下比較低，注重層面為人文社科的共讀，以議題共讀討論出發，帶領高中生一起思考生活周遭好奇的事物，再進入田野調查。與上述團隊相比，大屏共讀不同於地方文史組織，更類似於日常實踐的社會運動，自我開創道路回應屏東社科共讀資源不足的生命經驗，因而開展與高中生的共學行動。

推廣「屏東學」的屏東大學李錦旭教授（2017）認為大學所學不應沒有「根」，不該「讀書愈多、離鄉愈遠」，要懂得與地方連結，並將所學帶回故鄉。[5]在李錦旭經營的社群媒體「屏東學是什麼？」，提到兩種屏東學的形式：從過往研究累積的成果深入探究的「靜態屏東學」；從屏東當今面臨的議題思考策略的「動態屏東學」。大屏共讀將動態與靜態的屏東透過脈絡性的學期間聚會安排整合，參酌靜態的屏東學的資料閱讀討論，連結至動態屏東學的省思與關懷行動。大屏透過共讀討論，回應不同時期所關注到的家鄉議題，漸漸凝聚出具有在地認同的群體，真正「在每個孩子心中，放進一座家鄉的大武山」。

（四）大屏共讀的發展脈絡和運作機制

2018年六月，「大屏共讀」誕生在臺大旁、六張犁巷弄裡的舊公寓。原先只是一群來自中南部的大學生，聚在一起組成的內部讀書會。在同感於自

5　羊正鈺：〈「大學生不能沒有根！」屏東大學首創「屏東學」列入必修學分〉，關鍵評論網站，取自網址：https://www.thenewslens.com/article/67368，發布日期：2017年5月2日。

己生命經驗中，屏東缺乏可以討論、交流人文社科知識的社群後，決定在屏東搭建一個屬於年輕學子定期聚集的社群，與高中生面對面討論議題。自2019年起，大屏共讀在摸索中已走過四個年頭，原先四位創始人已轉為顧問，四位曾參與大屏活動的學員接棒成為籌備成員，將社群傳承下去，持續扎根屏東的年輕社群。

大屏共讀籌備團隊成員就讀系所涵蓋社會學、法學和經濟學，過往成員也來自特教、哲學、文學、數理和傳播等專業。在與學員的互動上，大屏共讀籌備團隊向參與的高中生自稱為「老人」而非「隊輔」或「老師」，希望破除輩分、資歷造成的上下階級或不友善，讓學員能以去階級的方式，平等的表達自身想法，同時學會聆聽和尊重對方意見，以此形成能溝通對話的支持性網絡。

在前兩屆活動中，大屏帶領學員以文字記錄周遭所關心的在地議題，並發布在關鍵評論網供社會大眾閱讀，讓更多人得以看見島嶼南方。第二屆除了發布線上文章，亦在社區舉辦成果發表會，邀請學生家長、屏東大學社發系老師，以及對於主題有興趣的社區民眾共聚一堂，聆聽高中生所發現之關於屏東的痛點，同時深化大屏共讀與在地社群的連結。第三年的實體活動不敵疫情，轉為舉辦線上講座活動形式，因緣際會讓觸及層面擴散至全臺各地對屏東有所關懷的民眾。第四年團隊重新思考組織定位與運作，試著將學習的載體從文字轉移至影像，帶領屏東青年以影像記錄屏東店家的故事，在與受訪者的訪談中重新認識屏東的繁華與沒落，並藉由影片讓更多人認識在地人事物。2023年八月，第五屆活動與學員一同走進市場，透過採買，了解店家故事、思考傳統市場與城市的發展，並透過共煮共食，交流彼此的家常菜，認識屏東當季當地的作物。

大屏共讀透過閱讀或實地訪查，帶領高中生更熟悉周遭的景物、對屏東建立認識與好奇。透過學期間與暑期的交流與互動，使人與人之間搭建起互相支持的社群，並將討論風氣帶回學校、社區。同時，大屏共讀希望參與者從中形塑屏東主體認同，讓學員延伸書本的內容，結合自身的經驗，將討論的主體放回屏東，而非作為相對於臺北、高雄之存在。最後，讓參與者能從

抽象的「認同」到實際的「行動」，將在大屏所打開的觀點、累積的所學與感觸，轉化成為實質的動能，願意傾聽、改善地方存在的問題，讓高中生積極參與社會。

「在每個孩子心中，放進一座家鄉的大武山。」大屏的標誌，是一座延綿的山峰。大武山存在於不同世代的屏東人記憶，只要往東邊遠眺，眼前就是遼闊的山景。如同屏東縣山林學院生態文史協會執行長張騰元（2017）所言，大武山對屏東人具有特別意義，甚至作為屏東的標誌，有著大武山成年禮、大武山文學獎等以「大武山」為名的活動或概念。曾有學員形容，大屏標誌上大小不同的山峰象徵不同年紀、學校的我們，透過大屏共讀彼此緊密連結。我們以「大武山」作為群體認同的符號，將個體串聯，並且捲動更多在地人參與對生活周遭事物的共學、關懷。

三　研究方法及步驟

本研究以質化深度訪談為主，對象為大屏共讀的籌備團隊、曾參與活動而成為籌備團隊的學員、曾參與活動的高中生、曾與大屏共讀有所接觸的在地的行動者。同時輔以分析前幾屆的活動形式、文字作品，以及第四屆的影像紀錄，勾勒出不同的媒材對於家鄉觀點、視角呈現上有無差異和變化，指出其中存在的侷限和可超越之處。

參與過活動的學員以參與大屏共讀作為契機，帶著問題意識走進社區，叩問隱藏在生活中不易察覺的事情。當學員進入行動場域的同時，也將地區中的行動者捲動進大屏的一環。透過本研究可以具體描繪外在如何認識大屏共讀以及這個組織的行動，亦能夠完整理解行動者接觸大屏之後，對他們的未來生活產生什麼影響？

深度訪談採取半結構式的訪談，重點聚焦在行動者的個人參與動機、參與方式、實際的體驗和感受，對於組織的看法和運作的建議，並包含對屏東的想像。此外，藉由參與觀察這些理念如何具體實踐在聚會的現場，如何引導屏東的高中生接觸、共感書中的知識與自身所處地方社會的關聯。更重要

的是，理解他們如何帶著對周遭的好奇實踐在田野地、這些多元實踐與當地產生什麼互動關係，乃至於如何萌生與周遭夥伴的社群感以及對於家鄉的認同感？

在本次研究中，總共訪問21位曾參與過大屏活動的對象，成員分布包含第一屆至第六屆的籌備成員與學員，其中4位在年初完稿當時仍處於高中階段。受訪的大屏籌備與學員多為屏東人，有2位籌備來自外縣市。戶籍在屏東的籌備與學員中，包含7名在非屏東市區有居住經驗的成員，個別來自的行政區包含竹田鄉、萬丹鄉、佳冬鄉、新園鄉。另外，有2位受訪者高中階段跨區至高雄就讀。

訪談以實體為主，受訪者在國外等不可抗力之情況才以線上進行。除了個別訪談，亦採取團體訪談模式，邀請第四屆、第五屆的高中生分享經驗，並於第四屆學員北上就讀大學的前後，各約了一次團體訪談，比對大家在離開屏東、成為籌備之後，對屏東以及大屏的想法是否有所改變、大屏共讀的經歷對他個人帶來什麼樣的影響。

研究中除了參照籌備成員以及參與學員的視角，更納入屏東大學社會發展學系老師的觀察，就一位居住屏東、從事屏東地方研究的角度，以自身對屏東的了解，側面點出大屏對地方的作用為何。此外，老師曾為屏東大學人文社會學院USR（大學社會實踐計畫）專案助理教授，並參與過大屏共讀第二屆學員成果發表會；第三屆大屏聚會原本預計與該系選修課程「觀光社會學」進行教學合作，籌備團隊曾與馥瑋老師共同前往田野勘查，後來活動因疫情三級警戒取消。老師能以自身對大屏共讀的觀察，以及學生參與屏東大學USR計畫、屏東學概論的狀況，分享體制內課程規劃上的侷限，從中尋找大屏不同於課堂的原因，或可互相借鏡學習之處。

小團體訪談匿名不易，因此受訪者名單僅顯示暱稱與身分別，後續文中若出現能直接指涉出受訪對象的引用內容，則會盡量以去識別化的方式處理。曾為籌備者的訪談者除了創辦人之外，大屏的籌備成員皆為曾參與過大屏的活動後，從學員的身分轉變為籌備團隊的一分子。訪談者以匿名方式呈現，如若具名，也已徵得當事人同意。

作為參與過第二屆活動，曾加入籌備團隊且歷經團隊轉型的我，既是參與者也是研究者，嘗試以參與者主體的身分，透過自我民族誌之方式來反思：眾人對組織想像的不同如何讓活動規劃觸礁、組織傳承遇到什麼難處、組織如何自我定位和何去何從，進而以自身返鄉的經驗深刻反省和自我批判：當那個搭夜車北上追逐講座資源的屏東高中生，轉換角色成為返鄉與屏東高中學子共學的大學生時，如何在心中放一座家鄉的大武山。曾經出走的經驗最終都變成返家時的回望，此次研究將針對我作為南方青年的在地實踐與認同進行對話與探詢。

表一　受訪者名單

暱稱	身分	暱稱	身分
芥敏	曾任籌備成員	琇瑾	曾任籌備成員
佑均	曾任籌備成員	茜茜	曾任籌備成員
奕啟	曾任籌備成員	又晴	曾任籌備成員
予殷	曾任籌備成員	杏垠	曾為大屏學員 目前為大學生
世揚	曾任籌備成員	燕孜	曾為大屏學員 目前為大學生
鈺君	曾任籌備成員	茜琦	曾為大屏學員 目前為高中生
咪梓	曾任籌備成員	孜洋	曾為大屏學員 目前為高中生
尤菡	曾任籌備成員	堂佑	曾為大屏學員 目前為高中生
古森	曾任籌備成員	杉珉	曾為大屏學員 目前為高中生

暱稱	身分	暱稱	身分
秀逸	曾任籌備成員	馥瑋	屏大社發系老師 曾為大屏講座講師、 屏大USR專案助理教授
赤谷	曾任籌備成員		

表格來源：研究者繪製。

　　研究將檢視大屏的社會意涵，分析大屏共讀的組織運作經驗，統整社科理論如何融入地方實踐，檢視多元化的實踐之於參與者的影響，並且反思共學組織如何運作和延續，藉此深化屏東學的資料。接著思考新課綱實施的今日，大屏共讀的存在意義、行動是否仍能回應當今的屏東高中生的需求。最後，回顧分析大屏共讀如何透過在地行動，讓南方青少年正視屏東經驗的價值、南方青年學子看待家鄉的眼光帶來哪些轉變，對地方來說，大屏共讀是什麼樣的存在。期望透過研究，了解大屏共讀如何以青年的在地實踐、人文社科共讀辦學，翻轉南方青年心中對屏東的負面標籤，形塑出新的社會想像。

四　大屏的社會意涵？從在地長出的關懷意識

　　每一位籌備成員的背後，都代表著從不同的身分、年紀、經驗，所看出去的世界，彼此有不同的在乎，有人更在意「共讀社群」，有人更關心「屏東地區」。儘管在大屏所營造出的討論氣氛中，感受到彼此所關注的議題是如何相似、感受到彼此成為共同體，但當學員成為籌備，身分轉換，對待彼此的方式、節奏、氛圍又會有所不同。

　　想法如此異質的情況下，每一屆的活動形式，都在不同的價值觀當中拉鋸，也因此有著截然不同的成效。本章節將進一步了解籌備成員規劃的想法，從每一屆的轉變，分析大屏共讀的組織運作經驗，統整社科理論如何融入地方實踐，以此觀察不同形式對學員、在地的影響，以及有沒有什麼不變的、跨屆延續的精神。

（一）第一屆：重視學員生命經驗、大屏共讀的影響力

　　佑均提到，第一屆偏重個人生命經驗，是延續屏女語資高中銜接營舉辦的模式，因為籌備當中的屏東人分享，提到自己升上高中後要選類組、選大學、選科系的事情很迷惘，所以希望透過閱讀，以不同生命經驗回望自己。主題切入方向則是以《背離親緣》一書，談性別經驗、障礙經驗，比較不會特別去說屏東。

　　《背離親緣》並不是一本好讀的書，「讀書很痛苦」、「學習單寫到哭」，都是學員給過的回饋。儘管內容對高中生來說有難度，不過，籌備者在聚會中，總是能找到方式，讓內容與高中生產生連結。「如果我是唐氏症，你會把我生下來嗎？」古森分享第一屆聚會中曾經出現的題目。「貼近你，不是要思考離你很遙遠的事情。」古森提到，老人在討論時會先從讀本說了什麼、你看到什麼，慢慢引導學員分享自身經驗、將延伸思考講出來。

　　第一屆形式為學期間聚會加上暑期，暑期沒有過夜。但籌備成員發現，學員的感情在暑假時變得緊密，因此第二屆便嘗試將暑期變成過夜形式。學期間定期聚會加上暑期住宿聚會的安排，成為日後大屏籌畫的基本形式，暑期住宿也讓大家有更多討論協作、培養感情的時間。

大屏共讀　第一次討論學習單

姓名 [redacted]

線上繳交期限：03/13 （三）23:59 請上傳至指定的雲端資料夾

閱讀範圍：大概瀏覽〈兒子〉，仔細精讀〈聽障〉p.1 ~ p.124

題目（共兩題，總字數 400-1200 字）：

1. 不同父母親看待聽障孩子的態度不同，因此每位父母親都做了不同的決定。請你以自己作為一名「父母親」的角度出發，從〈聽障〉中各別選出你「最認同」與「最不認同」的一位（對）父母親，並說明原因。

(一)最認同的父母:梅根·威廉斯&麥可·蕭柏格(p.82~87)

兩人知道孩子是聽障之後，並沒有輕率地以聽人的角度衡量孩子是否應接受矯正。他們找來了聾人、接觸聾人文化，並在嘗試口語教育失敗後大方接受手語，甚至為了孩子的教育創辦三腳架。也許後來梅根為了三腳架的大利益而犧牲了孩子，但我認為他們因為孩子而把自己的視野擴展到整個聾人文化、給他們更好的資源並為了他們奮戰，是非常可貴的。

大[redacted]姐
地方媽媽大推薦

(一). 當個人的權益遇上集體利益時，你認為個人可能面對什麼樣的內、外壓力呢？

(二)最不認同的父母:路克·奧哈拉&瑪莉·奧哈拉(p.77~81)

路客家暴他女兒!他還強姦他!他還強姦他!他還強姦他! （！）

她是他女兒耶，難道他不應該試著幫助她能在這個聽障被視為弱勢的世界中生存的能力嗎?因為是自己生的就可以愛打就打嗎，因為無法洩露秘密就可以愛騎就騎嗎?總之，這是一個非常令人心痛的案例。

(二). 我了解你的憤怒，但在控訴之餘，我們是否可以嘗試分析這般事件發生的原因：個人的缺陷必然導致不幸嗎？施暴者背後存在什麼樣的社會結構？

2. 請參考書中內容與以下兩篇文章。聽障者在接收即時轉播或觀看電視節目上，因為聽不到聲音所以會有理解上的困難，台灣目前有哪些方式讓聽障者的資訊平權？你認為還可以怎麼做？ https://reurl.cc/v79mehttps://reurl.cc/YeZdX

《身心障礙者權益保障法》第 61 條

公共電視有製播相關節目

直轄市、縣（市）政府應設置申請手語翻譯服務窗口，依聽覺功能或言語功能障礙者實際需求，~~提供其參與公共事務所需之服務~~，並得依身心障礙者之實際需求，提供同步聽打服務。

這是一個有趣的觀點，為何你會認為身心障礙者的公共參與是重要的呢？

除了手語、字幕以外，我認為電影等節目中應該加上非語音的音效字幕，如電鈴聲、電話聲等，之前看某些電影的時候有看過，覺得很多此一舉，現在終於知道它的功用了:)

great！很棒的觀察！
或許可再深入討論「環境音」對聽/聾人而言有何不同意義。。

○「聽障者」是否有「客服專線」？
如何克服只能是「語音」的客服？

[redacted]190317

圖二　老人會針對學員學習單的內容進行回饋

（已徵得學員與批改者同意公開，並隱藏個資）

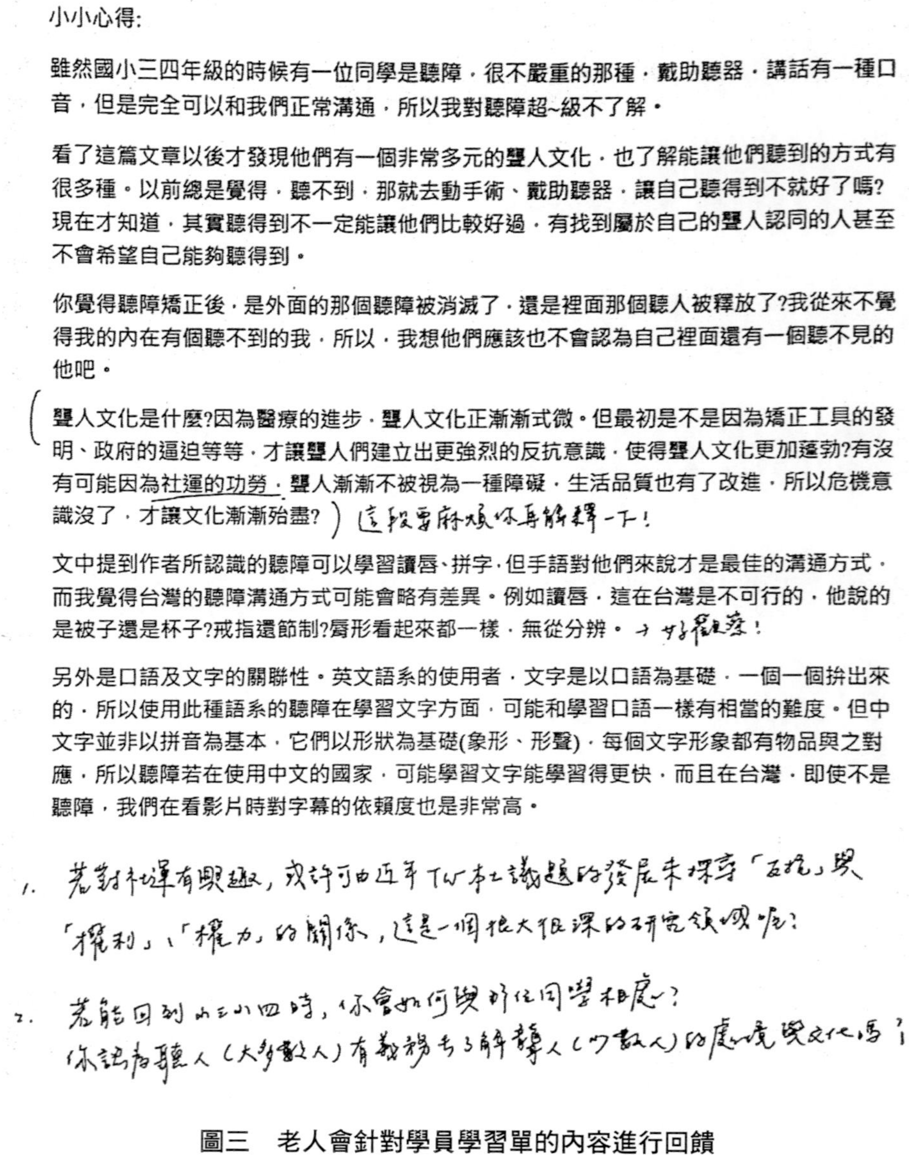

小小心得：

雖然國小三四年級的時候有一位同學是聽障，很不嚴重的那種，戴助聽器，講話有一種口音，但是完全可以和我們正常溝通，所以我對聽障超~級不了解。

看了這篇文章以後才發現他們有一個非常多元的聾人文化，也了解能讓他們聽到的方式有很多種。以前總是覺得，聽不到，那就去動手術、戴助聽器，讓自己聽得到不就好了嗎？現在才知道，其實聽得到不一定能讓他們比較好過，有找到屬於自己的聾人認同的人甚至不會希望自己能夠聽得到。

你覺得聽障矯正後，是外面的那個聽障被消滅了，還是裡面那個聽人被釋放了？我從來不覺得我的內在有個聽不到的我，所以，我想他們應該也不會認為自己裡面還有一個聽不見的他吧。

（聾人文化是什麼?因為醫療的進步，聾人文化正漸漸式微。但最初是不是因為矯正工具的發明、政府的逼迫等等，才讓聾人們建立出更強烈的反抗意識，使得聾人文化更加蓬勃？有沒有可能因為社運的功勞，聾人漸漸不被視為一種障礙，生活品質也有了改進，所以危機意識沒了，才讓文化漸漸殆盡？） 這段麻煩你再解釋一下！

文中提到作者所認識的聽障可以學習讀唇、拼字，但手語對他們來說才是最佳的溝通方式，而我覺得台灣的聽障溝通方式可能會略有差異。例如讀唇，這在台灣是不可行的，他說的是被子還是杯子？戒指還節制？唇形看起來都一樣，無從分辨。→ 好難喔！

另外是口語及文字的關聯性。英文語系的使用者，文字是以口語為基礎，一個一個拚出來的，所以使用此種語系的聽障在學習文字方面，可能和學習口語一樣有相當的難度。但中文字並非以拼音為基本，它們以形狀為基礎（象形、形聲），每個文字形象都有物品與之對應，所以聽障若在使用中文的國家，可能學習文字能學習得更快，而且在台灣，即使不是聽障，我們在看影片時對字幕的依賴度也是非常高。

1. 若對社運有興趣，或許可由近年Tw本土議題的發展來探究「去汙」與「權利」、「權力」的關係，這是一個挺大很深的研究領域呢！

2. 若能回到小三小四時，你會如何與那位同學相處？
你認為聽人（大多數人）有義務去了解聾人（少數人）的處境與文化嗎？

圖三　老人會針對學員學習單的內容進行回饋
（已徵得學員與批改者同意公開，並隱藏個資）

(二)第二屆:把資源帶回來、把屏東放回討論的主體

「第一屆活動是希望高中生發覺自己的興趣。第二屆的不平等是最想把一些東西帶回屏東的時候。」佑均分享他的感受。在最強調把資源帶回來的第二屆,吸引到許多對不平等有切身之感的高中生。第二屆的聚會中,我們閱讀有關階級、教育、性別、和平等不平等議題相關文本,閱讀諸如〈誰是臺大學生?〉等文章。

當時還是學員的秀逸認為,雖然第二屆活動不是以屏東為出發點,但在執行從個人經驗出發的訪談研究題目時,學員能更清楚他所生活的地方、身處的屏東。「雖然之前接觸過不同學校的人,但沒想過潮州的升學現場是這樣。」秀逸分享他印象深刻的文章,內容提及繁星、留縣升學制度在屏東校與校、班與班之間的影響。

圖四　學員於第二屆發表會分享研究成果

圖片來源:大屏共讀 FB 粉絲專頁。

第二屆活動中，籌備必須在五天四夜的聚會中，帶著一群完全沒有採訪、寫作經驗的高中生，整理出議題文章，並且還要公開向屏東地方的家長、老師、大學教授、受訪對象侃侃而談。第二屆發表發表會結束後，老人發現有學員跑去偷哭，才知道，原來寫研究並公開發表對高中生來說壓力非常大。「我們有點忘記高中時的自己長怎樣，但其實很多都是上大學讀很多文本、上很多課才培養出的能力。」

　　第二屆之所以規劃公開發表會，是因為籌備成員當初在思考，除了文章發布在關鍵評論網之外，還能怎麼樣觸及更多屏東人，希望能讓更多人有機會，透過學員觀點寫出的文章，了解屏東的事情。「後來想，我們真的須要那麼公共性嗎？為什麼我們不好好讓高中生獲得成長跟培力就好？」佑均提到。因此，第三屆之後，公開發表的規劃取消了，取而代之的，是學生自己規劃出屏東走讀，邀請家長、朋友參與，希望學員不要有被老師、學者、公眾檢驗的過大壓力。

圖五　再議屏東議題小冊
說明：學員的成果集結成小冊，放置在屏東校園等公共空間。
圖片來源：大屏共讀 FB 粉絲專頁。

（三）第三屆：屏東空間議題，給所有人的屏東關鍵字

在第三屆規劃的時候，大屏獲得國泰基金會17萬的獎金，因此得以負擔起九位籌備成員學期間往返屏東的交通費，並且讓高中生參與的報名費全免。第三屆學期間聚會，大家一起討論街道障礙空間、屏東糖業治理、莫拉克風災遷村、農村光電經濟議題，其中一次聚會與屏東大學的老師合作，規劃前往禮納里，了解族人對風災遷村的想法。[6] 第三屆中「屏東」的重要性被放大，希望深化與屏東的連結，並且透過實地踏查，和學員一起看見屏東「正在發生」與「正在改變」的面貌。[7]

在學員的提案中，出現關於屏東停車場、眷村翻新、縣民公園、屏東中央市場等主題，都是源於自身好奇、與屏東息息相關的發想。「不平等議題很抽象，在哪裡都可能說得通；如果做縣民公園、停車場，那就毫無疑問的是屏東。屏東的主體浮現出來，我們所有的焦點都放在屏東。」這是佑均對於第三屆的看法。看似與生活周遭更相關，第三屆學員所給予的反應回饋，卻讓籌備團隊很挫折：「第三屆很無力，就像是在對空氣打拳。」古森認為，空間的主題抽象，學員比較難產生共感。「（大屏規劃的聚會）活動目的是更了解自己跟社會與生活周遭，工具是社會學知識。之前有一點倒過來了。」

學員參與狀況非預期，讓籌備大家開始思考原因。大家推測，或許是因為今年是新課綱實施第一年，所以出現只為了寫學習歷程而來的學員，參與度與真心受主題吸引而來的人，就產生了落差。「其實參加那時候，有一部分是為了學習歷程。剛入學時學校就召集全校，說今年課綱改制，類似說要大家參加一些活動。」奕啟分享，高一那陣子大家都瘋狂在校外找營隊參

---

[6] 2020年10月，好茶部落長老以自焚方式，抗議屏東縣政府強拆永久屋違建。當時大一的我人在學校，開學沒多久，卻是透過這則電視新聞重新連結回屏東。大屏是一個機會，讓我能實際與一群人，一同把悲傷轉換成關心的行動。可參考網址：https://www.cna.com.tw/news/asoc/202010130095.aspx。

[7] 「第三屆大屏共讀——第一次籌備會議」，「大屏共讀」臉書，網址：https://www.facebook.com/photo/?fbid=490407909026935&set=a.120872249313838，發布日期：2021年1月12日。

加，而他則是在學校電視牆看見大屏的報名資訊，發現活動地點在校內，所以報名參加。

圖六　學員討論研究提案

說明：學員交流在屏東公園的觀察，一起擬定空間議題研究提案。
圖片來源：大屏共讀 FB 粉絲專頁。

　　後來，第三屆的活動因為疫情三級警戒而被迫暫停，期待已久的戶外踏查也無法成行。不過，大屏改為舉辦暑期線上講座，邀請不同領域關切屏東議題的工作者，和大家線上分享自身的關懷。講座名為「給所有人的屏東關鍵字」，在暑期舉辦共三場次，包含十場不同主題的線上講座。除了屏東高中生之外，更有來自全臺各地的高中生、老師、文史工作者報名，大屏從與高中生共讀，拓展出另一種可能性，邀請屏東本身有趣的、努力的人群現身，能有機會讓大家認識，並和所有對屏東有興趣的人交流、推廣屏東。

表二 參與大屏聚會的學員來源

屆次	第一屆	第二屆	第三屆	第四屆	第五屆	第六屆
學員參與人數	31	22	19	12	6	9
屏中屏女比例	97%	86%	68%	100%	50%	56%
參與全星人數	22	11	疫情三級警戒停辦	10	6	仍在進行中
參與大屏聚會的學員（錄取者）來源	國立屏東高中 國立屏東女中 縣立大同高中 無鄉鎮市分布資料	國立屏東高中 國立屏東女中 國立屏東高工 國立東港高中 高雄小港高中 50%屏東市 13.6%萬丹鄉 9%長治鄉 9%佳冬鄉 18.6%其他（九如竹田東港蘇洛）	國立屏東高中 國立屏東女中 私立美和高中 私立屏榮高中 國立潮州高中 文藻五專部 無鄉鎮市分布資料	國立屏東高中 國立屏東女中 75%屏東市 8.3%佳冬鄉 8.3%萬丹鄉 8.3%長治鄉	國立屏東高中 國立屏東女中 縣立大同高中 高雄鳳山高中 無鄉鎮市分布資料	國立屏東高中 國立屏東女中 高雄鳳山高中 正修科大五專部 高雄師範大學 清華大學 無鄉鎮市分布資料

說　明：學員不再僅限於屏中屏女與屏東市區學校，同時也不只有屏東市區學員來參加。
資料來源：研究者繪製。

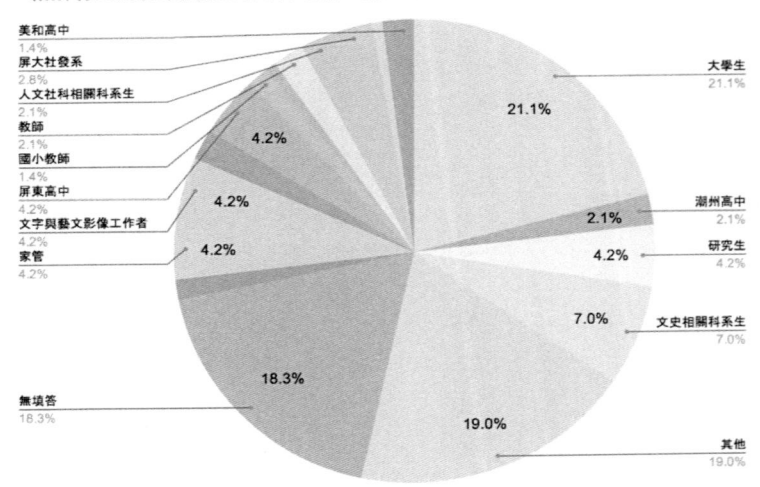

「給所有人的屏東關鍵字」七月場線上講座報名者背景

美和高中 1.4%
屏大社發系 2.8%
人文社科相關科系生 2.1%
教師 2.1% — 4.2%
國小教師 1.4%
屏東高中 4.2%
文字與藝文影像工作者 4.2%
家管 4.2% — 4.2%
無填答 18.3%
— 18.3%
— 19.0%
大學生 21.1%
潮州高中 2.1%
研究生 4.2%
— 4.2%
— 7.0%
文史相關科系生 7.0%
其他 19.0%

圖七　「給所有人的屏東關鍵字」七月場線上講座報名者背景
　　　　說明：扣除重複報名者後，總報名人數566人。
　　　　圖片來源：研究者繪製。

「給所有人的屏東關鍵字」第二彈線上講座報名者背景

精誠中學 2.6%
文字與藝文影像工作者 4.2%
家管 2.6%
社區發展協會 2.6%
志工 1.1%
研究生 4.5%
人文社科相關科系生 4.5%
— 4.5%
— 4.5%
大學生 11.7%
— 11.7%
其他 25.7%
— 25.7%
— 4.2%
— 3.4%
教師 3.4%
無填答 21.1%
— 21.1%
— 6.4%
文史相關科系生 6.4%
潮州高中 1.1%
屏東女中 0.8%
高中生 6.4%
— 6.4%

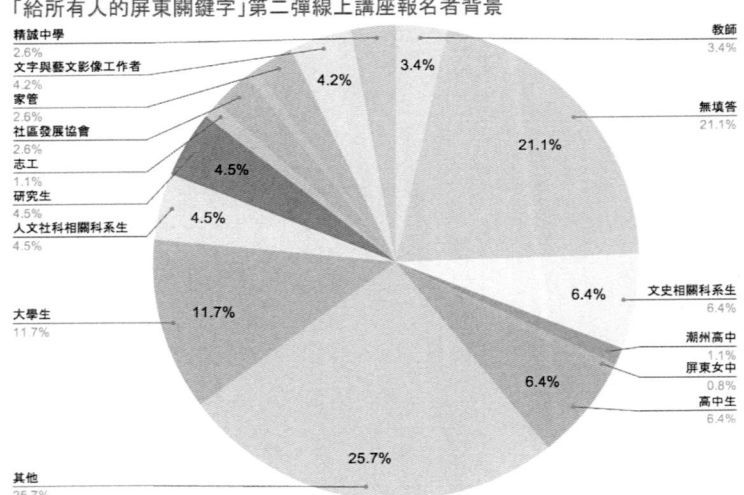

圖八　「給所有人的屏東關鍵字」第二彈線上講座報名者背景
　　　　說明：扣除重複報名者後，總報名人數265人。
　　　　圖片來源：研究者繪製。

「給所有人的屏東關鍵字」壓軸場線上講座報名者背景

- 志工 1.5%
- 高中生 4.1%
- 屏東高中 2.2%
- 屏東女中 4.8%
- 潮州高中 1.5%
- 政府部門 1.9%
- 家管 1.5%
- 其他 19.3%
- 教師 4.1%
- 大同高中 4.4%
- 人文社科相關科系生 4.4%
- 4.1%
- 4.4%
- 4.4%
- 3.0%
- 3.0%
- 文字與藝文影像工作者 3.0%
- 研究生 3.0%
- 大學生 18.1%
- 無填答 23.3%
- 協會 1.9%

圖九　「給所有人的屏東關鍵字」壓軸場線上講座報名者背景[8]

說明：扣除重複報名者後，總報名人數272人。

圖片來源：研究者繪製。

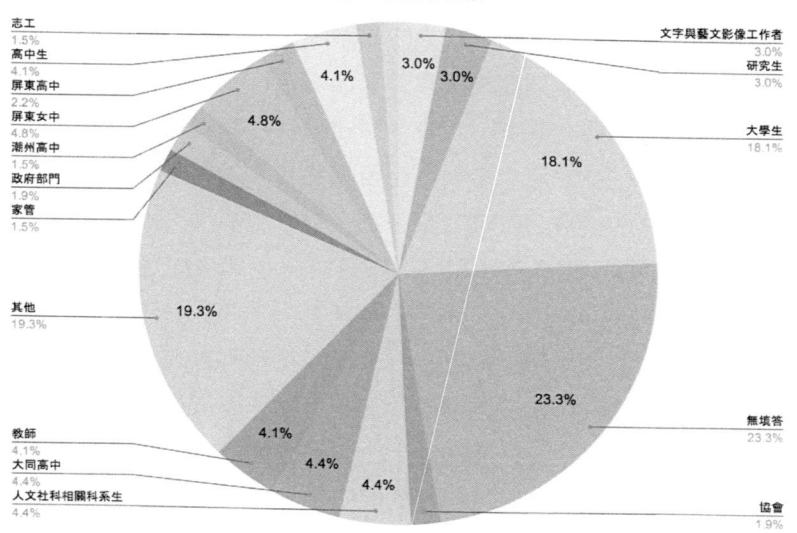

（四）第四屆：共讀不限於書本，以影像觀察記錄周遭

　　第四屆大屏共讀主題是「大屏放映室」，透過影像，見證、分析不同時代下的人物處境與社會議題。「紀錄片有不同主題，不同主題有不同議題可以思考，有很多面向的討論。我最喜歡醫院的場次[9]，把以前的公衛危機跟現在時事結合很有感受。」學員予殷提到。在疫情席捲的當下，我們播放《和平風暴》，看2002年的臺灣如何處理SARS疫情，思索醫護人權以及社

---

[8] 註：圖七、圖八、圖九僅將線上講座報名表中有明確填寫身分者，納入統計範圍，其餘未能判斷身分或少數身分類別者，皆歸類在「其他」。圓形圖顯示各場報名比例較高的群體。大學生參與科系多元，在此不詳述。

[9] 「學期間第一次聚會——《和平風暴》」，「大屏共讀」臉書，網址：https://www.facebook.com/share/p/XJbchFMfnqeeRDyH/?mibextid=oFDknk，發布日期：2022年4月7日。

會秩序之間的界線。也包含關於臺灣社會運動、生育、教育相關議題片單，透過影像連結今昔，看見不同時代人的臉譜。

討論氛圍上，學員對議題的反應度有深有淺，並不是所有人都能即時回饋並參與討論。「（學期間聚會）大家激烈討論時，我總是沉默不語，當時就想這個活動我是不是不太適合參加，也對暑假的活動產生擔心。」有學員在回饋表單提到，當初很擔心自己其實不適合這類型活動，不過，他並沒有因此離開。「大家要提出許多不同的想法和目標，不只是提想法還要執行，沒提出想法也不代表沒貢獻，所以還是能參與。」予殷分享自己在組內的觀察，每個人都能在團隊找到適合自己的位置以及參與方式。

題材方面，雖然各次聚會主題並非直接對應與屏東相關，但學員同樣會在拍攝各組的短片時認識一個地方。有位提案的學員以前常常跟家人一同去租片，有天看見冠綸影音書店轉型成航模店後，便開始好奇之中的歷程。學員拍攝的同時也在跟地方互動，並且透過影像紀錄，見證周遭的變化。「我們學期間只有約一次探勘、一次拍攝。第一次看跟暑期去看就發現整個店面整頓後差很多。暑期上面都快搬完，訪問的店員暑假就辭職了。」予殷提到。從予殷的分享裡可以發現，學員能感受到屏東正在變化，從很小的地方，看見產業的轉型、整條街的變遷，從奠基於生命經驗出發的提問上看見，則更有感觸。

（五）第五屆：走讀市場、純暑期聚會，與營隊的區別

第五屆首次舉辦純暑期聚會，試驗沒有學期間聚會的大屏，能不能長出社群。我們保留許多空白時間，讓學員有機會藉由深度交流，了解彼此以及各自關心的議題面向。「討論時間很長，我那時候想說，討論三小時，是要討論什麼？可是後來發現怎麼時間一下子就過了，就是慢慢講話、慢慢討論，有在往目標前進，但是又不無聊。」學員孜洋回饋。當時沒有特別設想範圍，籌備以學員課前的學習單作為基底延伸討論，後來有人聊到諸如眷村改建等主題，組內的人更認識彼此，以及不同生命下所看見的世界樣貌。

和以往從議題切入討論的模式不同，第五屆先設定出屏東中央市場作為行動場域，再討論要引導切入觀察的面向。那時候最大的擔心，在於主題該如何貼近學員的經驗，以及非屏東市區的學生會不會對屏東市區的市場毫無共鳴？有趣的是，大家在逛市場過程中，得到許多直接回應自身的事情，看見攤販怎麼處理魚鱗、顧客傳授挑菜的心法。高中生在傳統市場中是一群相對新奇、罕見的存在，因此市場中的大家多半抱持熱情、好奇的態度與學員互動。原先擔心學員與學員之間出現隔閡，但在一起共煮、共食、交流市場經驗、製作圖鑑[10]的過程中，學員仍能相互合作，一起發想呈現方式、交流分享生活，並且完成各組的目標。

圖十　學員走進市場展開交流
說明：沒有買菜經驗的學員，在暑期聚會中與市場攤販交流。
圖片來源：大屏共讀 FB 粉絲專頁。

---

[10] 第五屆成果為製作走讀圖鑑與飲食圖鑑。飲食圖鑑須紀錄共煮的菜餚，以及所需的食材，學員要用一樣食材介紹一家攤販的方式，紀錄店家名稱、外觀、採買過程、交流互動的方式。網址：https://www.facebook.com/share/p/5BJ65U9eJNTXFuNT/?mibextid=oFDknk。

表三 參與大屏聚會的學員來源

屆次	第一屆	第二屆	第三屆	第四屆	第五屆	第六屆
學員參與人數	31	22	19	12	6	9
屏中屏女比例	97%	86%	68%	100%	50%	56%
全程參與比例	71%	50%	疫情三級警戒停辦	80%	100%	仍在進行中
參與大屏聚會的學員(錄取者)來源	國立屏東高中 國立屏東女中 國立大同高中 無鄉鎮市分部資料	國立屏東高中 國立屏東女中 國立東港高工 國立屏榮高中 高雄小港高中 50%屏東市 13.6%萬丹鄉 9%長治鄉 9%佳冬鄉 18.6%其他(九如/竹田/東港/旗洛)	國立屏東高中 國立屏東女中 私立美和高中 私立屏榮高中 國立潮州高中 文藻五專部 無鄉鎮市分部資料	國立屏東高中 國立屏東女中 75%屏東市 8.3%佳冬鄉 8.3%萬丹鄉 8.3%長治鄉	國立屏東高中 國立屏東女中 國立大同高中 高雄鳳山高中 無鄉鎮市分部資料	國立屏東高中 國立屏東女中 高雄鳳山高中 正修科大五專部 高雄師範大學 清華大學 無鄉鎮市分部資料

說　明：全程參與比例須考量各屆學員年級、程度、興趣、家庭規劃等不可抗力因素，以及各屆主題安排、聚會形式、成果難度。
資料來源：研究者繪製。

每一屆的活動都有其生命力，以及可愛之處，就如同籌備成員秀逸所說：「大屏的特殊點，是團隊有誰就會長出什麼樣的大屏，沒有一個宗旨。今天社群裡面有誰，會有不同的改變和心態。感受會是流動的。」路徑要怎麼鋪，必須扣連著學員的生命經驗。大屏最大的客群一直都是來自屏中屏女的學生，在屏東南北狹長的地理限制下，使得大屏難以觸及潮州以南的學生。[11]籌備成員在報名費用上，曾提出地區減免措施，希望非市區的學員，能更無負擔地一同參與，進一步跨越地理限制，讓共讀社群擴及至整個屏東。

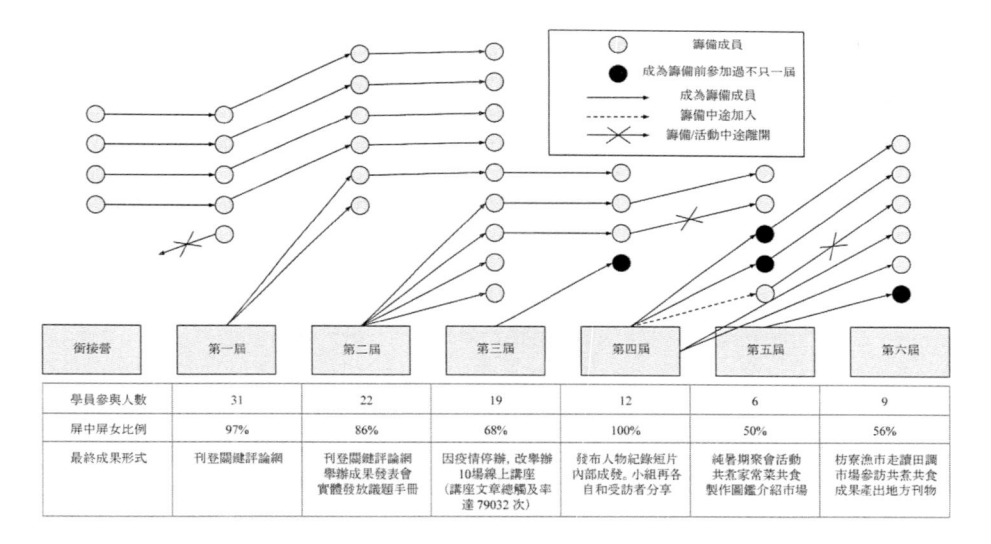

	銜接營	第一屆	第二屆	第三屆	第四屆	第五屆	第六屆
學員參與人數		31	22	19	12	6	9
屏中屏女比例		97%	86%	68%	100%	50%	56%
最終成果形式		刊登關鍵評論網	刊登關鍵評論網舉辦成果發表會實體發放議題小冊	因疫情停辦，改舉辦10場線上講座（講座文章總觸及率達79032次）	發布人物紀錄短片內部成發。小組再各自和受訪者分享	純暑期察會活動共煮家常菜共食製作圖鑑介紹市場	枋寮漁市走讀田調市場參訪共煮共食成果產出地方刊物

圖十一　大屏籌備成員人數變化表，以及各屆學員組成、成果形式簡易對照圖

圖片來源：研究者繪製。

五　地方連結：正視屏東主體，擴散關懷種子

「後期避免用『帶資源回屏東』這個說法。現在覺得地區要長出自己的

---

[11] 《屏東本事》第十二期春季號，頁60，「大屏共讀」臉書，網址：https://www.facebook.com/photo/?fbid=268914011176327&set=a.120872249313838。

東西。」又晴提到。這些從北部返回屏東舉辦大屏共讀的籌備成員，將各自在不同領域的刺激融入聚會中，希望和學員討論、分享。大屏的在地行動之於參與者的影響，對南方青年學子看待家鄉的眼光帶來哪些轉變、對屏東的連結與認同，如何在籌備、參與中出現？對地方來說，大屏共讀是什麼樣的存在、大屏對地方帶來什麼樣的效應？

（一）回屏東的群體：對地方更深一層連結與認同

　　非屏東市人的籌備成員分享，自己因為籌辦大屏而來到屏東，籌備過程一再加深對地方的了解，從一開始是因為喜歡跟朋友一起回來，變成因為了解、熟悉地方之後想留下來。「後來想來這裡工作，是因為屏東現在是我最熟悉的地方之一，既然如此，我去這邊一定是最少成本，就會想好好住下來，也覺得住這裡更了解地方會很不錯，會認真想來這裡工作。」與地方看似無關的人，跨越地理空間的限制，在日常瑣碎的經驗中，加深了對周遭的認同，產生主觀情感，創造出共同體的意識[12]（黃應貴，2016）。

　　身為屏東人的又晴則說，辦大屏這件事影響到自己對未來的規劃，除了大學期間做過不少關於屏東的研究，更是因為不斷的往返，感受到自己在屏東的身心狀態，好過於在臺北的身體感。「辦大屏打開了對『自己想生活在什麼地方』的感知。大學期間經常在兩個不一樣的城市往返，然後感受到兩個城市的自己是很不一樣的狀態。」又晴提到，如果沒有大屏，或許離鄉四年後，對屏東的記憶將會是陌生、疏離，更加以都會的觀點衡量、評價屏東：臺北資源多、機會多，屏東彷彿是須要被帶資源進來的鄉下。於是，青年更加沒有回來的機會與理由，日久故鄉成他鄉。

---

[12] 黃應貴：〈導論：多重地方認同下的社群性與社會想像〉，黃應貴、陳文德編：《21世紀的地方社會：多重地方認同下的社群性與社會想像》（新北市：群學出版公司，2016年），頁21-36。

圖十二　在竹田鄉五感踏查的學員
說明：第五屆學員在竹田街道行走，打開五感觀察街景與屏東市的異同。
圖片來源：大屏共讀 FB 粉絲專頁。

「我現在知道屏東有竹田這個地方。我從來沒有搭火車往南過，從來沒有到往南的月臺過。」學員孜洋在國中畢業之後，就跨區至高雄就讀高中。對他而言，成長一路上的經驗，只有搭乘前往高雄的火車；直到參加大屏，搭火車到竹田參加聚會，他才知道原來有竹田這個地方存在，也才有機會站到對向的車站，看到不同視角的屏東。孜洋希望大屏之後可以繼續辦在非屏東市的地方，「你在屏東市感受不到那種東西，如果你沒有去的話，可能就不會知道竹田。」

又晴認為，大屏共讀讓參與的人，有更多跟周遭互動的機會，讓學員心中留下更多對屏東的印象，而不是以「這裡是我長大的、又老又破的地方」看待家鄉。又晴提到，屏東不是只能夠被動等待資源注入的地方，屏東有它豐富的質地，屏東也有自己的優勢，只是大眾習慣以北部的尺規檢視屏東，覺得缺乏。「我們的共同點是在屏東出生長大，（可以）抓緊我們的共同點去擴展一些其他的事情。我們應該蠻明確知道，我們不希望在屏東生長是一件壞事。」又晴認為，不管是在大屏留下好的印象，或是對屏東能因此有一些改觀，都能夠作為讓學員對屏東留下好印象的契機。

如同黃應貴（2021）提到，日常生活中的小尺度改革，讓人能夠自我重構，理解自身與社會關係。大屏讓即將往外走、已經往外走的屏東人，在離開前能夠回頭看看自己身處的地方。以經驗為出發，讓學員在參與的過程認識自己，重新去思考作為一個屏東人的價值與意義，見到自己或許沒有看見、想像到的屏東。

（二）地方學的侷限以及難處

既然如此，有沒有可能透過校內的地方學，捲動學生對於周遭的發現？屏東高中在新課綱之後，新增了一門叫做「阿緱生活學」[13]的校定必修，在奕啟的分享中，阿緱生活學一學期共有四個主題，由不同老師授課。奕啟曾經在課堂製作檸檬愛玉跟草莓大福，了解屏東諸如九如的檸檬、萬丹紅豆等農產業。只不過，看起來活潑生動的地方學課程，其實也存在執行上的困難。「主題間的連貫性不是很明確，而且關聯性也不太高；課堂數的安排其實很少，沒辦法看到更深入的東西，比較像上完課寫學習單就沒了這樣。」在課程設計上，奕啟認為，有時候不是老師不用心規劃，而是安排的課程時間太短，一周也只有兩門課的時間，難以引導學員學到東西。

奕啟的回饋，與馥瑋針對屏東學課程所提出的擔憂不謀而合。從網站資料中的課程大綱可知，「屏東學概論」是屏東大學人文社會學院學生的校定必修，[14]以兩周為一個單位，邀請社會發展學系、文化創意產業學系等不同領域的老師分享。「學生的整體印象是，這門課上得非常零散，每兩個禮拜來一個老師，我們都要從頭來過。」馥瑋提到，課程之間缺乏連結，使得修課同學難以在心中建立起關於屏東的知識系譜。

---

13 屏中阿緱生活學課綱，頁68-69。取自網址：https://www.pths.ptc.edu.tw/resource/openfid.php?id=5314。

14 112學年度起入學屏東大學人文社會學院學生之日間部大學生，須於畢業前修畢「屏東學」相關課程。取自網址：https://accd.nptu.edu.tw/p/406-1108-160927,r97.php?Lang=zh-tw。

屏東學的每一個面向，都可以分別延伸出一個大主題，實在很難三言兩語之間就讓學生吸收這些知識；加上每一位學生的背景各異，要能找到學生的共同經驗、設計進教案當中，對教學者來說更是一大考驗。「如果我們突然在這邊跟你們談東港的鮪魚產業，沒有不行啊，但這跟你們有什麼關係、它會跟誰有連結？如果我們突然要談六堆，從漢人移墾歷史，談它如何在朱一貴等民變事件中，形成六堆防禦聚落，沒有不行啊，但他跟你們有什麼關係？這些其實都是所謂屏東學那些學者想談的，所以你覺得屏東學很疏離，就是這樣啊，因為那是一個學術的圈圈，那個圈圈跟我們的生活範疇有極大的斷裂。」

所謂的自身關懷、共同經驗出發，並不只單單是「因為你生活在這條溪旁、這座山腳下」、「腳下這塊土地，曾經發生過什麼樣的歷史」，所以設計出課程內容、帶學生前去了解，就能啟發學生。即便是生活的周遭，當「關聯性」沒有先被建立起來，「地方」的概念對學生來說仍就是抽象模糊的。規劃者再如何用心良苦，若意識還沒打開，學員難以共鳴，對家鄉的情感依舊難以扎根。

圖十三　第二屆大屏共讀主視覺

圖片來源：大屏共讀 FB 粉絲專頁。

（三）以生活經驗串聯起人與人、與社區、與屏東

　　第二屆學期間聚會中，大屏曾和學員一起討論「和平與不平等」。文本中，學員閱讀有關犧牲體系的文章，了解日美安保條約下沖繩被犧牲，而確保了日本的和平。聚會中，老人[15]從文本延伸，並帶至臺灣的案例，引導學員思考和平的現況，是經過多少的犧牲換取。老人不單只透過講課，讓學員了解戰爭前線的金馬與臺灣本島的關聯，更透過教案設計，請學員自己畫出東亞地圖，了解臺灣與周邊國家的關係，如同林秀幸（2024）提及，公共意識必須經由身體實踐，才得以形塑。有學員在繪製地圖時漏掉小琉球、有學員不知道馬祖在哪裡，經由知識轉譯與實作，讓學員發現自己遺漏了什麼，更深刻發現自己對離島的陌生，並思考為何如此。以經驗作為切入，看見自己與周遭的關係，而非僅僅以共情為糖衣，表面講解怎麼看待臺灣國際處境、本島與離島距離，實際灌輸學員解釋世界的一套意識形態。

　　至於他人的經驗如何連結回學員自身，除了關注的議題可能相關、有共同經驗之外，更因為大屏面向的客群為屏東高中生，共同生活於屏東，也讓彼此有更進一步的連結。不過，生活在屏東各區的學員，其實也帶著各異的經驗。「我想像中的屏友會很多人可能是屏東市人，可能念明正、中正（屏東市區的）國中，可能是那一屆最優秀的那幾個人，然後去高雄念書，然後去臺大。他在高中期間，可能放學就回家睡覺了。我們一樣都是移動念高中，但是移動到不同地方去，那對我來說就不一樣了。」非屏東市區人的又晴如此描繪自身對大學屏友會的感受，認為彼此除了戶籍地都在屏東之外，就沒有其他共同點。可知，如同黃應貴（2015）提出，共同體的形成，並非依靠地域疆界作為劃定依準，重點在於經驗，群體之間有沒有能串起彼此的共通點。

---

15 聚會中，學員以「老人」稱呼大屏籌備團隊，或直接以姓名互相稱呼，而非稱其為「老師」、「學長姐」，目的是希望能夠創造平等交流的環境，而非在對談之前便強調輩分差異。

表四　各屆參與者來源，以及過程中有所互動的相關外部行動者列表

屆次	第一屆	第二屆	第三屆＋線上講座	第四屆	第五屆	第六屆
參與大屏聚會的學員(錄取者)來源	國立屏東高中 國立屏東女中 縣立屏東大同高中 無鄉鎮市分布資料	國立屏東高中 國立屏東女中 國立屏東高工 國立東港高中 高雄小港高中 50%屏東市 13.6%萬丹鄉 9%長治鄉 9%佳冬鄉 18.6%其他屏東鄉鎮	國立屏東高中 國立屏東女中 私立美和高中 私立屏榮高中 國立潮州高中 文藻五專部 無鄉鎮市分布資料	國立屏東高中 國立屏東女中 — — — — 75%屏東市 8.3%佳冬鄉 8.3%萬丹鄉 8.3%長治鄉	國立屏東高中 國立屏東女中 縣立大同高中 高雄鳳山高中 無鄉鎮市分布資料	國立屏東高中 國立屏東女中 高雄鳳山高中 正修科大五專部 高雄師範大學 清華大學 無鄉鎮市分布資料
過程中有所合作、互動的外部行動者	▷屏東高中圖書館 ▷快樂利康 ▷屏東地扶輪社 ▷泰美教育基金會 ▷屏東本事文化誌 ▷關鍵評論網 ▷大家出版社 ▷簡永達記者	▷屏東高中圖書館 ▷快樂利康 ▷屏東地扶輪社 ▷泰美教育基金會 ▷關鍵評論網 ▷為台灣而教講師 ▷屏大社發系老師 ▷參與發基金之家長、受訪者、民眾 ▷議題手冊發放處 ▷屏東縣青少年中心 ▷小陽。日春書屋 ▷屏東女中 ▷屏東高中 ▷屏北高中 ▷大同高中 (以上簡單列舉)	▷屏東高中圖書館 ▷泰美教育基金會 ▷國泰慈善基金會 ▷小陽。日春書屋 ▷中山大社會系老師 ▷霧台鄉阿禮社區發展協會總幹事 ▷為台灣而教講師 ▷屏大社發系老師 ▷屏科大地理系師 ▷高師大地理系師 ▷鐵道情報的編輯 ▷大同高中的老師 ▷原住民族電視台 ▷屏東青年經營的媒體爆米香 ▷台灣教會公報	▷屏東高中圖書館 ▷泰美教育基金會 ▷林佑恩導演 ▷范賦影音書坊 ▷飛夢林咖啡館 ▷永勝五號店店長 ▷屏東牙醫捐款	▷屏東高中圖書館 ▷泰美教育基金會 ▷清大社發系老師 ▷補習班國文老師 《尋訪台江古早味》作者吳比鄉 ▷台江農民黃郁仁 ▷中央市場里長 ▷市場店家列舉： 文明商行恩信米莊 樂結設計工作室 大福綠粧百貨 果果樂 富美素食行 百茂種子行 隆盛素便當店 隆盛印莊 明星印服	▷泰美教育基金會 ▷屏大社發系老師 ▷各小額捐款 (活動仍進行中)

說明：學員不限於來自屏東市區。成員多元性打開，也系積極表達多與外部、在地組織交流機會。

表格來源：筆者繪製。

Pongbiphang[16]、臺灣教會公報[17]，都曾邀請大屏分享。屏東相關的議題，已除了讓屏東的人可以認識自己，大屏也讓在屏東地區之外，對屏東有興趣的人，有機會可以了解屏東。比如，第三屆線上講座參與者，已經不限於屏東地區師生，或是各領域的行動者，更有原住民族電視臺[18]、爆米香經透過外部的協力，觸及到更多群眾。

　　有學員在大學課堂，發現第一屆學員寫的文章，被引用在他的大二課堂文本[19]中，興奮地回傳和我們分享。在六屆活動宣傳期間，籌備成員前往冠綸影音書坊、中央市場等先前曾有聯繫的地方放置傳單，有第六屆的學員，便是因為家長在中央市場看見傳單，因此鼓勵孩子報名。過往的合作都成為一個個有機的連結，隱形的網絡正在不知不覺中牽起。

六　結論與討論

　　青年透過在地實踐、人文社科共讀辦學，以共有的日常經驗轉譯社科知識、以面對面的方式串聯參與者，在屏東搭建出能夠自在討論的社群，理解身處島嶼之南的行動者面對所謂「人口流失與老化」、「資源稀缺與不足」的屏東，使南方青少年得以透過與鄰居交談、觀察身邊街景等看似日常的行動，建立與周遭的連結，看見屏東的本真。這是大屏共讀存在的意涵，也是個人生命經驗與外在時代處境驅使下，大屏得以創立和延續至今的原因。

16　屏東在地青年經營的媒體，網址：https://www.facebook.com/pongbiphang2019。
17　臺灣教會公報針對大屏共讀的5篇報導，網址：https://tcnn.org.tw/archives/tag/%E5%A4%A7%E5%B1%8F%E5%85%B1%E8%AE%80。
18　〈青年打造共讀平臺　線上讀書會探討永久屋議題〉，原住民族電視台，網址：https://www.facebook.com/titv.ipcf/videos/352214953190373，發布日期：2021年。
19　陳緯安：〈阿督文化：兩位排灣族多元性別者在部落的性別經驗與認同〉，《文化研究季刊》第174期（2021年），頁18。

（一）「經驗」凝聚共同體，非以社科、疆界為拘束

　　人文社科所學習的理論知識，須要一段轉化的過程，方能轉譯成常民的語言擴散。大屏共讀透過閱讀、討論，或是不同形式的實踐，將學科知識運用到民間日常，引導參與者將思考結合個體生命經驗，反思自身與周遭的關係。正視經驗，而經驗也並不僅僅以地域為界，即便是非屏東市人，也能在活動中產生與屏東的聯繫。可知，之所以凝聚出具備良善討論氛圍的共同體，是依循經驗而非社科知識多寡或地理上的疆界，試圖在討論過程中找到共同點，再進一步交流不一樣的經歷與思維。

　　此外，大屏年齡相近的視角，規劃出與高中生經驗不會偏離太遠的內容，以平輩的姿態邀請大家共同學習。地方學之所以難以在學生身上產生共鳴，一部分原因，是地方學多為學者編纂，有許多扎實與講究的研究累積，太過學術的內容須要轉譯，才能成為貼近高中生的教材。另一方面，則是須要強化與學員的感受性，要將遙遠的歷史、抽象的地理空間概念，連結回學生的日常經驗中，把人帶進現場能夠創造回憶，但並不是把人帶進去哪邊走走，就會立竿見影產生對屏東的情懷。對一處的經驗須要連結回學員自身實在的生命經驗，情懷是須要有「人」的故事、對「人」的身影產生共鳴才能搭建起來。

（二）在心中放入大武山：南方共讀社群的多元開展

　　真正將屏東從城鄉論述的架構解放，須要看見每個地方獨特的人文地理歷史，不是以「回來」的角色，帶著來自都會區的視角回望南方。看見地方的習性、與自身的關係，同時透過與一群年齡相近的夥伴交流，在相互的過程中，成為彼此的支柱，找到可以一起做什麼的人。讓參與者前來了解自身的好奇，就已經是很不錯的事情，因為對處在升學壓力下的學生來說，「好好地被聽見與討論」的機會，不見得能在學校或平常的時候被打開。

　　第六屆活動走出屏東市、走進枋寮漁村，在其中我看見不同時代的青

年，用多元的方式參與社會實踐，將共同在意的價值，放進規劃之中。不是只作為延續大屏的人，每一屆籌備本身，也都在寫下新的歷史。「不一定要做什麼很有影響的事情，現在帶的東西有點像是種種子的感覺，雖然不知道種子會不會發芽，或是掛了，但說不定運氣好，可以長出一棵樹。即使只長出一棵樹，他還是有意義。」籌備成員奕啟提到。儘管在資金募集、招募學員、步調建立上出現過挫折，儘管在行動的最後，或許無法保證未來將如何發展，但哭過笑過，依然願意相信自己、相信彼此，一起經歷過的種種，都是曾努力嘗試與社會展開對話的證明。

圖十四　在每個孩子心中放一座家鄉的大武山
說明：大屏在每個孩子心中放入一座家鄉的大武山，
　　　曾經的學員也變成如今的籌備團隊。
　　　圖片來源：大屏共讀 FB 粉絲專頁。

七　研究限制與反思

　　訪談非屏東市的學員與籌備時，我發現來自屏東市區的我，難以共感非屏東市區的生活經驗。屏東市區人的身分，讓我一開始很難進入非屏東市區人的日常，因此幾次訪談我便提議約在萬丹，某種程度上是要緩解我的焦慮、在書寫中淡化屏東市區本位主義者的傲慢。

　　另一個在我心中尚未解答的疑惑，在於為什麼參與的學員一屆比一屆少了？從研究中可以看見，學員所屬的學校多元性漸漸被打開、屏東第一志願學校的學生占比有降低的趨勢。人數變少的其中一個跡象，在於大屏的活動無法吸引到原先的最大客群，即是屏中、屏女的學生。屏女語資班在近幾年也遇到招生人數變少的困境，這是否代表著對大屏活動有興趣的學員，其實比以往更早就離開了屏東，在高中階段便已經前往高雄就學？有待未來增補高中現場的觀察資料，持續追蹤與檢驗。

　　若未來有機會，也希望能在文中納入屏東政府以及在地行動者的觀點，詢問政府部門如何經營、處理屏東存有的一些狀況，並了解曾與大屏互動的在地人士如何看待大屏，期望以不同的視角切入，更完善地思考地方處境、南方青年共讀社群之於在地的意涵。

參考文獻

〈科普108課綱〉，教育部國民及學前教育署宣導型網站，取自網址：https://shs.k12ea.gov.tw/public/12basic/108course/index.html。

〈社團簡介〉，屏東學是什麼？，取自網址：https://www.facebook.com/groups/1646204412298327/。

羊正鈺：〈「大學生不能沒有根！」屏東大學首創「屏東學」列入必修學分〉，關鍵評論網站，取自網址：https://www.thenewslens.com/article/67368，發布日期：2017年5月2日。

何榮幸：〈書序〉，載於《我的小革命：永續生活》，新北市：八旗文化出版公司，2011年。

〈求「真」？還是求「好」？高中教師的認證兩難〉，作伙學網站：聊摘審議EP05，取自網址：https://www.108epo.com/results-detail.php?Key=15，發布日期：2021年。

李丁讚：〈推薦序〉，楊弘任：《社區如何動起來？：黑珍珠之鄉的派系、在地師傅與社區總體營造》，新北市：群學出版公司，2014年，頁5-30。

李天健、邱星崴：〈竹塹創新與青年實踐〉，「日常生活中的『社會實踐』學術研討會」宣讀論文，國立清華大學人社院及人社院學士班主辦，於2020年7月30日及7月31日在清華人社院C410室舉行。

李文玫：〈在串連與對話中：社會文化行動者的在地實踐與文化建構〉，《應用心理研究》第73期，2020年，頁55-86。

李錦旭、李馨慈、郭東雄、張月環、余昭玟、林秀蓉、黃文車、張繼文、周明傑、易毅成、余慧珠、潘怡靜：〈第六章　屏東美術〉，《屏東學概論：無論歸人、過客，地方是每個人的起點和歸宿……》臺北：五南圖書出版公司，2018年，頁120-187。

周昱君：〈新竹青年的在地實踐與地方認同〉，國科會大專生研究計畫，2017年。

林吉洋：〈把鄉刊變潮、在廟裡策展，「五金兄弟」結盟創業分進合擊，創生心中的活力屏東〉，上下游新聞，取自網址：https://www.newsmarket.com.tw/blog/159789/，發布日期：2021年。

林秀幸：〈再回到政治學的軌道〉，《很深的民主，須要很厚的共同體：兼論「民主人」的養成》，臺北：經濟民主連合，2024年，頁277-329。

〈單位介紹〉，社團法人屏東縣愛鄉協會網站，取自網址：https://sme.moeasmea.gov.tw/startup/modules/rmap/space_detail.php?sId=503。

李修慧：〈與其爬100座山，不如好好認識一座——不准學員「攻頂」的大武山成年禮〉，關鍵評論網站，取自網址：https://www.thenewslens.com/feature/nature-education/65732，發布日期：2017年。

許明揚：〈臺南新化顧老屋的人，同行在時代剖面把地方故事找回來〉，《微笑季刊》2021春季號「果旅正當時」，取自網址：https://smiletaiwan.cw.com.tw/article/4399，發布日期：2021年。

許維寧：〈全教總調查：逾七成師認為新課綱負擔重　遭升學主義綁架〉，聯合報網站，取自網址：https://udn.com/news/story/6885/7190121，發布日期：2023年。

陳建豪：〈新地方之光：煮一鼎有熱度的醬油，雲林西螺御鼎興手工製醬人讓黑豆飛雀再起〉，《微笑季刊》2021夏季號「島嶼自信」，取自網址：https://smiletaiwan.cw.com.tw/article/4553，發布日期：2021年。

陳婷玉：〈「大學社造」不該只是扮家家酒！臺灣USR的實踐困境〉，天下雜誌獨立評論網站，取自網址：https://opinion.cw.com.tw/blog/profile/52/article/7266，發布日期：2017年。

黃應貴：〈導論：多重地方認同下的社群性與社會想像〉，黃應貴、陳文德編：《21世紀的地方社會：多重地方認同下的社群性與社會想像》，新北市：群學出版公司，2016年，頁21-36。

黃應貴：〈導論：主體、心靈、與自我的重構〉，黃應貴、翁士恆、彭榮邦、李維倫、陳怡君、呂玫鍰：《主體、心靈、與自我的重構》，新北市：群學出版公司，2020年，頁25-27。

黃應貴：〈日常社會運動中的社會實踐〉，黃應貴編：《日常生活中的社會運動》，新北市：群學出版公司，2021年，頁2-43。

楊弘任：〈何謂在地性？：從地方知識與在地範疇出發〉，《思與言：人文與社會科學雜誌》第49卷4期，2011年，頁9-22。

說書Speaking of Books：〈【百人說書070】竹東在地刊物《逐步東行》：從學生的角度去訴說自己家鄉的故事〉，故事網站：說書專欄，取自網址：https://storystudio.tw/article/sobooks/people-x-sobooks-jhu-dong/，發布日期：2020年。

盧瑞陽：〈網路虛擬社群之社群意識、社群依賴與社群公民行為之研究〉，第16屆科技整合管理研討會，2013年，頁4。

從「無感」到「有感」：
用學習共同體與 PBL 解謎屏東三城

李健宏[*]

摘要

　　本研究旨在探討如何將 PBL 學習法與地方學的理念結合，並應用於地方學教育的課程設計中，進而促進學生對地方文化的理解與認同感。研究基於屏東縣立大同高級中學國中部校訂課程，從「土匪的逆襲：屏東圍城雜記」到「阿緱三城謎團多」，通過將 PBL 教學融入地方文化素材，探討其對學生學習成效、批判性思維及合作學習能力的影響。課程設計以「學習共同體」理念為主，PBL 教學為輔，融入地方文化素材，重設課程結構，透過文本自學、組內互學、組間共學和教師導學的四學習模式合一，提升學生學習動機與文化認同感。此外，引入了數位工具以輔助學生的學習與創作，特別是在歷史場景的再現與資料查詢上取得了良好效果。經過 PBL 教學的實施，無論是課堂觀察或學生回饋，都顯示學生的學習參與度顯著提高，且對屏東地方歷史的認同感增強。同時，學生在課堂中的批判性思維與創造力也得到了顯著提升。此研究不僅為地方學教育提供了新的教學實踐模式，也促進了數位工具在課程設計中的創新應用。

關鍵詞：地方學、屏東學、問題導向學習法（PBL）、學習共同體、文化認同

---

[*] 屏東縣立大同高級中學教師。

一　緒論

（一）研究背景

　　在1980年代的日本，教育體制普遍強調升學主義和成績導向的填鴨式教學模式，導致學生對學校和班級的歸屬感逐漸減弱，學習熱情下降，甚至輟學的情況也屢見不鮮。為了應對這一問題，許多學者和教育工作者開始反思現行的教學方法，並提出更加重視學生自主學習與合作學習的教育理念，旨在促進學生的全人發展。為應對這一現象，佐藤學教授提出了「學習共同體」的教育理念，通過教育改革來促進課堂內所有成員的共同參與與互動學習，進而實現個體與集體在學習中的共同成長。

　　這些教育理念的演變也引發了臺灣地區對於地方文化教育的反思，特別是在如何將當地歷史和文化融入課堂教學的議題上，許多學校開始探索更加以學生為中心的教學法。基於學習共同體理念，縣立屏東大同高級中學國中部的教師社群「下淡水溪畔的教學旅行」發展了一套結合地方文化與學習共同體哲學的課程設計。教師共備社群在收集屏東地方文化與歷史素材基礎上，構建了以「屏東學」為核心的校訂課程方案，該方案初期分為正式課程與營隊課程兩條並行發展的路徑。

　　在正式課程中，內容涵蓋了「屏東的阿緱」、「阿緱的阿猴」、「阿猴的阿緱」及「阿緱的塔加里揚」四個主要單元，並以「差異與多元」、「選擇與責任」以及「互動與關聯」三大核心概念為指引，旨在透過這些單元引領學生深入理解屏東的歷史與文化，並同時培養其批判性思維與社會責任感。

　　另一方面，營隊課程如「阿緱旅人營」及「無邊界交流營隊」進一步擴展了學生的學習範圍，將屏東市區及其周邊鄉鎮納入學習場域。透過走讀與田野調查的形式，學生能與地方社群進行互動交流，這進一步深化了他們對地方文化的認同與理解。

　　隨著課程內容逐漸深化與更新，該課程名稱調整為「塔加里揚的吟遊詩

人」。「塔加里揚」象徵著課程教學焦點置於屏東的地方宇宙，而「吟遊詩人」則期望學生在課程結束後，能夠成為具備人文關懷與實踐能力的講述者，藉由深入體驗地方的風土民情，創作並傳頌屏東的故事。這些學生不僅是屏東故事的傳頌者，更是承載與傳承地方知識與文化的「屏東之子」。

（二）研究目的與問題

　　本研究旨在探討「塔加里揚的吟遊詩人」的課程設計如何透過結合地方文化與學習共同體理念，促進學生對屏東歷史與文化的理解與認同，並在實踐中引入問題導向學習法（PBL），以提升學生的批判性思維與合作學習能力。具體而言，本研究將透過問題導向學習法（PBL），重新設計「阿緱三城謎團多」課程後，對學生學習效果、批判性思維及文化認同感的影響。此外，研究也將闡述學習共同體理念在課堂中的應用，並進一步探討數位工具在教學中的輔助作用。因此，本文將圍繞以下四個研究問題展開討論：

1. 屏東學課程對學生學習效果的影響：
    （1）在「阿緱三城謎團多」課程的實施過程中，學生在理解屏東古城歷史的學習成效如何體現？該課程是否能有效促進學生批判性思維及問題解決能力的提升？
    （2）如何透過問題導向學習法（PBL）引導學生深入探索屏東地方文化，並進一步提升他們的學習動機及合作學習能力？
2. 學習共同體理念的應用效果：
    （1）學習共同體理念在屏東學課程中的實踐，如何有效促進學生之間的合作學習與師生互動？這一教學理念如何提升學生的學習參與度與自我反思能力？
    （2）學生在課堂中，如何透過同儕合作與教師的引導，提升其對地方文化的理解與認同感？

3. 數位工具與課程整合的成效：
   （1）在問題導向學習法（PBL）的實施過程中，數位工具的應用如何強化學生的學習體驗？這些工具在幫助學生解決問題、進行數位創作及展示學習成果方面，發揮了何種作用？
4. 對地方學發展的推動作用：
   （1）屏東古城作為地方學教材的一部分，如何促進學生對地方歷史的認同感？這些課程是否對地方文化的傳承與學術研究發展產生積極影響？

二　地方學的教育意涵

（一）地方學與屏東學的發展

　　隨著全球化及現代教育體制的推進，地方特殊性及在地文化的傳承面臨逐漸弱化的危機。傳統教育系統通常追求普遍性知識，忽略了本地文化及歷史的深入探究，導致學生對自身在地的認識和關懷日漸減少。然而，108課綱的實施為地方知識的發展提供了新的契機。課綱強調融入地方特色，使課堂成為在地知識傳承的實踐平臺。

　　臺灣地方學的發展源遠流長，最初以地方志及區域研究為基礎，逐步演變為系統化學問。地方學不僅涉及學術探討，還深刻影響教育實踐，要求教師引導學生深入了解地方知識，並鼓勵其創新與實踐，從而實現地方學的教育價值。

　　在這一背景下，縣立屏東大同高級中學國中部的教師社群基於對地方文化的熱愛，結合屏東在地素材，並引入「學習共同體」的教育哲學，開發了名為「塔加里揚的吟遊詩人」的校訂課程。

　　課程以屏東地區的文化與歷史作為核心，通過創新的教學設計，促進學生對地方文化的理解與實踐，進而培養他們對在地社會的責任感與實踐能

力。此課程的發展標誌著地方學在教育實踐中的深化，為地方知識的傳承與創新提供了新思路與模式。

（二）對學生學習與文化認同的影響

屏東古城作為地方文化與歷史的核心象徵，納入校訂課程後，對學生的學習效果產生了深遠影響。將地方歷史資源引入課程，既豐富了學生的學習內容，也改變了教學模式，促進學生對地方文化的理解與認同。特別是在「阿緱三城謎團多」課程中，學生在學習屏東三座古城的歷史時，不僅掌握了地方歷史知識，還逐步形成了對屏東土地的深厚情感與認同感。

相較於填鴨式教學，PBL 強調自主學習與合作探究，為學生提供了更多主動探索歷史的機會。根據 PBL 理論框架，學生通過提出問題、尋找答案、進行小組討論等方式，深入探討古城的歷史背景與發展脈絡。這種學習方式不僅提高了學生的批判性思維能力，也培養了他們的合作學習技巧，促進了對地方文化的深入理解。

數位工具的應用也強化了學生的學習體驗。在「阿緱三城謎團多」課程中，學生使用 Google 街景、Imgsli 平臺等數位工具，將屏東古城的過去與現在進行對比，通過實地探索與虛擬技術的結合，學生能夠更直觀地了解屏東古城的歷史變遷，進一步激發了學習興趣。

學生還通過繪製歷史場景、創作土匪形象等實踐活動，體會到屏東地方歷史的真實性。例如，在「土匪亂世起風雲」單元中，學生根據歷史文本中的描述，繪製出土匪形象，並模擬當時的歷史情境。這種將歷史與藝術結合的教學方式，不僅豐富學習體驗，也促進其對歷史內容的理解與內化。

學生對地方文化的認同感在課程學習中顯著提升。透過對屏東古城歷史的學習，學生認識到家鄉文化的多樣性與豐富性，形成了對地方文化的情感共鳴與認同感。研究顯示，將學習內容與生活環境聯繫起來，可以顯著提升學習效果。因此，將屏東古城納入教材，有效提升了學生對地方文化的自豪感與認同感。

（三）對地方學研究的促進作用

　　將屏東古城納入教材的教學實踐，不僅對學生學習效果有顯著促進作用，還對屏東學及地方學的整體發展產生了積極影響。地方學研究主要圍繞特定地區的歷史、文化、地理等議題展開，其主要功能在於記錄與保存地方文化，並通過學術研究系統化、知識化。將屏東古城融入中學教材，是將地方學研究引入教育體系的重要一環。

　　屏東學的發展離不開地方學理論的支持。作為學術研究領域，地方學強調透過對地方的深入研究，揭示地方文化的獨特性與多樣性。屏東古城作為屏東地方歷史與文化的重要載體，不僅是地方學研究的重要一環，也是屏東學課程設計的重要資源。屏東三座古城所承載的歷史意義與文化價值，通過課堂教學得以傳播與研究，提升了學生對家鄉歷史的理解，推動了地方學研究在屏東地區的進一步發展。

　　課程實施使教師和學生成為地方學研究的參與者。在「阿緱三城謎團多」課程中，學生與教師共同探究屏東古城歷史，這一過程涵蓋了對地方文化的深層次探索，從課堂到學術的轉化，促進了學生的批判性思考與反思。

　　此外，將地方歷史文化引入課程還具有長期的教育價值。隨著課程內容的不斷更新與深化，學生對屏東古城的理解逐步深入，不僅學習到具體的歷史知識，還能理解地方文化背後的社會、政治、經濟因素。這種多元化的學習視角，使學生能夠從更廣闊的背景理解地方歷史的意涵，提升了他們的學術素養與研究能力。

　　透過地方學與中學端校訂課程的結合，課程設計促進了地方歷史資源的保存與活化。屏東古城作為歷史遺跡，在戰爭、天災及社會變遷中損毀嚴重，部分遺跡已無法重現其原貌。將這些歷史遺跡納入教學活動，讓學生通過歷史重構、資料蒐集、田野調查等活動參與地方文化的保存工作，提升了學生的社會責任感，為地方文化的長期保存與活化提供了更多可能性。

　　總結來看，將屏東古城納入中學教材，不僅提升了學生的學習效果與文化認同感，還對地方學的發展產生了長遠的推動作用。這一課程設計為地方

歷史文化的保存與傳承注入了新的活力，促進了地方文化在教育體系中的傳播，並為地方學研究奠定了更加穩固的基礎。隨著課程的進一步深化與更新，屏東古城將繼續在未來的教育中發揮重要作用，促進學生學術能力的提升，並為地方文化的長期保存與研究提供更多支持。

三　課程設計背景與反饋探討

（一）課程設計背景

　　在探討課程設計「阿緱三城謎團多」時，需以「塔加里揚的吟遊詩人」為切入點。「塔加里揚」，作為已消逝的屏東平埔族部落，其名稱揭示了本校校訂課程設計的核心目標──發掘屏東那些逐漸被遺忘的歷史與文化。「吟遊詩人」則是我們期許學生能夠充分的表達，並且具有行動能力，將這些逐漸被遺忘的歷史與文化傳承與找回。

　　在108課綱改革的背景下，本校國中部推動跨領域課程方案，借鑑學習共同體的理念，透過協同教學與分組合作，促使師生共同探索屏東的地理與人文風貌。課程運作以學生自學、組內互學、班級共學和教師導學相結合，並輔以資訊科技工具的應用，旨在超越課本中的簡略描述，讓學生通過深度的聆聽、搜尋、思考與表達，建立對屏東的深層理解與實踐經驗。課程架構（表一）橫跨七至九年級，除了每週一堂的常規課程外，還設置了寒暑假營隊活動與學校間的交流活動，通過這些多元學習模式，使學生對屏東的歷史文化有更全面的理解與感悟，賦予屏東歷史與文化新的活力。

表一　塔加里揚的吟遊詩人課程架構表

理念	引導詩性智慧		培育吟遊能力		開展國際視野	
七年級	自然 鍾靈毓秀	人文山川皆阿緱 疊圖屏東自分明	美學 文藝翻玩	四百年前拉美事 多線敘事玩翻拍	矛盾 西來話興	金獅蒙難拉美島 島民禍福繫一念
		大武山下風雲錄 事件拆解魚骨圖		揮筆灑墨何所為 平衡報導見真章		獨目將軍番社行 破譯斯卡羅地圖
		物產豐饒名阿緱 絕品農產化圖表		入木三分刻風光 雷雕勾勒阿緱景		南國采風繪八景 落筆洋文敘阿緱
八年級	人文 遊方巡禮	阿緱文化萬花筒 族群祭儀數家珍	創意 踏遊觀覽	日治南國輕旅行 阿緱旅遊博覽會	理解 評史佐食	石垣八瑤風雲起 牡丹凋落誰人憐
		壘土砌磚阻刀兵 匪相持評三城		繁華阿緱百年路 指點江山話街景		南島觀史大龜文 鹿死誰手番夷決
		阿緱旅人何處去 屏東風土深度遊		點亮大同新風貌 A.I.感應現校景		舌尖品食曉滋味 尋幽訪勝知遺事
九年級	行動 詠鄉淨土	大同風土經濟學 永續發展綠活圖	科技 歷險留奇	有跡可循覓風華 聲獻大同玩循跡	交流 無疆論壇	引杯笑談瑯嶠事 半島咖啡共審議
		說書驚堂聽拍案 永存屏東Podcast		古城探險持Zello 瑯嶠逃脫憑藍晒		飛進富山說阿緱 臺日師生視訊會
		生態育淨捨我誰 境善淨美護生行		留聲存影紀阿緱 多語解說Youtube		全球學子聚大同 文化交流知識家
表現任務	統計創作屏東產業鳥瞰圖 超時空深度旅行方案企劃 生態關懷與環境實察行動		再現屏東風景印設計雷雕 模擬採訪阿緱史新聞編寫 校園導覽循跡車程式實作		瑯嶠斯卡羅地圖密語破譯 全球議題審議式民主論壇 臺日師生視訊對談高峰會	

資料來源：大同高級中學「塔加里揚的吟遊詩人」教學方案計畫書。

　　「塔加里揚的吟遊詩人」作為課程設計的核心，不僅意在回溯屏東的歷史遺跡，還旨在引領學生從地方歷史的角度深入探索，並試著表達。這樣的設計框架奠定了「阿緱三城謎團多」的課程結構，以具體的歷史事件和地理背景，進一步拓展學生對屏東歷史文化的理解。

「阿緱三城謎團多」源自八年級上學期教材的其中一個單元「壘土砌磚阻刀兵：民匪相持評三城」，該單元的前身為「土匪的逆襲：屏東圍城雜記」。

該單元重點介紹屏東的三座古城，分別為里港城、阿猴城、恆春城，從古城的歷史脈絡，以及當地漢人與原住民在清領時期和日治時期的衝突與抗爭，藉此展現屏東地區的歷史文化變遷與多元族群互動。以下針對單元中的三座古城及其相關歷史事件進行簡述，以系統性呈現該課程設計的重點內容：

1 **里港城**

（1）**興建背景**

里港城建於清道光十五年（1835），由藍見元（藍鼎元的五世孫）與當地士紳共同出資修建。里港城的興建與道光十二年（1832）爆發的張丙事件密切相關，該事件加劇了閩客族群之間的衝突，當地居民為加強防禦能力，修築城池以應對潛在威脅。

（2）**城池結構**

里港城的城牆主要由刺竹構成，並設有壕溝作為防禦設施。關於是否使用了咾咕石，歷史資料並無明確記載，這也成為單元探究活動中的重要議題。里港城設有東、西、南、北四座城門，但在日治時期，由於市區改正計畫，城門陸續被拆除，現今僅存南門與北門的門額。

（3）**城池命運**

隨著日治時期市區拓寬工程的推進，里港城逐漸遭到破壞。至昭和十一年（1936），南門因拓寬道路被拆除，僅存部分城門遺跡，作為當地歷史的重要見證。

2 阿猴城（阿緱城）

（1）興建背景

阿猴城的興建始於清道光十六年（1836）冬季，由下淡水分縣沈長棻發起，並號召當地官民合力修建。參與出資的包括地方士紳如陳玨、蕭登陽等人，反映出當地士紳對於防禦建設的參與與支持。

（2）城池結構

阿猴城的城牆結構不甚完整，早期可能以刺竹作為主要材料，後來可能改建為土壘，但歷史記載欠缺具體證據。阿猴城設有東、西、南、北四座城門，然而目前僅存東門，位於屏東公園內。東門上垛牆的磚塊並非原始結構，而是在民國六十五年（1976）修繕時所添加。

（3）城池命運

日治時期，為配合市區改正計畫，阿猴城的城牆逐漸被拆除，至今僅存東門遺跡，作為屏東市歷史文化的重要見證。

3 恆春城

（1）興建背景

恆春城於光緒元年十月十八日（1875年11月15日）動工，並於光緒五年七月十五日（1879年9月1日）竣工。其興建背景與牡丹社事件密切相關，沈葆楨在事件後奉命來臺處理海防事務，並建議於具有戰略意義的恆春地區建城。最終由夏獻綸與劉璈選定「車城南十五里之猴洞」作為建城地點。

（2）城池結構

恆春城的城牆由泥土夾板夯築而成，外覆三合土。然而，由於當地建材品質問題，城牆結構相對脆弱，容易受到自然災害和人為破壞影響。當時臺

灣缺乏品質上乘的建材，故大部分建材由中國大陸運來。恆春城設有東、西、南、北四座城門，其中南門命名為「明都門」，其餘三門則以方位命名。城池在建設過程中特別重視風水，城門與周邊山脈的相對位置經過精心設計，以達到風水上的平衡。

（3）城池命運

儘管經歷多次天災人禍，恆春城的整體結構保存相對完整，成為臺灣目前保存最為完好的古城之一，亦是重要的歷史文化遺產。

4　土匪攻擊事件

屏東地區的三座古城在清領與日治時期均曾遭遇土匪襲擊。
里港城：多次遭受土匪圍攻，其中「阿里港之圍城」一節最為著名。
阿猴城：阿猴城曾遭到林少貓率領的土匪攻擊，這一事件成為城池歷史中的關鍵篇章。
恆春城：恆春城在「圍城之戰」中，遭到陳福傳與盧招元等人率眾圍攻，這些事件在地方歷史中留下了深刻記載。

（二）土匪單元的每況愈下

自108學年度起，本校校訂課程「塔加里揚的吟遊詩人」從七年級新生開始實施。然而，在109學年度，根據學生期末問卷的調查回饋，「土匪的逆襲：屏東圍城雜記」單元未能在學生中引起廣泛共鳴，難以在學習過程中留下深刻印象。

授課教師共備社群在每週的共備會議中曾多次討論這一問題，推測可能是因文本閱讀量過大，導致學生無法深入學習。儘管教師調整了授課方式，效果仍未顯著提升。

在109學年度的期末問卷調查（圖一）中，153名學生中有64人選擇喜愛「土匪的逆襲：屏東圍城雜記」，占比45.4%。雖然在可複選單元中占有一

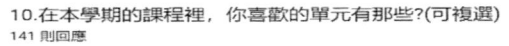

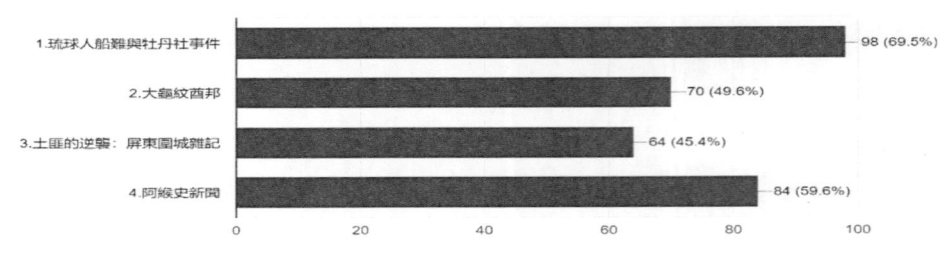

圖一　109學年度，八年級期末調查問卷數據

10.在本學期的課程裡，你喜歡的單元有那些?(可複選)
141 則回應

- 1.琉球人船難與牡丹社事件　98 (69.5%)
- 2.大龜紋酋邦　70 (49.6%)
- 3.土匪的逆襲：屏東圍城雜記　64 (45.4%)
- 4.阿緱史新聞　84 (59.6%)

圖一　109學年度，八年級期末調查問卷數據

資料來源：下淡水溪畔的教學旅行團隊雲端資料庫。

定比例，但與另一單元「琉球人船難與牡丹社事件」的69.5%相比，明顯處於劣勢。此一數據顯示了「土匪的逆襲：屏東圍城雜記」相較之下是無感的，學生自然也就沒有學習的動力。

到了110學年度（圖二），148名學生中僅有51人選擇喜愛「土匪的逆襲：屏東圍城雜記」，占比下降至34.5%，與「琉球人船難與牡丹社事件」的差距進一步擴大。而110學年度新增添了「阡陌縱橫話阿緱：屏東的交通」，才讓「土匪的逆襲：屏東圍城雜記」不至於敬陪末座，然而比起「土匪的逆襲：屏東圍城雜記」，「阡陌縱橫話阿緱：屏東的交通」是全新的單元，但在學生的有感程度上，卻相差無幾，著實令人擔憂。

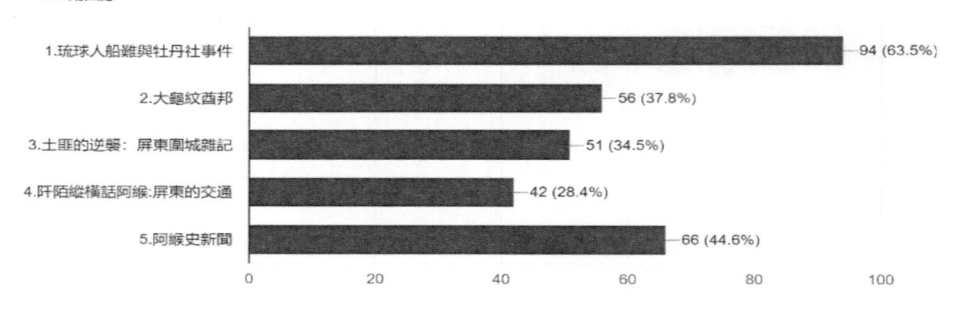

10.在本學期的課程裡，你喜歡的單元有那些?(可複選)
148 則回應

- 1.琉球人船難與牡丹社事件　94 (63.5%)
- 2.大龜紋酋邦　56 (37.8%)
- 3.土匪的逆襲：屏東圍城雜記　51 (34.5%)
- 4.阡陌縱橫話阿緱：屏東的交通　42 (28.4%)
- 5.阿緱史新聞　66 (44.6%)

圖二　110學年度，八年級期末調查問卷

資料來源：下淡水溪畔的教學旅行團隊雲端資料庫。

111學年度的數據（圖三）進一步顯示，113名學生中，僅有45名學生喜愛。結合109、110兩個學年度的數據，顯示學生對「土匪的逆襲：屏東圍城雜記」單元的興趣逐年下降，這促使教學團隊重新審視該單元教學方法。

　　儘管當時的其中一位授課教師，加入了繪製土匪畫像的課堂學習活動，但學生的學習參與度仍未顯著提升，喜歡程度只掉1%，算是勉強維持，並未進一步惡化。而且「阡陌縱橫話阿緱：屏東的交通」比起110學年度，學生的喜好有感程度反而是上升的，兩相比較之下的結果更加反映出「土匪的逆襲：屏東圍城雜記」單元的課程內容與方法急須進一步優化。

10.在本學期的課程裡，你喜歡的單元有那些?(可複選)
133 則回應

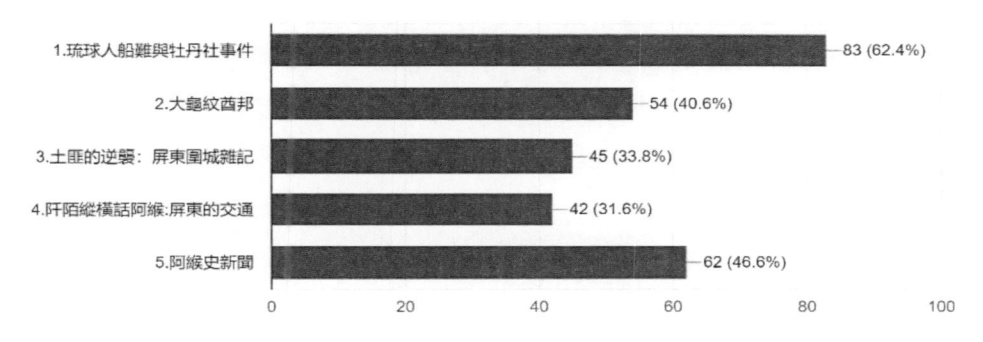

1.琉球人船難與牡丹社事件　　　83 (62.4%)
2.大龜紋酋邦　　　　　　　　　54 (40.6%)
3.土匪的逆襲：屏東圍城雜記　　45 (33.8%)
4.阡陌縱橫話阿緱:屏東的交通　　42 (31.6%)
5.阿緱史新聞　　　　　　　　　62 (46.6%)

圖三　111學年度，八年級期末調查問卷
資料來源：下淡水溪畔的教學旅行團隊雲端資料庫。

　　根據三個學年度的期末問卷調查數據顯示，「土匪的逆襲：屏東圍城雜記」單元在學生學習後的受歡迎程度持續下降，從109學年度的45.4%減少至111學年度的33.8%。儘管授課教師已對教學方法進行調整，並加入了繪製土匪畫像的課堂活動，試著讓學生進行更多的創作表達，然而此改變未能顯著提升學生對該單元的興趣。這一趨勢表明，課程內容及教學方法仍須進一步優化，以更有效地促進學生參與並加深其學習印象。

　　基於學生反饋的數據，我們逐漸認識到必須對教學方法進行調整，這一需求也促使了 PBL 教學法的引入和嘗試。

（三）PBL 教學法的引入

根據109至111學年度期末問卷的數據顯示，學生對於「壘土砌磚阻刀兵：民匪相持評三城」這一單元的學習興趣逐年下降。面對這一趨勢，筆者恰好於112學年度擔任八年級課程主授教師，遂與本校利天龍老師合作，重新構思該單元的教學設計，目標是提高學生對該單元的興趣。我們決定採用PBL 教學法，以期透過該策略激發學生的學習動機與參與意願。

1 問題導向學習的理論背景與應用

問題導向學習（PBL）是一種以學生為中心的教學模式，旨在促進學生在面對真實問題時，通過自主探索解決複雜問題的過程來發展批判性思維與問題解決能力。強調學習過程中的自主性與協作性，學生須要主動識別學習需求，透過資料查詢與小組討論，探索問題的潛在解決方案。

2 PBL 的三種模式與適用性

目前，PBL 的應用主要分為三種類型：問題導向學習（Problem-Based Learning, PBL）、專題導向學習（Project-Based Learning, PjBL）與現象導向學習（Phenomenon-Based Learning, PhBL）。

（1）PBL 重視學生對特定問題的深度探索，尤其在醫學等學科中應用廣泛，強調學生在解決具體問題時的批判性思維與分析能力。

（2）PjBL 則強調團隊合作與跨學科學習，學生通過進行專題研究最終產出具體成果。這一模式特別適用於實踐導向的學習環境，促進學生提升學科知識及實踐技能。

（3）PhBL 於2016年由芬蘭推動，旨在打破學科界限，透過跨領域的學習，促進學生對現實現象的全面理解。PhBL 重視系統性思維及跨學科整合，適用於涉及多面向問題的探究過程。

3 PBL 教學設計的原則與實施框架

在實施 PBL 教學法時，須考慮數項設計原則，以促進學生自主學習並

達到預期學習效果。首先，教學內容應基於具有挑戰性的真實問題，這些問題必須具有實踐意義，能夠引發學生深入思考與持續探究。其次，專題設計應強調問題的真實性，將其與學生的生活背景或現實任務相結合，以增強學習的內在動力。學生在學習過程中應擁有自主決策的權利，能夠針對專題的進行方式提出見解，這有助於促進學生的反思能力與創新思維。最後，專題的最終成果應進行公開展示，讓學生能夠在接受同儕與社會回饋的過程中，深化對學習內容的理解與應用。

PBL 的實施通常分為四個主要階段：專題總覽、學習目標設定、里程碑設計與專題日程安排。在這一過程中，教師不再是傳統的知識傳授者，而是學生學習的協作者與引導者。教師的角色在於提供必要的學習鷹架，並在適當時機引導學生深入探究，以確保學習活動的順利進行。

（四）數位工具的運用

隨著數位技術的進步，教學與數位學習工具的結合日益普遍，這為教學效能的提升提供了新途徑。數位工具，如平板電腦、網絡資源及互動應用程式，為學生提供了多樣化的學習途徑，打破了傳統教室的時空限制，使學習更加靈活與便利。數位化教學不僅促進了資料查詢與協作學習，還加強了學生的自主學習能力，使學習過程更加個性化。

數位工具在 PBL 教學法中的應用，為學生提供了探索歷史事件的新方式。在本單元中，學生可以運用數位科技深入研究三座古城。例如，透過 Google 街景觀察古城牆，或是借助古今對照製作平臺，製作景點照片的古今對照。

重新設計的單元中，學生使用數位工具深入探索。他們透過 Google 街景（圖四），觀察古城牆的細節，並與阿里港城門的老照片進行比對，嘗試破解相關謎團。學生也可利用 AR 山地圖，透過觀察城牆與地標的相對位置，進一步探討「阿猴城城門的風水位置」。此外，透過 Imgsli 平臺，學生可以將自己拍攝的屏東公園照片與歷史照片進行對比，製作 Before/After 作品，並

進行分享。學生還利用 Google 協作平臺進行專題報告的整理與分享，提升其協作能力。

圖四　鳳山新城東門殘跡（可運用Google街景放大觀察咾咕石牆紋理）

圖片來源：Google 地圖。

在面對古文文獻的解讀需求時，學生也可借助 AI 工具（圖五），如：ChatGPT 與 Copilot 等，進行文言文翻譯及資料歸納，進一步探討《恆春縣志》等歷史文獻，增強學習效率與理解深度。

圖五　提供恆春縣志數位版，也提供AI工具，引導學生如何運用

圖片來源：筆者製作。

（五）數位科技與 PBL 的結合

在 PBL 教學中，數位科技不僅作為一種輔助工具，還成為學生進行探索的重要媒介。數位學習工具能夠支持學生自主查詢資料、即時反饋並進行小組協作，提升學習的互動性與深度。這一模式在地方文史課程中尤其適用，因為學生可以將數位工具與實地考察相結合，實現對歷史資料的全面探究。通過數位化的學習手段，學生得以更靈活有效地解決問題，提升其學習效果並激發對地方歷史的興趣。

四 課程課堂實踐與學生成果

（一）實施細節

原教材內容共分五小節，高達14,100個字，顯示教材篇幅龐大，且涉及三座城池及土匪攻擊等複雜內容，學生在理解與歸納上容易出現困難，更何況是希望學生進行討論與表達。為解決此問題，筆者與協同教師在構思新教學設計時，運用 PBL 概念，在教材不變的前提下，將學習重構為四個單元（表二），以「阿猴三城謎團多」為名，旨在透過問題引導學生主動學習，並促進合作探究，培養其批判性思維與問題解決能力。

表二　阿緱三城謎團多課程架構表

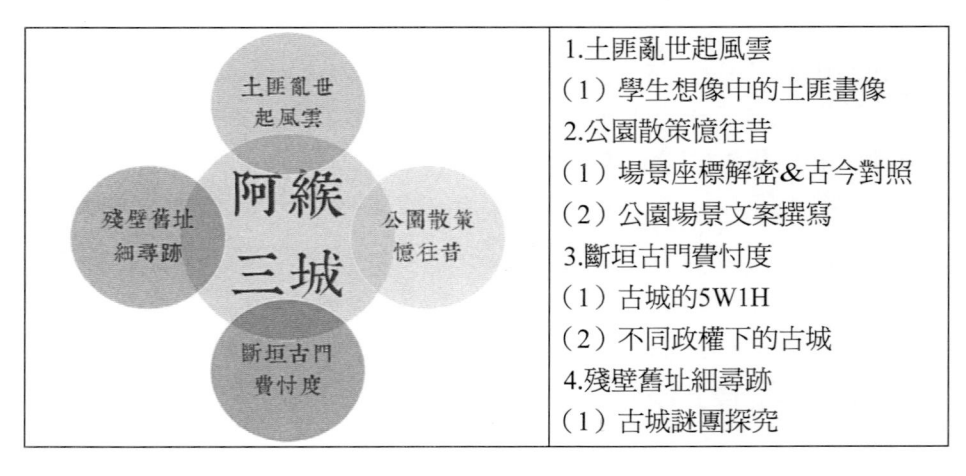

（圖：阿緱三城，含土匪亂世起風雲、公園散策憶往昔、斷垣古門費忖度、殘壁舊址細尋跡）	1.土匪亂世起風雲 （1）學生想像中的土匪畫像 2.公園散策憶往昔 （1）場景座標解密&古今對照 （2）公園場景文案撰寫 3.斷垣古門費忖度 （1）古城的5W1H （2）不同政權下的古城 4.殘壁舊址細尋跡 （1）古城謎團探究

1 第一單元：土匪亂世起風雲

　　本單元以「三年一小反，五年一大亂」的歷史事件作為課程起點，教師提出問題：「屏東的三座城池曾經遭受過哪些土匪攻擊？土匪應該使用什麼武器？長什麼模樣？」學生以小組形式閱讀相關文本，摘錄土匪相關資訊，並以討論方式設想土匪的形象與武器。隨後，學生透過手繪或數位工具進行創作，將對土匪的理解圖像化，並分享創作成果。（圖六、圖七）

　　此單元設計旨在讓學生基於有限的文本資料，發揮創造力與想像力，透過圖像化表達，深化對歷史事件的理解。

圖六　設計緝拿令，讓學生在閱讀教材後，透過討論與想像，畫出土匪畫像

圖片來源：筆者繪製。

圖七　緝拿令背面則設計問題，促使學生將創作依據及理念整理歸納進行表達

圖片來源：筆者繪製。

2　第二單元：公園散策憶往昔

本單元引導學生聚焦屏東公園，並運用數位工具探索歷史痕跡。教師提出問題：「如何運用 StoryMap 概念，將地理資訊、圖片與介紹文案串聯，呈現屏東公園的歷史變遷？」學生分組利用 Google Earth 解密，並前往屏東公園進行實地拍攝，並與提供的老照片進行比對，探索古今場景的變遷。（圖八、圖九）

圖八　屏東公園學習單，讓學生在老照片與學習單的基礎上，與現實環境進行比對，進行實地學習

圖片來源：筆者整理。

圖九　結合地理課所學經緯度概念，設計問題，讓學生進行討論與解謎，並前往屏東公園

圖片來源：筆者繪製。

學生最終運用 Imgsli 平臺製作古今對照圖，撰寫介紹文案，呈現學習成果。此單元通過數位工具的應用，提升了學生的探究能力與創意表達能力。

3　第三單元：斷垣古門費忖度

　　重點在於引導學生分析屏東三座古城的歷史背景與建築特徵。學生運用 5W1H 策略，閱讀相關文本資料，整理三座古城的異同。教師進一步提出問題：「不同的建城材質背後隱含的意義是什麼？」、「恆春城為何不使用在地材料，而將建材從中國大陸運來？」這些問題促使學生從歷史、地理與建築等多重視角進行分析，提出自己的見解。強調批判性思維的培養，旨在深化學生對古城建設背後社會與文化意涵的理解。

圖十　使用數位工具，將學生成果數位化
圖片來源：筆者製作。

圖十一　使用 Google Sites，將文本數位化
圖片來源：筆者繪製。

4　第四單元：殘壁舊址細尋跡

　　本單元學生進行分組探究，針對如「阿里港城門的興建是否使用咾咕石？」或「阿猴城城門位置是否具有風水考量？」等問題展開研究。學生利用 Google 街景、AR 山地圖等數位工具，結合歷史資料，進行實證性探討。最終將探究成果整合為 PPT，並在課堂上進行發表。此單元旨在促進學生將前三個單元的知識應用於實際問題解決中，培養其團隊合作與學術展示能力。

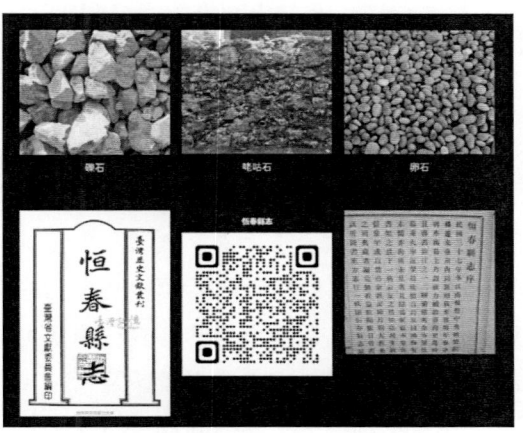

圖十二　古城探究學習單，提供學生數位工具

圖片來源：筆者製作。

圖十三　提供支持，讓學生的學習有更好的起點

圖片來源：筆者繪製。

　　重新設計的教學模式，藉由 PBL 的實踐，強調學生在學習過程中的主動性與自主性，旨在促進合作探究、批判性思維及問題解決能力的全方位發展。各單元綜合運用數位工具與實地考察，不僅有效深化學生對地方歷史的認識，更鼓勵學生以創新方式呈現學習成果，提升其學術表達與創意思維能力。此教學設計在屏東三座古城歷史文化的學習中發揮了深遠影響，同時亦成功培育學生的研究能力。

　　然而，基於本校校訂課程採多教師分工制，為確保教學的穩定性，筆者決定於八年級選擇一個班進行教學創新實驗。選擇的主要考量在於，該班在七年級期間的課堂表現與對學習共同體理念的實踐成效顯著優於其他班級。

　　此外，為保障學生的受教權益，筆者特別顧及教學方式的改變可能對學習成果造成的影響，故選擇此班作為實施對象，旨在將教學創新對學生學習成效的潛在衝擊降至最低，以在穩定的環境中評估新教學方法的成效。

（二）學生上課情形與成果展示

1　上課樣態

　　由於課程採用了「學習共同體」的教育哲學作為教學指引，教學樣態展現出與講述式教學的差異。教師不再僅是知識的傳遞者或講述者，而是扮演引導者與協助者的角色，透過精心設計的學習活動，啟發學生思考與促進合作學習的進行。這種角色的轉變賦予學生更多自主權與責任感，使其從被動接受知識者轉變為主動的學習參與者與知識探究者。

　　在教學過程中，學生學習經驗被劃分為四個部分：自學、組內互學、組間共學以及教師導學。首先，學生透過自學階段進行初步的閱讀與資料蒐集，這不僅為後續的小組討論打下了基礎，還培養了學生的獨立學習能力與主動思考的能力。這一階段為學生提供了提出問題與進行深層次思考的契機。（圖十四）接著，學生進入組內互學階段，通過小組討論分享彼此的見解，促進相互學習。在這一過程中，學生能夠從多元視角審視學習內容，並在互相啟發中增強知識的理解。（圖十五、圖十六）

　　組內討論後，課堂進入組間共學階段，學生小組之間進行擴大討論，交換整合各組觀點。此一過程增強了學生之間的合作與互動，促進了溝通技巧與批判性思維能力的進步。學生在此階段能夠通過與其他小組的交流，驗證

圖十四　學生透過資訊工具進行閱讀，並利用紙筆進行重點整理
圖片來源：筆者攝影。

圖十五　課堂美麗的風景，學生兩兩正進行問題討論
圖片來源：筆者攝影。

自身的學習成果，並深化對學習內容的理解。

教師導學則貫穿整個教學過程，教師根據學生的學習進度與討論狀況，適時進行引導，幫助學生將所學知識系統化，並對其思考進行啟發與提點。教師不再是課程進度的主導者，而是在學生學習過程中的支持者與促進者。教師的引導以啟發式學習為主，通過設計問題與構建思考框架，引導學生在學習過程中進行深度反思與知識的建構。

教學過程依循學習共同體的理念，強調對話式學習，這不僅體現在學生之間的相互學習，還包括師生之間的互動交流。課堂氛圍強調尊重與支持，學生的每一次發言都能得到認真的對待，而教師則通過傾聽學生的想法，促進課堂學習的深入發展。這種教學模式鼓勵學生提出高品質的問題，培養學生的批判性思維，而非等待教師提供標準答案。課堂文化強調發言前的聆聽，學生學會尊重他人觀點，這一過程進一步提升了課堂學習的深度與廣度。（圖十七）

此外，PBL 實施更豐富了課堂教學模式。PBL 教學法以真實問題為導向，讓學生在解決問題的過程中獲得知識與技能。在實施 PBL 教學法的課堂上，學生圍繞具體問題進行探索與研究，並在小組合作中提出解決方案。這種教學方法促進了學生的主動學習與實踐應用能力，加強了問題解決技能與合作精神。PBL 教學法的引入，不僅提升了學生的學習動機，還深化了學生對課程內容的理解。

圖十六　每個人都可以是彼此的老師
圖片來源：筆者攝影。

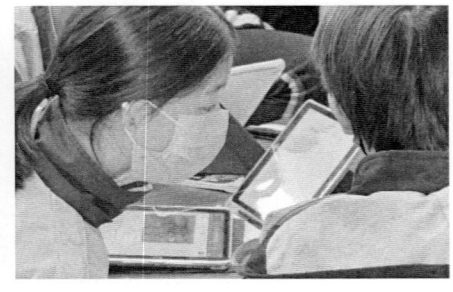

圖十七　學習聆聽，讓教室風景更美好
圖片來源：筆者攝影。

在這樣的學習模式下，課堂氛圍發生了顯著變化。學生不再侷限於被動地接受知識，而是積極參與學習過程，主動合作並分享各自的見解。學習進度較慢的學生不再因壓力而退縮，反而主動向同伴尋求幫助；進度較快的學生則學會了如何協助其他組員，並在合作過程中展現出對同伴的尊重。值得一提的是，即使是班級中的特殊學生（圖十八），在這樣的學習環境中也能積極參與，並展示出對學習的投入與熱情。

　　整體課堂氛圍更加開放與包容。即便在進行小組討論時，教室內的音量依然維持在適當的水平。這樣的學習環境不僅提升了學生之間的協作能力，也促進了學生在知識探究中的專注力與自我管理能力。學習共同體所提倡的互助合作與共學共進的教學模式，對學生學習動機的提升、學習成效的增強以及文化認同感的加深均有顯著的促進作用。

　　學習不再侷限於課堂內的時間與空間，學生經常在課後繼續討論與學習，即便已是中午用餐時間，學習的氛圍仍然持續著，有好幾次都要筆者和協同教師不斷提醒該回班級教室用餐了，學生才願意離去，更會有學生留下來與筆者和協同教師進行討論，甚至有些時候，筆者和協同教師反而因為學生的想法與發問，從中得到啟發。（圖十九）這樣的學習風景讓課堂充滿活力，師生一起活在學習的當下，並共同追求更加卓越的課堂表現，進一步精進學習成效。

圖十八　主動尋求幫助的特殊學生

圖片來源：筆者攝影。

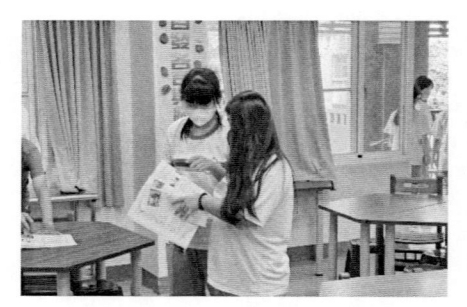

圖十九　學習不只是上課時，而是持續討論的精進

圖片來源：筆者攝影。

2 成果展示

在這樣的課堂環境下，學生的學習成果顯示出了顯著的提升，這一點令筆者及協同教師感到驚豔。透過重新設計的教學方式，學生的成果可以分為四個主要部分，每個部分均展示了學生在學習過程中的深度參與與創造性。

然而，十分遺憾的是，由於筆者在教學過程中的疏忽，未能將「土匪亂世起風雲」單元中的學生小組作品進行掃描存檔，致使這部分的成果未能得以呈現。這一遺憾反映了在課程設計與實施過程中，細節管理的重要性，並強調了後續在數據和成果管理方面須加強的地方。

在「公園散策憶往昔」單元的實施過程中，學生須利用假日到屏東公園，根據筆者與協同教師所設計的問題與相關資料，尋找指定的景點並拍攝照片，然後利用網站工具製作古今對照的展示。學生還須整合各個景點，並對其進行相關介紹。實施此單元之初，筆者與協同教師對學生是否會利用週末假日完成前置作業表示擔憂，擔心若學生未按計畫進行，可能會導致單元的實施失敗。然而，這一擔憂最終被證明為多慮。在該班導師於星期一早自修在辦公室，熱切地向筆者與協同教師分享了學生們的成果，並表示該班學生確實在假日期間自主約定時間，按計畫前往屏東公園完成了作業。此一情況不僅顯示了學生對該單元的高參與度，更證明了教學設計的有效性。

在實施過程中，學生首先必須解碼筆者與協同教師提供的數字（頁203圖九），以確定正確的景點位置。隨後，學生須使用手機拍攝景點照片，並參考提供的歷史照片角度，以製作古今對照。此外還須搜尋公園景點的相關資料，並製作PPT進行介紹。

大部分學生在解碼景點位置和製作 PPT 方面表現良好（圖二十），顯示出對任務的理解與執行能力。然而，在照片拍攝階段，學生面臨了一些問題。由於拍攝時未考慮古今對照的要求，許多照片的拍攝角度與歷史照片存在差異，這導致了古今對照製作的困難（圖二十一）。由圖二十一顯示，左側為日治時期拍攝的屏東公園太鼓橋老照片，右側為學生拍攝的現場照片，兩者在取景角度及景點的相對大小上存在顯著差異，這使得古今對照的製作

圖二十　學生製作的PPT其中一頁　　圖二十一　學生利用數位科技製作的古今對照

圖片來源：筆者攝影。　　　　　　　圖片來源：筆者攝影。

受到嚴重影響。如果學生在拍攝過程中未能充分考慮這些因素，則古今對照的效果將會大打折扣。

　　在「斷垣古門費忖度」單元中，學生首先透過文本閱讀，結合校訂課程中所學的5W1H分析方法（包括何時、何地、何人、何事、為何、如何等核心問題），進行自主學習。學生須從教材中摘錄出與屏東地區三座古城相關的重要資訊，並對這些資訊進行整理與歸納，涵蓋古城的興建年代、建材選擇、資金來源等關鍵歷史項目。（圖二十二、圖二十三）

　　在此基礎上，學生通過小組內的合作，針對各自摘錄的重點進行深入討論，並聚焦於三座古城的歷史特色，討論不同時期政權對這些古城的處理方

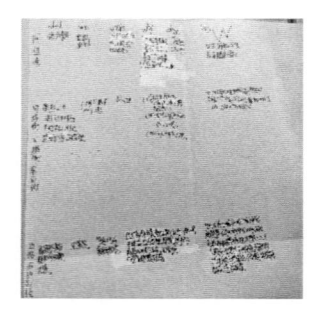

圖二十二　學生透過討論整理　　圖二十三　學生將討論的結果整理成簡報
　　　　　　三城的5W1H　　　　　　圖片來源：筆者攝影。

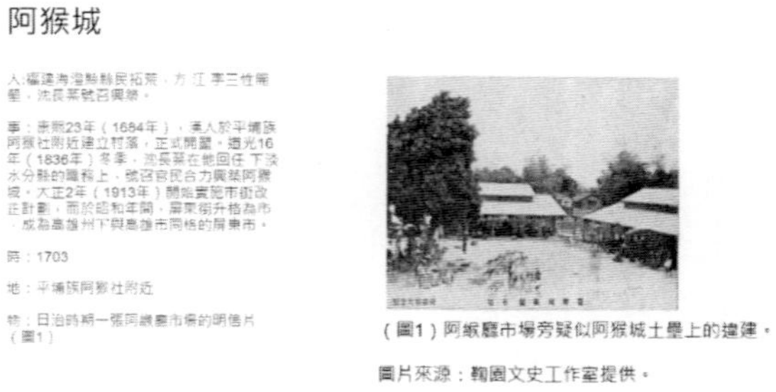

圖片來源：筆者攝影。

式存在的異同。學生需通過資料的分析與整理，回答關於古城特性與政權更替後古城處置情況的問題，這一過程促使學生對歷史事件進行批判性思考，並形成初步的反思。

此外，該單元還融入了組間互學的環節，學生透過小組間的意見交換，學習聆聽他人觀點，進行跨組比較，對比不同小組對相同歷史事件的看法與解讀。這種分析比較的過程鼓勵學生進一步提出問題，促進更深層次的討論，激發學生對歷史與文化遺產的更全面理解。

此教學設計旨在促使學生通過文本閱讀、討論與問題反思，進行歷史事件的深入探索。在自主學習與合作學習的結合下，學生能夠從不同角度審視屏東三座古城的歷史變遷，並對不同政權在面對文化遺產時所採取的處置方式進行批判性分析，從而深化其對歷史與文化保護的理解與認同感。

在「殘壁舊址細尋跡」單元中，學生須整合前三個單元的學習成果，針對阿緱古城的三大歷史謎團之一進行探究式研究。具體而言，學生須從以下三個問題中選擇一個進行解答：阿里港城門的建造是否使用了咾咕石；阿猴城的城門位置是否受風水觀念影響；恆春城的建材是否確實包含咾咕石。此研究目的是透過具體的歷史探究，培養學生的資料搜集與批判性判斷能力，並引導其在教師所提供的歷史素材基礎上，進行更為深入的學術探討。

學生在進行此單元時，首先必須運用他們在校訂課程中所習得的資料分析與評估能力。他們透過對比歷史圖片中的關鍵細節，並結合歷史文獻的檢視，提出合理的推論。此外，為了幫助學生克服國中階段理解文言文的困難，教師引入了 AI 工具協助翻譯文言文材料，從而促進學生更深層次的問題探索。這一過程強調學生的自主學習與團隊合作，小組成員通過集體討論、分析各自的見解，最終形成共識並提出結論。

在教學設計中，最具挑戰性的部分是要求學生將其研究成果具體化，並進行系統性的展示與分享。這不僅須要學生具備紮實的歷史知識和資料分析能力，還要求他們能夠清晰、有條理地表達研究觀點，並能有效應對其他小組的質疑與討論。在此過程中，學生得以進一步深化其對問題的理解，並透過回應其他小組的挑戰，鞏固自身觀點，從而培養批判性思維與良好表達能力。

課堂觀察顯示，小組內無論是學習進度較快還是較慢的成員，均積極參與到討論與成果分享之中，這種學習模式成功營造了協作學習的良好氛圍。每個小組對於所研究的問題進行了多層次的探討，並通過提出具體證據來支持其論點，展現了積極的學習態度與建設性的學術探討風景。學生在組間共學中，不僅學會了提出問題，還能以具體事實和證據作為支撐來回答問題，這一過程有效提升了其問題解決能力及對歷史謎團的理解。

更令筆者欣喜的是，各小組在得出結論的過程中運用了不同的論證策略：有的小組通過組員的親身經歷作為證據，支持其觀點；有的小組擷取古文獻記載，來證明結論的正確性；另一些小組則通過圖片對比，進行視覺上的推理和驗證；還有小組則關注到其他小組所忽略的文獻細節，提出反駁意見。這樣的多元討論場景不僅提升了學生的學習成果，也使得前來觀課的教師對此課堂教學方法印象深刻，為課堂帶來了生動的學術討論氛圍。

在此次課程的設計與實施過程中，充分融入了「學習共同體」的教育哲學與 PBL 教學法，徹底改變了原本的教學模式，將教師從知識的傳遞者轉變為引導者與協助者，並賦予學生更多的自主學習權利與責任感。通過自學、組內互學、組間共學及教師導學的四階段學習模式，學生的學習能力、合作精神與批判性思維得到了全面提升。

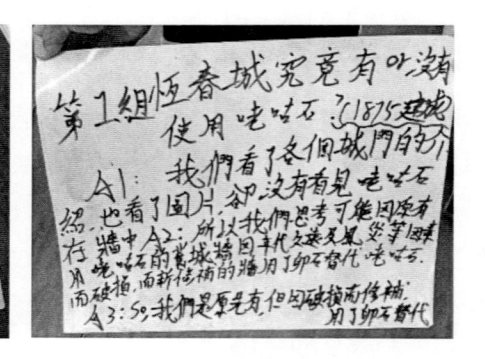

圖二十四　學生將討論的結果，簡單寫在小白板上

圖片來源：筆者攝影。

圖二十五　學生討論建城材質並將結果寫在小白板上，供給其他組參考

圖片來源：筆者攝影。

此外，PBL教學法的導入，讓學生在解決真實問題的過程中進一步深化了對課程內容的理解與應用能力，展現出自主學習與合作學習的成效。

課堂氛圍因學生積極參與、相互合作而變得開放包容，無論學習進度較快或較慢的學生，皆能在這樣的環境中找到自己的學習角色，並透過討論與合作學習共進，展現出顯著的學習成果。

整體課程設計不僅成功引導學生自主探索歷史問題，還激發了他們的創造性思維與合作能力，為學術討論帶來了豐富的視角與見解，也為課堂教學模式提供了具體的實踐參考與啟示。

（三）學生回饋與課程改進

1 學生反饋

在112學年度的學生回饋調查中，共有99名學生填寫了相關問卷。（圖二十六）在「喜愛單元」的調查結果中，「土匪的逆襲：屏東圍城雜記」單元的支持比例為31.3%。（圖二十七）從數據上看，相較於過往年度的數據，該單元的受歡迎程度呈現出一定程度的下滑趨勢。

然而，112學年度八年級只有其中一個班級實施了教學方法的變革，而校訂課程共涵蓋五個班級。因此，在分析學生回饋時，必須將實施教學變革

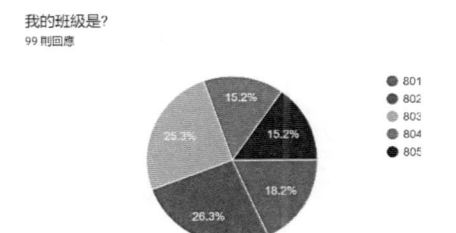

圖二十六　112學年度，回饋問卷填寫學生數與其比例
資料來源：下淡水溪畔的教學旅行團隊雲端資料庫。

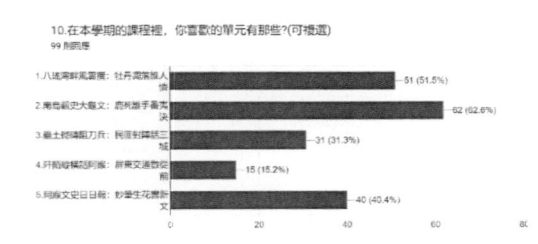

圖二十七　112學年度，八年級期末調查問卷
資料來源：下淡水溪畔的教學旅行團隊雲端資料庫。

的班級與未實施變革的班級分開進行，以確保結果的準確性。具體而言，實施教學變革的班級中，有18名學生填寫了回饋，占總學生數的18.2%；而未實施變革的班級共有81名學生填寫，占81.8%。在此基礎上，方能進一步檢視教學變革是否有效提升了該單元的受歡迎程度。

首先，針對實施教學方法改變的班級，共有18名學生參與回饋調查，其中12人選擇了「壘土砌磚阻刀兵：民匪相持評三城」為他們喜愛的單元，這表示該單元在這一班級中填寫回饋問卷的學生喜歡該單元的占比為66.6%。

然而，如果將該班級的總人數28人納入考量，即包含10名未填寫回饋的學生，並根據不同假設模型進行推算，結果顯示：若假設這10名學生均未選擇該單元，則該單元的受歡迎比例為42.8%，此一數值，已接近109學年度時全年級有參與校訂課程班級的調查數據；若假設他們對該單元的喜好為50/50，則該比例為60.7%；而若假設所有未填寫的學生均喜愛該單元，則該比例將提升至78.5%。這樣的分析顯示，教學方法的改變在一定程度上提高了該單元的受歡迎程度。

在未實施教學方法變革的班級中，共有81名學生參與了回饋調查，其中19名學生選擇了「壘土砌磚阻刀兵：民匪相持評三城」作為他們喜愛的單元，該單元的支持比例為23.4%。

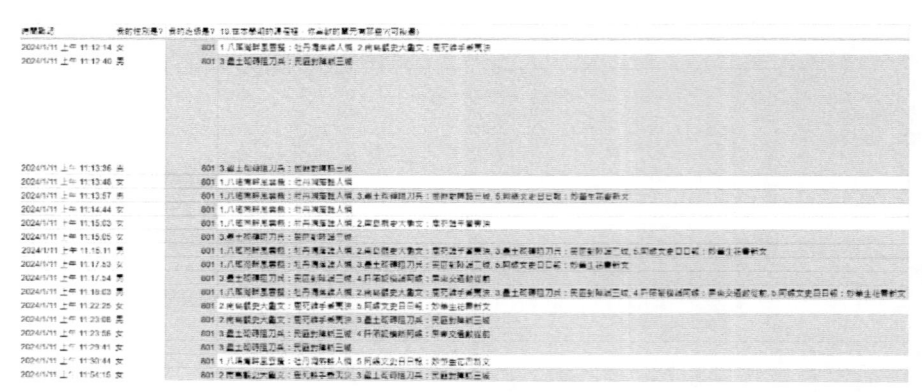

圖二十八　112學年度，八年級期末調查問卷，實施教學變革且有填寫回饋的學生資料

資料來源：下淡水溪畔的教學旅行團隊雲端資料庫。

為了全面了解該單元在未實施教學方法變革的班級中的受歡迎程度，須要考慮未實施教學方法變革班級的學生總人數即112名學生，其中包含31名未填寫回饋問卷的學生。根據不同的假設模型進行推算，結果顯示：假設這31名未填寫問卷的學生未選擇該單元，則該單元的受歡迎比例將降至16.9%；假設這些學生對該單元的喜好程度為喜惡各半，則該比例為30.3%；假設所有未填寫問卷的學生均選擇了該單元，則該比例將上升至44.6%。

具體而言，在實施教學變革的班級中，66.6%的填寫問卷學生表達了對「壘土砌磚阻刀兵：民匪相持評三城」單元的喜愛。根據不同的假設模型推算，當考量到未填寫問卷的學生，該單元的受歡迎比例可能在42.8%至78.5%之間，顯示出教學方法變革對提升單元受歡迎程度的潛在影響。

相對地，在未實施教學變革的班級中，「壘土砌磚阻刀兵：民匪相持評三城」單元的支持比例為23.4%。經過推算，若將未填寫問卷的學生納入考量，該單元的受歡迎比例可能在16.9%至44.6%之間，顯示出未實施變革的班級對該單元的支持程度相對較低。

綜合分析結果顯示，教學方法變革顯著提高了「壘土砌磚阻刀兵：民匪相持評三城」單元的受歡迎程度。這一現象可能表明，教學方法的改變促進了學生對單元內容的興趣和參與度，進而提升了學習效果。相比之下，未實施教學變革的班級中，該單元的支持程度較低，顯示出原本的教學方法可能未能有效激發學生的學習動機和興趣。

2　課堂改進

儘管在設計「阿緱三城謎團多」課程與實施過程中，已初步可見成效，但仍有幾個方面須進一步改進，以提升教學效果和學生的學習經驗：

課堂時間管理：由於小組討論及學生主動性較強，有時課堂時間不夠充裕，導致部分小組的討論未能充分展開或結果分享較為倉促。未來可以調整每個教學階段的時間分配，預留更多時間給小組進行深入的探討和意見交流，讓學生的討論與分享更加全面。此外，也可以在課前提供引導性問題，

幫助學生聚焦於核心討論議題。

加強拍攝技巧的培訓：在進行如「公園散策憶往昔」等須要拍攝古今對照的單元時，部分學生對拍攝角度的掌握不足，導致拍攝的照片無法很好地與歷史照片對照。為解決此問題，未來課堂可以安排一段關於基本攝影技巧的教學，特別是強調如何保持與歷史照片一致的取景角度，以便提升古今對照的製作品質。

加強數位工具的應用訓練：儘管 PBL 教學法中的數位科技使用已融入課程，但部分學生在使用數位工具進行資料蒐集和展示時，仍表現出一些操作困難。未來可以在課程初期加入數位工具的基本操作培訓，讓學生更熟練地掌握這些工具，從而提高學習成果的展示品質與內容深度。

促進多元討論與整合：目前的小組討論主要集中於組內的交流，但在跨組討論中，有時學生未能充分整合各組的觀點，導致知識點無法進一步深化。未來可以嘗試引入更多的跨組協作活動，例如讓各小組輪流扮演不同的角色（如發表方、挑戰方、整合方），進一步促進學生對於各自觀點的批判性分析與綜合。

學生自學引導的強化：在自學階段，部分學生可能會因為材料的難度或不熟悉主題而感到困惑，這可能會影響後續的小組討論效果。為改進這一點，未來可以提供更具體的學習引導，或者在自學材料中加入簡單的提問和引導提示，幫助學生更好地進行自主學習，並為小組討論做好準備。

成果紀錄與保存的細節管理：由於「土匪亂世起風雲」單元中的學生作品未能保存，顯示出在教學成果的紀錄與保存方面仍有改進空間。未來可以設置固定的數位存檔機制，確保每次課堂的學生作品都能及時保存，避免遺失寶貴的學習資料。

總言之，儘管「阿緱三城謎團多」課程已取得了一定的成效，但在課堂實施過程中仍有諸多可改進之處。針對課堂時間的分配、拍攝技巧與數位工具的應用、學生自學引導的強化及跨組討論的整合，皆可以通過更細緻的設計和培訓來提升學生的學習效果。此外，教學成果的紀錄與保存也是未來須要關注的重點，通過數位存檔機制的設置，可以確保學生的學習成果得到妥

善保存。這些改進措施將有助於促進學生的合作學習、批判性思維與數位技能的提升，最終培養出更加全面的學習者。

五　結論與未來展望

（一）課程成效總結

　　通過從「土匪」到「阿緱三城謎團多」的教學方式變革，驗證了改變教室風景在增強學生文化認同、批判性思維與自主學習能力方面的有效性。課程將屏東古城的歷史融入中學教育，並以 PBL 為核心，使學生在解決真實歷史問題的過程中深化了對地方文化的理解與應用能力。課程透過文本閱讀、自學、組內與組間互學，以及教師的適時引導，使學生逐步從被動的知識接受者轉變為主動的學習者和合作探究者。

　　課堂教學結果顯示，學生不僅掌握了與屏東古城相關的歷史知識，還能夠通過不同小組的討論與互學，加深對政權更替、古城變遷的理解。他們對歷史事件的批判性思考能力顯著提升，並逐步培養了對地方文化的責任感與認同感。這一點特別體現在小組討論與研究成果展示的過程中，學生學會提出質疑，並在反思與回應中構建更全面的學術見解。

　　然而，雖然該課程在多方面取得了良好的成效，但仍存在一些須要改進的空間。例如，部分學生在自主學習階段對於資料的整理與解讀能力仍有待提高，這可能是由於初期對數位工具掌握不夠熟練所致。此外，課堂中的時間分配有時未能完全滿足每個小組的深入討論需求，導致部分討論的深度不足。這提示我們在未來課程實施中，須要在教學過程中加強學生對數位工具的培訓，並調整課堂時間以允許更多深入討論。

　　在未來的課程發展中，教師可以進一步融入跨學科知識，將屏東的歷史文化與其他相關學科，如藝能科、自然科等進行結合，進一步拓展學生的學習範疇與視角。同時，將 PBL 教學法深化至更高層次，鼓勵學生自主設計研究課題，並將學術討論擴展至社群與地方文化保護領域，從而培養其社會責

任感和實踐能力。

　　總而言之，透過 PBL 教學法來變革教學模式，不僅提升了學生的學術能力與文化認同，還為地方學在教育領域的推廣提供了具體實踐經驗。透過教師的引導與學生的積極參與，本課程展現了地方歷史教育在培養多元能力、推動文化傳承方面的潛力，並為未來屏東學與地方學的進一步發展奠定了堅實基礎。

（二）未來發展方向

　　未來的課程設計可在以下幾方面進行強化：

1. 跨學科結合：在保留歷史文化核心同時，更進一步結合其他學科，增強學生對地方文化與自然環境的整體理解，豐富其學習體驗。
2. 強化數位工具應用：在課程初期增加數位工具的培訓，使學生更加熟練掌握資料檢索、分析和展示技能，提升學習成果的展示品質與創意性。
3. 深化問題導向學習：繼續推動 PBL 教學法，促使學生進一步深入研究，並主動設計解決方案，從而培養其獨立研究與創新能力。
4. 社群合作與實踐：加強學校與地方社群的合作，讓學生在課堂外參與更多地方文化保護與傳承的實踐活動，進一步將學術討論與地方發展需求相結合。

隨著屏東學的課程持續發展，其將在未來教育中發揮更為重要的作用。透過這些改進措施，學生的學習成效將得以進一步提升，並為地方學研究與文化傳承注入新的動力。

參考文獻

田　慧、陳美如：〈自主學習的理念與教學設計〉，《教育研究月刊》第309期，臺北：元照出版公司，2020年，頁41-58。

利天龍、張哲維：〈青銀共創：地方學習社群的建構〉，收於李錦旭主編：《屏東地方學的多層次建構與協作——2023年第三屆屏東學學術研討會論文集》，臺北：萬卷樓圖書公司，2024年2月，頁15-45。

林崇熙：〈如何在地〉，收於李錦旭主編：《大學地方學的形塑與發展：從發展史到認識論——2021年第二屆屏東學學術研討會論文集》，臺北：萬卷樓圖書公司，2022年，頁473-499。

〔美〕Suzie Boss著，社團法人臺灣國際教育資源網學會編譯小組譯：《21世紀的PBL教學：有效培養4C關鍵能力：批判性思考、協同合作、溝通和創造力》，高雄：臺灣國際教育資源網學會，2018年。

黃政傑：〈談地方學的創新發展〉，收於李錦旭主編：《屏東地方學的多層次建構與協作——2023年第三屆屏東學學術研討會論文集》，臺北：萬卷樓圖書公司，2024年2月，頁1-14。

〔日〕佐藤學著，黃郁倫譯：《學習，動起來3　日本：學習共同體》，臺北：親子天下公司，2013年。

〔日〕佐藤學著，黃郁倫譯：《邁向專家之路：教師教育改革的藍圖》，臺北：臺灣高等教育出版社，2016年。

〔日〕佐藤學著，黃郁倫譯：《學習的革命2.0：AI與疫情如何改變教育的未來》，臺北：親子天下公司，2022年。

〔日〕佐藤學著，黃郁倫譯：《學習革命的願景：學習共同體的設計與實踐》，臺北：遠見天下文化出版公司，2023年。

〔日〕佐藤學著，鍾啟泉譯：《課程與教師》，北京：教育科學出版社，2003年。

〔日〕佐藤學著，鍾啟泉譯：《學習的快樂：走向對話》，北京：教育科學出版社，2004年。

〔日〕佐藤學著，鍾啟泉、陳靜靜譯：《教師的挑戰：寧靜的課堂學習》，上海：華東師範大學出版社，2012年。

從在地到全球，從閱讀到行動
——高中校訂必修課程之在地教學實踐

郭家瑜、廖怡鳳[*]

摘要

　　本校校訂必修課程以 SDGs 全球永續指標，以下皆作 SDGs 為宗旨，扣合在地議題，佐以本校學生圖像之「閱讀力」，設計出富有在地特色的校訂必修課程：「SDGs 閱讀：全球思維」、「SDGs 實踐：在地行動」，於高中一年級實施。

　　「SDGs 閱讀：全球思維」為上學期課程，以 SDGs 結合在地和全球等議題，訂定三大主題「屏東在地文化與產業發展」、「永續經濟」、「國際視野與人道關懷」，提供跨域文本以增廣學生閱讀視野。

　　「SDGs 實踐：在地行動」為下學期課程，延續上學期的深度閱讀，期初先帶學生實地參訪屏東在地永續商家，了解理論與實踐的連結；進而分組擇一項屏東在地產業進行深度探究，最後進行成果海報展覽及口頭發表。

　　本課程之實踐亮點有：
　一、依據主題選擇跨域文本，搭配閱讀策略以深化學生閱讀理解能力，利用多閱讀多訓練的方式，讓學生能更加熟練應用閱讀策略以精準判讀文意，同時對主題有進一步認識。
　二、學生以小組合作方式深入探究屏東在地產業，從蒐集資料到擬定訪談

---

[*] 兩位作者皆為屏東縣立大同高級中學教師。

題目，進行訪談，最後整理訪談內容，完成策展海報，期末時以口頭報告向師生分享。讓學生透過參訪活動與課程，真正走入「在地」，認識屏東產業，用行動對永續議題有感。

關鍵詞：SDGs、閱讀、在地產業、永續

一　前言

　　在多年的教學經驗中，筆者與社群教師們發現屏東雖有豐富的山林自然資源，並造就了豐厚的物產，然而在學生的就業選項中，鮮少有人會以回鄉種田養豬養魚作為志願，多數學生大學畢業後，選擇定居他鄉以求更多的就業機會，故鄉屏東變成一個偶而回來探望的地名，也衍伸出在地傳統產業招募不到人才的情況。為彰顯在地特色，我們選擇以所在縣市——屏東縣作為課程設計的基點，並以第一級產業作為學生認識屏東的一道入口。

　　我們亦發現近年來學生因為常常滑手機、滑平板，在媒體識讀與文章重點判讀方面出現了程度落差，不擅長使用電腦處理基本文書操作的學生數亦有增加的趨勢。當語音輸入比起敲鍵盤要容易得多，使用 AI 幫忙寫作業就不用自己動腦筋時，錯別字、文不對題、閱讀理解落差與敘述邏輯矛盾成為教室常態，這是教育現場面臨的危機，亦是教師可以使力的支點。教師雖不再是知識取得的唯一管道，然而我們可以教導學生如何正確的擷取訊息、判斷文章訊息、統整解釋、省思評鑑，甚至再創新。

　　此外，在日趨複雜的全球化影響下，身處21世紀的學生們所要面對的是比我們在學時還要複雜許多的社會，他們所要學會的知識能力不再僅限於課本知識，還有如溝通協調、團隊合作的能力、解決問題的能力，這些能力都不再單指某一項能力，而是一個複合式的名詞，是綜合多項能力的統稱，其複雜程度及習得難度當然也提高許多。而他們所遭遇的挫折也更為複雜，除了課業成就外，還有人際關係，實際與虛擬的關係，都可能帶來困擾、挫折，甚至是危害。因此，除了家庭之外，學校成為學生學習人際互動與磨合的場域，透過本課程的表現任務，我們創造一個可練習的環境，鼓勵他們踏出舒適圈，勇於去嘗試與磨練。

二　文獻回顧

（一）SDGs 在學校場域實施方式的思考

2015年由聯合國提出的「2030永續發展目標（SDGs）」是近年討論度很高的字詞，SDGs 在學校場域實施的方式非常多樣，有課程、活動、宣導講座、辦理書展和競賽等，而 SDGs 在學校場域實施方式以何種為佳呢？

筆者於110學年度授課時，學生對於 SDGs 還很陌生，當時需先將 SDGs 的背景及17項目標稍作簡介，然而，112學年度授課時即發現學生都知道SDGs，雖然無法背出全部17目標，但能指出其中幾項，也表示國中小聽過相關的宣導。

在〈SDGs 17懶人包──SDGs 是什麼？解讀聯合國永續發展目標17細項、指標〉一文中摘錄了由商業週刊出版的《2030永續企業革命：全方位ESG 永續實戰攻略》作者「田瀨和夫、永續發展夥伴有限公司」所整理的四個 SDGs 關鍵字，分別是「所有人、活出自己、活得好、超越世代」[1]。

而在教育部2018年所公布的《十二年國民基本教育課程綱要》國民中小學暨普通型高級中等學校各科領綱中，就將環境教育議題納入19項議題中，明確規範學習目標為「認識與理解人類生存與發展所面對的環境危機與挑戰；探究氣候變遷、資源耗竭與生物多樣性消失，以及社會不正義和環境不正義；思考個人發展、國家發展與人類發展的意義；執行綠色、簡樸與永續的生活行動」[2]。

而「永續發展」列為環境議題中的學習主題之一，明訂實質內涵以供課程設計與教學實施之參考。在高中階段應達成的實質內涵有三項：「環 U3探

---

[1] 田瀨和夫、永續發展夥伴有限公司：〈SDGs 17懶人包—SDGs是什麼？解讀聯合國永續發展目標17細項、指標〉，《經理人》，網址：https://www.managertoday.com.tw/books/view/65207?，發布日期：2024年5月18日。

[2] 108課綱各領域領綱。取自網址：https://ngjh.ntct.edu.tw/p/16-1003-251517.php?Lang=zh-tw。

討臺灣21世紀議程的內涵與相關政策、環 U4 思考生活品質與人類發展的意義，並據以思考與永續發展的關係、環 U5 採行永續消費與儉樸生活的生活型態，促進永續發展」。

本課程除了參考聯合國17項永續發展目標 SDGs、田瀨和夫所整理的四個關鍵詞及教育部永續發展之實質內涵，另搭配《永續發展目標（SDGs）教育手冊臺灣指南》來思考 SDGs 永續目標在本課程中的定位，既非單純字句理解，也非流於教條宣導，而是以更宏觀的角度來看待永續這個議題，嘗試透過更有層次的課程安排，讓學生從「心」認識永續議題。因此，整體課程內容均依據主題扣合一個 SDGs 目標，上學期主軸是閱讀，下學期是行動，我們搭配屏東在地議題，挑選出相對應 SDGs 目標（表一）。

表一　本課程各主題與對應的 SDGs 目標

授課學期	單元主題與主要內容	對應的SDGs目標
高一上學期	主題一、屏東在地文化與產業發展 了解屏東產業和文化的區域特色，引導學生對永續宜居城鄉的思考。	SDGs11 永續城鄉
	主題二、永續經濟 認識永續發展的重要性，引導學生以更宏觀的觀點來思考產業與永續之間如何取得平衡。	SDGs12 永續消費和生產模式
	主題三、國際視野與人道關懷 透過參與國際聲援活動，使學生關注國際相關議題的不平等，並有所行動。	SDGs10 減少不平等
高一下學期	一整學期的行動探究課程 透過認識在地產業的經營方式，帶領學生關心自己家鄉產業，認識產業達人的實踐永續行動的作法。	SDGs8 良好工作與經濟成長 SDGSs11 永續城鄉

（二）在地議題之教學實踐的必要性

「『屏東』如果作為一個田野現場，讓返鄉的工作者或在地的研究者都可以投入參與研究工作並進行文學與文化推廣，那麼這樣的學術研究與教學實踐也就形成一門專門的『屏東學』，並且進行屏東地方性知識的建構。」（黃文車，2000，頁8）「地方學不只依賴教師教導學生去學習及傳承地方知能，還要教導學生去地方社會從事改造的創新與實踐」（黃政傑，2023，頁14）。

以高中教學現場而言，將地方學轉化成課程，讓學生認識家鄉，進而達到文學與文化推廣，甚至去創新，有幾個挑戰是必須先思考清楚：首先是授課內容要和必修課程有所區隔，避免重複；其次是拿捏地方學知識內容的教學深淺度，避免過於艱深又或太過簡易而難以促進學習；再來是以校訂必修課程的高度，要考量的是更全面的規劃，是整個學校學生都應習得的知識情意技能，且有別於他校，是為本校學生量身打造的課程。

基於此，在課程設計之初，筆者與社群教師們有過多次的討論和盤點，最後選定以議題探究而非直接講述在地文史的方式進行，考量原因是希望能與本校國中校訂課程有所區隔亦有所銜接，加上高中學生能處理較為複雜的問題，因此選擇以在地議題搭配問題解決作為主要方向。

屏東縣有豐富天然資源，是重要的農產糧食生產地，對海島國家而言，自有糧食產地是很重要的事，但是，農業不會是學生就業的第一選擇，連家長也不鼓勵孩子留鄉繼承家業；因此，我們在設計課程時即深知僅僅透過一門課程宣傳屏東的美好，誘因很低，學生不會因為一門二學分的課就選擇留在屏東就業，甚至投入第一級產業。然而，誠如在李錦旭（2020）提到的五點效益：「一、增加學生對屏東的認識，二、培養學生親近土地和人民的習慣，三、形塑學生跨領域學習的態度和能力，四、強化學生參與地方，治理地方的能力，五、鼓勵學生將上述的習慣、態度和能力，帶到天涯海角。」（李錦旭，2020，頁2）我們亦認同透過課程設計深化在地議題有其必要性。

三　研究設計與實施

（一）課程設計背景與調整

1　教師社群介紹

　　本社群教師從107學年度成立，召集人為筆者（廖怡鳳），當年有四位夥伴參與108學年度版本的課程設計：廖怡鳳（國文）、陳瑩蓉（地球科學）、郭家瑜（國文）、黃小芸（英文）。以每週共備一次、每次一至二小時的開會頻率，開啟校訂必修課程研發之路，而於109學年度起與另一組校訂必修授課教師輪流授課。

　　雖然一年授課、一年休息檢討課程的頻率讓筆者與社群教師不至於因課程重量而無法負荷，但仍有感於課程內容之不足，因此於111學年度參加屏東縣政府國教輔導團的輔導員課程共備，由螢光教育協會理事長藍偉瑩理事長親自教學指導，每月一次帶領輔導團成員設計課程，筆者與社群教師因而受惠並有了支持力量，能更有方向且有效率地將課程翻新，產出了本課程。

　　本社群教師目前共有六人，新增成員為洪瓊亮（歷史）、郭美芬（地理）、林秀珍（地理），透過社群教師們的集思廣益與分工合作，將每個人的優點與動能最大化，一個人做不到的事，一群人卻可以做到，所組成的效果超越個人單打獨鬥。本文所呈現的成果與效益即為本社群夥伴共同努力的結果。

2　課程介紹

　　本校1968年成立國民中學，2001年改制為完全中學，學校願景是「宏觀遠見，全人教育」，學生圖像是「同中五力：閱讀力、國際力、E 創力、思辨力、自學力」，學生特質是活潑大方，勇於嘗試。至今已招收第24屆高中生，目前每個年級有5個普通班和體育班、美術班各1班，另外於110學年度設立雙語實驗班與國際實驗班，分別招收理科與文科專長的學生就讀，成立

至今，有非常好的口碑。

筆者與社群教師在107學年度開始研發本課程時，因對於手機、平板等等電子產品的侵襲感到憂心，因此以學生圖像「閱讀力」為目標，設計五大主題來擴大學生的閱讀視野，分別有「屏東在地文化與產業發展」、「生命與人道關懷」、「生態與海洋」、「全球化與國際情勢」，以及「自我能力探索」，另獨立單元來教「說明文閱讀策略」（表二）。

該課程於108學年度正式實施後，筆者與社群教師認為純閱讀的課程較難引發學生投入，純教閱讀策略也較枯燥乏味，而我們所期待的態度也較難引發；109學年度我們重新設計課程，改以「上學期閱讀、下學期行動」為主要架構，並且選定 SDGs 目標搭配閱讀主題作為挑選文本的考量，於110學年度改版實施，112學年度亦延續此架構。

110學年度的版本與112學年度的版本最大差異，在於主題聚焦。110學年度上學期的閱讀主題仍以擴大學生視野為目標，設計三大主題：「屏東在地文化與產業發展」、「生態與海洋」、「國際視野與人道關懷」，每個主題都閱讀二至三篇的文本並完成一個表現任務。到下學期的行動部分，則讓學生選擇有興趣的生活議題來創意發想，嘗試讓學生能更深入的了解甚至解決問題。

表二　本校 107 學年度校訂必修課程大綱

授課學期	課程主題
第一學期	閱讀理解策略 主題一、屏東在地文化與產業發展 主題二、生命與人道關懷
第二學期	主題三、生命與海洋 主題四、全球化與國際情勢 主題五、自我能力探索

然而，筆者與社群教師在實施過後，認為下學期學生所選擇的生活議題太過廣泛且問題性質差異甚大，到學期中，每一組的進度不一，也造成指導

上的困難;雖每一班均有一位協同教師共同上課,仍感到分身乏術。因此,對於112學年度的版本,筆者與社群教師便決定縮小主題,聚焦在地議題,有一個非常明確的目標,再搭配所選定的 SDGs 目標,從上學期閱讀課程到下學期行動課程方向都扣合之,進而規劃出本研究的版本。

(二)教學對象與場域

本課程教學對象是十年級5個班的學生共138位,班級組成為3個普通班和2個特殊班(國際實驗班與雙語實驗班)。此二特殊班學生於入學時有通過校內英語口說測驗,故其在學業表現上稍優於另外三個班,但在面對困難與挑戰的積極應對態度上,並無明顯差異。

課程安排上,上下學期均是每週二節課,上學期每班各由一位老師授課,下學期則每班有二位教師共同教學,節次安排也請教務處以二節連排的方式處理。

教學場域與教材的安排方面,上學期以閱讀為主軸,紙本閱讀搭配網路蒐集資料,筆者及一同授課的教師們在學期初即將選文印發成授課講義發下,如有須要查詢資料時,則讓學生使用手機或借用平板搜尋之。教學場域安排在各班教室,少數週次才借用電腦教室。

下學期則因為須要大量使用到電腦資料蒐集與統整,因此教材以雲端資料的方式提供給學生,讓學生直接線上共編,存取方便。教學場域安排在電腦教室,或者在可借用到平板和筆電的圖書館閱覽室。

(三)教學實踐流程

本課程上學期課名為:「SDGs 閱讀:全球思維」,下學期為「SDGs 實踐:在地行動」。以下分別介紹教學實踐流程。

1　SDGs 閱讀：全球思維

　　在高一上學期，我們規劃以三大主題的跨領域文本來培養閱讀理解、歸納統整與反思的能力，也拓展閱讀視野，並透過教師引導，讓學生來覺察自己與全球永續行動的關聯（表三）。

表三　大同高級中學高一普通班校訂必修課，上學期「SDGs 閱讀：全球視野」課程內容

單元主題	內容說明
主題一、 屏東在地文化與產業發展 SDGs11永續城鄉	1. 文本：〈屏東多元文化〉、第8屆大武山文學獎報導文學首獎〈紅色的幸福〉。 2. 閱讀策略：擷取訊息、統整解釋。讓學生歸納文章重點、練習提取更精簡的摘要文字。 3. 情意：了解職人精神與根留屏東的原因。 4. 表現任務：「家鄉職人的故事」訪談作業。結合屏東鄉鎮地圖以海報呈現之。（圖一）
主題二、 永續經濟 SDGs12永續消費和生產模式	1. 文本：〈屏東地理環境與產業經濟〉、「永續發展三要素」、〈除草劑固殺草當紅豆落葉劑系列報導〉、〈吃鳳梨救國然後呢？跳脫補助收購負循環，下一步以特色品種轉型〉。 2. 閱讀策略：擷取訊息、統整解釋、省思評鑑。學生閱讀多篇文章後，摘要重點並統整解釋其關聯（圖二）。 3. 情意：思考在地產業永續發展的可行性。 4. 表現任務：「永續屏東」新聞短講。從文本延伸搜尋相關的議題報導，依據教師指定項目，完成成果海報，最後以世界咖啡館的方式進行研究結果分享報告。（圖三）

單元主題	內容說明
主題三、 國際視野與人道關懷 SDGs10減少不平等	1. 文本：〈所謂的平等equality與公平equity到底是什麼？〉。 2. 參加國際特赦組織「寫信馬拉松」活動。 3. 閱讀策略：擷取訊息、統整解釋、省思評鑑。學生閱讀網站及書面資料後，整理摘要重點。 4. 情意：同理人權鬥士的故事及訴求。 5. 表現任務：「寫信給人權鬥士」。分組介紹人權鬥士的故事，寫明信片聲援他們。

圖一　各班職人訪談海報

圖片來源：郭家瑜攝影，攝影日期：2023年10月29日。

圖二　學生整理文章中生產及銷售的特色與困境

圖片來源：郭家瑜攝影，攝影日期：2023年11月9日。

図三　「永續屏東」新聞短講，左圖為分組報告研究結果；
右圖為聆聽者提出疑問與好奇

圖片來源：郭家瑜攝影，攝影日期：2023年12月20日。

2　SDGs 實踐：在地行動

下學期的課程規劃（表四），學生在開學初實地參訪在地優質商家，了解永續行動的可行性與執行現況；返校後分組選定深入研究的產業類型，蒐集閱讀相關資料，初步了解該項產業現況。接著訪談屏東在地之產業達人，透過對談及參觀農田果園，以更加了解產業樣貌及永續發展特色；最後辦理屏東特色產業海報展覽，各組將本學期探究過程與訪談資料整理成海報，於本校穿堂展出，向師生展示屏東產業特色亮點與探究成果。

表四　大同高級中學高一普通班校訂必修，下學期「SDGs 實踐：在地行動」課程內容

單元主題	內容說明
扣合SDGs指標	SDGs8良好工作與經濟成長 SDGS11永續城鄉
校外教學參訪活動	1. 參訪時間：113年3月1日 2. 地點：九如大花農場、中央畜牧場、農業智慧學校，認識黑水虻與植保機在農業上的應用（圖四）。

單元主題	內容說明
校外教學參訪活動	3. 透過實地參訪認識屏東在地產業的特色，及永續發展的機會。 4. 表現任務：完成參訪手冊及心得。
階段一： 屏東產業現況調查	1. 教師說明產業系統圖的流程與條件。 2. 分組選擇一項屏東第一級特色產業，從指定網站出發，小組用線上共編的方式，進行資料蒐集，閱讀整理後，繪製產業系統圖，以了解屏東一級產業的優勢與獨特性。（圖五） 3. 表現任務：完成屏東產業現況調查及繪製產業系統圖。
階段二： 產業的命運與機會	1. 依據所蒐集的資料擬定訪談題目，小組協調訪談工作，出發前進行模擬訪談（圖六）。訪談後完成紀錄與省思。以了解各產業達人在屏東發展成功及願意落實永續行動的原因。 2. 表現任務：完成訪談紀錄與省思。
階段三： 屏東產業好機會	1. 將階段一、二的資料，整理成海報，並提出該產業的未來想像及永續發展的亮點。 2. 表現任務：口頭發表，每組上臺介紹（圖七）與「屏東產業好機會」期末策展，於本校穿堂展出。（圖八）

圖四　左圖為學生參觀中央畜牧場，認識沼氣發電；
　　　右圖為學生在老師指導下認識植保機在農業上的應用

圖片來源：郭家瑜攝影，攝影日期：2024年3月1日。

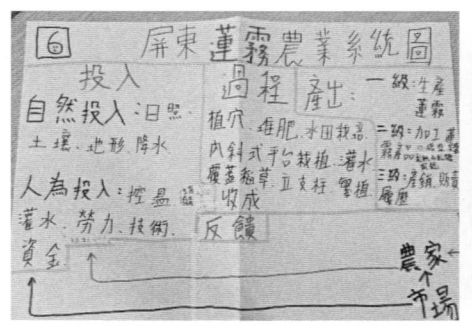

圖五　左圖為學生所繪製的產業系統圖；右圖為學生反覆練習以熟悉使用電腦
圖片來源：郭家瑜攝影，攝影日期：2024年3月6日與3月20日。

圖六　左圖為學生間模擬訪談，右圖為學生口頭發表介紹產業亮點
圖片來源：廖怡鳳、郭家瑜攝影，攝影日期：2024年4月17日、6月5日。

圖七　「屏東產業好機會」期末策展一週，地點在本校樂軒樓穿堂
圖片來源：郭家瑜拍攝，拍攝日期：2024年6月13日。

四　學生回饋

（一）學生對 SDGs8、SDGs11 觀察紀錄

我們請學生從下學期的訪談任務中，挑出符合對 SDGs8 和 SDGs11細項指標的觀察紀錄（表九），由此可知學生對 SDGs8和 SDGs11目標的了解。因資料眾多，故僅羅列數條供參考。

表五　學生所訪談之產業與 SDGs8、SDGs11 細項指標的對照表

細項指標	屏東現況觀察紀錄
SDGs8.2 經濟生產力的多樣化、創新與升級	老闆協助農民將可可果收購並製作成手工皂，這不僅幫助了農民維持經濟收入，還支持了農村經濟的發展。 店家利用線上購物來滿足消費者的需求。
SDGs8.6 促進青年就業、教育和培訓	透過這次採訪，我觀察到了老闆有說他有幫助5到6位青農種植和指導，幫助年輕人願意回來種蓮霧。 老闆娘在訪談時特別提及農產業即將形成一個斷層，因為現代年輕人不願投身農業。老闆娘所實踐的解決方法就是在寒暑假期間，聘請屏科大的學生來打工實習，讓年輕人接觸農業，來達成SDGs8.6。
SDGs8.9 促進有益和永續的旅遊業	透過產業採訪我發現店家將巧克力跟臺東紅烏龍、阿里山山葵、原住民的作物：臺灣油芒、馬告融合。展現出了吃在地，食當季，與在地特色結合並推廣減少碳足跡。我覺得這個理念很好，不但能廣在地特色，還能減少碳足跡，真是一舉兩得。
SDGs11.5 減少自然災害的不利影響	農民為了減少蓮霧園樹枝燃燒所造成的空氣污染，成立代工班來協助樹枝破碎業務，使得屏東縣廢棄枝條處理，以破碎取代焚燒。

細項指標	屏東現況觀察紀錄
SDGs11.6 減少都市對環境的影響	芒果農場有減少農藥，減少農藥就能減少對環境的影響，他們也將不好看的芒果做成加工產品，避免浪費食物。
	我覺得小雨果巧克力有做到這一項，因為老闆把可可豆的果殼做碳化，碳化後的可可果殼就可以添加到家具裡，像是桌子、椅子等，這樣可可果殼就不會堆積在農田裡變成廢棄物，環境就不會髒亂，病蟲害也會降低，而不用噴農藥來驅蟲，這樣可以為環境永續出一份力。
SDGs11.A 強化國家和地區發展規劃	我們訪談的南國紅逗，他們有配合政府拍攝形象廣告，並成為屏東縣政府青年諮詢委員。
	老闆把種植可可的園區跟販賣商品的地方做結合，吸引了顧客前來體驗、觀光。

（二）線上策展

　　由國立臺灣歷史博物館創立的策展網站「時空旅行社──國家文化記憶庫2.0線上策展平臺」，以「臺灣」為題，規劃了五個展覽主題：「空間走讀、今昔產業、人物故事、日常生活、自然風土」，我們鼓勵進度較快的組別將課程作品放上網路平臺策展（圖八），作為另一種成果展現。

圖八　學生將作品上傳時空旅行社平臺策展

圖片來源：https://curation.culture.tw/curation/public?id=1471，
瀏覽日期：2024年9月10日

（三）學生回饋統計

1　上學期「SDGs 閱讀：全球思維」的回饋統計

（1）量的統計

上學期的主軸重在閱讀，我們認為學生透過上學期的課程，能夠在閱讀能力、擴大視野方面有所提升，故於期末時設計問卷詢問學生的看法，筆者歸納5個班級共138位學生回饋如下（表五），有53位學生認為擴大視野、更認識社會與世界；有30位學生認為閱讀能力大大提升，透過多篇長文閱讀，能夠提升閱讀速度，也能更快速的統整重點；另有9位學生認為表達力有提升；有6位學生認為在團隊合作上有所成長。

表六　上學期「SDGs 閱讀：全球思維」的期末學生回饋統計表

本學期學生感到有成長的項目（單選）	人數
閱讀能力提升	30人
表達力提升	9人
擴大視野，更認識社會與世界	53人
團隊合作	6人
其他	4人

（2）質的回饋

質性回饋文字是以筆者所任教的二個班級共55位學生所蒐集到的資料作彙整，因內容頗多，故每一項僅列出一則學生文字回饋（表六）。

表七　上學期「SDGs 閱讀：全球思維」的期末學生的質性回饋

閱讀與統整能力提升	我學會了資料統整的能力，以前查完資料都沒有統整的習慣，但是這學期的課程結束之後我發現我變得會統整了！而且把資料統整起來不但讓別人能更好的閱讀還能讓自己在回顧的時候變得可以更快喚醒記憶。 （學生10-1朱○誼，個人通訊，2024年1月16日）
表達力提升	我學習到如何與組員分工合作及上臺報告的技巧，我覺得自己更有勇氣了一點，因為在國中時較少有上臺分享及報告的機會。 （學生10-2廖○妤，個人通訊，2024年1月16日）
拓展視野，認識國際議題	覺得自己又多認識了這個世界，其實很多時候在我們安居樂業的同時，就在地球的另一端，有著許多人士或是弱勢族群正遭受著社會的壓力與迫害。還有許多國際議題，須要我們深思，更須要我們的支持。 （學生10-2杜○緯，個人通訊，2024年1月16日）
蒐集資訊能力更迅速	要說最大的挑戰，就是在蒐集資訊的時候，因為對主題的理解有點偏移，所以又多花了一點時間重新理解我們真正想要表達的是什麼，在此之後的製作當然就順利很多。之後如果遇到類似的問題，我可能會在所有計畫開始之前，多加確認主要思路應該是什麼，然後再進行下一個步驟。 （學生10-1蔡○蓉，個人通訊，2024年1月16日）
	我覺得我學的最好的是認識優質的報導平臺，老師教我們利用「上下游」查資訊，查資訊變得方便許多。 （學生10-2張○安，個人通訊，2024年1月16日）

2　下學期「SDGs 實踐：在地行動」的回饋統計

（1）量的回饋

　　我們認為學生透過下學期的課程，能夠在資訊應用能力、溝通協調能力方面有所提升，故於期末時設計問卷詢問學生的看法。筆者歸納有填回饋表單的三個班級共77位學生回饋如下表（表七），近半數共34位的學生認為溝通協調能力有提升，願意主動協助與發問，展現促進小組合作的行動；有13位學生認為在資訊應用能力獲得提升，用電腦查找資料及文書編輯都比之前要進步；有7位同學學得閱讀統整資料有變得更快速；認為口語報告能力提升有6位；認為自己展現認真負責態度有17位。

表八　下學期「SDGs 實踐：在地行動」的期末學生回饋統計

本學期學生感到有成長的項目（單選）	人數
資訊應用能力	13人
溝通協調能力	34人
閱讀統整能力	7人
認真做好份內工作	17人
口語報告能力	6人

（2）質的回饋

　　質性回饋文字是以筆者所任教的二個班級共55位學生所蒐集到的資料作彙整，因內容頗多，故每一項僅列出一至二則學生文字回饋（表八）。

表九　下學期「SDGs 實踐：在地行動」的期末學生的質性回饋

資訊應用能力提升	我在這次上完課後在搜尋資料方面變得更好了，我們在這次職人參訪前有查詢了很多資料，讓我更加了解要如何查資料比較快，也對資料整理更加熟練 （學生10-1劉○愛，個人通訊，2024年6月24日）

溝通協調能力提升	我覺得自己在溝通上有進步，以及聯繫廠商在協調訪談時間的部分花了很大的力氣，如果是以前的我根本沒有這麼大的耐心，也在這學期學到很多製作學檔及海報的技巧，讓我受益良多！ （學生10-2廖○好，個人通訊，2024年6月24日）
	在這學期的任務中，我在面對人，尤其是在長輩和不熟悉的人的時候能夠更自在的溝通，在與他們對話時我能夠更完整的闡述我的問題，眼神接觸上也不再迴避。 （學生10-2陳○曄，個人通訊，2024年6月24日）
閱讀統整能力提升	我覺得我學到最多的是找產業相關資料，做海報最重要就是找相關資料和整理資料，之前在這部分沒有做的很好，主要是因為不想讀很長的文章，也找不出文章中的重點，但經過了這個學期的磨練後，我覺得找資料及整理資料能力增加不少。 （學生10-2李○臻，個人通訊，2024年6月24日）
勇敢跨出舒適圈	在設計訪談問題時，一開始的問題艱澀，但經過我們不斷修改，題目變得在訪談上更加平易近人，也在訪談上更加順利。這次訪談經驗對我而言非常新鮮，有一種跨出舒適圈的感覺，能在這個與電腦手機為伍的世代，起身親近大自然，是我覺得最有收穫的事情。 （學生10-1陳○汝，個人通訊，2024年6月24日）
	在這次的課程中，跟組員一起討論事情是我進步最多的一件事，原本在組內我是不敢提意見和說話的人，都是等別人把事情分配我做，但這次的組員都會主動地帶動我參與討論活動，漸漸的我開始會在組內說話，不像之前畏懼，大家也會聽我的意見，讓我覺得很開心。 （學生10-1莊○晴，個人通訊，2024年6月）
對屏東與永續有更多的了解	我經過這門課，我對屏東的產業有了許多了解，我發現他們都為了永續環境而盡了一份心力，這讓我感觸很

對屏東與永續有更多的了解	深，也想要為永續環境盡一份心力。 （學生10-2張○安，個人通訊，2024年6月24日）
	我覺得自己學到最好的是會主動去理解不知道的問題，想辦法解決問題而不是放著等答案，答案並不會自己跑出來，如果遇到自己真的不能解決的問題就要勇敢詢問老師或是上網搜尋相關資料，還有學到了SDGs的知識，以前完全對SDGs沒有概念，但上了課程才發現原來在我們的生活周遭有很多都是可以靠著重複再利用進而達到永續發展。 （學生陳○璇，個人通訊，2024年6月24日）
自我成長	這門課讓我接觸到了平常學習範圍以外的很多知識，也讓我有能夠自由思考的空間，好比如「在地職人訪談」從學期初開始計畫到現在完美收尾，都是由學生們自己著手準備一切所需的資料、聯絡店家，自由發揮的機會在我們繁瑣雜然的日常生活中相當少，能讓我們憑自己的意識去實行一個計劃，我個人是享受其中的。 （學生蔡○蓉，個人通訊，2024年6月24日）

五　結論

（一）教學歷程反思

1　教師透過每週共備，確認進度，讓標準趨於一致

　　本社群教師從107學年度成立至今，即維持每週共備一次、每次一至二小時的開會頻率，始終不墜。甚至曾於110學年度暑假特別增加四次共備會議，以確保所新調整設計之課程已思考周延，能夠於新學期上路實施。

　　為使社群教師均能有共同空堂可以開會，社群召集人會於學期開始前向教務處申請共同時段不排課，開學後除特殊情況外均每週共備，共備內容除

了討論課程實施進度外，也會針對各班所遇到之狀況進行意見交流，每學期也會辦理研習為社群教師增能，吸收新知；此外，更重要的是會在每次表現任務的評分規準上取得共識，讓每位學生的作業分數盡量不受教師個人給分高低傾向而造成差異過大，維持全體普通班校必成績的一致性與公平性。

透過定期共備，大家提供各自的專業知識，不僅降低備課難度，也因更為熟稔而有默契，使社群內的討論氣氛安全舒適愉快，也在協同教學、參訪活動與期末策展時，大家能迅速分配各項任務，使整個過程順暢。

2 用多元評量衡量學生的學習情況

本課程採用多元評量來評比學生的學習情況，每一單元任務有搭配的表現任務，但在教學過程中，也會有安排相關的學習評量，以檢核學生擷取訊息、歸納統整等的能力；同時也會依表現任務性質區分個人分數與小組分數的比重，避免小組內有偷懶的學生只想躺分不願做事，也讓努力認真的學生能獲得同值的回饋。

此外，期末的總結性評量屬於綜合性任務，考驗的不僅僅只是完成一張海報或八分鐘的口頭報告，過程中的小組分工協調、討論合作、參與投入程度都是評分的一部分，更重要的是，我們透過這些評分項目，去提醒去推動學生多開口討論，或嘗試去分配工作、或找組員協調，不要被動地等別人下指令，很多事可以自己主動開始，其實也是促使他們踏出舒適圈。

透過多元的評量方式，我們能更精準地確知要關注的項目，不再只停留在學生最後完成的作品或學習單，而是會同時留意到過程中學習與參與情況。

3 舉辦大型策展活動，重視學生的努力

上學期的表現任務都是安排在教室內發表，不管是新聞短講或是介紹人權鬥士的故事，海報張貼在各班走廊是為了讓每位經過的人都可以瀏覽欣賞，但口頭發表就在教室內進行，主要是考量高一新生才剛在適應環境，且不是每位學生都有充分的口頭發表經驗，因此先面對班上同學發表，是比較適宜且讓學生有安全感的做法。

下學期則因為學生已經熟悉校園環境，也建立起自己的人際關係，所以安排較為開放式的表現任務，讓他們努力的成果能被更多人看見。策展為期一週，事前的場地布置和事後的撤展，都讓學生來參與，展覽的第一天有簡單的開幕儀式，邀請校長主任蒞臨，也讓其中二組學生在校長、主任面前發表，訓練膽量。而33張策展海報全數張貼在穿堂，一字排開，向全校師生展示（圖九、十），另安排人氣獎的票選活動，最高人氣的前五名在期末休業式公開頒獎表揚之，以此鼓勵學生邀請更多人來觀賞他們用心製作的海報內容。

　　口頭發表雖在各班進行，但有攝影師錄影，雙語實驗班有外師參與，所以對學生來說，口頭報告不再只是關起門來面對同學而已，還有不認識的人也在旁聆聽，藉此訓練膽量和臺風。

圖九　開幕當天，有二組學生在師生面前發表研究成果
圖片來源：郭家瑜攝影，攝影日期：2024年6月18日

圖十　屏東產業好機會所有訪談廠商分布圖
圖片來源：廖怡鳳提供，提供日期：2024年6月18日

在正式發表前，有說明發表的技巧和注意事項的課程，也有規劃時間讓她們充分練習與模擬上臺，所以學生整體表現其實是很棒的，雖然難免緊張，但他們都能完成任務，落落大方，令我們驚艷。

4　實施校外參訪課程，加深印象與體驗，有助學習遷移

筆者與社群教師之所以安排校外參訪課程是為了要讓學生對產業有更多的親身經驗，我們將之定位在「課程」而非「活動」，即是要讓學生知道這趟出門不是遊樂，而是學習；不只透過紙本文字描述去知道屏東產業，還要能親身看到摸到，親耳聽到產業達人的現身說法，才讓紙本文字有更具體的印證，才能讓學生對屏東產業有更深的認識。

而為了安排最妥當、最有效益的參訪課程，筆者與社群教師們於上學期即前往各地點探路，並在113學年度寒假前即完成相關前置作業，我們還自行編製參訪手冊，規劃手冊內容，同時讓參訪景點介紹影片變成寒假作業，請學生能事先對參訪對象有初步認識。

參訪回來後，亦安排學生撰寫心得，檢討參訪手冊內容，以確認參訪不是走馬看花，而是有用心觀察、用心體驗。

從學生的回饋與心得中，亦可得知此次參訪對他們是很衝擊也很有收穫的，所有的學習都是辛苦的，正因為辛苦所以印象深刻，這趟參訪事前事後的功課很多，但正因為反覆地觀看文章影片、檢討與確認，讓枯燥生硬的知識一點一滴滲入學生的腦中，變成長期記憶的一分子，對家鄉的認識也於焉而生。

5　完整的學習脈絡，涵養綜合性的能力與態度

從上學期閱讀到下學期行動，緊扣著屏東在地與永續的議題拉出一個完整的學習脈絡，上學期訓練學生多加熟練應用閱讀策略以精準判讀文意；所選的文本以在地議題為主，讓學生對主題更加了解，也對家鄉現況有更進一步的認識。

下學期行動著重在小組合作完成一個複雜任務，訓練分工合作的能力與

溝通協調的膽量，同時搭配更多的資訊蒐集與閱讀，到最後完成的策展海報和口頭發表，讓整個「從閱讀到產出」有了相當完整且紮實的過程，不僅將上學期的閱讀訓練再深化，同時也讓學生因為親身經驗、親耳聽聞，對在地與永續有了新的啟發與看見。

因此，透過本課程，除了讓屏東孩子能多一個認識家鄉與永續行動的機會，同時也是帶著他們去經歷一個綜合能力的習得過程，這過程中有教師的陪伴與協助，學生不是獨自面對挑戰或困難，而他們也會因著各自的性格與投入程度而有不同的收穫與學習。透過這個培養綜合多項能力的課程，創造安全的學習場域，讓學生有機會嘗試與練習，再把這些能力帶到高二的探究與實作課程繼續深化熟練。

6　未來課程改進方向

本課程能夠帶給學生各式各樣的收穫和成長，要感謝被我們訪問的在地商家們，有這些願意接受學生叨擾與請託的店家，學生才能完成任務，也才能從中學得我們所期待會發生的態度和能力。然而，這樣的叨擾不能成為常態、年年行之，對商家來說會變成困擾，因此未來我們該如何選擇訪談對象？又能緊扣屏東在地議題與永續發展主軸呢？是來年設計課程時，筆者與社群教師們將重新思考的方向。

（二）對學生學習的影響

1　反覆練習，達到趨近精熟的效果

反覆練習就能精熟，一遍還不會就多做幾遍，慢慢練習就會抓到訣竅，這是筆者從小到大的學習經驗談。透過反覆練習，將老師所教的方法和技巧逐漸內化為自己的習慣，就能從不會變成會。

本課程透過不斷的反覆練習，包含閱讀理解策略、口語表達、電腦操作、資料蒐集等，讓學生無形之中熟悉這些技巧，使之變成能力，在接下來

升高二的自主學習與探究課程中，將可以直接遷移使用；對於高二的任課教師來說，就無須再花時間教授這些技巧，從而省下來的時間就能更專注於課程目標上。這也是當初筆者與社群教師們在思考校訂必修這門課程高度時所衡量過的情況，透過沒有段考壓力又是所有普通科學生都要修習的這門課，來為高二、高三的能力紮根。

2　親身體驗，帶來刺激也帶來收穫

親身體驗是筆者認為這個課程帶給學生最大的收穫，不管是校外參訪課程還是讓小組採訪產業職人，每一組都會面臨不同的挑戰和困難，有人是到了目的地卻發現沒有溝通好碰面地點，結果空等多時；也有組別光是協調可以共同出去的日期就討論很久，有的則是跟小組成員不熟或是合不來，想換組別。每個人都會遇到不同的問題，這門課就是讓學生去體驗這個嘗試自己解決問題的過程，人生不可能永遠順遂如意，所以在求學階段盡量去嘗試與探索，讓他們發現自己原來可以完成這麼一件複雜的事，從而產生自信與勇氣，這個啟發是很關鍵也很重要的。

3　跨出舒適圈，帶來不一樣的經驗

透過課程，讓學生不得不跨出舒適圈，與不熟悉的同學合作，反覆閱讀不感興趣的文章，練習把眾多資料摘要重點，鼓起勇氣打電話給陌生人等，這些都是透過課程所創造的挑戰。唯有跨出舒適圈，才能帶來不一樣的經驗，也才會有機會成長。舉例來說，不少學生在回饋單表示，想要跟熟悉的好朋友同組，他們會認為這樣比較好合作溝通；但筆者與社群教師的考量是，試著跟不同的人合作並且完成一件事，才是成長的開始，這也是未來踏入社會將會面臨的情境，我們終究要在職場上跟不同的人合作共事，我們無法挑選同事，除非自己是老闆，所以更該讓自己有更多的彈性與寬容，可以跟不同性格的人合作，找尋解決方法或協調出彼此都可以接受的模式，而不是堅持只跟自己人共事，如此才是教育應讓學生學會的事。

4　由課程牽線，用理解帶出家鄉認同

　　透過課程的牽線，學生在上學期有機會與父母家人深度對談，了解父母家人的工作與職場甘苦談；也有學生因為對某項工作有興趣，選擇訪問工作人員，藉由訪談相關工作人員更進一步認識職場情況；而下學期則藉由訪談認識在地職人，了解屏東第一級產業現況及推動永續行動的做法。

　　這些訪談都是為理解紮根，有了理解才有進一步拉近關係的可能，有學生從不知父母工作的辛苦，在寫採訪心得時，坦承自己邊寫訪談紀錄邊掉眼淚；也有學生採訪在地店家後，驚呼原來產品從原料到消費者手中是須要經過那麼多道程序！

　　這些理解和發現如果只是老師講述，不會在學生心中停留太久，但因為是自己親耳聽聞對方的描述，親眼看到結實纍纍的果園，甚至親口品嘗果實或成品，才讓理解從五官進入到心中，從而對眼前的這位陌生人、對手中的這個常吃的水果、對採訪的這個產業開啟了好奇與認識之旅，進而引發對家鄉的關愛與驕傲，而我們所期待的在地認同，即藏在這份關愛與驕傲之下。

　　其實，不管是留下或離開，當我們能理解自己家鄉有那麼多厲害的產業達人為屏東產業持續奮鬥、為永續發展而努力付出，我們將會對腳下這塊生長的土地產生由衷的敬畏與崇敬，我們正是期待透過本課程，在學生心中埋下名為「希望」的種子，讓學生體認到屏東土地的豐富秀美與無限可能。

參考文獻

王順美：〈促進青少年參與實踐永續發展目標的展望〉,《中等教育》第74卷第3期，2023年，頁55-72。

李錦旭：〈導論〉，載於李錦旭主編：《屏東學概論》，臺北：五南圖書出版公司，2020年，頁2。

幸曼玲、柯華葳、陸怡琮、辜玉旻：《閱讀理解策略教學手冊》，臺北：教育部，2012年。

陳木金、許瑋珊：〈從PISA閱讀評量的國際比較探討閱讀素養教育的方向〉,《教師天地》第181期，2012年，頁4-15。

黃文車：《地方作為田野──屏東民間知識圖像與在地敘說》，臺北：萬卷樓圖書公司，202年。

黃政傑：〈談地方學的創新發展〉,《屏東縣地方學的多層次建構與協作──2023年第三屆屏東學學術研討會論文集》，2024年2月，頁1-14。

屏東地方美術發展的歷程與特色

張繼文[*]

摘要

  屏東地方美術發展淵遠流長，在多元文化交織影響之下，發展出具有在地特色的美術風格。台灣原住民族的美術作品發展出呈現族群、階級制度與族群特色；十七世紀以後，移民社會與外國殖民帶動屏東美術的發展趨向多元；日本在臺的五十年殖民統治，奠定屏東地區的美術現代化基礎；二戰後國民政府遷臺，屏東地區美術中原文化和西方美術兼容並蓄，屏東地區美術家逐步發展能反映出具有地方特色、結合當代多元媒材或數位化趨勢之表現形式的方向持續發展。

關鍵詞： 屏東美術、屏師、國立屏東大學、地方特色

---

[*] 國立屏東大學視覺藝術學系教授。

一　前言

　　對於「屏東地方美術」的定義，本文主要從美術的視角探討與屏東有關的人、事、物和地景為條件之下，美術家們如何學習美術、從事美術創作、舉行展覽展示、欣賞和交流，使美術作品中不但能表現個人風格，也能再現屏東地景特色或象徵屏東地方文化內涵。「屏東地方美術」作品的創作者並非僅限於由屏東縣出生的縣籍美術家們的作品，也包含曾經在屏東這塊土地上成長、受教育、工作、長期在屏東或短期停留以及來屏東旅遊的美術家們，對於屏東的所見所感而創作出具有屏東地方文化意義的作品。本文首先探討相關美術作品，並以視覺的方式認識屏東，透視歷代先民至今在屏東地區的開發歷程，了解屏東各地和各族群之環境、生活與文化意義及在地特色，並從中賞析作品中的美感和美術家個人在藝術上的風格特色。本文將從歷史上的屏東在多元文化交織影響之下的發展歷程進行分析，並分四大部分論述。

　　文中首先藉由與明清時代屏東地區相關題材的地圖式水墨畫、銅版畫、書法、工匠美術和建築等作品中見證明清時代的屏東移民歷史與發展；其次將敘述日治時代迄今有相關美術家和美術教育工作者在屏東進行創作、教學、展覽情形，並探討日治時代美術作品中鳥瞰式地圖形式之美術作品、攝影和繪畫所再現的屏東地方特色；接著以「屏師」[1]為核心從戰後從「屏師」到「屏大」的美術教育歷程說明「屏師」校友在屏東美術發展上的成績和重要性；最後從戰後屏東地區重要美術團體活動如何帶動屏東美術發展的

---

[1] 所謂「屏師」，是以1940年（日治時期昭和十五年）設立的臺灣總督府師範學校為起點，到戰後數次改制或更名的臺灣省立屏東師範學校（簡稱屏東師範）、屏東師範專科學校（簡稱屏東師專）、臺灣省立（後改隸國立）屏東師範學院（簡稱屏東師院）、國立屏東教育大學（簡稱屏教大）到國立屏東大學（簡稱屏大）等歷程數度易名的歷史統稱。但狹義上和實際上是專指現在位於屏東市林森路的國立屏東大學「屏師校區」。此處採前者。

軌跡、各美術領域的屏東美術家之貢獻、以及屏東地區的文化藝術設施、美術活動以及學校美術教育等現況，探討戰後屏東美術的過去現在和未來的發展之可能性。以下將分別論述之。

二　明清時代美術作品中的屏東移民歷史見證

　　屏東地處臺灣之南端，為臺灣重要的農業縣與觀光重鎮。在美術發展上，屏東地區的好山好水正是孕育美術發展的最好場所。屏東地區的美術發展淵源深遠，明鄭與清領時期的先民於開墾歷程和日常生活中，會運用各種造形和色彩所構成的畫面、立體造形和日常生活所需用品來裝飾美化或抒發情感，有一些作品由官方授意創作的繪畫和版畫則記錄了當時屏東的發展狀況和歷史事件，只是至今未能留下太多早期美術作品。屏東於明鄭時期和清領時期先後有移民至屏東地區開墾，也帶來移民初期屏東美術的發展，包含清宮委託製作的「地圖式」水墨畫、混合中國山水畫構圖和西洋繪畫光影表現之銅版畫、書法或是清代建築物上的建築設計和建築物上的雕刻、平面繪畫，這些作品再現清代屏東地區自然景觀、先民辛勤開墾與歷史事件，也不免令人緬懷前人開發屏東之歷程並感受其藝術內涵。

　　清代康熙四十三年（1704）的〈康熙臺灣輿圖〉（摹本）（圖一）為大清國占領臺灣後的第一張地圖，也是現存最早的一幅臺灣古地圖。〈康熙臺灣輿圖〉為摹本，這一張地圖的繪製採中國繪畫的風格，既是一幅地圖，也是一幅山水畫。〈康熙臺灣輿圖〉右方圖示著今日屏東縣境，右下方還畫出了現在的屏東縣離島小琉球。這一件美術作品讓我們可以了解明鄭與清領時期的屏東縣全境的大致景色與居民聚落。

　　清代康熙年間，清宮為展現其疆域思維，全面規劃繪製國家輿圖，聘請西方傳教士白晉、雷孝思、杜德美、潘如、湯尚賢、費隱、麥大成等十多人，運用西方經緯度法和投影法，在實測的基礎上重新繪製全國地圖。康熙五十七年（1718）清宮終於完成〈皇輿全覽圖〉。在繪製〈皇輿全覽圖〉時，康熙曾令宮廷畫工將臺灣部分節錄出來，另繪出一幅獨立的臺灣專題絹底巨

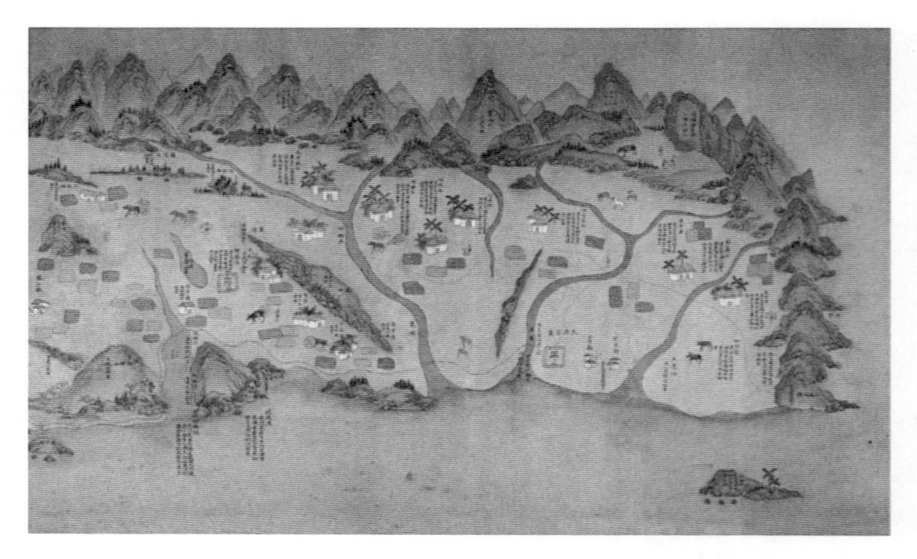

圖一　〈康熙臺灣輿圖〉（摹本）（今屏東縣部分之局部圖），
〔清〕康熙四十三年（1704），66×536cm
圖片來源：國立臺灣博物館藏。

幅長卷地圖〈康熙臺灣輿圖〉，目前此畫由國立臺灣博物館典藏，是現存中最早的山水畫式彩繪臺灣地圖。該畫繪製年代約在清康熙三十八年至四十三年間（1699-1704），1900年自清宮流出，1902年流轉至臺灣。這一張以傳統山水畫技法繪製的地圖，其地圖方位上方為臺灣東部，下方為臺灣西部，左方是臺灣北部而右方則是臺灣南部。此畫主要描繪臺灣西部由北到南的自然和人文景觀，也是臺灣社會文化生活及滿清對臺灣地理認知的一個縮影，也透露出明鄭與清領時期臺灣發展的歷史軌跡。全圖筆法細膩，設色精美，被譽為臺灣古地圖之最。在此畫最右方所描繪的就是今天屏東地區的山川地形、兵備部署與城鄉聚落和農耕生活等，讓我們可以閱覽清領時期的屏東縣全境概況。

清朝經過康、雍、乾三朝一百多年的統治，政權鞏固，經濟發展，社會

繁榮，清宮廷為宣揚武威戰果，繪製了一系列銅版畫作品[2]。乾隆年間，清軍平定準噶爾和回部後，清高宗命內廷西洋畫家繪製得勝圖《平定準噶爾回部得勝圖》（圖冊葉裝1函，計34幅），其原圖樣後來寄往法國巴黎雕刻銅版印製完成。乾隆時期，清高宗弘曆於平定臺灣天地會後，又命人繪製《御題平定臺灣全圖》又稱為《平定臺灣得勝圖》（共12幅）。清代乾隆時期，民間祕密結社組織天地會糾眾集結，清廷為遏制其在臺灣的發展，乾隆五十一年（1786）清兵搜捕天地會眾，引發臺灣天地會首領林爽文、莊大田等起義，率眾連克數城。乾隆五十二年（1787），欽差大臣福康安率兵渡臺進攻義軍，俘獲林爽文，解京殺害。平亂之後，乾隆皇帝命宮廷畫師描繪平亂經過。此水墨畫作由宮廷畫師姚文瀚、楊大章、賈全、謝遂、莊豫德、黎明等繪稿，清高宗弘曆題詩，完成《平定臺灣得勝圖》系列作品場面及慶功情景，此圖應是完成於乾隆五十六年（1791）至五十七年（1792）間。《御題平定臺灣全圖》共12件系列銅版畫作品是依據宮廷畫師姚文瀚等所繪製原水墨畫為畫稿，再由清宮造辦處以凹版技法鐫刻銅版再印刷而成。[3]上述水墨畫《御題平定臺灣全圖》（共12幅）的第九張，以及《御題平定臺灣全圖》系列銅版畫之一的〈平定臺灣戰圖（九）枋寮之戰〉，兩件作品皆是描寫現今屏東縣枋寮鄉海岸地形的戰爭主題作品。兩件美術作品讓我們可以目睹清領時期的屏東縣枋寮一帶的海岸線風光（圖二、圖三）。

---

2 清廷在《平定準噶爾回部得勝圖》完成之後又相繼刊刻完成了7種戰圖，《平定兩金川得勝圖》16幅、《平定臺灣得勝圖》12幅、《平定安南得勝圖》6幅、《平定廓爾喀得勝圖》8幅、《平定苗疆得勝圖》16幅、《平定仲苗得勝圖》4幅、《平定回疆得勝圖》10幅。

3 翁連溪編著：《清代內府刻書圖錄》（北京：北京出版社，2004年），頁288-295。

圖二　〔清〕姚文瀚、楊大章、賈全、謝遂、莊豫德、黎明等，清高宗弘曆題詩，《平定臺灣得勝圖（九）》〈枋寮之戰圖〉，〔清〕乾隆五十三年（1788），紙本水墨設色，58×92.5cm

圖片來源：臺北：國立故宮博物院典藏。

圖三　〔清〕姚文瀚等：〈平定臺灣戰圖（九）枋寮之戰〉，〔清〕乾隆五十六年（1791）至五十七年（1792）間，銅版紙本墨印版畫，50.3×86.8cm

圖片來源：臺中：國立臺灣美術館典藏。

明鄭與清領時期，在明清時期從福建和廣東來屏東地區之漢人移民多忙於開墾，官宦文人以及工匠成為當時較為明顯之美術創作者，作品多出現於建築物。屏東縣在明鄭時期屬於「萬年州」，清領時期則稱為「鳳山縣」。屏東市原名「阿猴」、「雅猴」或「阿緱」，是平埔族阿猴社民所居之地，因在翠屏山之東，清代即在今屏東市勝利路設有「屏東書院」，日治時期末期逐漸使用「屏東」二字為地名。約於康熙二十三年（1684）漢人才於現今屏東市附近建立村落，正式開墾。第一批拓荒者是福建海澄縣民，鳳山縣置下淡水巡檢分署於此，雍正十二年（1734），屏東平原大部分開墾完成。至臺灣開墾之後，移民們也逐漸將美術應用於生活，尤其在建築方面，民間藝人和工匠將閩南地區的建築藝術形式運用於各類建築上，包含城牆、書院、廟宇、民宅等，也展現先民之藝術才華於屏東地區的建築物。乾隆二十九年（1764），屏東市由村落發展為粗具規模的市街；清代道光十六年（1836）官民合力建築城壘，共有阿猴城東西南北四城門，至此屏東市街建築全部完成。日本治臺時期，為了都市計畫才拆除阿猴城城牆和城門，如今阿猴城建築僅剩下東門「朝陽門」作為歷史見證，敘述先民開發屏東的滄桑歷程（圖四）。古時人們若由「朝陽門」城門洞便出阿猴城到「城外」。目前「朝陽門」仍殘存道光十六年（1836，歲次丙申）的城門題字：「下淡水分縣沈長棻監造」、「道光丙申年季冬穀旦」。

　　上述現存在屏東地區的這一類明鄭與清領時期建築，顯露出此時期自福建和廣東移民來屏東的漢族人士的建築藝術品味與形制。例如位於屏東市屏東公園內屏東縣立田徑場旁近濟南路的清領時期阿緱城東門「朝陽門」建築古蹟、屏東市勝利路旁的舊「屏東書院」（今為屏東孔子廟）、屏東市臺鐵火車站前中山路上清領時期建造的信仰中心「慈鳳宮」（俗稱屏東媽祖廟）、屏東縣萬巒鄉萬金天主教堂、屏東縣恆春鎮恆春古城……遺蹟。在平面美術方面，曾經在屏東地區居住或工作且留下實際作品多偏向書法領域之美術家。林朝英（1739-1816，臺灣府臺灣縣〔今臺南市〕人）曾於乾隆末葉經申請開拓下淡水溪且曾居住過現屏東縣里港鄉地區，是身兼書、畫、雕刻等方面的美術家。日治時期日本學者尾崎秀真曾譽林朝英為清朝二百多年中「本

島」（臺灣）唯一之藝術家，林氏的書法風格主要以顯露「飛白」[4]筆觸並展現「閩習」[5]作風而著稱，目前屏東縣里港鄉雙慈宮（原名「天后宮」）仍留有他於嘉慶十八年（1813）自署「中書科中書林朝英敬立」的〈光被四海〉橫匾書蹟。清代臺灣官員沈葆楨（1820-1879）亦擅長書法，1874年（同治十三年）日本假牡丹社事件侵臺，清廷授命他為欽差大臣前往臺灣籌辦防務，並修築現今之恆春城並設縣治，也曾巡視瑯嶠（恆春）。他在書法藝術方面尤其擅長行草和楷書。

圖四　清道光十六年（1836）興建阿緱城朝陽門建築古蹟
資料來源：張繼文攝影，拍攝日期：2018年。

4　「飛白」是書法藝術中創作者在使用毛筆書寫字體時，毛筆的筆頭墨量不足或因快速書寫造成墨色殘留於紙面上不完全，呈現拖絲或留白等黑白相的枯筆效果。

5　所謂「閩習」是針對臺灣美術展史中的明清時代書法和水墨等美術家們的作品風格所定義的風格名詞。「閩習」的主要風格即是「狂放不羈」，多數學者認為閩習是受到該時代福建籍畫家黃慎的影響而形成的畫風。林朝英、林覺、莊敬夫等臺灣美術家即為此畫風之代表人物。

三　日治時代美術作品中所再現的屏東地方特色

　　大清國與日本國甲午戰爭（1894，歲次甲午）爆發後，雙方簽定《馬關條約》（日方稱為《下關條約》）把臺灣割讓給日本，自1895年至1945年，日本美術教育家和美術家間接把西洋美術傳入到臺灣，形成臺灣美術發展現代化的轉捩點。此時期的屏東地區美術工作者除了承襲過去來自福建和廣東的先民文化所形塑的美術傳統之外，也開始接受由日本所傳來的美術教育、日本傳統美術表現形式以及西洋現代美術潮流。由於臺灣地處亞熱帶地區，與日本本土的自然條件和歷史人文背景有所差異，因此1927年日本殖民政府在臺北舉辦第一回臺灣美術展覽會（簡稱臺展），延續到1937年以後的臺灣總督府美術展覽會（簡稱府展）等官方美展中，殖民政府以及來自日本內地的「審查員」（評審委員）們、美術家們皆不斷向臺灣的美術學習者呼籲，提倡臺灣美術家應該在美術創作風格上發展具有屬於「地方色彩」的「南國之美」。自此活耀臺灣美術的發展，也激發臺灣各地美術學習者和美術家們開始探索發展屬於各地區的「地方特色」[6]。

　　美術教育方面，在日治時代美術教育者的積極灌溉推動之下，屏東地區的美術人才逐漸培養而成。臺灣實施學校美術教育始於日治時期的師範教育，1895年之後日本殖民政府在臺灣的中小學設有「音樂」、「圖畫」、「手工」、「製圖」以及「美術」等藝術相關課程。因應師資培育之需，日治時代師範生也在師資養成中學習美術相關的藝術習作和美術相關的教材教法課程。當時屏東地區美術教育有「臺灣總督府屏東師範學校」（1940年設立，今國立屏東大學屏師校區），中等教育有「高雄州立屏東中學校」（今國立屏東高級中學）、「高雄州立屏東高等女學校」、「高雄州立屏東農業學校」（今國立屏東科技大學，原校址位於今國立屏東大學民生校區和屏商校區）等，至於中學校、小學校也普遍有美術教育課程。1932年創設的「高雄州立屏東高等女學校」以及「臺灣總督府屏東師範學校」（今國立屏東大學屏師校

6　張繼文：〈帝國的視覺抽屜：日治時期台灣美術「地方色彩」從屬論述〉，收錄於《藝術論衡》復刊第2期（2009年），頁29-166。

區）所培育的師範生後來相繼投入美術創作或美術教育的行列，屏東地區以師範教育為中心所帶起的各級中小學校美術教育持續進行，美術團體也開始籌組，舉辦各類美術活動，帶動日後不同世代屏東美術的發展，也奠定戰後屏東執南臺灣牛耳的美術基業。

1895年開始，日治時代的日本美術家和美術教育家相繼來臺，傳入日本的美術形式和西方現代美術潮流，影響屏東美術後來的發展。以下我們將透過畫家以鳥瞰式構圖繪製的「繪葉書」以及攝影家們使用照相機所拍攝的照片，回顧此時期屏東的變遷和發展紀錄。

1930年代，在臺灣的日本畫家繪製一系列的觀光地圖或產業地圖，他們曾經以繪畫和地圖結合的方式，並採用如鳥類在空中飛行所見的眼光繪製臺灣各地風景成為一種鳥瞰式構圖是很特殊的美術作品，並採用印製成為「繪葉書」提供民眾郵寄明信片使用。當時來臺灣繪製這一類鳥瞰圖的畫家曾經描繪現今屏東縣全境和屏東市全景式的鳥瞰圖作品，我們今天可以從吉田初三郎（1884-1955）於1935年繪製的〈高雄州全周景勝交通鳥瞰圖〉（圖五）

圖五　吉田初三郎：〈高雄州全周景勝交通鳥瞰圖〉
（局部，今屏東縣部分），1935年

圖片來源：高雄市政府文化局編：《高雄地圖樣貌集》，
高雄：高雄市政府文化局，2015年。

以及其弟子金子常光於1935年所畫的〈屏東鳥瞰圖〉和〈屏東市大觀〉中了解日治時代末期屏東縣和屏東市景觀的時代變遷，並引發我們對所在的屏東地區之思古幽情。在吉田初三郎的作品〈高雄州全周景勝交通鳥瞰圖〉畫中再現今屏東縣境內從下淡水溪以東到臺灣島最南端的鵝鑾鼻以及離島小琉球之景觀；金子常光的作品〈屏東鳥瞰圖〉和〈屏東市大觀〉（圖六）則聚焦於再現當時日本殖民者在屏東市區，由臺灣南北縱貫鐵路帶動的屏東城市規劃發展，呈現當時屏東市區的街道和郊區聚落景象。

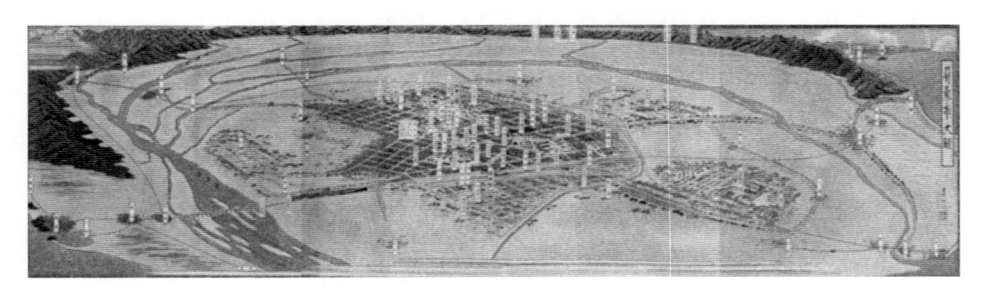

圖六　金子常光：〈屏東市大觀〉，1935年
圖片來源：莊永明編撰：《臺灣鳥瞰圖——1930年代臺灣地誌繪集》，臺北：遠流出版社，1996年。

在影像紀錄方面，屏東地區的發展從日本殖民統治時期（1895-1945）進入現代化的進程。國民政府遷臺之後，持續現代化的建設與發展，屏東地區的攝影家也開始使用照相機記錄了屏東地區的發展歷程，留下時代見證。從日治時期攝影者所拍攝的屏東攝影作品中也呈現當時日本文化與藝術的影子，並再現屏東地區的自然環境、公共建設和居民生活。1940年（昭和十五年）所拍攝的黑白攝影〈阿緱神社〉（圖七）是日治時代「高雄州立屏東高等女學校」（今國立屏東女子高級中學）第五回卒業生於今屏東公園內的阿緱神社之畢業生合照，照片重現已被拆除的昔日阿緱神社景觀。日治時期印製的「繪葉書」也經常出現屏東地區的都市和鄉村地景，例如屏東驛（今屏東火車站）和屏東驛前通リ（今屏東火車站站前街道）（圖八）、下淡水溪橋（今已廢棄的臺灣鐵路公司高屏鐵橋）……等公共空間之攝影作品。

圖七　阿緱神社（日治時代屏東高等女學校第五回卒業生合照，今屏東公園內），
昭和十五年（1940），黑白攝影

圖片來源：屏東：國立屏東女子高級中學校史室提供。

圖八　（臺灣屏東）屏東驛前通リ，日治時期（1895-1945），
彩色明信片，8.55cm×14cm

圖片來源：臺北：國家圖書館典藏。

日治時代，屏東地區也有臺灣出身的攝影家，他們的攝影作品記錄了二次大戰前後屏東的農村山野自然風光、地方的風俗以及居民生活的淳樸樣貌。日治時代學習攝影的屏東地方攝影家例如：竹田鄉的李秀雲、萬巒鄉出身的劉安明（1928-2022）以及東港鎮的林慶雲（1927-2003）等……。他們使用黑白照相機和底片拍攝，留下包含屏東縣竹田鄉、萬巒鄉、三地門鄉、東港鎮鄉村等極為珍貴的屏東先民生活影像（圖九），也見證了屏東地區的發展軌跡，其攝影風格也趨向紀實性而見證時代變遷。

圖九　劉安明：〈屏東〉，黑白攝影，1962年
圖片來源：劉安明攝：《往日情懷：劉安明攝影集》，
屏東：屏東縣立文化中心，1991年。

繪畫方面，日治時期日本美術家經常到臺灣實地寫生，他們記錄並表現當時對於臺灣的美感經驗。有些畫家也曾經來到屏東寫生作畫，例如石川欽一郎（1871-1945）曾經在屏東留下以臺灣鐵路屏東縣境內某個小火車站附近農村風景為題材的水彩畫寫生作品〈驛路初夏〉（圖十）。此外如河合新藏（1867-1936）、鹽月桃甫（1886-1954）、池上秀畝（1874-1944）、立石鐵臣（1905-1980）等，他們都曾在屏東留下足跡並用畫筆描繪屏東的各地風光，例如鵝鑾鼻、排灣族、大武山以及屏東農村等地的景致。

圖十　石川欽一郎：〈驛路初夏〉，約1930年，水彩畫作品
圖片來源：屏東：屏東縣文化處典藏。

　　日治時代在屏東地區的臺籍美術家中，最有具體代表性意義的人物就是陳進（1907-1998，新竹廳牛埔庄〔今新竹市香山區〕人）。陳進於新竹香山的富紳家庭出生成長，1925年在臺北第三高女美術老師鄉原古統的鼓勵下，前往東京女子美術學校就讀。1927年第一回臺展以三件作品入選，畢業後進入「日本畫」[7]畫家鏑木清方門下研究，跟隨山川秀峰、伊東深水學習美人畫。1932年受邀擔任臺展東洋畫部審查員，1934年以〈合奏〉首度入選「日本帝國美術展覽會」（簡稱帝展）。1934至1937年任教於「高雄州立屏東高等

---

[7] 日本傳統繪畫史中之「日本畫」源於古代唐朝繪畫材料與技法，後在日本持續發展成為日本傳統美術中代表性繪畫類型，且象徵日本帝國文化與西洋文化之區別。在19世紀末到20世紀初，日本在東亞先後在臺灣和朝鮮半島進行殖民統治並推展「日本畫」。在日本母國的「帝國美術展覽會」中的「日本畫」因考量殖民地情境，當時在臺灣、朝鮮與滿洲國的官辦美展中，考量日本的殖民地情境使用「東洋畫」名稱，亦為日本殖民地區的官方美展重要部門名稱。臺灣在1977年以後則採臺灣前輩畫家林之助所定名稱此類繪畫風格為「膠彩畫」。參見郭繼生：〈美術與文化政治：台灣的日本畫／東洋畫／膠彩畫〉，收錄於陳樹升主編：《膠彩畫之淵源，傳承及其影響學術研討會論文集》（臺中：臺灣省立美術館，1995年），頁279-344；廖瑾瑗：〈台展東洋畫部與「地方色彩」〉，《臺灣美術百年回顧學術研討會論文集》（臺中：國立臺灣美術館，2001年），頁37-62。

女學校」（今國立屏東女子高級中學）擔任美術教師，之後定居東京創作與參展，二次大戰結束後返臺。陳進從學習日本美人畫，轉變至描繪臺灣傳統與現代兼具的女性人物畫，掌握「膠彩畫」媒材發展其個人精緻細膩風格，形塑高貴典雅的女性形象，也成為臺灣第一位傑出女性畫家。她是日治時代首位入選在日本內地主辦的「帝國美術展覽會」並連續於殖民地臺灣主辦的官方美展「臺灣美術展覽會」嶄露頭角的女畫家，甚至後來擔任臺展「東洋畫部審查員」。她於1934年至1937年任教於「高雄州立屏東高等女學校」時曾創作許多描繪屏東三地門的排灣族原住民形象的膠彩畫[8]，例如由日本福岡亞洲美術館所典藏陳進的〈三地門社之女〉經典作品（圖十一）。陳進創作此畫時除了至屏東縣三地門寫生排灣族原住民圖像之外，她也常至鄰近其所任教的「高雄州立屏東高等女學校」附近之「蕃屋」（約今屏東市區「屏東書院」對面的屏東縣立體育場），實地參考當時居住於屏東市「蕃屋」的原住民生活而完成此作品。

圖十一　陳進：〈三地門社之女〉，1936年，**絹本膠彩畫**，147.7cm×199.9cm
圖片來源：福岡：福岡亞洲美術館典藏，

---

[8] 參見黃琪惠：《新竹藝術家叢書：陳進》，新竹：新竹市文化局，2023年。

另外，日治時代曾多次入選「臺灣美術展覽會」與「臺灣總督府美展」（簡稱「府展」）的膠彩畫家許深州（1918-2005，桃園人）曾於日治時代1939年至1940年間任職臺灣糖業株式會社屏東糖廠（今臺灣糖業股份有限公司屏東糖廠）。其膠彩畫作品最具代表性的就是畫面具有隱喻1947年臺灣二二八事件後的白色恐怖時期臺灣社會們的恐懼心理性的〈秋興〉作品，以及描繪1949年從大陸撤退來臺的外省籍家眷生活清苦賣報維生的寫照作品〈自立〉（圖十二）。

圖十二　許深州：〈自立〉，1950年，礦物彩、絹，129×81cm

圖片來源：臺中國立臺灣美術館典藏。

日治時代迄今，屏東美術人才輩出，已培養出許多優秀的美術家。這些美術家或居住於本縣，有的則已長期定居他縣市或旅居國外。屏東地區以師範教育為中心所帶起的各級中小學校美術教育持續進行，美術團體也開始籌組，舉辦各類美術活動，帶動日後不同世代屏東美術的發展。

四　戰後從「屏師」到「屏大」的美術教育歷程

現今的「國立屏東大學」（簡稱屏大）成立於2014年，主要由原「國立屏東教育大學」（今屏師校區和民生校區）與原「國立屏東商業技術學院」（今屏商校區）合併而成。在此之前的「國立屏東教育大學」是由1940年（日治時期昭和十五年）之後從屏東師範學校（簡稱屏東師範）（圖十三）、臺灣省立屏東師範專科學校（簡稱屏東師專）、臺灣省立（後改隸國立）屏東師範學院（簡稱屏東師院）、國立屏東教育大學（簡稱屏教大）到國立屏東大學（簡稱屏大）等歷程數度易名的學府。由於「屏師」長期以來歷屆校友在美術專業有許多成就，從歷史角度來看，至今仍是屏東美術發展的核心。

圖十三　日治時期臺灣總督府屏東師範學校（今國立屏東大學屏師校區）校景
圖片來源：屏東：國立屏東大學校史室提供。

　　無論是較早的屏師時期僅有普通師範科（簡稱普師科），甚至後來屏東師專時期也僅在國校師資科中分組設立「美勞組」[9]。地處南臺灣的屏師校區在歷經普師科、師專美勞組，甚至後來改制為大學的屏東師院所設立的美勞教育學系和兩次易名的視覺藝術教育學系和視覺藝術學系，本以國小師資培育起家的屏師校區在戰後迄今培育出許多傑出美術人才。

　　戰後初期，從日本留學的臺籍美術家美術教師回臺，加上許多原中國大陸培養的美術家到臺灣定居創作。其中有一些美術家先後應聘相繼來臺灣省立屏東師範學校任教美術課程，指導即將任教小學的師範生，包括鄭乃珖（1911-2005，福建省福州市人，上海美術專科校畢業，花鳥畫成就卓越）、戴阿麟（1915-2000，屏東縣佳冬鄉人，日本東洋音樂學校畢業，教授基礎鉛筆素描課程）、楊造化（1916-2007，屏東縣屏東市人，留學日本太平洋美術學校大學部洋畫科畢業，專長油畫）、白雪痕（1919-1972，山東省泰安縣人，上海新華藝專藝術教育系圖音組畢業，專長水墨畫）、池振周（1909-1978，廣東省梅縣人，上海藝術大學西畫系畢業，專長油畫和水彩畫）等。

　　臺灣省立屏東師範學校對於戰後初期屏東地區在美術教育、美術創作和美術理論等人才之培育相當重要，曾培養出之美術人才校友例如：蔡金柱（38

9　此時期全臺的師範專科學校僅有位於新竹市的新竹師專（今國立清華大學南大校區）設有「美術科」，其他師專僅於「國校師資科」的五專課程末兩年分組設立「美勞組」。

級，1929-2000，屏東縣人，專長美術教育）、何文杞（39級，1931-2023，屏東縣竹田鄉人，專長水彩畫）、蔡水林（39級，1932-2015，高雄縣梓官鄉人，專長西畫和雕塑）[10]、李進安（40級，1932-，屏東縣枋寮鄉人，專長水彩畫）、傅金生（40級，1929-，高雄縣人，專長水彩畫）、尤明春（40級，1930-，屏東縣恆春鎮人，專長水彩畫）、王秀雄（41級，1931-，高雄縣岡山鎮人，專長美術理論和美術教育，早期創作擅長油畫和水墨畫，其油畫作品如圖十四）、陳朝平（41級，1933-，屏東縣南州鄉人，專長美術教育和水墨畫）、陳瑞福（43級，1935-2024，屏東縣琉球嶼人，臺灣省立屏東師範學校美術教師，專長油畫）、張文卿（45級，1936-1977，臺中縣新社鄉人，幼年遷居屏東縣）、陳國展（45級，1937-2024，屏東縣竹田鄉人，專長版畫）、張志銘（45級，1937-，屏東縣屏東市人，專長美術教育和水彩畫）、藍奉忠（49級，1942-2011，屏東縣佳冬鄉人，專長水墨畫）、徐自風（49級，1940-，屏東縣東港鎮人，專長水彩畫）、黃光男（52級，1944-，高雄縣鳥松鄉人，專長水墨畫）、顏逢郎（52級，1943-2024，屏東縣東港人，專長水墨畫和油

圖十四　王秀雄：〈斑馬線上〉，1959年，油畫，116.3×79.8cm
圖片來源：臺北：國立臺灣師範大學美術館典藏。

---

[10] 蔡金柱自臺灣省立屏東師範學校畢業後任教屏東市中正國民小學長達44年，一生致力兒童美術教育的教學、研究和推展。1993年，他曾與李叡明合譯日本兒童美術教育學者霜田靜志於1960年的著作《兒童畫的心理與教育》，由臺北市世界文物出版社出版。

畫）、呂聰允（54級，1947-，臺南市人，專長水墨畫）、黃朝民（黃崗）（54級，1945-2024，屏東縣屏東市人，專長水墨畫）、吳正雄（56級，1965-，臺南市人，專長美術教育）。

1965年臺灣省立屏東師範學校（簡稱屏東師範）改制為臺灣省立屏東師範專科學校（簡稱屏東師專）以後，陸續有王爾昌（1919-2005，河北省人，專長美術理論）、劉愛梧（1931-，吉林省永吉縣人，專長水墨畫）、陳朝平（見頁266）、高業榮（1939-2018，江蘇省泗陽縣人，專長西畫創作和臺灣原住民藝術研究）、黃光男（見頁266）、藍奉忠（見頁266）、方建明（1948-，臺北縣西港鄉人，專長雕塑）、張道明（1945-，彰化縣人，專長為油畫、水彩、素描）、陳英文（1952-，澎湖縣馬公鎮人，專長水墨畫）、黃冬富（1953-，雲林縣人，專長美術史和水墨畫）、黃壬來（1955-，臺北縣人，專長美術教育）等人加入美術教師陣容持續推動屏東師專國校師資科美勞組的美術教學，培養國小美勞科師資為主要目標，但也間接培育出許多美術相關人才。

屏東師專時期美勞組畢業校友中表現突出者例如：王國柱（59級，專長油畫）、孫良水（61級，專長油畫和中國文學哲學）、楊嚴囊（61級，專長油畫）、溫雅惠（62級，轉攻教育學）、許宜家（62級，專長油畫和書法）、邱山藤（63級，專長水墨畫）、蘇連陣（63級，專長油畫）、蘇慶田（64級，專長水墨畫）、李隆壽（64級，專長水墨畫）、鄭英耀（65級，現任中華民國教育部長，專長水墨畫和書法）、盧福壽（65級，專長水墨畫）、李金環（65級，專長水墨畫）、徐永旭（65級，專長陶藝）、林秀娘（66級，專長陶藝）、駱惠玉（65級，專長書法和油畫）、張繼文（67級，專長水墨畫、版畫和視覺文化研究）、鄭勝揚（67級，專長油畫）、蕭木川（67級，專長油畫）、林泊佑（68級，曾任國立臺灣藝術大學副校長）、邱招明（69級，專長水彩畫和雕塑）、鄭新輝（69級，現任臺南市教育局長）、黃慶茂（69級，專長雕塑和美術教育）、曾永鴻（70級，專長陶藝和雕塑）、簡清華（71級，現任文藻外語大學師資培中心講座教授）、陳美玉（71級，國立屏東大學教育學系退休教授，專長美勞教育）、廖新田（72級，專長藝術理論和書法）、蕭克昌（72級，專長陶藝）、賴文隆（73級，專長書法）、謝忠武（74級，曾任高雄市國

立科學工藝博物館館長、國立教育廣播電臺臺長)、黃智陽(75級,專長書法)、楊錦堂(77級,專長油畫)、吳佳蓉(78級,專長美術教育)、李雅婷(80級,現任國立屏東大學教育學院院長,專長為課程美學)等。

　　1987年7月,全國九所師專同時改制為省立師範學院(簡稱師院),除了新竹的學院有美勞教育學系之外,其餘師院皆在初等教育學系中設有美勞教育組。1991年7月起,屏東師範學院其他七所省立師院改隸國立,並於1992年正式成立「美勞教育學系」(簡稱美教系),開啟國立屏東大學前身「屏師」時期另一階段的美勞師資培育。2003年國立屏東師範學院「美勞教育學系」轉型成為所系合一的「視覺藝術教育學系」(簡稱藝教系);2005年又因學校改名「國立屏東教育大學」(簡稱屏東教大)以師培轉型非師培而改名為「視覺藝術學系」(簡稱視藝系)。2006年起轉型為非師資培育學系,並更名為「視覺藝術學系」,強調視覺藝術專業人才之養成。2014年8月,原「國立屏東教育大學」與原「國立屏東商業技術學院」併為「國立屏東大學」,從此「國立屏東大學視覺藝術學系」邁入強化產、官、學、研合一的新時代視覺藝術教育方向。從美教系、藝教系到視藝系不同階段,「國立屏東大學視覺藝術學系」增聘的美術領域師資計有:張繼文(專長水墨畫、版畫和視覺文化研究)、李松泰(專長美術史)、孫良水(專長美學和油畫創作)、林右正(專長公共藝術)、吳奕芳(專長美術史)、劉立敏(專長文化、美學與行政)、陳燕如(專長西畫)、李學然(專長電腦動畫)、林大維(專長遊戲設計)、朱素貞(專長雕塑和文創設計)、劉懷瑋(專長電腦動畫)、楊安東(俄羅斯籍,專長油畫和水彩畫)等。系所主管方面,先後有陳朝平、高業榮、黃壬來、黃冬富、林右正、劉立敏、張繼文、林大維以及現任李學然等人擔任過系所主管。課程內容主要由國小美勞(視覺藝術)師資培育課程轉向專業美術人才培養,更分成美術(造形藝術)和視覺媒體(動畫與遊戲)設計等兩大組別為發展方向培育專業人才。

　　此階段學生表現方面,1993年第一屆的美教系學生張敏惠(後改名張釋月)即以大二學生身分榮獲高雄市美展水彩畫類第一名;暑期部美教系學生鄭勝揚(原師專67級校友)連獲全省公教員美展油畫類第一名一次、第二名

兩次的佳績，1994年再榮獲永久免審查資格；暑期部美教系學生莊國賓也於在學期間榮獲全省公教人員美展水彩類第一名。2001年大二學生林靜怡以水彩作品榮獲「屏東獎」；視覺藝術教育研究所教學碩士班的李國揚則以書法和篆刻也榮獲「屏東獎」。2002年該系學生李一峰（水墨）、2003年陳姿月（膠彩）、2004年吳文成（油畫）、2012年楊道生（攝影）也皆先後榮獲「屏東獎」之榮譽。2006年大二學生賴易志則提出數位影像作品獲「高雄獎」首獎榮譽。在美術教育方面較為突出者如張敏惠、鄭美筠（雲）、王梃霾（友志，皆為85級）、謝國昱、林靜秋、倪玫玲（皆為86級）、蕭達憶、薛佑堅（皆為87級）、張雅萍（88級）、溫昇泓、謝基煌、林晉如、陳怡年（皆為89級）、李一峰（90級）、張美豔、洪翠霞、許玉芳、羅維仁、洪謹琪、吳惠娟（皆為91碩）、郭詩萍、李進士、劉政勳、高聖賢、盧安來、楊智欽、陳致豪、林容如、鄭雅文（皆為94碩）、張簡麗芳、江怡蓉（99碩）等。從藝術教育發展至學術研究者，計有86級的謝國昱（美國賓州州立大學博士，現任教於美國喬治亞州立大學）和林靜秋（美國伊利諾大學香檳校區博士，現任教於加拿大溫哥華大學）。張美豔（91碩）獲國立臺灣師範大學美術系博士學位。洪翠霞（91碩）獲國立高雄師範大學特教系博士學位。張雅萍（88級）、吳惠娟（91碩）、吳冠嫻（92輔系）獲國立臺灣師範大學美術系博士學位。羅維仁（91碩）、許玉芳（92碩）、莊哲彥（93級）等人分別獲得國立高雄師大成人教育以及輔導諮商、中國文學等博士學位，蕭卓宇（102碩）獲國立臺南藝術大學藝術創作理論博士學位。[11]

五 戰後屏東地區美術之發展與特色

二次大戰後，屏東地區的美術家相繼人才輩出，各自在不同的美術領域

---

[11] 參考黃冬富：〈屏師美勞教育之歷史發展——戰後臺灣小學視覺藝術師資養成教育的一個切面（1946年～）〉，《臺灣美術季刊》第90期（2012年），頁4-35；省立屏東師範專科學校編：《屏師四十年》，屏東：省立屏東師範專科學校，1986年；國立屏東師範學院編：《屏師校史初輯》，屏東：國立屏東師範學院，1994年。

中發揮所長。在戰後屏東美術發展歷程中，許多屏東地區美術家們以「地方」出發，本著「在地」精神，關切自己所生、所長的生活環境，親近在地生活與文化，體驗「地方」的特質，散發對「地方」的關懷與熱愛。屏東地區的美術團體和美術家們並能藉由各種美術媒材與技法表現自己觀察到的屏東景象，或藉由造形、色彩和材質的運用表現自己對於屏東地區這塊土地的思想和情感。以下將戰後屏東地區美術之發展與特色分成「重要美術團體」、「重要美術理論和美術教育之研究專家」、「重要水墨畫家和膠彩畫家」、「重要的油畫家」、「重要的水彩畫家」、「重要現代藝術家」、「重要書法家和篆刻家」、「重要立體造形藝術家」、「重要版畫家和設計家」、「重要的多元媒材和數位化藝術專家」、「重要的廟宇藝術家和原住民藝術家」、以及「屏東地區的重要美術設施與美術教育」等12方面分別說明。

（一）重要美術團體方面

屏東地區美術團體的發展在第二次大戰結束後有許多美術團體成立，這些團體包含「綠舍美術研究會」、「翠光畫會」、「國中小學教師育樂美術研究會」[12]、「屏東縣畫學會」、「屏東縣美術協會」等，以及其他攝影和手工藝為宗旨的各種美術團體，這些團體為數眾多，大多由屏東地區的美術家們和美術教師們共同組成。在書畫藝術方面，二次世界大戰後屏東地區有許多美術團體，例如：「屏東縣書畫學會」、「屏東縣大陸書法協會」、「屏東縣淡溪書法研究會」、「傳墨書法研究會」等。近年來新成立的「屏東縣水墨藝術協會」則持續推展水墨畫的創作與展覽。

上述最具歷史的「綠舍美術研究會」和「翠光畫會」，其主要精神領袖分別是莊世和（1923-2020）和何文杞。莊世和出生於臺南，早年東渡日本，入川端畫學校研習日本畫（1938-1941），繼而進入東京工藝美術學校純粹美術部繪畫科（普通科、研究科）（1940-1945），為屏東縣地區日治時期

---

[12] 蔡金柱與陳處世、張金得等32位老師於1968年於屏東發起組織「國中小學教師育樂美術研究會」。

僅有的兩位留日學習西洋畫的前輩畫家之一，也是日治時期臺籍藝術家之中，極為少數探研西洋現代畫風的前輩畫家。莊世和長期定居屏東縣潮州鎮，其畢業於日本東京美術工藝學院純粹美術部研究科，與臺灣美術史中當時臺灣北部的李仲生和何鐵華並列為二次大戰後臺灣現代美術重要的推動者。他擅長繪製具有20世紀歐洲興起的「立體派」（Cubism）精神的抽象風格油畫作品（圖十五），也是戰後南臺灣現代抽象繪畫的精神導師之一，也是以屏東縣潮州鎮為中心的「綠舍美術研究會」之精神領袖。他曾長期在潮州高中執教並於該校美術教室掛牌「世和畫室」作育英才，培育出許多著名的屏東籍美術家。民國46年（1957），由莊世和發起並集結畫友張文卿、陳朝平、張瑞騰、徐天榜、陳處世（1934-2010）等人成立屏東地區第一個美術團體「綠舍美術研究會」，數十年來，該會藉由展覽活動帶動屏東地區的美術風氣並教育年輕美術後進，影響深遠。莊世和桃李滿天下，受其影響從事前衛藝術創作的後輩不乏其人，家族三代亦從事美術創作與教育。

圖十五　莊世和：〈建設〉，1952年，油彩、畫布，45.5×60.5cm
圖片來源：高雄：高雄市立美術館典藏。

屏東地區另一個重要的資深美術團體是「翠光畫會」，1960年由何文杞集結畫友蔡水林、傅金生、潘立夫（1936-2003）、張志銘（1937-）和李石夫等

人發起成立，迄今該會每年仍持續辦理美術聯展。何文杞是屏東地區重要的水彩畫家，自臺灣省立屏東師範學校和國立臺灣師範大學藝術系畢業後，從事美術教職31年。除了教職、創作外，還組織「翠光畫會」、「屏東縣美術學會」、「臺灣現代水彩畫會」等，推動美術運動，提升地方藝術文化水準。汪乃文（1909-1999）於日治時代自臺南師範畢業後曾任教「屏東公學校」（今屏東市唐榮國民小學），期間曾教過何文杞且對他日後在美術發展頗多啟發。戰後初期，汪氏任教屏東女中共25年，在美術領域他是「翠光畫會」的重要創始成員並參加該畫會的展覽活動；在音樂領域，汪氏曾以萬年溪上的烏趜橋（即建於1923年的「東興橋」）為題，創作了膾炙人口的搖籃曲「搖仔搖」以及「屏東謠」（汪乃文作曲，朱子赤作詞）臺語名曲。

（二）重要美術理論和美術教育之研究專家方面

王秀雄（1931-）為臺灣美術界著名的美術理論和美術教育重量級學者。王氏於民國41年（1952）自臺灣省立屏東師範學校畢業後入臺灣省立師範大學藝術學系（今國立臺灣師範大學美術學系），在學期間擅長油畫創作。之後留學負笈日本國立東京教育大學（今日本東京筑波大學）藝術教育研究所，回國後任教國立臺灣師範大學美術學系，曾任國立臺灣師大美術系專任教授兼系主任、終身名譽教授，亦任行政院文化獎、國家文藝獎評審委員、故宮博物院指導委員，更曾多次參與教育部小學至高中階段的課綱編訂委員與主任委員。

在屏東地區美術教育研究方面，陳朝平（1933-，屏東縣南州鄉人）1952年畢業於臺灣省立屏東師範學校，畢業後從基層教育開始他曾擔任小學和中學教師後擔任大學教授教職，乃是一位由實務出發從事美術教育研究的學者。師範學校期間曾向池振周、白雪痕學習繪畫。後入高雄師院（高師大前身）夜間部英語系畢業，且二度赴美深造，於美國獲畢堡德師範學院教育碩士學位以及美國密蘇里大學藝術教育博士學位。在美術創作上主要以水墨寫生方式繪製屏東地區的自然與人文景觀；在理論研究上則投入美術教育理

論以及國小美勞教育的研究；在學校行政上歷練豐富，是國立屏東大學視覺藝術學系的創系（當時系名為美勞教育學系）首任系主任，對於臺灣美術教育有重要的貢獻和影響力。陳氏在創作上主要以描繪屏東地方鄉土風光之水墨畫（圖十六）為主。

另一位1980-1990年代屏東地區重要的美術教育學者黃壬來為美國喬治亞大學藝術教育博士，黃氏回臺後應聘任教國立屏東師範學院，歷任視覺藝術教育研究所所長和系主任，後轉任高雄文藻外語大學傳播藝術系任教並兼任該系主任。他在美術教育學術研究主張因應國際美術教育新趨勢，並針對國小和幼兒美術教學提出實務性的策略，對於基層美術教育提供重要貢獻。

身兼書畫家、書畫鑑定家和中國藝術史身分的學者傅申（1936-2024）於1936年出生於中國上海，1948年隨父母到臺灣。因父親曾任臺灣省立屏東師範學校公職，青少年時期的傅申曾住於該校教職員宿舍，並曾就讀屏東明正初級中學（今屏東縣立明正國民中學），後考入臺灣省立師範大學藝術學系（今國立臺灣師範大學美術學系）。1963年，傅申榮獲第17屆全省美展國畫第一名。傅氏於1976年赴美國深造取得普林斯頓大學藝術與考古博士學

圖十六　陳朝平：〈欣慶風調雨順虔祈國泰民安〉，1996年，
彩墨、宣紙，123×246cm
圖片來源：屏東：國立屏東大學視覺藝術學系典藏。

位,曾任耶魯大學藝術史教席、華盛頓佛利爾美術館中國美術部主任、國立臺灣大學藝術史研究所教授等職,晚年曾定居中國杭州,其學術成就非凡並在臺灣美術史方法學和書畫鑑定等方面居於領導地位。

曾長期任職於外交部海外外交單位的曾長生(1946-,上海市人)亦為臺灣美術界的藝術評論人才,他在中小學時就讀於屏東,後再繼續進修,2001年取得國立臺灣師範大藝術評論博士學位,曾任教於臺灣藝大、淡江大學和世新大學等校。曾氏所發表的美術評論文章,在寫作文筆與論點上皆有深度和獨到見解。

著名的臺灣美術史研究專家黃冬富自1980年代開始長期任教於連續改制的屏東師專、屏東師範學院、屏東教育大學以及屏東大學,曾擔任國立屏東教育大學副校長,亦是一位臺灣美術史研究的重要學者。黃氏早年就讀於臺中師專時曾受教於呂佛庭和鄭善禧等水墨大師以及膠彩畫名家林之助,其水墨畫創作擅長以層疊交錯墨色變化手法描繪臺灣山川景緻(圖十七)。自1985年開始,黃氏持續將近四十年投入臺灣美術史領域之相關研究,尤其他實地田野訪查高雄和屏東地區的美術家進行調查研究,為當地地方美術發展歷史奠基,因此榮獲「2024高雄文藝獎」。

近二十年來臺灣美術史、藝術評論與文化研究的重要學者廖新田

圖十七　黃冬富:〈榕蔭消夏〉,1983年,彩墨、紙本,178×88.9cm
圖片來源:臺中:國立臺灣美術館典藏。

（1963-，高雄縣林園鄉人）在年輕時亦曾就讀臺灣省立屏東師範學校國校師資科美勞組，並曾受教於水墨畫家黃光男。他於英國的中英格蘭大學獲得藝術史博士後返臺，現任教於國立臺灣藝術大學藝術管理與文化政策研究所並曾擔任所長與人文學院長等職，也曾擔任國立歷史博物館館長，也是臺灣美術院院士。其學術與行政資歷完備，研究領域涵蓋臺灣美術與文化認同、風景畫論、後殖民視覺文化論述、藝術與文化社會學、視覺文化以及藝術批評研究，相關著作豐富，是當代臺灣美術理論的重要學者。

（三）重要水墨畫家和膠彩畫家方面

屏東地區的水墨畫和膠彩畫家個人美術作品表現方面，主要包含：擅長花鳥畫的水墨畫家白雪痕（1919-1972，山東省泰安縣人）曾在屏東師範和屏東師專期間任教逾二十四年（1948-1972），二次大戰後曾教導並啟發許多昔日屏東師範和屏東師專學生成為美術教育與美術創作人才。白氏的花鳥畫和山水畫結構布局嚴謹，強調傳統水墨畫的用墨設色變化和氣韻生動感（圖十八）。

二次大戰後自中國大陸來臺長居屏東的水墨畫家劉子仁（1912-2003，山東省博平縣人）來臺以後先任教於屏師附小（今國立屏東大學附設實驗小學）（1951-55年）、明正中學（今屏東縣立明正國民中學）（1955-1966年，任教工藝）以及省立屏東中學（今國立屏東高級中學）（1966-1977年，擔任美術教師）等校，1969年發起成立「屏東縣書畫學會」，指導水墨畫後進。劉氏擅長以水墨無色的筆法描繪荷花水墨畫作（圖十九）而著名，作品獲獎如1972

圖十八　白雪痕：〈紫霞雲帳〉，1961年，彩墨、紙本，90×40cm

圖片來源：國立屏東大學校長室典藏。

圖十九　劉子仁：〈荷花〉，1971年，水墨、紙本，105.8×48cm
圖片來源：臺中：國立臺灣美術館典藏。

年全省教員美展第一名、1981年中興文藝獎以及1999年獲屏東縣立文化中心頒發「美術教育獎」等。至今，屏東縣許多公家機關、警察局和國軍單位之營區內仍收藏展示劉氏的荷花水墨畫作品。

趙春翔（1910-1991，河南省太康縣人）於1949年來臺曾居住於屏東，也曾任職屏東空軍政戰單位。趙氏的水墨作品畫風結合螢光色彩與墨色潑灑繪製，形成強烈對比的視覺效果。他曾任教於政工幹校藝術組（今國防大學政治作戰學院）藝術系和臺灣省立師範學院藝術系（今國立臺灣師範大學美術學系），後曾擔任國立臺灣師範大學美術學系客座教授。

劉愛梧從臺灣省立師範學院藝術學系（今國立臺灣師範大學美術學系）畢業後曾任教屏東高中和屏東師專，擅長水墨山水畫，其畫風受與張大千、溥心畬常並稱為「渡海三家」的臺灣師大黃君璧（1898-1991，廣東南海祿舟人）系主任之影響，描繪季節變化意境深遠。

戰後來臺的王鳳閣（1925-2011，河南省新野縣人）曾任職屏東市糖廠代用國校（今屏東市復興國民小學）擔任訓導主任兼授美術，其水墨畫擅長山水題材，曾受教於國立臺灣藝術專科學校（今國立臺灣藝術大學）水墨畫名家傅狷夫教授，作品風格蒼勁雄偉，曾於全省美展中入選獲獎。林謀秀（1929-，廣東省揭陽縣人）1947年來臺，曾任屏東市糖廠代用國校（今屏東市復興國民小學）總務主任，後曾擔任屏東師專國畫社指導老師，長於國畫花鳥，其水墨畫常以歲寒三友（松、竹、梅）為題材。

戰後初期活躍於屏東地區的謝峰生（1938-2008，臺南縣北門鄉人）是值得注目的膠彩畫家。謝氏居住屏東達十多年，曾向高雄畫家詹浮雲學習民間肖像畫和膠彩畫。後來，謝氏又至臺中向膠彩畫定名者林之助學習膠彩畫。曾獲全省美展首獎並曾擔任全省美展和南瀛美展之評審委員，其畫風主要以膠彩畫的肌理層次表現臺灣鄉村風貌以及風俗民情。

兼擅油畫和水墨畫的畫家藍奉忠曾畢業於屏東師範學校普師科以及國立臺灣師範大學美術學系，後返母校屏東師專任教至國立屏東師範學院時期，退休後再至大仁技術學院（今大仁科技大學）任教多年。其水墨畫受師承黃君璧之啟發，以山水畫最為擅長，以墨色為主淺絳設色為輔

圖二十　藍奉忠：〈霧台瀑布〉，
2005年，彩墨、紙本，
136×82cm
圖片來源：藝術家家屬收藏。

之風格，畫面多親自面對實景寫生屏東山川風光（圖十九）。

水墨畫家黃光男曾就讀於屏東師範並於1970-1980年代任教母校臺灣省立屏東師範專科學校，1986年參加甲等特考普通行政文教組優等及格後，曾擔任臺北市立美術館館長、國立歷史博物館館長、國立臺灣藝術大學校長、行政院政務委員以及總統府國策顧問等職。除了其美術教育和美術行政方面經歷豐富且成就卓越，他更致力於現代水墨畫創作，作品常描繪南臺灣農村生活、高雄和屏東風光等題材（圖二十一），並結合中國文人畫精神、傳統花鳥畫技法與現代抽象幾何造形而成為兩岸知名的水墨畫家。

陳英文自1978至2010年先後任教於先後改制的屏東師專、屏東師範學院、國立屏東教育大學的視覺藝術學系，其水墨畫初由歐豪年、江兆申等人啟蒙，後致力於臺灣本土系列題材之創作，並開始膠彩畫的創作，其膠彩畫結合水墨、筆線特質和西藏唐卡用色，形成獨特風貌。

圖二十一　黃光男：〈高屏溪連作〉，1985年，彩墨、紙本，134.5×274cm
圖片來源：藝術家自藏。

　　盧福壽（1955-，屏東縣車城鄉人）於臺灣省立屏東師範專科學校美勞組就讀期間曾向黃光男教授習畫，後任教國立高雄師範大學美術學系兼系主任。盧氏之水墨畫兼採傳統水墨筆法與現代水墨拓印加染，題材表現南臺灣意象以及屏東恆春半島上的故鄉車城鄉海邊風光，畫面常有獨特構圖與平面色塊組構（圖二十二）。

　　中華民國現任教育部長鄭英耀（1955-，澎湖縣馬公鎮人）在屏東師專美勞組學生時期與盧福壽同班，亦師承當代水墨畫家黃光男教授學習水墨畫和書法，日後雖鑽研教育學並致力於教育行政，但也不忘此時其在師專時期

圖二十二　盧福壽：〈車城海邊〉，
2018年，水墨、紙本
圖片來源：藝術家自藏。

所受美術教育上的薰陶，近年來公餘仍創作水墨畫與書法，近年常舉辦展覽展出其簡潔筆法呈現墨色交融意境的花鳥畫以及流暢書風之行書作品（如圖二十三）。

圖二十三　鄭英耀彩墨畫作品，2017年，彩墨

圖片來源：國立中山大學《中山新聞》網頁，網址：https://news.nsysu.edu.tw/p/16-1120-167596.php?Lang=zh-tw，瀏覽日期：2024年9月28日。

張繼文（1958-，屏東縣九如鄉人）早年就讀於臺灣省立屏東師範專科學校美勞組時受黃光男啟蒙學習水墨。張氏後於數次改制之屏東師範學院、屏東教育大學以及屏東大學主要任教水墨畫、版畫以及視覺文化理論等課程，其水墨畫曾獲全省公教書畫展首獎，多以屏東山水為題材，特別擅長以筆墨寫實表現意境之手法描繪屏東農村椰林風光以及恆春半島珊瑚礁地形之海岸景色（圖二十四）。

屏東地區表現突出的水墨畫家甚多，例如：專於水墨畫的楊增棠（1946-，屏東縣高樹鄉人）、兼擅水墨畫和攝影的邱山木（1948-，屏東縣長治鄉人）、擅長花鳥畫的洪仁堡（1953-，屏東縣屏東市人）、兼具山水畫和音樂才華的邱山藤（1953-，屏東縣長治鄉人）、致力於山水畫之現代視覺語彙的蘇慶田（1955-，屏東縣長治鄉人）、曾任教於國立臺灣師範大學美術學系並長於現代水墨及複合媒材的曾肅良（1961-，屏東縣屏東市人）等，對於結合傳統筆

墨與當代思維的水墨畫創作亦有突出表現。

（四）重要的油畫家方面

戰後來自中國大陸的屏東美術家之中，池振周（1909-1978，廣東省梅縣人）為較早的美術教育者。池氏自上海藝術大學西畫系畢業，擅長油畫和水彩畫，1948年來臺後任臺灣省立屏東師範學校美術教師，在屏師前後任教年資超過二十四年，對早期臺灣省立屏東師範學校學習美術的學生影響甚鉅。戰後同為臺灣省立屏東師範學校美術教師的楊造化（1916-2007）1936年赴日，1937年入太平洋美術學校洋畫科研讀四年，畢業後再入研究科進修一年。師事中村不折、鶴田吾郎、石川寅治等日本名畫家，也曾入選臺灣的第三回府展和日本第一美術協會展等。戰後返臺，曾先後任教於屏東女中、屏東師範學校、高雄市立七中（今七賢國中）、岡山初中以及旗山中學等。其油畫風格穩健，強調造形的質感表現，畫面肌理層次豐富（圖二十五）。楊氏在臺灣省立屏東師範學校任教期間也常參與屏師校友參加的地方美術展覽活動，[13]亦為戰後初期屏東地區的重要油畫家。後來楊氏定居日本以後仍多次於日本太平洋美術展受賞。

圖二十四　張繼文：〈恆春半島風光〉，2018年，彩墨、紙本，69×68cm

圖片來源：藝術家自藏。

---

13 例如筆者曾見到1960年第一屆翠光美術展覽會的照片，照片影像中出現楊造化當時與臺灣省立屏東師範學校張效良、該校美術教師白雪痕、臺灣省立潮州高中美術教師莊世和、屏東女中美術和音樂教師汪乃文，以及楊造化教過的屏師畢業校友也是當時從事國民學校美術教學的教師蔡水林、陳瑞福和張志銘等人一起在該展覽會場合影。

圖二十五　楊造化：〈山地門〉，1980年，油彩、畫布，37.9×45.5cm
圖片來源：屏東：屏東縣政府文化處典藏。

　　張道林（1925-，安徽省蕪湖縣人）1942年考入杭州藝專，戰後1948年來臺任教於屏東縣里港鄉的里港初中，後來也任教於臺灣省立師範學院（國立臺灣師範大學前身）。張氏擅長油畫，曾榮獲教育部文藝獎和中華民國畫學會金爵獎等榮譽，並應聘多次擔任全國性美展之評審委員。退休後僑居於美國並於紐約聖諾望大學擔任客座教授。張氏早期油畫作品喜用相近色系做深淺濃淡的分割層次畫面；1950後採溶劑稀釋油畫顏料兼採留白效果使畫面帶有水墨趣味。

　　出身屏東縣琉球鄉的油畫家陳瑞福（1935-2024）專研於油畫且成就非凡，屏東師範學校畢業後於高雄市成功國民學校（今高雄市成功國民小學）美術教職。期間陳氏向日治時代臺灣前輩油畫家劉啟祥學習，後又受顏水龍、楊三郎、李石樵、廖繼春等前輩畫家指導，作品曾榮獲第18屆臺灣省全省美術展覽會西畫第二名、1961年臺陽美展礦業獎、1973年中華民國畫學會金爵獎、1980年中華民國文藝協會文藝獎章等獎項。陳氏油畫作品風格以日治時期盛行的「外光派」油畫塊面結構為基調繪製，常以海港或漁港為主題創作油畫，特別是描繪故鄉小琉球漁港（圖二十六）或是東港漁港的碼頭之題材的作品，顯露陳氏愛屏東、愛家鄉的情感。

圖二十六　陳瑞福：〈入港〉，1989年，油彩、畫布，112×162cm
圖片來源：高雄：高雄市立美術館典藏。

　　專長西畫和臺灣原住民藝術研究的高業榮（1939-2018，江蘇省泗陽縣人），自1967年起任教於其母校「屏師」，並在原住民學生引導下開始上山深入高屏地區進行田野調查研究臺灣原住民藝術[14]。受到十九世紀後期印象派畫家高更（Eugène Henri Paul Gauguin, 1848-1903）以外族身分深入法國屬地大溪地原住民居住地創作之影響，高氏長期接觸觀察排灣族和魯凱族原住民而創作出屬於外族眼光凝視下的臺灣原始民族生活圖像的油畫和水彩畫作品，其繪畫風格重視塊面的結構並揮動簡潔又富有節奏感的筆觸，產生

---

[14] 高業榮在「屏師」的教學生涯自1967年在臺灣省立屏東師範專科學校時期開始任教至國立屏東師範學院（今國立屏東大學屏師校區）時期，師專初期全臺的師專中僅於屏東師專設有「山地班」（原住民專班）。但1973年5月屏東師專校園爆發激烈的平地生（漢族）與山地生（原住民）的師範生集體族群衝突事件。1963年8月開始原屏東師專「山地班」集中式學制終止，臺灣省教育廳將原住民學生分散至全臺各師專教學。參見：〈屏東師專發生學生群毆〉，《臺灣日報》，1973年5月16日，第八版；宋神財：《原住民族小學師資培育政策研究——以屏師校園集體原漢衝突事件為中心的探討》，臺北：國立政治大學民族學研究所碩士論文，2016年。高氏因教學機緣先後接觸交遊學校中的「山地班」（全臺各原住民族合班之專班）學生以及1963年以後的零星「山地生」（僅限收高屏地區原住民學生），因而有機會由學生引導上山進行原住民藝術的研究和繪畫創作。

各塊面之間的整體對比效果（圖二十七）。1978年在萬山社部落魯凱族人的指引下，高氏首次在高雄縣茂林鄉深山發現史前遺跡「萬山岩雕」並以臺灣古南島語族的文化系統來思考進行研究，對臺灣考古學、人類學和藝術學等學術領域有關臺灣史前人類文化以及臺灣原住民文化與藝術有一定的貢獻。

曾當過學徒、做過噴漆工作及廣告畫的洪敬雲（1948-1984，屏東縣人），年輕時在屏東入翠光畫會習畫，考入國立臺灣師範大學美術學系後得以正式學習學院式正規美術訓練，也受到陳景容教授畫風影響，曾獲1977年舉辦的中華民國第八屆全國美展油畫第二名，其作品多以屏東農村景象和臺灣社會為題材（圖二十八），饒有臺灣鄉村風味的超現實主義特色，也反映1970年代「鄉土運動」所追求的臺灣鄉土文化自覺性。

屏東縣潮州鎮的前輩畫家莊世和的長子莊正國（1949-，屏東縣潮州鎮人）曾於屏東縣潮州鎮光春國民中學美術班執教，擅長油畫和水彩畫，亦持續追求抽象畫風。退休後莊正國維繫莊世和的「綠舍美術研究會」會務長期繼續籌辦「綠舍美展」。莊世和的次子莊正德（1955-，屏東縣潮州鎮人）早專攻水墨畫，曾留學日本，後任教於國立高雄海洋科技大學（後

圖二十七　高業榮：〈吃個檳榔吧〉，1986年，油彩、畫布，115×78cm

圖片來源：臺北：順益台灣原住民博物館典藏。

圖二十八　洪敬雲：〈懺歸〉，1976年，油彩、畫布，115×90cm，中華民國第八屆全國美展油畫類第二名作品

圖片來源：臺北：國立臺灣藝術教育館典藏。

改隸為國立高雄大學楠梓校區）。莊正德近三十年來亦致力於抽象畫面的油畫創作，曾創作一系列與海洋對話的畫作，其畫風寓含冥思深意，富有南臺灣及屏東意象。

（五）重要的水彩畫家方面

出生於屏東市的水彩畫家沈國仁（1924-2019）於戰後自臺灣省立師範學院藝術學系（今國立臺灣師範大學美術學系）畢業，曾擔任國立臺灣藝術專科學校（今國立臺灣藝術大學）美術科教授，在日本早稻田大學深造期間其作品深受其師不破章（1901-1978）的寫生觀念影響，其水彩畫擅長以透明重疊性技法表現南臺灣農村景象而自成風格（圖二十九）。

圖二十九　沈國仁：〈萬年溪邊洗衣〉，1972年，水彩、紙，78×115cm
圖片來源：屏東：屏東縣政府文化處典藏。

何文杞民國39年（1950）自臺灣省立屏東師範學校畢業後服務小學任教，1952年考進國立師範大學藝術學系（今國立臺灣師範大學美術學系）並於1956年畢業。何氏歷經第二次世界大戰前後臺灣的政權轉換，具有臺灣本土精神且曾擔任「建國黨」主席，被譽為具反省精神的臺灣鄉土主義畫家之一。他常描繪屏東地區的農村、古厝、水牛、農具、百合花，勾勒出臺灣人的共有記憶、生活與土地之美（圖三十）。

圖三十　何文杞：〈萬巒五溝水
　　　　劉氏宗祠〉，1988年，
　　　　水彩、紙，79×113cm
圖片來源：藝術家家屬收藏。

　　先後畢業於臺灣省立屏東師範學校和臺灣省立師範學院（今國立臺灣師範大學）國教科（三年制）的水彩畫家李進安（1932-，屏東縣枋寮鄉人）長期於屏東地區中小學任教美術和工藝課程。李氏繪畫方面受池振周、白雪痕二師啟蒙，並受李澤藩和施翠峰指導影響，技法則採擅用渲染法的「水渲色染」之效果，表現朦朧空靈的空間氣氛而顯其特色（圖三十一）。

圖三十一　李進安：〈林蔭夾道
　　　　　（千禧公園）〉，
　　　　　2015年，水彩、紙，
　　　　　54.5×79cm
圖片來源：藝術家家屬收藏。

　　陳處世（1934-2010，屏東縣潮州鎮人），先後畢業於臺東師範學校（今國立臺東大學）和屏東師專（暑期部），早年即於潮州致力於兒童美術教育以及兒童皮影戲和紙影戲之推廣，並於1981年成立「樂樂兒童紙影戲團」。陳氏於1984年榮獲中華民國畫學會民俗畫金爵獎。其繪畫創作以水彩見長，用色淡雅單純，留下許多描繪屏東縣潮州地區地方景色的水彩畫作。晚年陳處世潛心修佛，並將佛學思想以生活化之方式融入其美術教學。

同樣出身「屏師」畢業的張文卿（1936-1977，臺中縣新社鄉人），早年就讀於屏東師範學校。1956年畢業後曾任教於屏東縣潮州鎮的泗林國小和志成商工，擅長以水墨融合蛋彩材質作畫，他常以水彩墊底再敷以粉彩，使畫面產生厚重效果表現屏東鄉村的鄉野風光以及屏東縣東港鎮海邊的造船工作景象（圖三十二）等作品，因其畫面再現臺灣屏東地區的鄉土景緻常能激發臺灣人的愛鄉愛土情節，在1970年代臺灣藝文界於臺灣退出聯合國後掀起的「臺灣鄉土運動」潮流時期成名於臺灣藝壇，惜於1977年遭逢車禍英年早逝，享年42歲。

圖三十二　張文卿：〈停泊〉，1974年，粉彩畫，36×46cm
圖片來源：屏東：蕭永忠先生收藏。

水彩畫家林順雄（1948，屏東縣東港鎮人）於1972年政治作戰學校（今國防大學政戰學院）美術系畢業後曾任教於母校藝術系。林氏以水彩畫以嶺南派畫法以畫於馬糞紙上或特殊紙張上，渲染畫風中帶有光影效果，作品曾榮獲中華民國畫學會金爵獎（1978）、中國文藝協會文藝獎章（1982）、兩度榮獲國軍文藝金像獎首獎（1975、1976）、陸軍文藝金獅獎等榮譽，也曾擔任全省美展之評審委員，目前定居於海外。

陳文福（1948-，屏東市人），萬丹中學初中部畢業，早年從音樂轉入繪畫，自學繪畫有成三年，於1999年以水彩作品獲屏東美展平面類首獎（屏東獎），其後數年屢獲其他美術獎項佳績，如第58屆全省美展首獎（2004）、第17屆南瀛美展首獎（2004）等。陳氏專擅於鄉土寫實風格之水彩畫，他不僅

掌握光、影與質感表現屏東地方景色，畫面也顯露其對屏東地方深厚情感（圖三十三）。

水彩畫家簡天佑（1950-）初中時受蔡水林先生之影響專攻西畫，國立臺灣師範大學美術學系畢業，曾任教於屏東女中，其精湛寫實的水彩畫經常以高屏地區景色為題材，尤其以表現屏東大武山和恆春半島風光為近年來特色（圖三十四）。其水彩畫作曾獲臺北市美展第一名（1987）、高雄市美展第二名（1985）、教育部文藝創作獎水彩第三名（1987）以及2000年獲屏東縣立文化中心頒贈「美術成就獎」。

屏東地區客家籍畫家潘枝鴻（1958-2014，屏東縣萬巒鄉人）於1978年考入國立臺灣藝專美術科西畫組，其水彩作品曾榮獲第四屆高雄市美展第一名，日本現代水彩畫展優秀賞及大阪新聞社長獎。潘氏最擅長以精湛的技法和堅實的素描基礎繪製寫實性的油畫，題材尤其以客家地區如屏東縣萬巒鄉和高雄市美濃區的地方特色為主。

圖三十三　陳文福：〈恆春古城〉，2008年，水彩、紙，56×76cm
圖片來源：藝術家自藏。

圖三十四　簡天佑：〈戀戀舊鐵橋〉，2016年，水彩、紙，79×110cm
圖片來源：藝術家自藏。

黃進龍（1963-，屏東縣東港人）國立臺灣師範大學大美術系教授，曾任該校藝術學院院長，擅長水彩畫和油畫，作品獲全省美展永久免審查資格、第13屆全國美展水彩類金龍獎第一名以及高市美展第一名等榮譽。其作品常以輕快靈活的筆法表現海港風景，特別是其故鄉屏東縣東港和枋寮等漁港景色（如圖三十五）。

圖三十五　黃進龍：〈枋寮漁港〉，水彩、紙，30×45cm
圖片來源：屏東：屏東縣政府文化處典藏。

（六）重要的現代藝術家方面

　　國際藝壇紙藝術先驅的屏東籍美術家戴壁吟（1946-）於國立臺灣藝術專科學校畢業後留學西班牙，其作品（圖三十六）擅長符號性的與媒材的實驗性表現意象，是國際藝壇紙藝術先驅。

圖三十六　戴壁吟：〈倒三角的牌局〉，1996年，
綜合媒材、混合媒材，89×122cm
圖片來源：高雄：高雄市立美術館典藏。

屏東縣美術家蔡水林於屏東縣南州鄉南州國民學校（今南州國民小學）任教時曾擔任卓有瑞和謝德慶的小學級任老師，蔡氏對二人在日後美術發展上有所啟發。於屏東縣南州鄉出生的油畫家卓有瑞（1950-）曾以描繪家鄉屏東地區盛產之香蕉為題材，運用幻燈機將照片投影在畫布上後再以極端如照相寫實的細膩手法繪製《香蕉系列》（1973-1976）巨幅畫作（圖三十七）而一舉成名，並曾獲臺灣省美展首獎，後來長期居住美國發展藝術，近年移居香港。

圖三十七　卓有瑞：〈香蕉連作之七〉，1975年，油彩、麻布，181.5×224.5cm
圖片來源：臺中：國立臺灣美術館典藏。

出生於臺灣屏東縣南州鄉的美籍臺裔藝術家謝德慶（1950-）則發展出另類「行為藝術」形式的藝術作品名揚海外且登上國際藝壇。「行為藝術之祖母」南斯拉夫行為藝術教母 Marina Abramovic 也曾稱謝德慶為「大師」，謝氏可謂是國際著名「行為藝術」開山鼻祖之一。謝德慶在1978-1979年間曾以一連串行為藝術〈籠子〉（又名自囚）（圖三十八）、〈打卡〉、〈室外〉和〈繩子〉等代表性行為藝術作品表現亞洲裔身分的自己在面對現代工業社會都市化發展的美國異地制約式生活所產生的孤獨以及人與人之間的疏離感。2017年「第57屆威尼斯國際美術雙年展」臺灣館也由藝術家謝德慶以〈做時間〉（Doing Time）作品代表臺灣於國家館「臺灣館」參展。

在書法方面，陳福蔭（1916-2009，安徽省巢縣人）於民國34年（1945）奉「國家資源委員會」之命赴臺，自四川派遣至屏東糖廠，擔任臺糖第二分公司會計員管理帳務並定居屏東，來臺後於所任職的屏東糖廠成立書畫研究

圖三十八　謝德慶：〈籠子〉（又名自囚），1978-1979年，行為藝術

圖片來源：沂藝術網站，網址：http://yicllecta/zh/artiles/280，瀏覽日期：2024年10月3日。

（七）重要書法家和篆刻家方面

在書法方面，陳福蔭（1916-2009，安徽省巢縣人）於民國34年（1945）奉「國家資源委員會」之命赴臺，自四川派遣至屏東糖廠，擔任台糖第二分公司會計員管理帳務並定居屏東，來臺後於所任職的屏東糖廠成立書畫研究社義務教授台糖公司員工書法，適逢當時總統蔣中正所發起的「中華文化復興運動」，陳福蔭與劉子仁、馬國華等人在屏東發起籌組「屏東縣書畫學會」，推廣屏東地區書法藝術。陳福蔭在屏東以「墨緣軒」師門型社團的傳授書法；書法藝術創作上，他也以祖父遺留下來的「雞毛筆」創造出獨特的書風成為他個人特色，而其所使用的工具對二次戰後屏東地區書法文化與毛筆產業產生影響。[15]陳氏書法作品中常自撰詩文對聯等文字意義書寫而成，並隱含抒發個人之人生歷程與心境。例如陳福蔭七十二歲（1998年）時他書寫「憶昔扁舟過巴峽，初因小住入蓬萊」自撰對聯回顧當年自四川來到臺灣的心境，自身過往自「故鄉」突渡海到他鄉異域，未料「他鄉」臺灣屏東後來竟成為他長居之地（圖三十九）。

行、草、隸、篆、楷各書體皆通的書法家莊永固（1952-，臺中市人）

---

[15] 朱書萱、李易勳：〈承先啟後的渡海書家：陳福蔭與屏東書法文化〉，收錄於《在地全球化的新視域——2020第七屆屏東文學國際學術研討會論文集》（臺北：萬卷樓圖書公司，2020年），頁147-182；陳俊光：《陳福蔭書法研究》，宜蘭：佛光大學藝術研究所碩士論文，2009年。

於1983年參加全省美展連續三年獲書法類前三名，成為「永久免審查」榮譽書法家，並曾四次獲全省公教美展第一名和高雄市藝文獎章。近二十幾年莊氏曾長期於國立屏東大學屏師校區的視覺藝術學系兼任書法課程，在屏東地區培養許多年輕後進如書法家兼篆刻家莊哲彥等。

篆刻家林文彥（1952-，屏東縣東港鎮人）為前輩攝影家林慶雲之子、名篆刻家林磐聳兄長，任教於臺南科技大學兼任應用設計研究所。他於1984年開始從事印學研究，專攻元朱文及鐵線篆多字印的篆刻，注重陰陽刻交錯，主張刻印即是書法，並在歷代漢字字體上融入現代造形設計思維。

在屏東成長的阮常耀（1957-，屏東縣人）書法家年少於屏東成長，國中時期曾就讀屏東縣立中正國民中學美術班。阮氏於屏東高中就學期間受教於墨荷名家劉子仁老師，後接受正規專業書法養成教育專攻草書和篆刻，曾任教於國立臺灣藝術大學書畫學系，作品曾獲得中山學術文藝創作獎及中國文藝獎章。其書體變化有致與行氣通暢，2009年曾書寫屏東主題書法作品〈屏東謠〉（圖四十）表現他對故鄉屏東地景的讚頌心情。

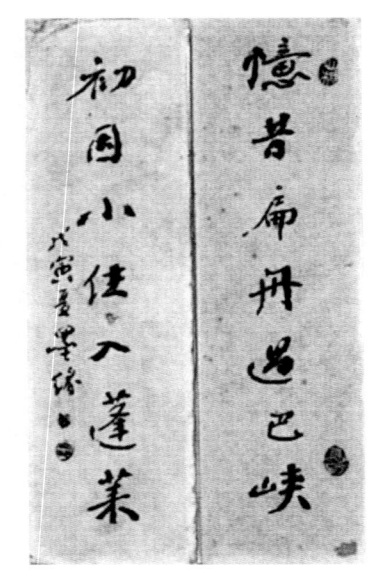

圖三十九　陳福蔭：〈憶昔扁舟過巴峽，初因小住入蓬萊〉（對聯），1998年，紙、墨

圖片來源：《人間福報》（電子版），網址：http://merit-times.com.tw//，發布日期：2024年6月9日，瀏覽日期：2024年10月12日。

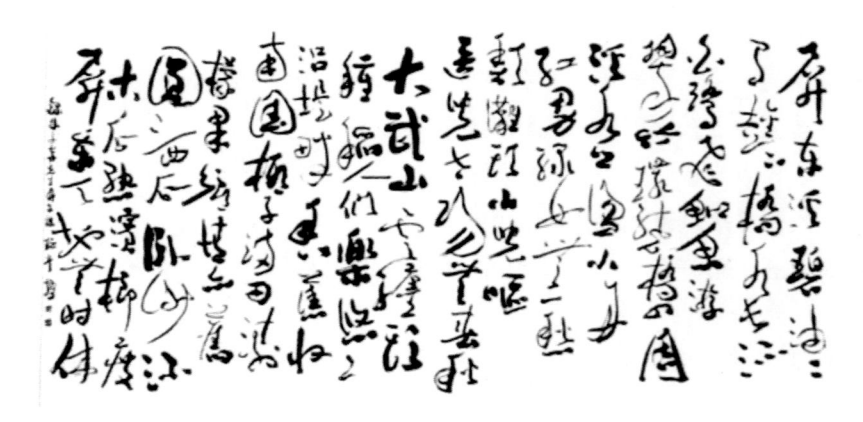

圖四十　阮常耀：〈屏東謠〉，2009年，紙、墨，36×160cm×8幅
圖片來源：藝術家自藏。

現任國立歷史博物館館長梁永斐（1962-，屏東縣高樹鄉人）自高樹國中畢業後考入臺灣省立臺東師範專科學校。東師求學時期鑽研書法，歷任文化部藝術發展司司長、國立國父紀念館館長、國立臺灣美術館館長，現任國立歷史博物館館長。梁氏近年來將書法以西周金文、漢隸以及草書之碑帖造形結合西方抽象表現主義繪畫以及色域繪畫而形成獨特書風（圖四十一）。

圖四十一　梁永斐：〈樂團〉，2015年，紙、墨、水性顏料
圖片來源：臺北：國家文官書院典藏。

賴文隆（1964-，高雄縣大寮鄉人）曾先後畢業於屏東師專美勞組（1984）、新竹師院美勞教育學系（1991）、中國文化大學藝術研究所碩士（1996），他專攻書法各體並推廣書法教育有成，曾任教於國小、國中以及潮州高中，為屏東地區書法家之一，後獲國立高雄師範大國文系書法學術博士學位。

　　李國揚（1965-，雲林縣人）曾先後畢業於臺東師專語文組、臺東師院初等教育系美勞組，屏東師院視覺藝術教育學系碩士班，現於國立高雄師範大學國文學系攻讀博士學位中。李氏從學習傳統書法各體奠基，再突破書法的形式與結構發展出自我風格之「現代書藝」取向作品（圖四十二），其書法作品2001年曾獲屏東美展「屏東獎」（書法篆刻）；2009年亦獲全省公教員美展第一名。近二十年來李氏在其長期任教的屏東市公館國民小學持續推動屏東地區的國小書法教育，績效卓越並屢獲獎勵。

　　近二十幾年來在高屏地區長年持續鑽研書法和篆刻之創作與學術研究者莊哲彥（1981-，南投縣人）自幼學習書法，涉獵行、草、篆、隸各書體，後並致力於篆刻創作研究，先後於屏東教育大學視覺藝術學系畢業後又獲碩士學位，再就讀國立高雄師範大學國文系取得博士學位。其篆刻作品近年來經常獲獎，例如曾獲全國大專篆刻競賽第一名等，並曾前往福建師範大學從事博士後研究，現任國立屏東大學視覺藝術學系兼任助理教授。

圖四十二　李國揚：〈糖廠煙囪〉，2014年，紙、墨

圖片來源：《臺東電子報報》，網址：http://taitung.news/arhires/6981//，瀏覽日期：2024年10月3日。

（八）重要立體造形藝術家方面

　　屏東地區亦不乏投入雕塑、陶藝和

公共藝術等立體造形藝術方面專業的傑出表現者。蔡水林（1932-2015，屏東縣南州鄉人）的美術創作多元，除了其水彩、油畫之畫藝精湛之外，其傳統雕塑或材質實驗性立體創作均獲好評，是1970年代屏東地區立體造形藝術方面的開啟者，他曾獲得德國第一屆國際紙藝術雙年展、巴西國際紙藝術展及日本東京美術大展等殊榮。蔡氏常以屏東地方為題材創作繪畫和雕塑，例如青銅雕塑作品〈原住民（男首）〉（圖四十三）即是以屏東原住民為題材之作。

圖四十三　蔡水林：〈原住民（男首）〉，1988年，青銅雕塑，69.5×40×18cm

圖片來源：藝術家家屬收藏。

　　黃朝謨（1939-，屏東縣東港鎮人）1973年黃氏離臺前往比利時進入布魯塞爾的皇家藝術學院學習油畫和雕塑，長住比利時任教，也經常返臺短暫任職，曾應行政院文建會之聘主持修復黃土水的雕塑作品〈釋迦出山像〉原模。近年則以油畫創作為主。方建明也是屏東地區重要的雕家，他早年於國立藝專學生時期曾隨臺灣前輩美術家協助完成新北市三峽區祖師廟內部浮雕作品。1976年任教屏東師專至屏東教育大學時期，方氏曾在國立屏東大學屏師校區校園內外以及屏東地區的公共建築物或空間留下許多立體雕塑、浮雕（圖四十四）和公共藝術作品[16]。

　　1955年生於屏東縣內埔鄉的張新丕（1955-）亦是一位多重藝術媒材的創作者，1987年畢業於法國國立高等藝術學院後曾至奧地利定居創作。張氏

---

[16] 例如方建明曾率領學生完成國立屏東大學屏師校區六愛樓內部的浮雕作品〈問禮〉（1976年完成）、光畫樓外部浮雕作品〈日月光華〉（1977年完成）、屏師校區原圍牆上表現師範教育五育並重之主題巨型浮雕約三百餘公尺（1978年完成，現已拆除）、屏東棒球場浮雕（1976年完成）以及屏東市千禧公園公共藝術作品〈愛侶〉（2014年完成）等代表作品。

圖四十四　方建明：〈問禮〉，1976年，樹脂與玻璃纖維浮雕，660×1400cm
圖片來源：屏東：國立屏東大學視覺藝術學系典藏。

的多元創作除了平面繪畫之外也包含複合媒材、裝置藝術和公共藝術等方面，作品中常反映屏東地區的居民生活或地方場域意象。

陶藝創作上，國內外知名的陶藝家徐永旭（1955-）於1976年自臺灣省立屏東師範專科學校美勞組65級畢業[17]後於國小任教。1990年間徐永旭曾跟隨陶藝家楊文霓學習創作，其陶藝作品（圖四十五）以結合雕塑性與空間關係，強調身體與作品間的對話，並從進行寓言式傳達社會現象以及概念化的造形表達內心意念，其作品頻獲國內外陶藝大獎[18]。

曾永鴻（1960-）在就讀臺灣省立屏東師範專科學校時期曾參加「雕塑社」向方建明老師學習雕塑，因此其作品明顯帶有強烈的雕塑特性，並榮獲許多國內陶藝競賽或展覽之獎項並獲好評[19]。曾氏也常利用陶板及手塑方式

---

17 陶藝家徐永旭與現任教育部長鄭英耀以及水墨畫家盧福壽教授等三人於就讀臺灣省立屏東師範專科學校時為美勞組同班同學並於民國65年（1976）畢業。
18 從事陶藝創作的徐永旭多年來在國內外陶藝創作得獎無數，例如：第22屆臺北市美展陶藝類特優首獎、日本第8屆美濃國際陶瓷器展首獎、第42屆吳三連獎藝術獎……獎項。
19 曾永鴻獲首獎之紀錄例如：中華民國第7屆陶藝雙年展現代組「特選首獎」（1997）；第12屆南瀛美展陶藝類「南瀛獎」（1998）。

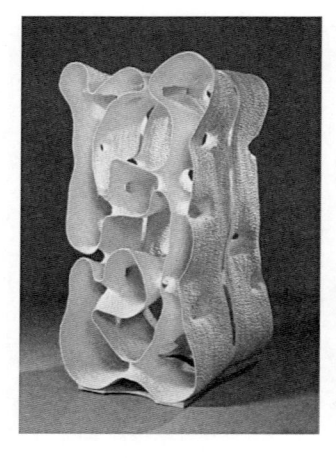

圖四十五　徐永旭陶藝作品，2017年，瓷土，174×107×84cm

圖片來源：https://www.moongallery.com.tw/painter_detail.asp?deid=31。

來塑造形體，再以化妝土彩繪表面，有部分則以上色釉創作方式處理作品氛圍。主題上透過陶土的可塑性來暗喻或闡釋「人」與「自然」和「社會」的相互關係或人世間的悲歡情仇。賴新龍（1964-，屏東縣高樹鄉人）曾任教於屏東大仁科技大學數位多媒體設計系，其藝術創作類型多元，包含平面繪畫、立體造形、裝置藝術、複合媒材以至於公共藝術創作。

（九）重要版畫家和設計家方面

　　戰後屏東地區的版畫學習的機會相對較少，陳國展（1937-2024，屏東縣竹田鄉人）是極少數鑽研現代版畫的美術家。陳氏於1956年畢業於臺灣省立屏東師範學校，後於屏東地區的中小學校擔任美術教師，因對版畫藝術的執著請益版畫藝術家廖修平關於版畫創作理念和技法，1980年起，陳國展的銅版畫連續三年獲得臺灣省展首獎、永久免審查榮譽、中華民國畫學會金爵獎、中華民國版畫學會金璽獎的肯定，奠定在臺灣版畫的重要定位。其凹版畫作品（圖四十六）常採屏東地區的傳統建築、人文意象、民間藝術、在地產業以及社會現實生活為題材創作並加入超現實空間氛圍。

　　曾擔任政府機構的平面設計而成名的軍旅出身畫家林幸雄（1943-2017，屏東縣東港鎮人），他從政治作戰學校藝術系畢業後，運用他在軍校學院式

圖四十六　陳國展：〈同朽〉，1982年，蝕刻凹版銅版，40×49cm
圖片來源：臺中：國立臺灣美術館典藏。

繪畫、宣傳畫和漫畫訓練的基礎，加上戰後來臺以創作人物畫著稱的「梁氏家族」的梁又銘畫家之推薦，擔任愛國獎券和國軍同袍儲蓄券的設計工作，從1971年起林氏接續梁氏的愛國獎券繪製工作，從第605期到1987年的第1171期為止。林氏亦擅長水墨畫，其畫作筆墨用色精熟，並曾採用日治時期金子常光和吉田初三郎（1884-1955）的臺灣鳥瞰圖畫取景概念，將屏東縣境各重要建設和景點收納畫中，此畫風例如民國85年（1996）屏東舉行的臺灣區運動大會所展示的巨幅（長370公分、高110公分）的水墨畫作〈屏東建設名勝觀覽圖〉。

臺灣設計領域中近三十年來的視覺傳達設計（平面設計）大師林磐聳（1957-，屏東縣東港鎮人）為前輩攝影家林慶雲之子，名篆刻家林文彥之弟。林氏曾任國立臺灣師範大學美術學系教授、研究講座、副校長等職務，現任亞洲大學視覺設計學系講座教授。2007年以視覺設計之成就榮獲國家文藝獎。其設計作品享譽國際，尤以「企業識別系統設計」（Corporate Identity System，簡稱 CIS）以及精細筆調傳達臺灣本土精神的插畫設計（圖四十七）

最為有名。臺灣許多政府機關、國營事業和私營企業之商標以及企業識別系統設計多為其設計名案之作。林氏在藝術與設計上的成就非凡，2007年榮獲國家文藝獎，為歷屆最年輕美術類得主。

　　專注於商業設計、造形方法與教育和設計史論理論研究的林品章（1956-，屏東縣萬巒鄉人）1984年獲日本國立筑波大學設計研究所碩士學位，並於2002年取得日本國立千葉大學人工物、地球環境科學學術博士，曾任教於國立臺灣科技大學工商設計學系，中原大學商業設計學系主任、文化資產研究所所長、設計學院院長，以及臺南應用科技大學校長等行政職，並經常參與相關單位的設計規劃以及評審。他在設計領域的學術和行政經歷和成就非凡，是國內視覺傳達設計學術界中重要學者。

圖四十七　林磐聳，〈漂泊的台灣〉，1993年，平版印刷，85×60cm

圖片來源：藝術家自藏。

　　同樣來自屏東的設計領域學者邱文正（1963-，屏東縣潮州鎮人）目前為國立彰化師範大學美術學系副教授兼系主任。1990年代邱氏赴美國留學前曾在國立屏東師範學院（今國立屏東大學屏師校區）任職平面設計工作。後獲美國紐約州羅徹斯特學院（Rochester Institute of Technology）藝術碩士學位返國任教國立彰化師範大學美術學系並從事設計和藝術創作。邱氏的專業領域專長包含電腦數位設計、設計方法、視覺傳達與設計廣告與包裝設計，透過圖像技術，運用 AR 作為轉換工具閱讀等，將當代數位科技融入藝術和設計創作頗有成果。邱氏不但運用數位科技展示其設計作品，讓漢字文化與當代人溝通，並以虛擬實境之設計作品提供當代人感受先民移居臺灣之生活場景，讓人感受地方歷史的古代風華。

以屏東為起點學習版畫藝術的版畫家蕭達憶（1974-，彰化縣人）畢業於國立屏東師範學院美勞教育學系，在屏東學習期間曾研修陳國展和張繼文兩位的版畫課程且極為投入，後入國立臺北藝術大學造形研究所獲碩士學位，擅長版畫創作，其作品畫面常能常能藉由地方的人、事、物或地景營造深沉靜謐之特殊氣氛，曾獲2005全國美展版畫第一名、第59屆全省美展版畫第一名、中華民國第12屆國際版畫及

圖四十八　蕭達憶：〈屏東鐵橋〉，2002年，水印木刻版畫，18.5×27cm

圖片來源：屏東：屏東縣政府文化處典藏。

素描雙年展版畫金牌獎等國內和國際大獎殊榮。蕭氏作品以木刻水印版、金屬材質凹版以及平版技法為主，部分創作題材曾再現屏東的代表性地景特色，例如2002年的作品〈屏東鐵橋〉（圖四十八）連接高雄、屏東兩端的下淡水溪鐵橋（又稱高屏鐵橋、舊高屏鐵橋等）的黃昏景色引發屏東人對過往時光的記憶。

（十）重要的多元媒材和數位化藝術專家方面

與美術領域關係密切的電影藝術，在屏東縣也出現國際著名電影大師李安（1954-，屏東縣潮州鎮人）。李安的祖先來自江西省德安縣，祖上做過國民政府時期的縣長，父親李昇來臺後在學校任教。李氏自幼生長在書香門第，因父親李昇那時擔任潮州高中的教務主任，全家人當時居住在潮州高中的教師宿舍（現已改建為該校的學生宿舍）。李安為國際知名電影導演，他曾獲得多個主要國際電影獎項，包括兩屆奧斯卡金像獎、兩屆金球獎、兩屆威尼斯影展最佳影片金獅獎以及兩屆柏林影展最佳影片金熊獎、英國電影學院獎終身成就獎，其代表作品如《臥虎藏龍》獲得第73屆奧斯卡最佳外語片

獎及3個技術獎項。2006年和2013年則分別以《斷背山》和《少年 Pi 的奇幻漂流》獲得第78屆奧斯卡金像獎與第85屆奧斯卡金像獎「最佳導演獎」。屏東縣潮州鎮的地方文化和其書香門第的傳統家庭背景浸染影響的電影作品《飲食男女》（圖四十九），甚至於後來在其電影作品《少年 Pi 的奇幻漂流》中所出現的屏東縣恆春鎮墾丁國家公園場景，都證明屏東地方特質為李安提供他在電影創作上的原始素材。

1967年生於高雄縣美濃鎮的張重金（1967-），幼年時期遷居屏東，曾任教於大仁科技大學數位多媒體設計系兼客家研究中心主任，目前任教於國立屏東大學文化創意產業學系。張氏從純粹美術出發，兼涉擅水彩、動漫藝術與平面設計等，其水彩畫淋漓盡致的手法表現屏東地方風情，又能結合家文化和歷史以動漫藝術和文創設計方式展現[20]。例如張氏在2017年完成的抗日事蹟漫畫文創作品中以動漫筆觸描繪之日治時代之始在屏東地方發生的可歌可泣的抵抗日軍歷史事件[21]，創作一連串的漫

圖四十九　李安導演：《飲食男女》
（Eat Drink Man Woman）
海報，1994年出品

圖片來源：維基百科網站，網址：http://zh.wikipedia.org/zh-tw/飲食男女_%28電影%29。

---

20 張重金曾繪製並出版《客家同六堆介故事》一書以敘述客家歷史的漫畫書，獲國立編譯館頒發九十三年全國優良圖書獎第四名和十萬元之獎金；2001年獲屏東縣文化局邀請，配合館慶策展「屏東封神榜——名人漫畫素描展」；近年又陸續出版《六堆風雲傳首部曲——捍衛家園》（2011）、《六堆風雲傳二部曲——義薄雲天》（2014）、《六堆三部曲——碧血丹青》（2016）等連環史詩漫畫。

21 1895年（乙未年）在屏東市郊大連路末「火燒庄」社區以及和長治鄉交界地區的殺蛇溪附近發生客家六堆客家義勇軍的抗日「火燒庄戰役」。「火燒庄戰役」是指發生於1895年11月26日，在今日臺灣屏東縣長治鄉長興村的一場會戰，交戰方是大日本帝國

畫和文創作品（圖五十）而顯露才華。

從事數位攝影和影像處理創作影像作品的賴易志（1979-，彰化縣人），2008年6月自國立屏東教育大學視覺藝術學系畢業後，同年進入國立高雄師範大學美術研究所攻讀碩士學位。他擅長以自己的感悟為基礎，運用客觀紀實性攝影結合電腦影像處技術，其影像作品表現自己主觀性的內心思維，原本客觀性紀實場景竟能發出無聲控訴而引人省思。賴易志於2006年以大學二年級的學生身分送交他觀察到的屏東地區和高雄地區之地方環境現象創作出「空間失序」（圖五十一）系列，他親臨屏東縣的佳冬鄉和枋寮鄉以及高雄縣的林園鄉等地拍攝數位影像後再進行

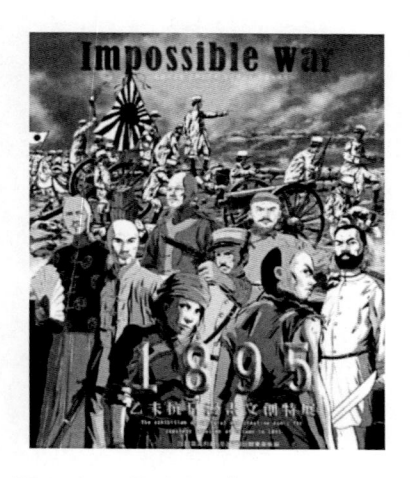

圖五十　張重金：「1895乙未抗日漫畫文創特展」海報，2017年展出

圖片來源：藝術家自藏。

電腦影像處理的後製，完成具有現實和超現實融合的影像，提醒世人關切氣候環境變遷以及人為破壞對人類的影響。此創作[22]榮獲「高雄獎」首獎殊榮後，賴易志在藝壇逐漸嶄露頭角並持續創作展覽。

陸軍與當地客家人由邱鳳揚所集結的六堆客家義勇軍。「火燒庄戰役」古戰場焦點位於今「屏東市瑞光國民小學」與屏東縣長治鄉長興村的「六堆全民抗日紀念公園」一帶，日軍和六堆客家義勇軍雙方隔著殺蛇溪交戰，日軍以優勢兵力與砲火攻擊，最終日軍獲勝，長興全村被日軍放火焚燒將整座村莊燒成灰燼而稱「火燒庄戰役」。

22　張繼文：〈漂流木的悲歌：賴易志影像作品評析〉，《藝術家》第385期（2007年），頁543。

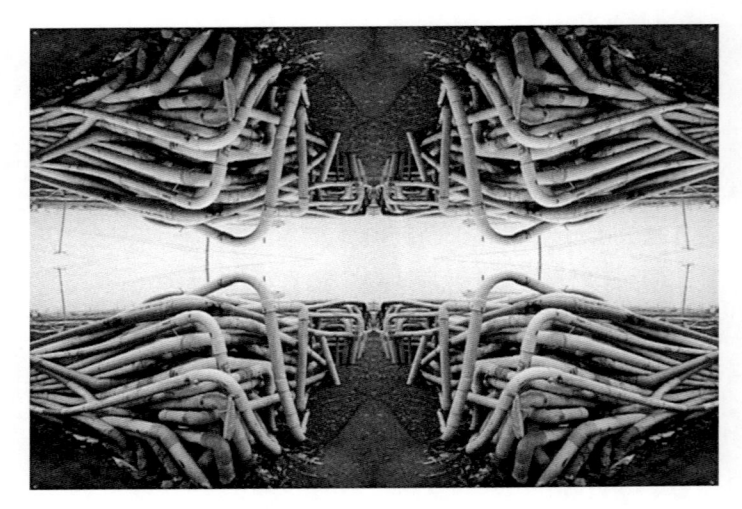

圖五十一　賴易志：《空間失序》（系列作品之一），2005年，數位影像輸出，66×100cm

圖片來源：藝術家自藏。

（十一）重要的廟宇藝術家和原住民藝術家方面

　　二次大戰後初期屏東地區的美術家在廟宇藝術方面也有所表現，例如臺南民間廟宇彩繪大師潘麗水（1914-1995，臺南市人），他為日治時期至二次大戰後臺南地區最具代表性的一代寺廟畫師，1931年曾以膠彩畫〈畫具〉一作入選日治時代的第五回「臺灣美術展覽會」展出。潘麗水於屏東地區曾完成許多民間廟宇門神彩繪作品，包含屏東慈鳳宮門神（1970年完成）以及屏東縣九如鄉三山國王廟的門神（1984年完成），作品展現廟宇彩繪藝術細膩精緻且金碧輝煌的格調。

　　在原住民藝術方面，屏東地區的臺灣原住民族美術家甚多，其作品也發展出自己的族群特色。從人類學與考古學的角度觀視臺灣原住民的視覺藝術，不免令人發現其造形與色彩常與該民族的祖靈信仰崇拜有密切關係，也牽涉到該地區部族的貴族階級制度以及部落生活方式，因而能呈現各部族多元且豐富的意義。對臺灣原住民部族內部而言，該部族藝術作品的生產源於

「在地」的自然環境與神靈傳說，原住民藝術家以具象的視覺符號將其所見所思予以「視覺化」（visualization），藉以「溝通」部族成員之間共同的思想與情感。

　　於2018年獲選第二十屆國家文藝獎國家文藝獎得主的當代屏東縣原住民藝術家，例如屏東縣排灣族原住民藝術家撒古流・巴瓦瓦隆（Sakuliu Pavava-ljung，漢名許坤信，1960-），巴瓦瓦隆家族世代幾乎都是藝術家，其祖父都是部落中出色而受人尊敬的工藝匠師，擅長刀、鞘、弓、箭、鼻笛與口笛等物件的製作；其父親許坤仲（Pairang Pavavaljung）精通傳統工藝禮刀、口鼻笛雕刻，是著名的排灣族工藝家。撒古流為復興排灣族傳統工藝與文化傳承，於1984年設立古流工作室。其美術作品風格（圖五十二）主要展現出細膩手法的平面繪畫、雕塑和公共藝術，並帶有強烈的台灣原住民之自我意識和文化認同議題。

圖五十二　撒古流・巴瓦瓦隆：〈太陽的小孩〉，2017年，
青銅、白鐵，410×390cm

圖片來源：張繼文攝於屏東車站一樓大廳前站左側門的公共藝術基地，2018年。

　　撒古流・巴瓦瓦隆的胞弟伊誕・巴瓦瓦隆（Etan Pavavaljung）以特殊的「紋砌刻畫」（venecik）作為主要的創作形式，紋砌刻畫為一種古傳的書

寫方式，伊誕・巴瓦瓦隆將其延伸法展為一種創作手法，類似木刻版畫的刻板方式直接在木板上色。出生於屏東縣三地門鄉三地村（地磨兒部落）的排灣族藝術家雷恩（本名為古勒勒・羅拉登，Kulele Ruladen, 1973-）擅長鐵件材質結合其他媒材的動力機械裝置之當代藝術獨特形式。1970年代臺灣政治解嚴後，屏東地區的原住民美術家們紛紛從自我傳統紋飾和木雕製作出發，並學習結合現代美術創作工具、多元媒材、傳統技法和當代科技等，已創造屬於族群文化認同感的美術作品。

（十二）屏東地區的重要美術設施與美術教育

美術的發展須要眾多的人才與物質性的支援，多年來，政府積極推動各項藝文展演空間的硬體建設，也不斷提倡各種藝術活動，促使屏東美術延續發展屏東地方特色。學校教育方面，屏東縣的大學和屏東市中小學對於未來全民美育以及潛在美術專業人才的養成教育也大力提倡扶持，對於日後屏東美術的持續發展也將有重要影響。

日治時代至1970年代屏東地區的美術設施與展覽活動多集中於屏東市林森路與中正路交會的原「屏東圖書館」[23]以及屏東市信義路的「中山堂」。1980年，位於屏東市的「中正藝術館」落成，屏東縣政府也於1984年於今屏東市千禧公園內成立「屏東縣立文化中心」（今屏東縣政府文化處總圖書館），掌管屏東縣境內的文化與藝術發展相關業務，也在一樓設有美術展覽空間，曾是此階段屏東縣美術展覽最佳場所，對於屏東縣美術發展有重大貢獻。後因屏東縣政府文化處行政辦公場所先後遷移至屏東演藝廳和屏東菸廠舊址的「屏菸1936文化基地」，原「屏東縣立文化中心」恢復改建為單一圖書館功能的「屏東縣立圖書館總館」，展覽空間廢除。

---

[23] 原「屏東圖書館」於第二次大戰後改名為「介壽圖書館」，位於今屏東市林森路與中正路交叉口的今「陽信銀行」原址，原為紅磚牆主體之西洋式建築風格，日治時代至戰後的1980年代除了圖書館功能為主以外，屏東地區美術家也經常舉辦展覽，是當時屏東市區最重要的美術展覽場所。

2010年，屏東縣決定利用昔日「屏東市公所」的閒置空間修建為「屏東美術館」，作為民眾接觸美術的最佳場域。舊的「屏東市公所」建築重新規劃再利用，成為屏東縣第一所美術館，使屏東地區正式進入「美術館時代」。同年並舉辦屏東美術館開幕首展，聘請張繼文為「屏東美術館」首展的策展人，首展以「穿越南國」為主題，展出與屏東美術發展相關的美術家作品，並回顧屏東美術發展的脈絡。由於屏東美術館位於屏東市菁華地段，整年舉辦各種美術展覽，吸引縣民與造訪屏東的他地遊客接觸美術，是目前屏東縣最重要的美術展覽場所。美術館周邊具有獨特的自然與人文環境，不但鄰近以屏東市太平洋百貨公司為中心的商圈，並與屏東公園「演武場」等連結成為屏東市區獨特的休憩與藝文空間。

　　曾經是日治時期演練武術以及228事件屏東談判場所的屏東市「演武場」，在修建後現在屏東縣文化處經常舉辦美術、設計和文創相關展覽。屏東縣政府文化處管轄的「屏東藝術館」位於屏東縣立大同高級中學旁邊，也是屏東地區美術團體經常舉辦活動的官方場所。行政院客家委員會設立的「六堆客家文化園區」，內部設有「第一特展室」和「六堆藝廊」等展覽場所，經常舉辦美術展覽，讓遊園民眾有機會認識藝術，也提供屏東地區藝術創作展示的空間。

　　1996年屏東縣政府文化處將閒置的臺灣鐵路局枋寮站的員工宿舍改變為「枋寮 F3 藝文特區」（俗稱「枋寮藝術村」）並提供美術家駐村創作，目前已成為枋寮地區以及前往恆春半島遊客的文化觀光景點。不過，近年來「枋寮藝術村」因產權歸屬交由枋寮鄉公所接管，隨即解散藝術村內美術家的創作和展覽空間，轉型規劃為改以地方創生、商業營運、藝廊平臺、文化創意結合餐飲等模式發展。

　　2018年，屏東縣政府文化處也將日治時代「屏東菸廠」等閒置空間「屏東支局葉菸草再乾燥場」進行改建，於2022年2月25日開幕，成為屏東地區嶄新的展覽和文化創意產業的展示空間，並命名為「屏菸1936文化基地」。該基地與鄰近的國立屏東大學民生校區和「屏東演藝廳」遙遙相對，近年來屏東縣政府文化處辦公處所也移往「屏菸1936文化基地」辦公，推動屏東地區的

文化和藝術，使該地區增添更多藝文氣息。「屏菸1936文化基地」中以屏菸19號倉庫改造新生轉成屏東縣典藏中心並於2024年9月20日揭幕，從歷史建築活化作為典藏功能的藝術收藏中心，館內典藏日治時代以來屏東美術家之經典作品，包含原住民、美術類、民俗類等3000餘件文物以及50件具有文資身分的一般古物。「屏菸1936文化基地」中亦新設立「屏東縣立美術館」，將由基地中的14號倉庫改造而成，占地面積約1600坪，為二層樓的歷史建物，預計2024年底完工，未來將是屏東地區美術展覽展覽和推廣的重要場所。

此外，國立屏東大學於屏師校區設立的「藝文中心」也是屏東地區重要的展覽空間之一，經常展示國內名家和學術界的美術作品，內部也設有黃光男、陳景容、何文杞以及陳國展等人的個人美術館。民間展覽設施方面，位於屏東市的佛光緣美術館是強調透過藝術弘揚宗教精神啟迪人心為宗旨而設立的美術館，經常舉辦平面繪畫展覽。私人畫廊則以屏東市屏東美術館、演武場和屏東公園附近的「巴比頌畫廊」為代表，此畫廊也定期展示國內外美術家的作品。

為提倡屏東美術的發展，屏東縣政府文化單位經常舉辦各種美術比賽與展覽活動，例如1987年起辦理「屏東縣地方美展」，又如1991年開始迄今舉辦「屏東美展」並設立「屏東獎」，其他還有類似相關的美術比賽與展覽，這一類的美術比賽與展覽都能獎勵年輕美術學子，促使屏東地區美術風氣日益興盛。

美術教育方面，現今屏東地區的學校專業美術教育仍以國立屏東大學視覺藝術學系為翹首。該系正式設立於1992年「國立屏東師範學院」時期，原名「美勞教育學系」，原為專門培養國民小學美勞教育師資之學系，也陸續培養許多美術專業人才。2005年，「國立屏東師範學院」改名為「國立屏東教育大學」因此該系也於95學年度起轉型為非師資培育學系，並更名為「視覺藝術學系」，強調視覺藝術專業人才之養成。2014年，原「國立屏東教育大學」與原「國立屏東商業技術學院」併為「國立屏東大學」從此「國立屏東大學視覺藝術學系」邁入強化產、官、學、研合一的新時代視覺藝術教育方向。

專業美術的基礎教育方面,接續臺灣1970年代以「資優教育法」為法源依據設立的少數「美術資優班」,在1990年代轉型成為以「藝術才能教育法」為法源依據設立的屏東地區的中小學「藝術才能教育美術班」甚多,其數量為全國之冠。無論是「美術資優班」或是「藝術才能教育美術班」,這些美術班發掘並培養屏東地區具有發展潛力的中小學生之專業美術能力,成效良好。中等教育階段美術班計有國立屏東高中美術班、屏東縣立大同高級中學美術班(含國中部美術班)、屏東縣立新園國中美術班、屏東縣立光春國中美術班、屏東縣立恆春國中美術班等。屏東地區國小階段「美術班」計有屏東縣屏東市中正國小美術班、屏東縣屏東市民和國小美術班、屏東縣東港鎮東隆國小美術班、屏東縣潮州鎮潮州國小美術班、屏東縣枋寮鄉建興國小美術班以及屏東縣恆春鎮恆春國小美術班等。這一些具備美術潛力的美術班學生也將是未來屏東地方美術之新血,對於未來屏東美術的持續發展也將令人期待。

六　結論

　　回顧屏東美術發展歷程,並從跨文化研究(Cross-cultural studies)的觀點來觀察,屏東美術可以說是跨文化情境中發展的,無論是當地最早的原住民族、來自今中國的移民、到臺灣統治的境外族群和政權,在臺灣皆必須面對不同族群之間的歧異。兩個族群和文化在某一空間內的接觸,導致雙方透過「想像」(imagination)與「再現」(representation)的觀點去處理雙方文化的交會。普瑞特(Mary Louise Pratt)曾指出,兩種不對稱的文化發生接觸、碰撞、連結時,就會產生一種所謂「接觸區」(contact zone)的社會文化現象,並且以一種跨界狀態(transculturation)[24]之方式不斷進行著。隨著近代臺灣美術史的演進,屏東美術從明鄭成功政權來臺開始接觸到來自明代和清代的藝術淵源,特別是受到書法和傳統工匠藝術的影響。日治時代的日

24　M. Louise Pratt, "Arts of the Contact Zone", *Profession*, 91 (1992), pp.33-34.

本殖民統治者開啟臺灣人的視野，他們所帶來的日本美術傳統以及西方美術的表現方式，開啟屏東美術第二次跨文化的接觸，教導臺灣美術學習者運用自己的媒材和技法再現屏東的地方特色。第二次世界大戰後，屏東的美術家們再次接觸來自中國的美術家，也再次以跨文化的方式相互學習、交流和創作，尤其是以「屏師」為核心的地方美術發展。戰後屏東美術家們在不同藝術領域中發揮自己的創造性才華，並以不同的方式再現屏東，且能表現自己族群文化認同的作品，造就多采多姿的屏東美術地方特色。

參考文獻

一　專書和期刊

廖瑾瑗：〈臺展東洋畫部與「地方色彩」〉,《臺灣美術百年回顧學術研討會論文集》,臺中：國立臺灣美術館,2001年,頁37-62。

朱書萱、李易勳：〈承先啟後的渡海書家：陳福蔭與屏東書法文化〉,收錄於《在地全球化的新視域——2020第七屆屏東文學國際學術研討會論文集》,臺北：萬卷樓圖書公司,2020年,頁147-182。

省立屏東師範專科學校編：《屏師四十年》,屏東：省立屏東師範專科學校,1986年。

高雄市政府文化局編：《高雄地圖樣貌集》,高雄：高雄市政府文化局,2015年。

宋神財：《原住民族小學師資培育政策研究——以屏師校園集體原漢衝突事件為中心的探討》,臺北：國立政治大學民族學研究所碩士論文,2016年。

徐芬春總編輯：《穿越南國：屏東地區美術發展探索》,屏東：屏東縣政府,2010年。

翁連溪編著：《清代內府刻書圖錄》,北京：北京出版社,2004年。

屏東縣政府文化處編：《藝象‧屏東》,屏東：屏東縣政府,2013年。

莊永明編撰：《台灣鳥瞰圖——1930年代台灣地誌繪集》,臺北：遠流出版社,1996年。

郭繼生：〈美術與文化政治：臺灣的日本畫／東洋畫／膠彩畫〉,收錄於陳樹升主編：《膠彩畫之淵源,傳承及其影響學術研討會論文集》,臺中：臺灣省立美術館,1995年。頁279-344。

許瀞月：《磋商之繩：謝德慶的行為藝術1978-1999》,臺北：田園城市文化事業公司,2016年。

國立屏東師範學院編：《屏師校史初輯》，屏東：國立屏東師範學院，1994年。
國立歷史博物館編輯委員會、屏東美術館編輯委員會編輯：《看見，臺灣——林磐聳的藝術與設計》，臺北：國立歷史博物館，2013年。
國立臺灣美術館策劃，蔣伯欣撰：《綠舍・創型・莊世和》，臺北：藝術家出版社，2019年。
陳巧婚：《高業榮生命史及其畫藝之研究》，國立屏東教育大學藝術教育學系碩士論文，2010年。
陳俊光：《陳福蔭書法研究》，宜蘭：佛光大學藝術研究所碩士論文，2009年。
童鈺華執行編輯：《先驅者——何文杞的藝術人生》，臺北：客家委員會客家文化發展中心，2018年。
張繼文：〈漂流木的悲歌：賴易志影像作品評析〉，《藝術家》第385期，2007年，頁543。
張繼文：〈帝國的視覺抽屜：日治時期臺灣美術「地方色彩」從屬論述〉，《藝術論衡》復刊第2期，2009年，頁29-166。
張繼文：《穿越南國：屏東地區美術發展的五個思考觀點》，屏東：屏東縣政府，2010年。
張繼文：〈藝象屏東：屏東縣境地景變遷的視覺再現〉，收錄於屏東縣政府文化處編：《藝象・屏東》，屏東：屏東縣政府，2013年，頁4-5。
張繼文策展，屏東市公所屏東美術館編輯委員會、財團法人蕭珍記文化藝術基金會編：《家鄉印記——屏東藝術地景與文學邂逅》，屏東：屏東美術館，2015年。
曾長生：《愛鄉・戀土：何文杞》，臺北：藝術家出版社，2014年。
黃冬富：《屏東美術發展史》，屏東：屏東縣立文化中心，1995年。
黃冬富、黃壬來主持，黃冬富專責研究：《屏東縣藝文資源調查——美術類》，屏東縣立文化中心，1999年，頁1-642
黃冬富：《屏東地區——台灣美術地方發展史全集》，臺北：日創社文化事業公司，2005年。

黃冬富：〈屏師美勞教育之歷史發展——戰後臺灣小學視覺藝術師資養成教育的一個切面（1946年～）〉，《臺灣美術季刊》第90期，2012年，頁4-35。

黃冬富：《拓畫人生　獨步銅版：陳國展的藝術生涯》，屏東：屏東縣政府，2012年。

黃冬富：《踏實・穩健・韌性：戰後臺灣小學美術師資養成教育》，臺北：藝術家出版社，2018年。

黃琪惠：《新竹藝術家叢書：陳進》，新竹：新竹市文化局，2023年。

黃麗蓉執行編輯：《穿梭水墨時空——黃光男繪畫歷程》，臺中：國立臺灣美術館，2009年。

蔡榮澤：《蔡水林雕塑藝術之研究》，國立屏東教育大學藝術教育學系碩士論文，2006年。

盧梅芬：《傳譯・詩意・撒古流》，臺北：藝術家出版社，201年

涂蘇文慧：《何文杞水彩畫藝術之研究》，國立屏東教育大學藝術教育學系碩士論文，2008年。

〈屏東師專發生學生群毆〉，《臺灣日報》，1973年5月16日，第八版。

Pratt, M. Louise, "Arts of the Contact Zone", *Profession*, 91, 1992, pp.33-34.

二　網路資源

國立臺灣美術館提供之〈三地門社之女〉圖片，大紀元網站，網址：http://www.epochtimes.com/b5/5/1/21/n787961.htm，瀏覽日期：2018年5月15日。

數位典藏與數位學習聯合目錄，中央研究院數位文化中心，網址：http://catalog.digitalarchives.tw/item/00/60/7f/Od.html，瀏覽日期：2018年7月8日。

本縣文化資產資料，屏東縣文化資產保護所文化，網址：https://www.cultural.pthg.gov.tw/Son/Landmark/page02_2.aspx?ID=11#/PhotoData/105，瀏覽日期：2018年5月12日。

典藏品資料查詢，高雄市立美術館，網址：http://collection.kmfa.gov.tw/kmfa/artsdisplay.asp?systemno=OOOOOO 1517 &viewsource=list，瀏覽日期：2018年5月15日。

「黃冬富」，屏東縣政府文化處「視覺藝術家資料庫」本縣視覺藝術創作者：平面類，網址：https://www.cultural.pthg.gov.tw/News.aspx?n=DD9507A1F1946B4C&sms=4BEBDBD2D2EBECAE，瀏覽日期：2024年10月15日。

日治時期「繪葉書」，國立臺灣大學圖書館數位典藏館，網址：http://cdm.lib.ntu.edu.tw/cdm/landingpage/collection/card，瀏覽日期：2018年5月17日。

濕壁畫藝術的考證與教學實踐

周美花[*]

摘要

　　濕壁畫是歐洲藝術家常用的壁畫技法，以色彩鮮豔、層次豐富、保存持久、肌理細膩而著稱。濕壁畫是利用濕灰泥作為載體，使顏料與牆面緊密結合，從而確保作品長期保存，保持色彩鮮豔和紋理細緻。

　　為了保護和修復濕壁畫，藝術家和修復專家開發了轉置技法，能夠將濕壁畫從牆面轉移到其他載體上，使其不再侷限於建築物或洞窟內。這項技法不僅保護了作品的原始價值，還賦予濕壁畫如其他平面繪畫般的可移動性，增加了展示和觀賞的機會。

　　筆者通過臨摹文藝復興時期的濕壁畫，詳細記錄了基底材料的製作、繪製技法及轉置過程。基底通常由石膏或石灰製成，為繪畫提供穩定的基礎；繪製技法強調在濕基底上應用顏色和表現層次，確保顏料與牆面完美融合；轉置技法則涉及如何精確地將濕壁畫從牆面移除並轉移到帆布或木板上，以便更好地保存和展示。

　　臺灣的古蹟壁畫保存近年來受到廣泛的討論，政府機關也持續編列預算修復古蹟的壁畫創作。西方在濕壁畫領域的技法研究和發展，不僅展示了藝術家們的創造力和技術，也反映了他們對藝術保護和傳承的重視，可以作為臺灣古蹟藝術保存修復的重要借鑑。

關鍵詞：濕壁畫、保存、修復、古蹟

---

[*] 國立高雄師範大學藝術產業學士原住民專班助理教授。

一　濕壁畫的起源與發展過程

　　壁畫作為人類最古老的繪畫形式之一，其歷史源遠流長，可追溯至數萬年前的史前時代。這些壁畫不僅展現了早期人類的藝術天賦，也反映了他們對自然、宗教和社會生活的理解。最早的壁畫作品可以追溯到西元前約19000至15000年間，當時人類已經開始在洞窟的石灰岩牆壁上創作繪畫。法國西南部的拉斯科洞窟和西班牙北部坎塔布連山區的阿爾塔米拉洞窟，正是其中最著名的代表。

　　拉斯科和阿爾塔米拉洞窟中的壁畫，以其驚人的保存狀況和藝術價值而著稱。這些壁畫使用了礦物顏料，並通過與洞窟內石灰岩的化學反應，使色彩與岩石融為一體，從而得以保存上萬年。這一技術的成功，歸因於早期藝術家對材料的精細選擇和技法的巧妙運用。這些壁畫不僅以其鮮豔的色彩和生動的圖像吸引了後世學者的研究興趣，也為現代濕壁畫技法的發展提供了寶貴的啟發。

　　濕壁畫技法的演變歷經了多個重要階段，每個階段都為其後的發展奠定了基礎。早在克里特島的克諾索斯宮殿（約西元前2000-1900年），濕壁畫技法已經被廣泛應用。這些壁畫展示了古代文明對藝術的熱愛，以及他們在建築和裝飾方面的卓越能力。隨後，在古羅馬的龐貝（約西元前200-70年），濕壁畫技術達到了新的高度。伊特魯里亞人的濕壁畫作品，不僅表現出高度的藝術技巧，還反映了羅馬人對神話、歷史和日常生活的深入理解。

　　隨著羅馬帝國的東移，濕壁畫技法在拜占庭藝術晚期得到了進一步發展。這一時期的濕壁畫以其精緻的圖案、鮮豔的色彩和宗教題材著稱，並對後來的文藝復興藝術產生了深遠影響。濕壁畫技法的真正鼎盛期，則是在13世紀的文藝復興時期。文藝復興時期的藝術家們，在科學與人文主義思潮的引領下，對濕壁畫技法進行了精進與創新，使其成為歐洲各地廣泛使用的繪畫形式。

　　在文藝復興時期，濕壁畫不僅是藝術表現的載體，更是一種強大的宗教

宣傳工具，歐洲的修道院、宮殿、會議室、貴族別墅、甚至城牆上，都充滿了這種藝術形式的作品。這些壁畫通過真實生動的形象，使不同階層和文化背景的民眾能夠理解和接受宗教教義。濕壁畫的普及與發展，也得益於當時藝術家對科學技術的興趣，他們通過研究光影、透視和色彩的運用，創造出了許多震撼人心的作品。

文藝復興時期的濕壁畫名作數不勝數，其中尤以喬托的〈哀悼基督〉、拉斐爾的〈雅典學院〉、達文西的〈最後的晚餐〉、米開朗基羅的〈創世紀〉等最為著名。這些作品不僅展示了當時藝術家們卓越的技藝，也為後世的藝術創作樹立了不可逾越的典範。這些壁畫以其龐大的尺寸、複雜的構圖和精美的色彩處理，成為了西方藝術史上的不朽傑作。

然而，隨著17世紀的到來，濕壁畫逐漸被油畫技法所取代。油畫的誕生，為藝術家提供了一種更為便捷的創作媒介。與濕壁畫相比，油畫可以在更長的時間內進行調整和修改，其豐富的色彩表現力也讓藝術家得以創作出更為生動和細緻的作品。由於油畫的這些優勢，濕壁畫逐漸失去了主導地位，並一度面臨消失的危機。

其後，隨著時間的推移，濕壁畫作品的劣化和褪色問題日益嚴重，對於壁畫修復的需求也隨之增長，這促使人們重新審視和重視濕壁畫技法。傳統的濕壁畫技法在這一過程中重新被應用，不僅在修復領域發揮了重要作用，還成為許多當代藝術家的靈感來源。

當代藝術家通過結合濕壁畫技法與現代技術，創造出了許多新的表現形式；例如，一些藝術家將濕壁畫技法與其他材料相結合，創造出具有立體感和深度的藝術作品。他們通過這些創新，賦予濕壁畫技法新的生命力，使其在現代藝術中占據一席之地。這些新技法不僅豐富了當代藝術的表現語言，也使得濕壁畫技法得以延續和發展。

濕壁畫作為一種歷久彌新的藝術形式，其技法的演變與發展歷程充分展示了人類在藝術創作上的智慧與創造力。從史前洞窟壁畫到文藝復興時期的藝術巔峰，再到當代的技法創新，濕壁畫的歷史不僅是一段藝術發展的軌跡，更是一個時代文化與技術進步的見證。今天，隨著對濕壁畫技法研究的

深入，這一古老的藝術形式在新的時代背景下，將繼續發揮其獨特的藝術價值與文化意義。

隨著科技的不斷進步，濕壁畫技法的應用範圍將越來越廣泛。新材料、新技術的出現，為濕壁畫的創作帶來了更多的可能性。一些藝術家已經開始將數位技術與濕壁畫結合，創造出具有互動性和動態效果的作品。此外，環保材料的引入也使得濕壁畫創作更加符合現代社會的需求。這些新趨勢不僅體現了濕壁畫技法的適應性和生命力，也預示著它在未來的藝術發展中將繼續扮演重要角色。

二　濕壁畫的原理與技法

濕壁畫一詞源於義大利語中的「fresco」，意指「新鮮」。這種繪畫技術以其獨特的材料和工藝而聞名，其基本過程涉及使用消石灰和沙子調製的石灰泥漿作為基底，並在未乾燥的潮濕牆面上進行上色。以下將詳細探討濕壁畫的製作過程、材料特性以及其獨特的保護機制。

（一）濕壁畫的製作過程

濕壁畫的核心在於其基底材料的特殊性。製作濕壁畫所用的消石灰來自石灰岩。石灰岩主要由碳酸鈣（$CaCO_3$）組成，經過在900℃至1000℃的高溫下燒製，碳酸鈣會轉變為氧化鈣（CaO），這就是所謂的生石灰（圖一）。生石灰與水反應，生成消石灰（$Ca(OH)_2$）。消石灰具有優良的黏結性，與沙子和水混合後，可以製成濕壁畫的基底──石灰砂漿。

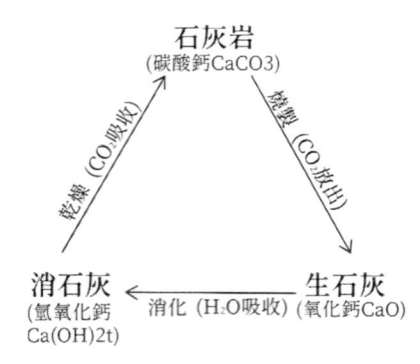

圖一　消石灰的提取過程
圖片來源：筆者繪製。

這種石灰砂漿會塗抹在牆面上，形成基底。根據牆面的狀況，這一基底層的數量可能有所不同。完成基底後，藝術家使用特定的礦物性顏料進行繪製。這一過程須要在基底乾燥之前完成，因為一旦基底乾燥，就會失去吸收顏料的能力。濕壁畫的成功在於石灰基底的吸收和轉化現象。當壁面乾燥時，水分蒸發，二氧化碳被吸收，基底會重新轉化為碳酸鈣，從而固定顏料（圖二）。

底層：石灰＋粗沙＋石塊

中層：消石灰＋粗沙

上層：消石灰＋細沙＋大理石

顏料層

方解石結晶層

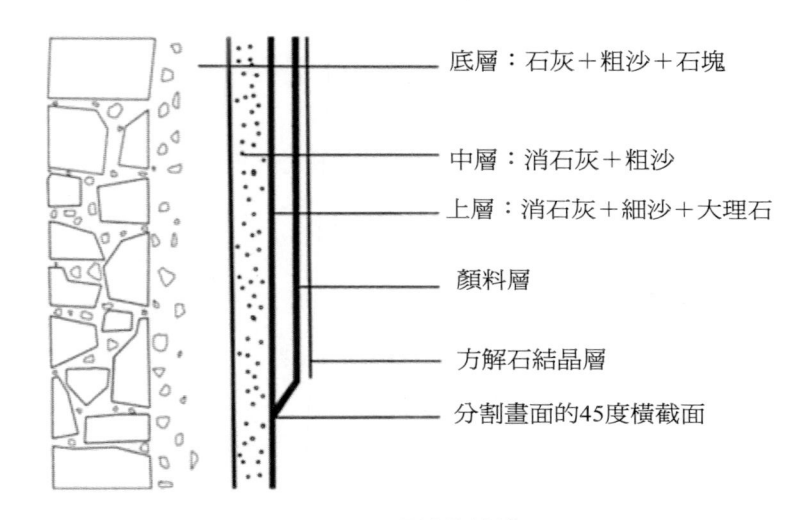

分割畫面的45度橫截面

圖二　濕壁畫結構
圖片來源：筆者繪製。

（二）濕壁畫的獨特保護機制

濕壁畫相較於乾壁畫，具有一層特殊的保護薄膜。這層薄膜的形成是由基底的自然乾燥過程中的水分子與顏料粒子相互作用而來。當水分子揮發時，顏料粒子會與釋放的水分子結合，在畫面上形成一層無色、透明的方解石結晶薄膜。這層薄膜不僅能夠保護顏料，還能使顏料的色彩粒子固定在畫面上。由於這種方解石結晶的存在，濕壁畫的色彩能夠長期保持創作時的鮮豔程度，形成持久且完美的畫面效果。

（三）濕壁畫的挑戰與技巧

濕壁畫的製作涉及到複雜且艱難的工藝。首先，因為基底須要在乾燥之前完成繪製，因此在處理大面積作品時，通常會採用畫面分割法。這種方法依賴於繪製者的工作速度和技術，以確保每一部分的基底在乾燥之前完成。

此外，濕壁畫的繪製者須要具備多方面的技能。除了須要高度的繪圖能力和構成能力外，素描技巧也至關重要。由於整個繪製過程要求在基底完全乾燥之前完成，因此繪製者的體力和耐心也是必不可少的。這使得濕壁畫的製作不僅僅是一項技術挑戰，也是對繪製者全方位能力的考驗。

基底層與壁面之間的牢固接合是壁畫保存的關鍵。為了確保濕壁畫基底的穩固性並防止其脫落，繪製者必須根據牆壁或岩石層的狀況及表現方式選擇適當的材料。經過分析，筆者將四個主要濕壁畫發展時期所使用的基底材料歸納為四類（見圖三、圖四、圖五、圖六）。這些材料在不同時期中各有其特點和適應範圍。

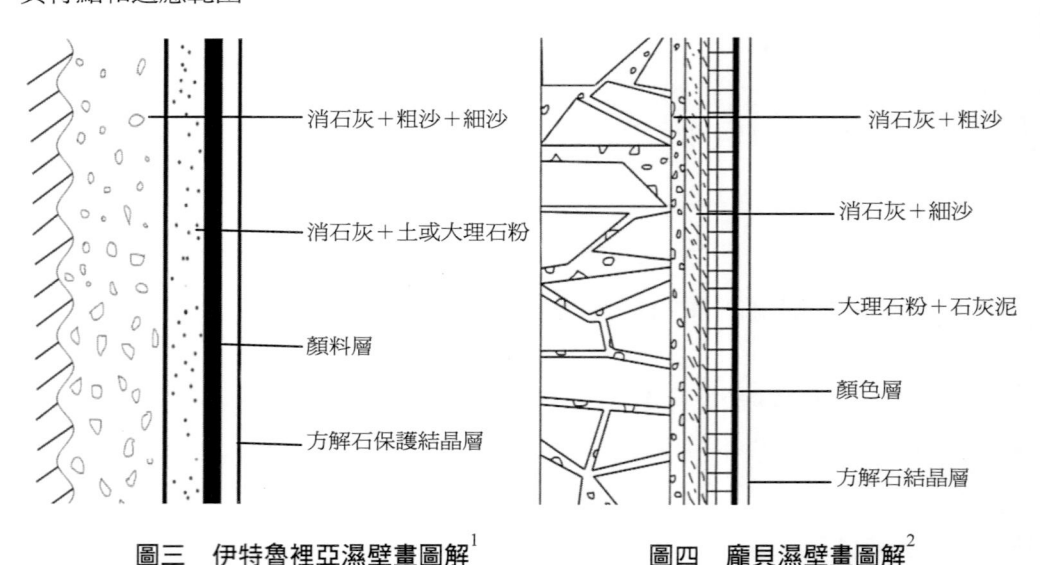

圖三　伊特魯裡亞濕壁畫圖解[1]　　圖四　龐貝濕壁畫圖解[2]

1　大野彩：《壁畫的招待》（東京：岩波書店，2006年），頁84。

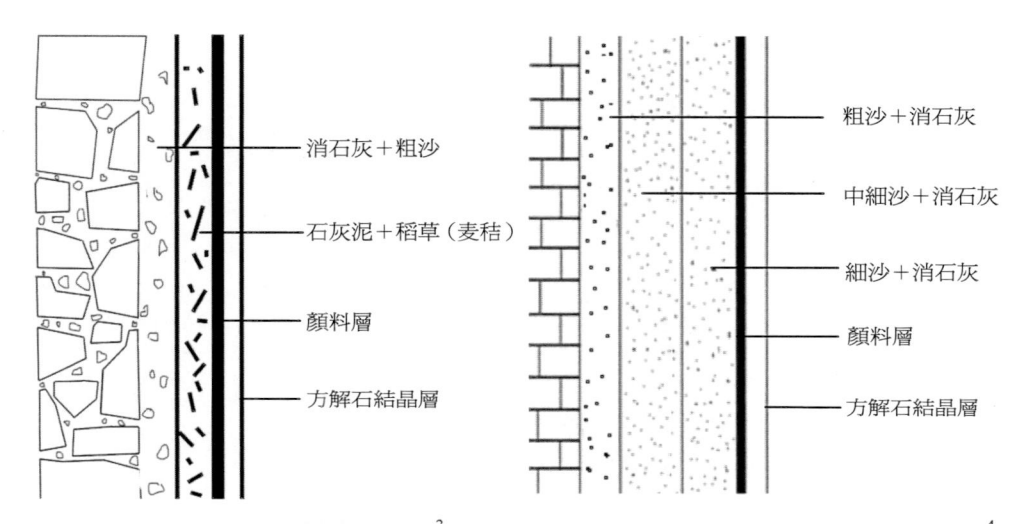

圖五　拜占庭時期的濕壁畫圖解圖[3]　　圖六　義大利文藝復興時期的濕壁畫圖解[4]

　　為了實現基底層與壁面之間的穩固接合，通常會採用2至3層的基底結構。這種分層設計不僅能提供足夠的厚度以支持壁畫，還能保持表面的平穩度，有效防止基底的龜裂或脫落。這樣的層次結構不僅提升了基底的整體穩定性，也大大增強了壁畫的長期保存性，確保了壁畫在時間的考驗下仍能保持其原有的藝術效果。

　　濕壁畫基底層使用的氫氧化鈣（$Ca(OH)_2$）屬中強鹼性，因此在選擇顏料時，必須選擇具有耐鹼性的顏料。耐鹼性顏料不僅能有效防止褪色和變色，還具有較高的穩定性，使壁畫保持色彩的鮮豔和持久。這種要求使得過去濕壁畫所用的顏料數量非常有限，這種侷限性也為濕壁畫賦予了獨特的魅力。以下是一些適合用於濕壁畫的顏料：

2　大野彩：《壁畫的招待》，頁79。
3　大野彩：《壁畫的招待》，頁98。
4　金子亨等：《壁畫與修復技法》（東京：東京學藝大學紀要出版委員會，2008年），頁84。

表一　可用於濕壁畫的顏料表[5]

顏色分類	耐鹼性顏料
白色	石灰石（消石灰：具有與其他顏色相結合的功能）、鈦白、鋅白
黃色	銻黃、鎘黃、其他氧化鐵系統的黃色
紅色	鎘紅、紅土（紅色石灰土）、其他氧化鐵系統的紅色
茶色	富錳棕、富鐵黃土、土（深褐色顏色）、其他氧化鐵系統的茶色
綠色	鉻綠、鈷綠色
藍色	群青（佛青）、紺青、鈷藍色
紫色	鈷紫、深紫色
黑色	桃黑、象牙黑、煙黑、炭素鐵黑色、其他獸骨燒製而成的顏料

（四）小結

　　濕壁畫以其獨特的材料和工藝，成為歷史上重要的藝術形式。從石灰岩的燒製到消石灰的形成，再到基底的塗抹和顏料的固定，每一個步驟都須要精確的控制和熟練的技術。濕壁畫的保護機制則確保了顏料的持久性和畫面效果的完美。這種古老的藝術技術，不僅展示了人類對材料和技術的掌握，也反映了對藝術創作的深刻理解和執著。在今天，濕壁畫仍然被認為是藝術家表達創意和技術的高峰之一，值得我們考究與繼承。

三　濕壁畫的創作教學

　　筆者此次實踐依循傳統濕壁畫技法，臨摹文藝復興時期的小幅濕壁畫。正如之前所述，在開始製作濕壁畫前，從材料選擇到草圖繪製的各項準備工作必須充分完成，並須細心確定每次的繪製範圍。考慮到教學現場的條件限

---

[5] 馬強：〈敦煌壁畫和濕壁畫的材料技法之比較〉，《敦煌研究》2005年第13期，頁63。

制，我們選用了五合板（或更厚的木板）作為牆面的替代材料。此次教學實踐在中國浙江師範大學美術學院的意象表現主義研究室，由碩士研究生們在作者指導下進行，旨在深度理解並傳承傳統技藝。

濕壁畫的繪製過程大概有以下幾個步驟：

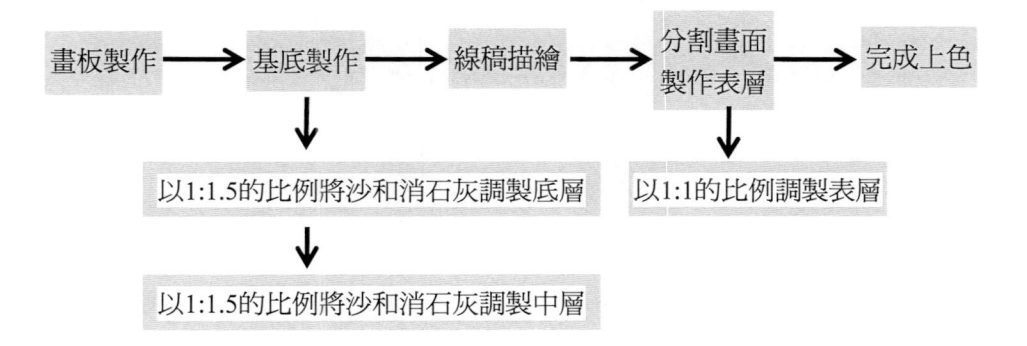

畫板製作 ⟶ 基底製作 ⟶ 線稿描繪 ⟶ 分割畫面製作表層 ⟶ 完成上色

基底製作 ⟶ 以1:1.5的比例將沙和消石灰調製底層

分割畫面製作表層 ⟶ 以1:1的比例調製表層

以1:1.5的比例將沙和消石灰調製中層

（一）工具的準備

1. 水泥抹刀：依製作面積大小可準備不同尺寸或是特殊形狀的水泥抹刀，以方便處理細節或死角時須要；
2. 容器（調製沙漿用）：攪拌沙漿的容器有木製、鐵製、塑膠製等，依繪製面積大小來選擇容器為佳；
3. 其他：噴壺、調色盤、畫筆、美工刀、圖釘、鐵刷等。

（二）畫板的製作

首先需在切好的木板上用鋼刷、刀具等利器刮出深淺不一的劃痕，以增強基底的附著能力，使之結合的更加牢固。由於濕壁畫的石灰基底須要多層堆砌，形成一定的厚度，所以須要將畫板四周用木條（寬度視畫板及石灰基底的厚度而定）框定起來，以防石灰泥流出畫板，破壞濕壁畫的畫面整體效果。

图七　画板製作　　　　　图八　用尖銳物在木板上反復刮劃至一
　　　　　　　　　　　　　　　　定深度

（三）濕壁畫的製作

　　製作石灰泥基底的材料有消石灰（氫氧化鈣）、沙（山沙、河沙或矽砂）。矽砂，又稱石英砂，是以石英為主的礦物成分，質地堅硬，化學性能穩定。在消石灰中加入矽砂和水後攪拌，可增加石灰泥的穩定性，減少壁畫表面開裂或剝落的可能性。

　　在沒有矽砂的情況下，我們也可選擇優質無雜質的沙來進行調和。首先把沙子篩選分為粗、中細、細三種不同顆粒程度。粗沙可用來作為最底層的基底，中細顆粒、細顆粒的沙子可作為中層及表層的塗料使用，也可根據畫面效果進行搭配。每一層塗料所須要的沙子顆粒大小不同，而消石灰與沙的比例也不同。以下分為幾個步驟進行創作：

（木板或牆面）　粗沙+消石灰─1:1.5

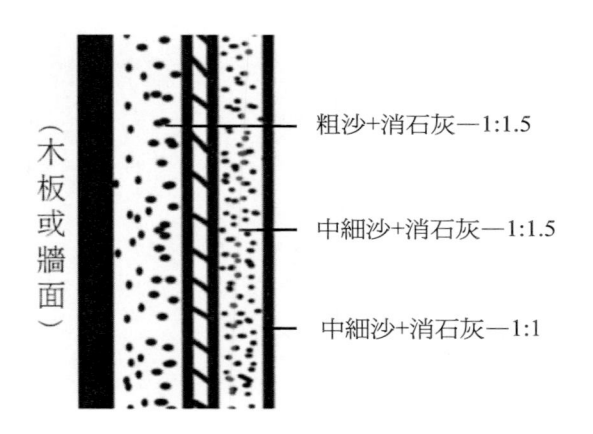

中細沙+消石灰─1:1.5

中細沙+消石灰─1:1

圖九　基底製作剖面圖
圖片來源：筆者繪製

1　基底製作步驟

我們在實踐過程中，選擇用兩種不同顆粒大小的沙來進行基底下、中、上層的製作。首先，為了保證底層的堅固穩定，我們按照消石灰與粗沙1:1.5的比例混合後加少許水攪拌均勻，用刮刀塗在包好邊框的畫板上（在每次的塗抹前，須將畫板上被塗抹一面打濕，來增加黏合性）。底層塗抹均勻後，用刮刀刮出網狀紋路，放置平穩等待基底等待乾燥（因氣候而定，約3-4日）。同樣手法，中層在乾燥的底層石灰基底上，再以同比例（1:1.5）調製中細沙與消石灰，在塗抹後劃痕繼續等待晾乾。在調製砂漿的過程中，須注意加入的水量，過多的水會導致牆面龜裂，破壞畫面效果。

圖十　製作第一層基底，以1:1.5比例將消石灰和沙加水調至泥狀

圖十一　將石灰泥均勻塗抹在木板上　　圖十二　將調好的中層砂漿塗在刮好且已乾燥的底層上

2　中層底與表層底的製作

　　另外，在中層基底乾燥之前，把預先準備好的圖稿鋪在木板上，用細香沿著畫面的線條點破，直至輪廓線全部點出。接著把氧化鐵顏料放入2-4層相疊的紗布上，使用橡皮筋綁好後，通過剛才點破的小洞把顏料拓到中層基底上。須要注意的是全部拓完以後，圖稿不可以取下，應該在保證位置不會發生偏移的前提下翻到畫板背面，以備分割畫面時反復比對底稿位置及再次拓印。

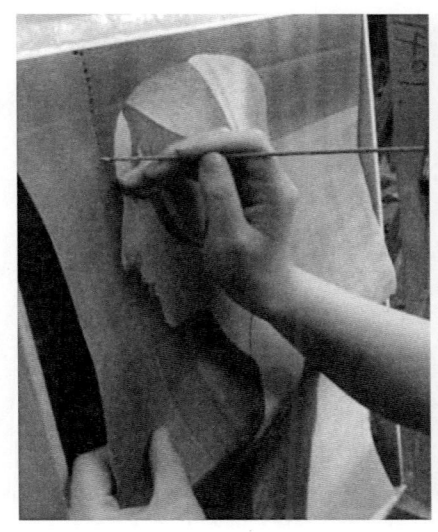

圖十三　中層基底乾燥之前，用細香點破圖稿輪廓

圖十四　用氧化鐵顏料拓印圖稿於中層基底上

3　繪製過程：預備圖稿拓印

　　中層基底徹底乾燥後，圖稿也已經全部拓印在上面，接著就要做第三層基底也就是表層。為了維持表層的光滑度，我們把消石灰與中細沙以1:1混合，加適量水調成砂漿。須要注意的是表層的繪製須要在基底乾燥之前完成，否則顏料便不會與石灰基底產生化學反應，容易剝落、褪色。為求學生掌握本技法，雖然本次臨摹作品尺寸不大，我們仍然使用畫面分割的方法來繪製。

　　把畫面預分成幾個部分後，每次只繪製一個部分，繪製時先把原圖稿翻回到畫板上，再次使用上述的氧化鐵顏料進行拓印，然後把圖稿翻到背面。接著把顏料加入水或者酒精之後就可以開始對照原稿上色了。由於潮濕的石灰層非常柔軟，所以我們上色時宜選擇軟毛筆（如狼毫、羊毫、尼龍或是軟毛水彩筆等）。

圖十五　使用畫面分割法分部作畫 　　圖十六　使用軟毛的筆刷上色

4　上色

　　要注意的是，每個分割部分完成後須要在表層與中層基底銜接處用小號畫刀塗抹成45度，防止在畫面中出現明顯的縫隙，影響畫面效果。各部分都繪製完後，整幅作品就完成了。在作畫過程中，如畫面出現裂縫，須將畫面平放後再繪製。

圖十七　已完成分割畫面與基底的處理 　　圖十八　作品完成，40cm×60cm，耗時5天

（四）小結

　　濕壁畫的製作是一個精細而繁瑣的過程，但它所帶來的藝術效果會讓製作者感覺非常值得。從基底的製作到最終的上色，每一步都須要仔細控制材料的比例和施工的方法。通過精確的操作和耐心的繪製，可以創作出具有歷史感和藝術價值的濕壁畫作品。

四　濕壁畫的轉置技法

　　濕壁畫常見於教堂、美術館及其他公共場所的牆面或屋頂，由於其固定於牆面上，一旦發生日常損毀、自然災害或戰爭等情況，壁畫的保護就變得非常困難。這種畫作的特殊性在於，它們通常無法輕易搬遷，因此，面對各種威脅，藝術家們必須尋找有效的保護措施。

　　隨著技術的發展，藝術家們逐漸發現了一種名為「轉置技法」的方法，這種技法能夠將濕壁畫的顏料層剝離並轉移到可移動的板上，從而在不同的環境中保存這些珍貴的藝術品。例如，1966年佛羅倫斯阿諾河氾濫後，當地的許多濕壁畫因這種轉置技法得以成功保存。這一技術不僅能將壁畫轉移到更安全的保存環境中，還使得壁畫從固定的牆面藝術延伸至更廣泛的社會環境中，讓更多的人有機會欣賞到這些珍貴的藝術品。

　　轉置技法所需的材料和工具相對專業。所需材料包括木板、三千本膠（或純動物皮膠）、粗布、寒冷紗、白乳膠、圖釘和細沙等。工具方面，藝術家須要使用水泥抹刀、美工刀、排筆（羊毫筆）、刷子、海綿、電磁爐、水槽、滾輪、不銹鋼盆等。這些材料和工具的選擇及使用都須要精細操作，以確保在轉置過程中不損壞原作並能夠高效地完成轉移。

　　這種技法的出現大大提高了濕壁畫的保存能力，也使得這些藝術瑰寶能夠在各種環境下得到妥善保護。轉置技法不僅是一項技術創新，更是對藝術遺產保護的重要貢獻，讓這些歷史悠久的藝術品得以延續與傳承。

　　整個轉置過程大概由以下幾部分組成：

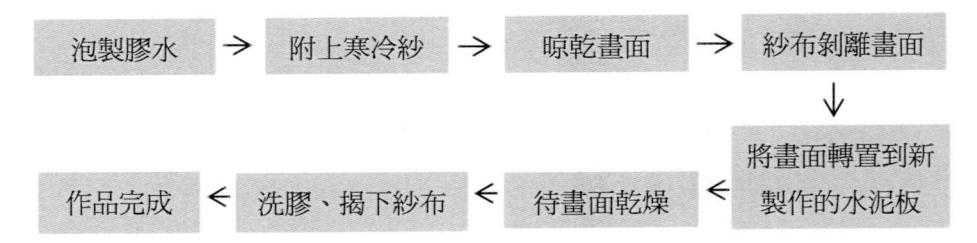

泡製膠水 → 附上寒冷紗 → 晾乾畫面 → 紗布剝離畫面 ↓ 將畫面轉置到新製作的水泥板

作品完成 ← 洗膠、揭下紗布 ← 待畫面乾燥 ←

（一）膠的準備

因三千本膠成本較高，本次教學過程使用動物皮膠。將動物皮膠與水以1:0.4的比例調和，浸泡1小時後加火熬制，使膠完全融化於水中（三千本膠則須要浸泡一天一夜直至膠完全柔軟）。

圖十九　作品畫面完全乾燥後，拆下四周框條

圖二十　熬膠

（二）紗布的處理

將畫面表層快速刷上熬制的膠水，將已裁剪好的寒冷紗覆蓋於刷好膠水的畫面上，用手撫平，使紗布與畫面完全貼合，不能留有空氣。之後在寒冷

紗上再刷上膠水，並用同樣的手法覆蓋上第二層紗布後，最後在紗布表層上刷第三次膠。需注意的是基底側面不能沾到膠，以免其與紗布黏合導致無法順利剝離。

將貼好寒冷紗的作品放在乾燥的環境下，待膠水乾燥後，顏色會被黏合在紗布上，這時就可以慢慢撕下紗布，整個畫面就完成剝離。

圖二十一　黏寒冷紗　　　　　　圖二十二　剝離畫面

（三）基底處理

若剝離下來的畫面背面殘留有基底石灰，須以水泥抹刀小心刮除，並將背面打磨平整光滑。打磨時應盡量避免損傷畫面顏色，僅需達到適度平整的程度即可。

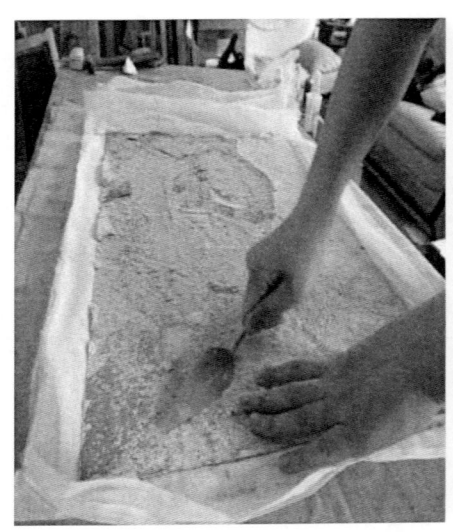

圖二十三　背面磨平　　　　圖二十四　調製轉置基底用水泥漿

（四）水漿處理

　　把白乳膠、水泥、沙按照1:1:1的比例進行混合調製，就是我們所須要的轉置基底所用的水泥漿。把水泥漿均勻塗在轉置畫面的背面及轉置用木板上，厚度大約2mm-3mm，然後將兩者面對面貼合並撫平。同時用滾輪以適度的力道按壓畫面，保證畫面的平整，然後用圖釘固定畫面四周於木板側邊。

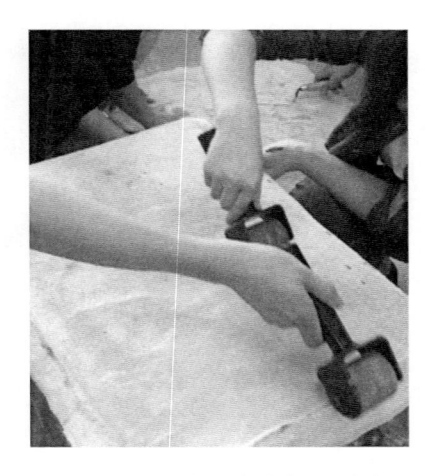

圖二十五　平塗水泥漿　　　　　　圖二十六　畫面與木板的貼合

（五）揭紗處理

　　水泥充分乾燥後，用熱水快速清洗上膠的表層，分層揭下寒冷紗。在清洗中要用力適當，在第一層揭下後再將第二層上殘留的膠水清理乾淨。揭下寒冷紗後，若畫面仍殘留膠水，可用手輕微清理。如果清洗時間過長或者畫面與紗布之間殘留空氣，會導致畫面鼓起甚至脫落。

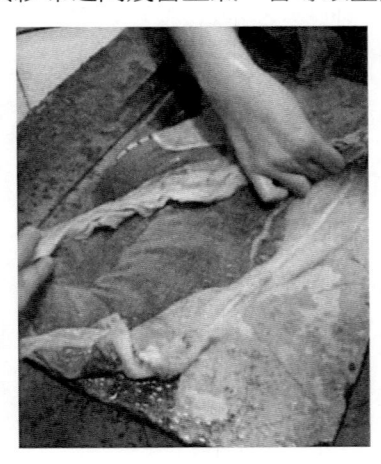

圖二十七　揭除寒冷紗　　　　　　圖二十八　轉置完成

濕壁畫在轉置的過程中有損傷或是褪色的可能，尤其在顏料的剝離面上，無法十分完整的把顏料剝離。濕壁畫轉置後，乾燥過的畫面難免彩度會降低，如果想要提高畫面的彩度，可以使用酒精、氨、亞麻籽油、阿拉伯膠（比例6:2:1:1）調和，塗在已轉置好的作品表面上，提高畫面的彩度。

　　此外，完成上述步驟後，如須在此基礎上進行二次創作，創作者應自行判斷是否進入個人創作階段。

（六）小結

　　轉置技法的出現極大地提高了濕壁畫的保存能力，使這些藝術瑰寶能夠在各種環境中得到妥善保護。這項技術不僅是一種創新，更是對藝術遺產保護的重要貢獻。在不斷精進修復技術的過程中，轉置技法也啟發了新的創作模式，使得這些歷史悠久的藝術品在延續與傳承的同時，也為藝術創新提供了新的可能性。

五　屏東縣內三間縣定古蹟寺廟壁畫保存研究

　　筆者在濕壁畫的臨摹創作與轉置過程中，發現濕壁畫技法與東方石窟壁畫、墓室壁畫及寺廟壁畫等的實踐方式幾乎一致。為了進一步考究這些技法是否也可以應用於臺灣的寺廟壁畫，筆者選擇了三座屏東縣定古蹟的寺廟進行研究。

　　內埔天后宮（六堆天后宮）：建於清朝嘉慶十年（1805年），於1985年評定為縣定古蹟。拍攝地點：屏東縣內埔鄉內田村廣濟路164號。

　　寺廟壁畫的狀況：壁畫目前狀況不佳，未妥善處理即將剝落的壁面，並且覆蓋了大量煙塵。門面與牆面材料使用上不同於傳統材料，一旦顏料剝落之後無法得到妥善的修復。作者建議採用乾濕壁畫的傳統材料，以提高壁畫欣賞的價值性與完善的修復技術。

內埔天后宮正門（六堆天后宮）

龍門進的門神 　　　虎門出的門神 　　　天后宮正門右側壁畫

圖二十九　內埔天后宮正門與壁畫

潮州朝林宮：建於1909年，縣定古蹟。拍攝地點：屏東縣潮州鎮明倫路2號。

寺廟壁畫的狀況：壁畫目前的狀況不佳，重要的壁畫長期曝曬在外，缺乏防護措施。後製的構成畫面須加強其嚴謹度。材料方面，建議使用乾濕壁畫的傳統材料，以提高壁畫的價值性。

潮州朝林宮正門

門神：秦淑寶、尉遲恭　　　　局部畫面

圖三十　潮州朝林宮正門與壁畫

北勢寮保安宮（舊廟）：建於乾隆十五年（1785年），於2006年評定為縣定古蹟。拍攝地點：屏東縣枋寮鄉保生路206號。

　　寺廟壁畫的狀況：壁畫目前狀況堪憂，長期曝曬在外，且沒有任何防護措施。壁面被印刷品覆蓋，影響了其原貌。建議使用乾濕壁畫的傳統材料，並加以圍起來保護，以更好地保護壁畫並延長其壽命。

北勢寮保安宮（舊廟）正門

左面門壁 　　　　　　　　　　右面門壁

▲ 中間門壁

◀ 門前之間牆面的右下角浮雕畫

圖三十一　北勢寮保安宮正門與壁畫

　　臺灣寺廟壁畫作為一種特殊的藝術形式，具有深厚的宗教內涵和獨特的文化價值。然而，這些壁畫在展示其豐富的藝術魅力的同時，也面臨著多方面的挑戰。經過對三間寺廟的實地調研，我們可以從以下三個層面進行深入探討：寺廟壁畫的構成畫面、使用材料的挑戰以及環境因素的影響。

（一）寺廟壁畫的構成畫面

　　寺廟壁畫以其獨特的構成畫面展示了深厚的宗教意義和藝術風格。這些畫作通常涵蓋了神祇、佛像、傳說故事以及宗教儀式等內容，每一部分都蘊含著特定的文化和宗教信息。在較大的寺廟中，壁畫的設計往往更為複雜和精緻，旨在全面表達宗教信仰的深度與廣度。

　　大規模的寺廟壁畫設計通常呈現出豐富的視覺效果，細節處理精緻且風格多樣。這類寺廟的壁畫不僅反映了特定時期的藝術風格和技術，還往往融入了當地文化的特徵。例如，某些寺廟的壁畫可能會展示特定的宗教故事或儀式，這些內容的表現形式和技術手法都受到了地方經費和藝術家技術水平的影響。經費的充裕可以支持更多的藝術創作，從而使壁畫在內容和形式上都更為豐富。

　　然而，在臺灣的一些寺廟中，壁畫的表現方式可能相對簡單。這種情況往往與寺廟周圍的人文環境以及特殊的文化結構有關。例如，地方社會的宗教需求、經濟狀況以及藝術家的技術能力等因素，都會影響壁畫的創作風格和表現手法。儘管這些壁畫在視覺效果上不如大型寺廟的壁畫那樣複雜，但它們依然承載著重要的宗教與文化意義，反映了地方社會對宗教信仰的獨特表達。

（二）使用材料的挑戰

　　寺廟壁畫的藝術效果很大程度上依賴於其所用的材料。然而，這些材料往往具有不穩定性，這對壁畫的長期保存造成了挑戰。傳統的濕壁畫技法常使用新鮮的石灰泥作為基底，並在其上繪製水溶性顏料和天然膠黏劑。這些材料在初期能夠保持鮮豔的色彩，但隨著時間的推移，受到臺灣氣候環境變化的影響，這些材料會變得不穩定。

　　石灰基底的化學特性使其對濕度和溫度變化非常敏感。高濕度可能導致石灰基底發生化學反應，這些反應可能引起基底龜裂或脫落；而溫度的劇烈

變化則可能使顏料變得脆弱。顏料本身也可能因氧化和風化而逐漸褪色或剝落。這些材料的不穩定性使得壁畫在時間的推移中容易受到損害。

儘管面臨這些挑戰，對於臺灣的寺廟壁畫而言，修復和維護工作仍能相對應對這些問題。修復工作通常會使用原材料進行補充和修飾，這樣不僅能夠恢復藝術品的原貌，還能在教學實踐中與歷史繪畫技術接軌。通過這種方式，修復工作能夠保護壁畫的藝術價值，並促進對傳統技術的理解和應用。這種修復工作不僅是對藝術品的維護，更是對傳統技術的延續和發展。

（三）環境因素的影響

寺廟壁畫所在的環境對其保存狀況有著顯著影響。寺廟內部常常面臨高濕度、溫度波動以及人來人往所產生的煙霧和灰塵等問題。這些環境因素會加速壁畫材料的劣化，從而影響其長期保存。

高濕度對壁畫的影響尤為明顯。濕度過高可能導致顏料和基底的脆弱化，使其更容易受到損害。而溫度的劇烈波動則可能導致畫面龜裂或脫落。煙霧和灰塵則會在壁畫表面積聚，進一步損害畫作的顏色和質感。這些外部因素的影響，使得壁畫的保存工作變得更加艱巨。

為了有效保護和修復寺廟壁畫，須要採取一系列專業的保護措施。首先，可以使用專業的封層材料來隔絕外界的影響，防止煙霧、灰塵和濕氣對壁畫的損害。其次，控制寺廟內的環境條件，如濕度和溫度，是保護壁畫的另一重要措施。通過安裝空調或除濕設備，可以穩定寺廟內的環境條件，減少對壁畫的影響。此外，定期的檢查和維護也是必要的，這可以及時發現和修復潛在的問題，確保壁畫的長期保存。

（四）小結

臺灣的寺廟壁畫作為一種獨特的藝術表現形式，展現了豐富的宗教內涵和地方文化的特徵。然而，這些壁畫在藝術表現和保存過程中面臨著多方面

的挑戰。首先,壁畫的構成畫面雖然充滿宗教意義,但其複雜性和材料的不穩定性使得保護工作變得困難。其次,傳統材料的使用和環境因素的影響對壁畫的長期保存構成威脅。儘管如此,通過適當的保護和修復措施,這些壁畫的藝術價值和文化意義仍能得到有效保護。

了解和解決這些挑戰,不僅有助於延長壁畫的壽命,還能促進對傳統藝術技術的繼承和發展。寺廟壁畫的保存工作須要多方面的努力,包括材料的選擇、修復技術的應用以及環境條件的控制。只有通過全面而細緻的保護措施,我們才能確保這些珍貴的藝術瑰寶得以長久保存,繼續傳承給未來的世代。

六　總論

濕壁畫作為一種古老的藝術形式,無論是在洞窟內、地下結構中,還是在自然環境下,都是人類創造的實用藝術品。這種藝術形式深深地嵌入歷史和文化中,既是繪畫藝術的源頭之一,又在現代社會中展現出新的藝術價值和實用功能。

製作濕壁畫所需的石灰岩礦廣泛分布於全球,這些豐富的礦源以及開採技術的便利性,為濕壁畫提供了經濟實惠的原材料。隨著現代工業技術的進步,顏料的選擇也變得更加多樣化,包括了礦物質提取的顏色和工業色粉等。這些材料的普遍性不僅豐富了濕壁畫的色彩選擇,也為其進入現代生活鋪平了道路。

在當代西方世界,濕壁畫的功能已經超越了傳播宗教教義的範疇,成為具有時代性和普遍性的藝術形式。藝術家們將濕壁畫應用於現代生活中,與功能性環境相結合,使其不僅用於室內外的裝飾設計,也擴展到公共藝術領域。比如,歐洲和日本的一些城市已經在車站、街景和美術館中運用了濕壁畫,不僅展示了藝術的美感,也賦予了其實用價值。濕壁畫作為公共藝術的一部分,不僅代表了一種文化形象,還能融合民族文化和精神,展現出東方藝術文化發展的可持續性。

在東方壁畫的發展歷史中，敦煌壁畫等乾壁畫技法占據了重要地位，濕壁畫技法尚未得到廣泛應用。作者在屏東寺廟的實地考察中發現，當地寺廟的壁畫製作技法與濕壁畫有著共通之處。通過濕壁畫創作與修復技法的教學實踐，不僅可以讓學生掌握這一技法，還希望促進對綜合材料藝術的研究，並提升學生對屏東寺廟壁畫的了解。這樣的實踐不僅能夠激發學生對新創作形式的思考，還能促進多元化的藝術觀念。

臺灣寺廟文化擁有悠久的信仰歷史，而寺廟中的壁畫藝術則是臺灣重要的文化資產之一。然而，這些傳統藝術形式的傳承和普及程度仍然有限。尤其是在藝術學院中，對於寺廟壁畫的知識和技法的教育仍不夠充分，這對於藝術學子來說是一個遺憾。作者在本研究中，主要集中於壁畫的繪畫技法、材料使用和轉置方法，並對屏東三個縣定古蹟的寺廟壁畫進行了調研。希望未來能夠將這些研究成果應用於寺廟臨摹課程中，提升對文物保存的意識。

有鑑於此，濕壁畫作為古老而實用的藝術形式，不僅在歷史中留下了深刻的印記，也在現代社會中展示出新的生命力和價值。它的材料來源、技術進步和實用功能都為其未來的發展提供了廣闊的空間。而在日本早在上世紀已經和西方接軌把乾濕壁畫技法再次傳入中國，但是相較臺灣廟宇數不勝數，濕壁畫技法的發展和應用，則須要更多的探索和實踐。希望通過對這些古老技法的學習和研究，能夠更好地傳承和發展這一珍貴的文化資產，並能書寫臺灣寺廟壁畫藝術文化的珍貴資產。

參考文獻

一　專書論著

〔日〕大野彩：《壁畫的招待》，東京：岩波書店，2006年。
〔德〕Max Doerner 等著，〔日〕佐藤一郎譯：《繪畫技術體系》，東京：株式會社美術出版社，1980年。
〔德〕Wehlet, Kurt 等著，〔日〕佐藤一郎監修，戶川英夫、真鍋千繪共譯：《繪畫技術全書》，東京：株式會社美術出版社，1993年。
〔日〕清柳正規：《UNESCO 龐貝展圖錄》，東京：朝日新聞社，2001年。
〔日〕玲木昌子等：《塗壁——實例與實踐百科》，東京：學研出版社，2014年。
〔英〕修‧昂納（Hugh Honour）、約翰‧弗郎明（John Fleming）著，吳介禎等譯：《世界藝術史》，北京：北京出版集團公司、北京美術攝影出版社，2013年。
UNESCO世界遺產中心監修：《UNESCO 世界遺產9　東南歐洲》，東京：講談社，1997年。
〔日〕黃　駿、謝成水：《中國石窟壁畫修復與保護》，杭州：中國美術學院出版社，2017年。
〔日〕陳景容：《壁畫藝術技法源流》，廣州：嶺南美術出版社，2005年。

二　學術論文

〔日〕金子亨：《壁畫與修復法》，東京：東京藝術大學紀要出版委員會，2008年。

《台灣美術地方發展史全集·屏東地區》的續編及相關問題探討
——以戰後美術家小傳之水墨、書法篆刻類為例

黃敬容[*]、莊哲彥[**]

摘要

臺灣近年來因本土主體意識的崛起而愈發注重本土學術（臺灣學）及在地學術（地方學）的書寫及記錄，各都會區及縣市政府皆興起在地文化的學術研究，而屏東縣則在屏東大學的推波助瀾下，「屏東學」相關研究已具有顯著的成果，於教學學上開設「屏東學概論」，並出版《屏東學概論》一書，課程內容包括社會發展、族群、文學、美術、音樂、文創、日治時期屏東文化、屏東節慶英語等八個單元。

屏東大學視覺藝術學系為屏東在地大學唯一的美術學系，肩任著屏東美術發展的記錄及研究，在黃壬來、高業榮、黃冬富以及張繼文等學者的努力下，屏東美術發展的相關研究已有相當的成果。本文主要對黃冬富撰寫之《臺灣美術地方發展史全集——屏東地區》（簡稱《臺灣美術——屏東》）之提出續編方向，並嘗試對戰後美術家小傳中的「水墨」及「書法篆刻」類進行增補，透過美術家資料蒐集分析後，探討相關問題。

關鍵詞：屏東學、屏東美術史、在地書寫、屏東水墨畫家、屏東書篆家

---

[*] 國立臺南藝術大學藝術創作理論研究所博士生。
[**] 國立屏東大學視覺藝術學系兼任助理教授。

一 前言

「文變染乎世情，興廢繫乎時序」，文學如此，藝術亦是如此，臺灣早期美術相關研究，主要以「斷代美術史」及「歷代著名藝術家」之相關研究為主，然而伴隨著時空的推移，臺灣於1990年後興起了一股「臺灣學」與「地方學」的研究，其興起的主要原因在於臺灣史的重要性日愈受到重視，以及社區營造運動的影響，因此，有許多社區營造精神融入其中，這直接為臺灣地方文史研究帶了新的面貌。

以臺灣史為題的美術相關研究，在「臺灣學」尚未萌芽時，以此類為題的研究除非主流外，有時亦因「學術性」待商榷而備受質疑，黃冬富於《臺灣美術——屏東》之作者序文中即提及當時的研究氛圍：

> 學術界對於臺灣美術的專題探研，大概以林柏亭先生於1971年完成的《清代臺灣繪畫之研究》之碩士論文為最早，大約過五年後，謝里法先生開始在《藝術家》雜誌連載發表其《日據時代臺灣美術運動史》，到了1980年代中期，我與蕭瓊瑞兄分別以臺灣省展和五月、東方畫會為主題完成碩士論文，基本上都算得上是相關探研起步較早者。在當時的文化環境中，以臺灣文化藝術為焦點的學術探研似乎還不太受到鼓勵，記得研究所時期，曾有部分師長和同學，勸我不宜太過冒險去選擇如此缺乏「學術性」之題目，幸好啟蒙老師鄭善禧教授和指導教授林玉山、張德文教授，以及所長王秀雄教授之鼓勵和支持，論文之進行和口考都還頗為順利。解嚴以後，相關之探研漸趨熱絡，未久已然迅速蔚成當代前美術史界之顯學。[1]

---

[1] 黃冬富：《臺灣美術地方發展史全集——屏東地區》（臺北：日創社文化，2005年6月），頁17。

昔時，黃冬富於1984年以《臺灣省全省美術展覽會國畫部門之研究》[2]為題撰寫碩士論文時，時而受到前輩師長們及同儕的關心，並告之「學術性」不高，不宜冒進。可見當時以臺灣史作為研究方向並非主流，殊不知相隔不過數年後（1990），「臺灣學」架構下的臺灣史相關研究已成為主流，直至今日，而這也是黃冬富始料未及的。

在「臺灣學」主體架構下，屏東地區則發展地方在地的「屏東學」，而《屏東學概論》中，「美術」即位列八個單元之一，由此可見，屏東美術在「屏東學」中占有舉足輕重的地位。關於屏東美術發展的相關研究，最早是由屏東縣立文化中心於1995年委託黃冬富撰寫出版的《屏東美術發展史》[3]為屏東美術史的濫觴；接著是屏東縣文化中心委託的「屏東縣藝文資源調查報告書」，此計畫案完成於1999年，時由黃壬來主持，高業榮專責「原住民藝術類」研究[4]以及黃冬富專責「美術類」研究[5]，為屏東美術人才的架構；2005年，黃冬富撰寫《臺灣美術——屏東》[6]，此作在《屏東美術發展史》一書的基礎上踵事增華，屏東美術發展史的整體架構大致底定，雖成果豐碩，但黃師的腳步並未停止，仍不斷地在此基礎上，蒐集並更新資料；2010年，張師繼文於屏東美術館策展「穿越南國——屏東地區美術發展探索」，內載張師撰寫之〈屏東地區美術發展的五個思考觀點〉[7]，後編入《屏東學概論・美術》[8]，對屏東美術教育裨益良多；2013年，張師策展「藝象・屏

2　黃冬富：《臺灣省全省美展展覽會國畫部門研究》，臺北：國立臺灣師範大學碩士論文，1984年（張德文、林英貴教授指導）。

3　黃冬富：《屏東美術發展史》，屏東：屏東縣立文化中心，1995年。

4　黃壬來（主持人），高業榮（專責研究人員）：《屏東縣藝文資源調查報告書——原住民藝術類》，屏東：屏東縣立文化中心，1999年。

5　黃壬來（主持人），黃冬富（專責研究人員）：《屏東縣藝文資源調查報告書——美術類》，屏東：屏東縣立文化中心，1999年。

6　黃冬富：《臺灣美術地方發展史全集——屏東地區》。

7　張繼文：〈屏東地區美術發展的五個思考觀點〉，《「穿越南國——屏東地區美術發展探索」畫冊》，屏東：屏東縣政府，2010年1月。

8　李錦旭主編：《屏東學概論》，臺北：五南圖書出版公司，2018年10月。

東」，是以屏東地景為創作主題之藝術作品展，並有畫冊出版[9]，同樣對屏東美術教育助益頗深。

時光荏苒，歲月如梭，時間不斷地推進，屏東美術發展亦隨著時空而不斷迭加，因此，對於屏東美術發展的記錄亦須不斷地更新。本文主要透過「資料分析法」分析《臺灣美術——屏東》一書於2005年前之研究概況，思考資料續編的方向，並探討續編的相關問題後，嘗試透過「田野調查法」先對「戰後藝術家小傳」中「水墨」及「書法、篆刻」類進行資料蒐集與分析後，提出資料分析之所得。

二　《臺灣美術——屏東》研究概況及續編方向

欲對《臺灣美術——屏東》一書進行續編，便須先對文本資料進行分析，此書資料蒐集到2004年底，於2005年6月正式出版，因此，我們將嘗試以2005年作為分界，分析此書的研究概況後，提出續編方向的一些想法。

（一）《臺灣美術——屏東》研究概況

書寫歷史時，雖然主要討論的是過去，但歷史的發展與文化的演進卻是兩條同步運行的軸線。當一個又一個的「當代」不斷層層堆疊，這些歷史記憶通過學者的反思與爬梳，成為推動文化意識深化的動態文獻。隨著屏東美術史資料的積累，當地的藝文資源逐漸充實，為藝術創作提供了更加豐富的動能。

黃冬富所著的《臺灣美術——屏東》中，詳細記錄並探討了屏東地區的美術發展歷程及其獨特的文化脈絡。這本書從四個主要時間段對屏東美術進行了劃分，分別是：

9　張繼文：《藝象・屏東》，屏東：屏東縣政府文化處，2013年9月。

1. 史前與原住民美術
2. 屏東地區早期美術的發展（1624-1894）
3. 日治時期高屏地區的美術新局（1895-1945）
4. 戰後屏東縣的美術發展（1946-）

並從「內在要素」及「外在要素」等兩大方面進行總結：

內在要素：研究藝術作品的材質、技法、形式分析、象徵特色與功能作用。

外在要素：探討作品的產生背景，包含時空環境、藝術家生平、社會文化思想等。通過內外要素的結合，對屏東藝術作品的特質與風格進行了整體性研究，揭示了作品產生背後的各種影響因素。屏東的美術在臺灣藝術史中，不僅顯示出其在地方與外界的互動，還展現了其在不同歷史階段中所扮演的獨特角色。

（二）史前與原住民美術

臺灣現存的史前藝術多與實用器物結合。考古顯示，距今三至五萬年前的舊石器時代晚期，臺灣已有早期人類活動。屏東恆春半島的鵝鑾鼻第二遺址和龍坑遺址，發現了類似「長濱文化」的石器技術，表明屏東與臺灣東部可能存在文化交流。

新石器時代代表農業社會進步，琢磨石器與陶器成為重要特徵。距今七千至五千年前的「大坌坑文化」是臺灣最早的陶器文化。雖屏東未見大坌坑文化遺留，但墾丁史前遺址與鵝鑾鼻第一遺址可能是其延續，尤以墾丁出土的「紅色繩紋陶」最具代表性，其分布於臺灣及周邊地區。

臺灣原住民社會與漢人文明交流少，文化質樸，受超自然信仰影響，歷史與藝術改革緩慢。因無文字系統，歷史多依賴口耳相傳，難以形成完整的藝術風格脈絡。原住民工藝包括雕刻、織繡、陶器、飾物、竹藤工藝及生活用品，風格樸實古拙，與生活緊密結合。

此節從臺灣原住民藝術發展下的屏東視角，撰寫了屏東原住民藝術的形

態，並收錄了多位屏東代表性原住民藝術家，對其進行了詳細介紹。

（三）屏東地區早期美術的發展（1624-1894）

　　十七世紀前葉，荷蘭與西班牙先後占領臺灣，臺灣進入正式文字系統記載的「信史」階段。這一時期，臺灣歷史資料從口耳相傳逐步轉為有系統的書面記錄。荷蘭（1624-1662）與西班牙（1626-1642）殖民統治標誌著外國勢力對臺灣的早期影響，其後經歷了明鄭時期（1662-1683）與清領時期（1683-1894），構成了臺灣早期開發的三個重要歷史階段，建立深厚的漢文化傳統基礎。

1. 荷西時期（1624-1662）：17世紀初葉是「臺灣歷史的開端」也就是有文字的記載的開始，因屏東地區開發較晚，地處邊陲，加上當時主要著重於語言和傳教之外，未涉及其他生活之能，藝術對當時臺灣人並未造成明顯的影響。
2. 明鄭時期（1662-1683）：是漢人正式大規模移民中國文化輸入，對臺灣社會與文化發展影響深遠。興建了社廟、學校等公共建設，並成為社會倫理與文化的重要基礎。隨著儒家思想的傳播，臺灣的傳統文化與藝文活動也逐步興起。文學、書法等傳統文化形式在移民社會中開始流行，推動了臺灣早期文教的發展。
3. 清領時期（1683-1894）：臺灣正式納入大清版圖，初期治臺較為消極，頒布海禁令及山禁令，直至施琅去世之後渡臺禁令才逐漸鬆弛。康熙廿五年（1686）客家人正式移民臺灣，在開墾屏東的路上信仰、風俗、文化逐漸形成「六堆文化」。

此節主要從〈康熙臺灣輿圖〉、〈番社采風圖〉的〈社師〉與〈種芋〉、〈平定臺灣戰圖〉等具有歷史及藝術價的圖像來探知當時屏東的一些歷史發展，以及歸納屏東早期活動於鳳山縣地區的文人書畫家，並對清領時期保存至今的

重要且具有歷史及藝術價值的地景建築作了詳細的記錄。

（四）日治時期高屏地區的美術新局（1895-1945）

1895年中日甲午戰爭戰敗，簽訂馬關條約，臺灣和澎湖割讓給日本，開啟長達50年的明治維新。日治時期引入西方教育制度及新的藝術風潮，在皇民化政策影響下，日治時期的藝術發展對屏東及整個臺灣的文化形成了重要影響，開辦比賽使之書風興盛，文字學與圖畫學之促進也為後來的臺灣美術有重大影響。美術教育、來臺任教的日本畫家、官展的設立（「臺展」和「府展」）等，使之美術風氣蓬勃。

此節主要記錄一、日治時期高屏地區地方建設發展過程中藝術圖像（繪葉書、鈔票圖版、畫作）；二、學校美術教育的肇端及發展對新美術運動的影響以及新美術運動的4名屏東畫家；三、日治時期與新美術運動同期的屏東書法代表人物、屏東傳統建築彩繪；四、新舊美術交替下所產生的新式建築與傳統中式建築。

（五）戰後屏東縣的美術發展（1946-）

政府遷臺以前的戰後初期，屏東地區唯獨屏東師範擁有科班出身之專任美術教師以及美術課程。使得屏東師範孕育成為戰後以來屏東地區美勞教育起步最早，育才最多，而且與日後屏東藝壇之脈動，甚至與縣外藝壇之互動，逐漸扮演著舉足輕重的角色。

1　早期發展（1946-1965）

戰後初期，屏東師範是屏東地區唯一擁有專任美術教師和美術課程的學校，成為當地美勞教育的起點。屏東師範在育才和促進藝壇交流方面扮演了重要角色。

2 機構改制與專業化（1965-2005）

1965年，屏東師範改制為屏東師範專科學校，成立美勞組以提升美勞人才及師資培育。1992年成立「美勞教育學系」，1999年成立「視覺藝術教育研究所」，專注於國小美勞教師的培養。2003年更名為「視覺藝術教育學系」。

3 美術教育體系的建立

戰後，具藝術專長的教師成為屏東地區美術活動的主要成員。1985年開始成立美術實驗班和美術班，從小學至高中建立完整的美術教育體系，並提供良好的大學及研究所進修管道。

此節主要說明戰後屏東美術教育的發展、美術團體的興起、文化中心與文化局的成立對屏東美術推展。其發展的過程中培育了屏東在地的美術人才，美術活動也日趨繁榮，並實質地提升了在地社會文化水平，對屏東的文化景觀和藝術創作產生了深遠影響。在這時空背景下，造就了不同領域美術家，對這些藝術家進行文史記錄，便載於《臺灣美術──屏東》第伍章「戰後美術家小傳」中。

戰後美術家小傳，將美術分為12類，各類別及收錄的美術家人數分別是水墨26人、膠彩4人、油畫31人、水彩21人、立體造形與陶藝19人、書法篆刻29人、版畫2人、攝影6人、複合媒材3人、傳統工藝美術4人、視覺傳達設計2人及其他文化藝術相關人才6人。

最後，第陸章對屏東縣地區四千五百年的美術發展作了五點歸結。以上為《臺灣美術──屏東》的研究概況。

三　2005年後續編方向及相關問題探討

對於《臺灣美術──屏東》的續編方向，黃冬富於作者序文中已提及撰寫時的遺漏與可以補充之處，其云：

> 撰寫此書期間，適逢筆者所服務的師範學院面臨轉型的關鍵期，不少的規劃和評鑑接踵而至，擔任系所主管行政兼職的我，幾度為相關之行政業務所絆，不易靜下來專心撰寫，迄今終於勉力成書，展讀回顧，頗能體會當年李霖燦教授課堂上常引用的曹雪芹之「滿紙荒唐言，一把辛酸淚」之名句。其中有部分作家，由於筆者努力不夠，未能取得其代表作之圖版，頗覺遺憾；基於個人的疏忽和盲點所致，部分優秀的代表作家之遺珠，更是深感愧歉萬分，希望能於再版時有機會彌補。此外，尤其對於提供資料和圖版幫忙的諸位作家和單位，於此謹致予誠摯的謝忱。[10]

黃冬富於文中提及「部分作家未能取得其代表作圖版」，以及「部分優秀代表作家遺珠未錄」，希望再版有機會彌補，因此，對部分作家代表作圖版的增補及收錄遺珠作家，即為續編的方向之一。而這些大部分集中於第肆章「戰後屏東縣的美術發展」及第伍章「戰後美術家小傳」，因此，我們要續編的方向也會聚焦於此。以下茲就續編的方向臚列如次：

（一）屏東師範大學視覺藝術學系轉型歷程及相關資料續編（含專、兼任教師、碩論文、活動、人才）
（二）屏東美術團體與美術活動相關資料補充及續編
（三）屏東縣美術展演場地相關資料續編
（四）屏東縣戰後藝術家小傳原資料補充及續編（卒年、新收錄美術家）
（五）屏東地區美術年表原資料補充及續編
（六）屏東縣地方美展2005年後資料續編
（七）屏東縣藝文活動執行情形資料續編
（八）屏東藝術半島藝術季2005年後資料補充及落山風藝術季資料編輯

---

10 黃冬富：《臺灣美術地方發展史全集──屏東地區》，頁17。

此外,「屏東大學視覺藝術學系歷屆就學期間參賽獲獎記錄」及「屏東大學兼業校友持續參賽及獲獎概況」等,亦可作為續編參考的方向之一。對於文本續編的部分,我們目前也已進行初步的整理,如:

(一)屏東藝術展演場地資料

屏東地區雖然較臺北、臺中等城市來說,藝術場館資源相對有限,但它的藝術文化發展也在逐步崛起,並且有一些具代表性的美術館、展覽空間和公共藝術平臺,為當地的藝術家與觀眾提供了展示和互動的場所。具體來說,屏東2005年前的主要藝術場所包括:屏東中正藝術館(1980)、屏東縣立文化中心(1984)、佛光緣美術館(1996)、邱姓河南堂忠實第(2000,原名:屏東縣鄉土藝術館,2021年更名)、枋寮F3藝文特區(2002)、孫立人行館(2002)。

近年來地方政府、地方法院、大專院校、國營公司等,為提升文化產業的發展及旅遊與經濟發展與藝術教育的推廣,又陸續成立屏東戲曲故事館(2006)、臺灣電力公司屏東營業處文化藝廊(2007)、將軍之屋(2009)、屏東縣立美術館(2013)、屏東演藝廳(2016)、里港鄉立中正圖書館(2018)、勝利星村(2018)、屏東地檢署藝廊(1998)、國立屏東科技大學藝文中心(2006)、屏東演武場(2019)、屏東大學藝文中心(2020)、屏東總圖(2020)、屏菸1936文化基地(2022)、恆春文化中心民謠館(2024)、看海美術館(2024)等。使屏東的美術館和展覽空間,不再僅限於傳統的展覽場所,也包括了戶外公共藝術和駐村創作空間。這些場所為屏東地區的藝術發展提供了豐富的平臺,讓當地藝術家有更多機會展示他們的創作,同時也促進了當地與國際藝術界的互動與交流。

(二)2005年後成立及停辦的美術團體

2005年後成立及停辦的美術團體分別有:屏東縣高屏溪美術協會

（2007）、恆春畫會（2008）、屏東縣水墨書畫藝術學會（2012）、五彩畫會（2013）、屏東縣傳墨書法研究會（2008-1919）、中華書學研究會（2020）、屏東縣中國書法協會（1984-2020）。

（三）2005年後屏東大學視覺藝術學系轉型歷程、新進教師、學位論文資料及藝文中心的成立

屏東大學視覺藝術學系於2003年更名為「視覺藝術教育學系」，2006年轉型為非師資培育學系「視覺藝術學系」，強調理論與創作並重，2016年成立「視覺藝術學系碩士在職專班」提供對美術領域有興趣的業界人士一個進修、自我提升的管道，爾後於2019設立「數位媒體設計碩士學位學程」（於2021年改稱視覺藝術學系數位媒體設計碩士班）以數位內容產業為主要發展內涵，發展實務3D動畫、遊戲設計與媒體設計為主的碩士班。

屏師時期（2004年7月～2024年9月）至屏東大學之專任美術教師美術專長專長教師有李堅萍、陳燕如、劉立敏、朱素貞、林大維、李學然、楊安東、牟彩雲、劉懷幃共新增9位教師。通過碩士學位論文總計379篇（參見附錄表一～表四），其中屏東師院視覺藝術教育研究所碩士班論文共計20篇；視覺藝術學系碩士班320篇，碩士在職專班27篇；有關數位媒體設計相關論文共計12篇，領域涵蓋多元。

屏東大學藝文中心位於屏師校區六愛樓，其前身為屏東師院時期的圖書館，於2020年轉型再造成為藝文展覽活動的場域。不僅拓寬了學校藝術文化資源的傳播範圍，還使藝術活動融入了地方社區的日常生活，為學校師生及地方居民提供了一個參與各類藝術表演、展覽和講座的交流平臺。屏東大學後續又於2022年7月成立陳景容美術館、2022年11月成立黃光男美術館、2024年5月成立何文杞美術館，這些美術館的設立，促進了學校與社區之間的互動和文化交流，進一步強化了屏東大學作為區域文化資源中心的角色外延，從而擔當了重要的社會責任。

（四）屏東大型藝術展演活動資料

　　地方文化獨特性是當地社區的寶貴資源，藝文活動有助於保存與傳承當地的傳統藝術、民俗文化和歷史記憶。地方政府和社區將藝文活動與旅遊業結合，吸引外來遊客，促進當地經濟發展。文化節、音樂會和藝術展覽等活動成為旅遊資源。2001-2007年屏東舉辦「半島藝術季」；2017年於屏東市勝利新村首辦「屏東地景藝術節」；2018年有「落山風藝術季」，集結現當地山、海、沙灘、港、溪等獨特的自然風貌與文化特色，是為擁有特殊氣候的當代藝術季。2019年大鵬灣國家風景區舉辦臺灣燈會，呈現了藝術與創意設計結合的燈飾、公共藝術與大地藝術的呈現、傳統工藝與現代藝術的融合、地方文化藝術的表達，將燈光設計、裝置藝術、環境藝術等多種藝術形式結合在一起，通過公共空間展示，讓燈會成為一場視覺與文化的盛宴，不僅強調美學表現，還具備深厚的文化內涵。

　　截至目前為止，我們雖已整理了一部分的資料，但仍有許多資料尚待蒐集整理，以及新的議題須進一步探討，如這一、二年來興起的「AI生成藝術」，未來在藝術家小傳裡或新增「AI生成藝術家」一欄，而「AI生成藝術家」的認證及定義亦將是未來要探討的問題之一。

　　綜合上文資料，足見屏東美術發展資料有著定期增補之必要性，且須補充及續編的資料繁多。下文僅就戰後美術家小傳之「水墨」、「書法篆刻」類部分已彙整的資料進行編纂。

四　戰後美術家小傳資料更新、續編及相關問題探討

　　主要著眼於戰後美術家小傳「水墨」、「書法篆刻」類之資料更新和續編，以及透過田野調查資料蒐集後所發現的相關問題進行探討。關於資料更新及續編，是透過田野調查訪談後所蒐集的資料，對《臺灣美術──屏東》原載的美術家進行資料更新，及對新著錄的美術家進行續編。以下茲就（一）屏東美術家續編選錄標準、資料蒐集來源及撰寫流程；（二）美術家原資料更

新舉例：賴文隆；（三）水墨新收錄美術家小傳舉隅；（四）「書法篆刻」類新收錄藝術家及藝術家小傳續編方向，行文如下：

（一）屏東美術家續編選錄標準、資料蒐集來源及撰寫流程

　　所有學術領域的建構皆有其原則，屏東美術家的續編亦是如此，以下就選錄標準及資料蒐集來源簡述如下：

1　屏東美術家選錄標準

　　屏東在地連結——出生地、居住地、戶籍及主要活動地點在屏東。「屏東在地連結」的定義，大致可從出生地、居住地、戶籍以及主要活動地點這幾個方面來判斷。出生地是人一生的起點，在戶籍上便屬於屏東人。而人們通常會在其出生地生活和居住一段時間，即便日後因各種因素遷居他地，仍與出生地保持著一定的聯繫。因此，即使因生活與工作的變遷而改變居住地，依然存在出生地與屏東的連結。

　　居住於屏東的人可能會因生活需求改變居住地，而原本並非出生於屏東的人，也可能因生活須要而遷居屏東，甚至成為屏東的戶籍居民。除此之外，有一部分人雖然並非出生、居住或入籍於屏東，但其工作職位、主要活動地點或教學地點在屏東，並且長期深耕屏東，與屏東在地產生了高度連結。這些人雖非原生屏東人，卻通過持續的付出與參與，成為「屏東在地連結」的一部分。

2　藝術家作品具一定的專業水準

　　關於續編收錄的藝術家，其作品必定具有一定的專業水準，因此，作品便是藝術家最好的代言人，透過作品的直觀即可明瞭藝術家的藝術素養，另外，一位具有一定專業水準的藝術家，除了作品外，另可從以下指標作為參考：

（1）於地方鄉鎮、縣市乃至全國，具有一定的知名度。
（2）曾於地方鄉鎮、縣市乃至全國各指標性展場辦理個展或參與聯展，如各地方美術館、文化中心、國家級美術館、國父紀念館等。
（3）藝術家的作品曾在其專業領域競賽中獲獎，並可根據獲獎競賽的層級來評估其專業素養，各領域相關競賽多有公辦與私辦，而愈是豐厚的獎金，其參與的人數愈多，競爭愈是激烈，層級也相對的較高，如地方政府舉辦的全國性美展，以及中央政府舉辦的全國美術展等，這層級的首獎獎金約15-50萬不等，作品僅僅入圍，皆是對藝術家作品的一種背書與肯定。
（4）經研究團隊及專家審查認可。部分藝術家專注創作與教學，而較少對外參展與參加競賽，然其作品具一定專業水準，經研究團隊及專家審查認可後，亦應收錄其中。

3　屏東藝術家資料蒐集來源及撰寫流程

研究資料蒐集來源與撰寫大致如下：

（1）參閱已出版之專書。原資料的增補可參閱《臺灣美術──屏東》原載的藝術家進行資料更新。
（2）查閱地方政府文化局網頁。屏東地區則是查閱屏東縣政府文化處「視覺藝術家資料庫‧平面類」的網站，內載黃冬富提供的更新資料。
（3）查閱博碩士論文及期刊論文。屏東部分著名藝術家已有研究生以其為題撰寫學位論文，如陳俊光撰寫的《陳福蔭書法研究》（2009年佛光大學碩士論文，倪再沁教授指導）即是其一。
（4）通過田野調查及藝術家訪談。通過地方藝術家的訪談，亦可了解該領域在地區的發展狀況，並可諮詢在地資深藝術家，並推薦該領域的優秀人才，進而擴展原有資料。
（5）透過屏東在地藝術社團。透過屏東在地藝術社團的聯繫，可發現各領域優秀的藝術家。

經資料蒐集後，便是藝術家小傳的撰寫，為裨益觀者閱讀，撰寫流程以圖表方式呈現如下：

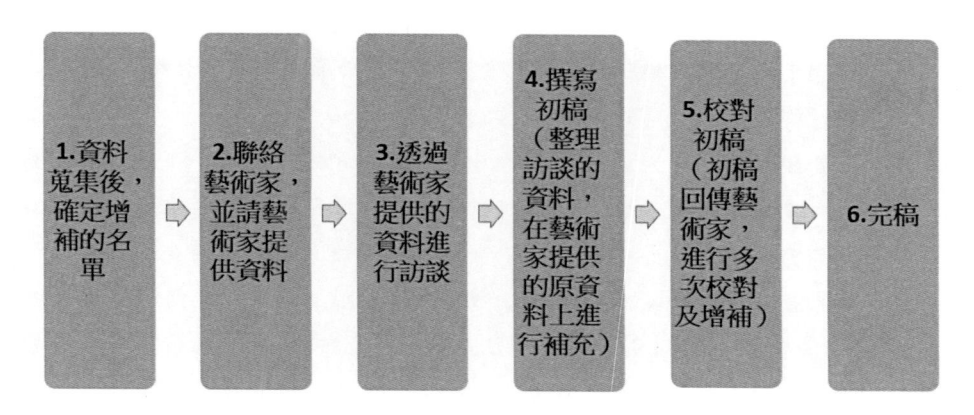

1.資料蒐集後，確定增補的名單 → 2.聯絡藝術家，並請藝術家提供資料 → 3.透過藝術家提供的資料進行訪談 → 4.撰寫初稿（整理訪談的資料，在藝術家提供的原資料上進行補充） → 5.校對初稿（初稿回傳藝術家，進行多次校對及增補） → 6.完稿

（二）美術家原資料更新舉例：賴文隆

地方發展史隨時間的推衍而不斷地變動與更新，對於正在發展中的資料亦有定期更新的必要性，以下以《臺灣美術——屏東》「書法篆刻類」編號廿八、賴文隆為例，原載：

> 賴文隆1964年生於高雄縣大寮鄉，屏東師專美勞組（1984）、新竹師院美教系（1991）以及中國文化大學藝術研究所畢業（1996），曾任教於國小、國中，現任教於國立潮州高中。賴氏兼擅書法、水墨和雕塑，曾獲屏東縣美術家聯展書法類和國畫類第一名，高市美展雕塑類優選（1984）。其書法受江育民老師啟蒙，各體兼學，涉獵甚廣。曾撰《張瑞圖書法研究》（碩士論文）、《多寶塔唐碑集字》等，為中國書法教育學會會員，課餘亦設帳傳授書法，於書法藝術之鑽研和推廣方面頗為用心。[11]

---

11 黃冬富：《臺灣美術地方發展史全集——屏東地區》，頁187。

賴文隆相關資料亦見於屏東縣政府文化處「視覺藝術家資料庫‧平類面」，並在《臺灣美術——屏東》的基礎上進行更新，其載：

> 1964年出生於高雄縣大寮鄉，曾先後畢業於屏東師專美勞組（1984）、新竹師院美教系（1991）、中國文化大學藝術研究所碩士（1996），目前於國立高雄師大國文系攻讀博士學位。曾任教於國小、國中以及潮州高中。賴氏術學兼治，在創作實務方面，兼長書法、水墨和雕塑，尤其書法的成就最為突出，早年曾受江育民啟蒙，各體兼學而涉獵甚廣，曾獲屏東縣美術家聯展書法類和國畫類第一名，高雄市美展優選（1984）。其後逐漸聚焦於書法的鑽研，陸續榮獲第九屆明宗書法篆刻比賽全國徵件首獎（2008）、全國公教員美展書法類佳作獎、行天宮人文書法創作徵件優選獎……等。此外其書法論述之探研和發表也頗為勤快，尤其對張瑞圖的研究著力頗深，而知名於國內書法學界。除了書法創作以及書學研究之外，長久以來賴文隆在書法的教育推廣方面也著力頗深。（資料來源：黃冬富教授）[12]

上揭資料來源亦是經由黃冬富提供，其資料更新時間為2024年4月11日，從資料更新的角度觀之，足見地方文化局對在地藝術文史的重視，了解文史發展過程中對於資料更新的重要性。然而，文史資料是不斷地更新迭加，而這便須要透過資料蒐集及田野調查讓資料能夠更加完整。我們也透過資料蒐集和田野訪談的方式對賴文隆的資料進行更新如下：

賴文隆（1964-）字豐之，號久盦、降生子，別署久安居主。齋號久安居、二漢硯齋。1964年出生於高雄縣大樹鄉（今高雄市大樹區）姑山村，今定居屏東縣長治鄉。

先後畢業於高雄縣立溪埔國小（1976）、天主教道明中學國中部（1979）、

---

12 「賴文隆」，屏東縣政府文化處「視覺藝術家資料庫」本縣視覺藝術創作者：平面類，網址：https://www.cultural.pthg.gov.tw/News_Content.aspx?n=DD9507A1F1946B4C&sms=4BEBDBD2D2EBECAE&s=02511F2FB93D02B4，瀏覽日期：2024年8月。

省立屏東師專美勞組（1984）、國立新竹師院美教系（1991），中國文化大學藝術研究所藝術學碩士（1995），國立高雄師範大學國文學系文學博士（2023）。師專時期，雕塑受教於方建明，水墨畫則受到黃光男、陳英文之啟發；師專後學習書法，主要師承董洪賓、江育民。

主要學術著作有《晚明張瑞圖書法之研究》（1994年文化大學藝術研究所碩士論文，張清治教授指導）、《張瑞圖及其書畫創作研究》（2023年國立高雄師範大學國文學系博士論文，林晉士教授指導）。

曾擔任雲林縣龍巖國小、屏東縣載興國小、高雄市三民國小資優班美勞科任教師，以及屏東縣內埔國中美術科專任教師兼總務主任、國立潮州高中美術科暨藝術生活科專任教師兼訓育組長等教職。另自任教國中開始，曾於國立屏東商業技術學院藝術通識課程（1999-2000）、國立屏東師範學院美勞教育學系（2001-2004，現為屏東大學視覺藝術學系）、國立高雄師範大學國文系（2017，書法課程）等高校，擔任兼任講師。

自其任教高雄市三民國小、屏東縣內埔國中至潮州高中期間，曾多次指導學生參加全國學生美術比賽，成績斐然卓著，並於2005年獲頒屏東縣「美術教育獎」。在高中任教後期的偶然機緣下，幸得考取高雄師範大學國文學系博士班進修的機會（2014），在衡量教學、求學、家庭與母親體衰多病諸因素後，遂決意於次年辦理退休，重新踏上人生另一階段的學習歷程，2023年7月完成博士學位論文。

就讀屏東師專美勞組時，賴文隆即展現出其於水墨、水彩及雕塑創作方面之優異才華，除於屏師校慶美展勇奪「水墨」、「雕塑」及「水彩寫生」三項比賽第一名（1983）之外，亦曾榮獲第三屆屏東縣美展徵件比賽之「國畫」與「雕塑」類第二名（1984）。師專畢業入伍之際，更以雕塑作品參加第二屆高雄市美展，在諸多專業好手之中突破重圍，榮獲「雕塑類」優選。退伍後服務於雲林縣龍巖國小（1986-1988），除繼續水墨創作之外，開始接觸傳統書法，深受當時書法名師董洪賓老師之啟蒙。1988年8月申請調動回屏東，甫開學便參加屏東縣國語文競賽，初次嶄露頭角，便榮獲國小教師組「寫字」比賽第一名，並代表屏東縣參加臺灣區國語文競賽決賽，再獲國小

教師寫字組第五名。此後，參加屏東縣語文競賽之中學教師組、教師組（中、小學教師合併）寫字比賽，亦多次掄元奪魁。是時，賴氏復參加屏東縣美術家聯展徵件比賽，並連續三年分別榮獲「書法類」及「國畫類」前三名（1991-1993）。

除上文列舉外，其得獎作品另有第九屆高雄市美展「書法類」優選（1991）、第七屆明宗獎全國書法篆刻比賽「書法類」佳作（2006）、第八屆明宗獎全國書法篆刻比賽「書法類」優選（2007）、第九屆明宗獎全國書法篆刻比賽「書法類」首獎（明宗獎，2008。並於高雄市明宗書法篆刻藝術館舉辦「明宗首獎書法展」）、第十二～十三屆大墩美展入選（2013、2014）、全國公教美展佳作（2013）、第七屆桃園縣全國春聯書法比賽優選（2013）、全國美術展入選（2012）、第三十屆桃源美展入選（2012）、第十一屆行天宮人文獎優選（2012）、第九～十屆玉山美術獎入選（2008、2009）。

除個人獲獎外，在書法教學中，其二子賴昱辰、賴昱亘同樣榮獲金鵝獎、行天宮與明宗獎等全國性大獎無數；尤其知名者有張凱鈞，曾經榮獲全國語文競賽國中及高中組寫字類第一名、第二屆「臺積電青年書法篆刻大賞」行草組第二名，以及第三屆「臺積電青年書法篆刻大賞」楷隸組第一名、行草組第二名；水墨教學上，學生徐啟鈞，曾獲全國學生美術比賽水墨類國中組屏東初賽第一名，全國決賽獲優選（1998）；劉子淵曾獲全國學生美術比賽高中組水墨畫類屏東初賽第一名，全國決賽獲「優等」（第二名，2001）；在版畫教學上，學生鍾文俊獲全國學生美術比賽高中組版畫類屏東縣初賽第二名，全國決賽獲「特優」獎（第一名，2002）；塗子涵屏東縣初賽獲第一名，全國決賽獲「優等」獎（第二名，2002）。由此可見，賴氏不論在創作、研究及教學領域皆能駕輕就熟，成績斐然。

1990年8月，賴氏以美勞科專長甄試至高雄市三民國小任教，約莫於每週二下班後，旋即搭車北上臺中市國泰筆莊從江育民老師學習書法，在學習楷法外，更博涉行、草、隸、篆諸體。自此眼界大開，雖得一窺書蹟與書史之梗概，然而仍未能深入其堂奧，遂於1993年考進文化大學藝術研究所在職進修碩士班，忙碌身影不停穿梭於高、屏、臺北之間，當時擔任教職的月薪

僅有兩萬多新臺幣，幾乎全數用於南北往返的機票與住宿費用，此時期之生活家計，全賴家中賢妻支持。修業期間因勤奮向學，獲文化大學頒發「品學兼優獎」，直至1995年12月完成碩士學位論文，此論文為最早對晚明張瑞圖墓誌銘、生平與書蹟、書風等議題作深入探討之碩士論文，多發前人所未見。此外，陸續發表學術論文有：〈張瑞圖生平及其兩版《白毫菴集》內容之研究〉(《張瑞圖、黃道周學術研討會論文集》，福州：海風出版社，2013年12月)、〈蘇軾〈石蒼舒醉墨堂〉詩中「意造無法」之書學觀析探〉(《高雄師大國文學報》第28期，2018年7月)、〈金文「弜」字考——兼論弜器斷代問題〉(《書畫藝術學刊》第28期，國立臺灣藝術大學書畫藝術學系，2020年6月)等。其於書學研究方面，除偏好甲、金、篆、籀等古文字之考探外，對於故宮收藏書蹟之鑑藏與題跋諸問題之鑽研更是情有獨鍾，每每埋首其中、細索其源流而不能自已。

　　賴氏書法創作多取法於傳統碑、帖，長期浸潤古帖而涉獵廣泛，雖取材多元而不拘於一家之書，然亦貴有所本，尤能援引書學論證以為其具體創作之憑資。近期多嘗試以甲、金文字融合日本書道「少字書」等筆墨效果進行創作，冀能於傳統書法與現代視覺藝術之間，探索出另一種入古出新之創作面貌。

表一　賴文隆於《臺灣美術——屏東》內載作品及
　　　近期書法及跨領域作品舉隅

圖一　〈定風波〉，1999年，
　　　書法，紙本，70×130cm

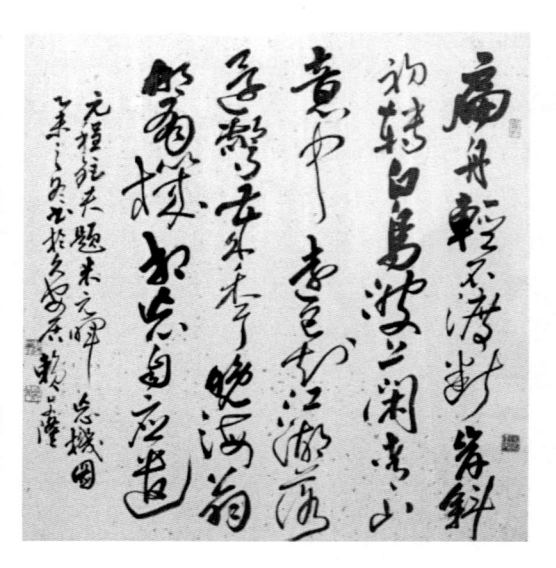

圖二　〔元〕程鉅夫〈題米元暉忘機圖〉，
　　　2012年，書法，紙本，70×70cm

圖片來源：《台灣美術地方發展史
全集——屏東地區》，頁187。

圖三　〈黃庭堅跋蘇軾和陶詩〉，2014年，書法，紙本，180×90cm
（第19屆大墩美展入選作品）

圖四　〔唐〕杜甫〈奉濟驛重送嚴公四韻〉，2013年，書法，紙本，180×90cm

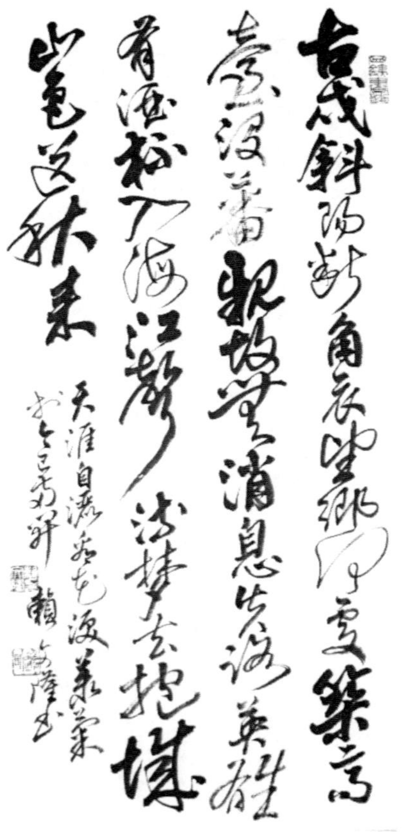

圖五　行草書〈丘逢甲詩──古戍〉，2011年，書法，紙本，69×35cm

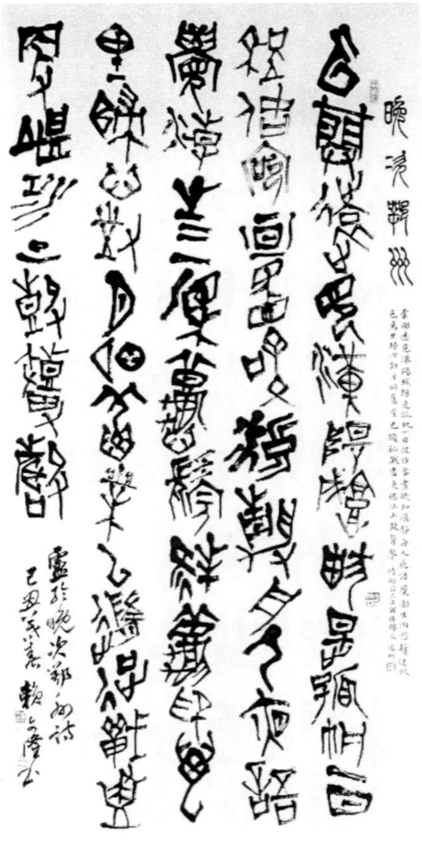

圖六　甲骨文錄〔唐〕盧綸〈晚次鄂州〉，2009年，書法，紙本，180×90cm

圖七 〈見龍在田〉，2019年，書法，紙本，135×68cm（臺南東門美術館——龍山書社展）

圖八 〈神離〉，2024年，書法，紙本，135×35cm（2024年10月韓國釜山展參展作品）

圖九 〈拜石〉，2022年，書法，紙本，70×38cm（臺南東門美術館——龍山書社展）

圖十 〈望〉，1984年，雕塑，樹酯、纖維，尺寸不詳
（「第二屆高雄市美展」雕塑類優選）

圖十一 〈春花秋月〉，1994年，水墨，紙本，135×68cm

圖十二 〈清幽〉，2010年，工筆重彩，紙本，72×56cm

除增補藝術家文史資料使其完整外，藝術家創作之作品在歲月流轉的過程中，其藝術素養的提升、心境感悟及創作思維轉換等也會直接反映在作品上，因此作品同樣有定期更新資料的必要性。

在資料的蒐集整理與分析上，姓名、生卒年、學經歷、師承、個人代表著作、學習歷程、重要獲獎經歷、個展聯展策展經歷、參與美術社團、個人藝術風格、主要活動地區（如高雄、南投等）、代表作品舉隅等，為主要蒐集的部分，另外，藝術家自身的「生命故事」亦是本文資料蒐集的重點。

柳宗元在〈邕州柳中丞作馬退山茅亭記〉一文中提到：「夫美不自美，因人而彰。蘭亭也，不遭右軍，則清湍修竹，蕪沒空山矣！」說明蘭亭這個景點，如果沒有王羲之書寫蘭亭集序的人文元素及相關故事，則無論蘭亭景色如何美麗，也有朝一日被荒草叢生，而乏人問津。因此，記錄以「人」為核心所衍生的人文情懷以及生命故事便具有實的意義，因為透過人文情懷及生命故事可以縮短觀者與作品間的距離，並了解藝術家創作的心路歷程。

（三）水墨新收錄美術家小傳舉隅

《臺灣美術──屏東》一書中，原收錄水墨藝術家26人分別是：羅博平（1906-1993）、趙春翔（1910-1991）、鄭乃珖（1911-2005）、劉子仁（1912-2003）、白雪痕（順常，1919-1971）、王爾昌（1919-2005）、王鳳閣（1925-2011）、孫秋林（1927-2015）、林謀秀（1929-）、劉愛梧（1931-）、陳朝平（1933-）、傅申（1937-2024）、藍奉忠（1942-2011）、林幸雄（1943-2017）、黃光男（1944-）、楊增棠（1946-）、邱山木（1948-）、陳英文（1952-）、陳偉（1952-）、洪仁堡（1953-）、邱山藤（1953-）、黃冬富（1953-）、盧福壽（1955-）、張繼文（1958-）、曾肅良（1961-）、周靜玫（1961-）。

「屏東視覺藝術家資料庫」資料查詢及田野調查資料蒐集後，目前新收錄水墨藝術家有13人，分別是：黃冠騰（1952-）、徐鼎原（1959-）、莊文瑞（1962-）、張妙茹（1962）、林宏山（1964-）、韋旭昇（1968-）、林峰（1968-）、鄭吉村（1969-）、許瑞林（1970-）、鐘怡貞（1972-）、林永明

（1973-）、陳柏志（1980-）、許芳華（1981-）。以下茲就新收錄水墨藝術家小傳資料舉例如下：

1　黃冠騰（1952-）

1952年生於屏東縣內埔鄉。高雄市立空中大學文化藝術學系藝術學士，現為國立屏東大學視覺藝術研究所研究生。

黃氏自幼家境清寒，求學過程亦多艱辛，初中時皆賴獎學金以貼補學費。儘管如此，仍常見雙親為每學期註冊費發愁，遂決定投筆從戎，於1968年初三上學期結束後以同等學歷考取海軍士官學校，1970年以優異成績取得教育部高職畢業證書。1970年畢業後分發於國軍重點軍艦，1977年奉派赴美國接艦以優等服務績效下獲頒「海風獎章」、「忠勤勳章」，1980年服務滿十年退役。

黃氏幼年多嬉玩於鄉間，因喜自創並胡亂塗鴉，而逐漸喜歡美術，軍校及軍旅生活亦常身兼文康、軍徽設計、壁報設計、簡報製作等美術任務。退役後於2000年接觸屏東社區大學認識何文杞、張新丕、劉高興等老師，始開啟素描、水彩、油彩的學習，並陸續加入翠光畫會、屏東美術協會、屏東縣米倉藝術家社區協會、清溪新文藝學會、屏東水墨書畫學會。2002年因擔任米倉藝術家社區協會第二屆及第五屆理事長（2009）而接觸「裝置藝術」及「社區營造」等藝術形態，並帶領團隊參與2003、2005高雄國際貨櫃藝術節（代表主辦開國際記者會）、橋頭糖廠藝術村裝置藝術、墳場工廠夥房藝術展演、萬金教堂壁畫、韓愈文化祭文學步道、佳冬文學步道等藝文活動，在屏東藝術圈已具相當知名度。

黃氏於2007年受聘文建會駐鄉（佳冬、萬金、內埔）藝術家，逐漸地喜歡創作鄉土作品，透過作品表達了鄉土文化的關懷，以「我觀、我聞、我思、我作」的行為表現模式，不斷的嘗試與反芻，讓群眾直接感受「藝術在生活，生活在藝術」的理念，走入社區，雖然沒有接受過藝術科班的薰陶，但正因如此，在創作上少了束縛，反而能夠天馬行空，多元發展。例如以打帶跑「快閃」的行動藝術模式，到處「搧風點火」，展場從社區、伙房、墳

場、工廠、防空洞以「類宅配」的方式將藝術的展演融入社區，並呈現群眾面前；以草莽式的發想與靈活運作來對應殿堂的被動與僵化，論述著人文的、勞資的、地域的觀點，且不斷的拋出議題對社區營造注入另類思維。

黃氏於2010年卸任米倉理事長後，開始擔任佛光緣美術館屏東館的義工，期間約有十年時間荒廢了平面藝術創作。直到2016年，參加林永明老師於屏東講堂開設的工筆佛畫班後，從此踏入水墨世界。近幾年皆以工筆彩墨參賽，並屢獲大獎，雖然如此，但黃氏仍感到對於中國傳統繪畫的類別所知尚淺，遂再進修於高雄市立空中大學，並於2024年取得藝術學士學位，學習期間在師長們的引領下視野大開，雀躍之餘，亦希冀能更深入水墨工筆彩繪等學術研究，故於2024年甄選進入屏東大學視覺藝術系碩士研究所持續深造。

黃氏作品曾獲2021年國防部55屆國軍文藝金像獎首獎、2020年第一屆海峽兩岸師生展入選、2020年第七屆 MAKAPAH 美術獎佳作獎、2019年國防部42屆青溪新文藝金環獎首獎、2018年屏東大學藝術與設計國際研討會暨創作展書畫類社會組第三名、2008年大仁科大第一屆客家藝術研討會「客家圖像設計」佳作獎、2002年屏東美展佳作、2001年臺灣地區青溪美展西畫類第五名。

黃氏近年來也經常辦理個展並參與聯展，個展有2024年「蓄藝啟航」個展（高雄市立空中大學藝文中心）、2023年「彩墨藝航」中西畫創作個展（衛福部屏東醫院、六堆客家文化園區藝廊）、2021年「彩墨藝航」70首個展（佛光緣美術館屏東館）、2019年佛光山潮州講堂個展，除近期（2024年11月）將於屏東里港圖書館舉辦「阡陌縱橫」雙個展外，其參與之兩岸、國際、地方性聯展及筆會不計其數。除展覽外，黃氏亦有豐富的策展經歷，其於2001年策展「原生物種七人展」（屏東竹田驛站）、2008年策展「原生盤石藝術展」（佛光緣美術館屏東館），是屏東藝術圈不可多得的人才。

作為一個活躍的藝術家，黃氏經常受邀電視臺、雜誌、網路直播及電視錄影專訪。客家電視臺專訪（《福氣來了——南方篇6》工筆彩墨・堆疊創造×黃冠騰〔2023〕、《福氣來了——南方有魅力》工筆畫新視角——黃冠騰

〔2021〕、《暗香風華》黃冠騰——將藝術帶入鄉村〔2017〕、《福氣來了》真情人物——黃冠騰〔2012〕），高雄市山河館網路直播訪談（2018），青溪雜誌專訪（2019、2015），高雄電臺——六堆之音訪談（2004），公共電視「下課花路米」節目錄影「彩繪貨櫃」（2005）等，足見黃氏於媒體具有相當的曝光度。

　　黃氏的創作領域甚廣，從2000年開始學素描、水彩、油畫到2002年涉獵裝置藝術及社區藝術營造。2016年起，逐步轉到工筆彩墨畫，題材涵蓋花鳥、人物仕女及佛畫。學習佛畫藝術後，黃氏體悟佛畫沿襲工筆畫技法或滲入寫意水墨暈染產生的神祕莊嚴及神聖的樣貌，因此，深入古印度健陀羅、秣菟羅以及中國佛教藝術，是黃氏近年來嚮往及研究的目標。黃氏認為，藝術是一種表達自我生活體驗與社會良知的媒介，或帶有批判或嘲諷的意味，但同時也具有啟發性，期盼透過藝術創作，能對人們的生活心靈產生影響，並激發他們感知生活的豐富性。

表二　黃冠騰工筆彩墨及跨領域作品舉隅

圖十三　〈父親的臂膀〉，2018年，工筆彩墨，紙本，60×93cm
（2018年屏東大學藝術與設計國際研討會暨創作展書畫類社會組第三名）

圖十四　〈原民童顏〉，2019年，紙本設色，88×117cm
（2020年第七屆 MAKAPAH 美術獎佳作獎）

圖十五　〈臨宋代千手千眼觀世音菩薩〉，2021年，工筆彩墨，紙本 83×175cm

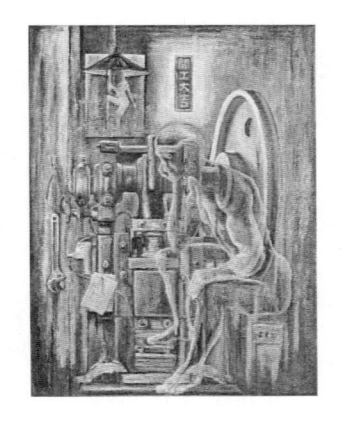

圖十六　〈開工大吉系列之1〉，2002年，油彩畫布，50F
（2002年屏東美展佳作獎）

圖十七　〈開工大吉系列之3〉，2001年，油彩畫布，30F
（2001年臺灣地區青溪美展西畫類第五名）

2 莊文瑞（1962-）

　　莊文瑞1962年生於屏東縣里港鄉。莊氏之藝術天分於小學時期即初露鋒芒，其中年級班導師吳玉枝經常曾請他將圖片以等比例的方式繪製於壁報紙上，其亦不負班導師之託，並能完整呈現，此為其邁向藝術之路起點。

　　就讀里港國中時隨邱山木老師學水墨（1976），邱師犧牲放學後的時間，在里港國中教室一隅，義務教授莊氏等人水墨技法。此情此恩，莊氏銘記於心，有感邱老師義務教授之恩，莊氏亦飲水思源，亦步亦趨，凡在里港鄉欲學畫而家境不許者，皆義務教授，且分毫不取，足見邱老師對莊氏影響至深。時至今日，莊氏與邱老師仍保持良好互動，並經常互相致電問候。

　　高中時，初入屏東高工機工科（1978），後因志向不符而休學，重考入屏東高中（1979？），就讀屏東高中時向李進安老師學素描及水彩（1980）。莊氏自幼家境清寒，無法供其學習美術，但他並未因此而放棄學習，並寫信委託同窗張家駒（現為南藝大教授）轉交李老師，並述說其家境概況及高度學習動機，李老師受其感動，無償教授莊氏，李老師授業之恩，亦常存莊氏心底，然而，莊氏亦非貪圖小利之人，並許諾李老師未來有經濟能力時，必繳交學費，爾後，莊氏亦履約支付二萬學費，李老師初不願意接受莊氏的學費，在莊氏的堅持下，後許莊氏在未來個展時以二萬元收藏其作品而收下，李老師果然於90高齡之際，在2022年屏東美術館「莊文瑞彩墨創作」展中，以二萬元收藏莊氏作品。師生之間，重諾守言，情感之深，表露無遺。莊氏曾於1982年暑假應恩師李進安之邀，無償指導屏東高中要報考美術科系學生的水墨畫課程。

　　大學及碩士班分別於文化大學美術系國畫組（1986）及屏東大學視覺藝術研究所（2013-2020）深造。就讀文化大學美術系期間，受教於歐豪年、黃磊生、江兆申、吳學讓、李大木、史紫忱、吳承硯、江明賢、高輝陽等教授；就讀屏東大學視覺藝術研究所期間，受教於林右正、莊正德、李堅萍等教授。其中，在張繼文教授的指導，並向黃冬富教授請益下，收獲頗豐。2000年於短期美術教師研習營中，亦曾受教於陳景容教授。著有《屏北地區

城鄉景觀之彩墨創作研究》（2020年屏東大學視覺藝術在職專班碩士論文，張繼文教授指導）。

　　莊氏曾任教於國中（瑪家、旭光）、高中（屏東女中）、以及國小（水泉、關福、廣興、德協）等學校，教學生涯長達26年。1988年退伍時，初至瑪家國中任教，1993年臺師大暑期中等教育學分班結業，調至鶴聲國中。因經常到南投寫生，而喜歡上南投風景，故於1996年調職南投縣旭光國中，足見莊氏對寫生的熱愛，及對藝術創作的執著。後因在教學過程中不喜受體制教育的束縛，遂自願離職，此一決定，曾一度不被家人所諒解。1997年於離職後回到屏東市開設畫室，教授水墨、書法、水彩、素描，並兼任麟洛鄉圖書館社區民眾國畫班教師，1998年到屏東女中兼任美術教師。1999年因妻子懷孕，為生活所需而參加小學偏遠教師甄選，任教恆春水泉國小，再次成為體制內的教師。

　　莊氏於藝術之路歷經艱辛，大學時期，邱老師為其就學及生計所需，曾騎車載著他到美濃，並介紹紙傘商家，莊氏於是利用寒暑假的時間，以單車為交通工具，騎車到美濃畫紙傘，期間亦深刻體悟到市場審美觀對個人審美觀的衝擊。儘管如此，但他並未因此而中斷藝術創作。在臺北求學期間，也常利用課餘繪製紙傘，賺取生活費。

　　重回體制內的教學生涯後，莊氏於2001年調至關福國小，2002年兼任內埔國中社區民眾國畫班教師。2003年，學校併為廣興國小關福分校，2015年莊氏調至德協國小，並於2016年在德協國小退休。退休後，莊氏仍持續進行彩墨畫創作至今。並承李進安老師之命，與許瑞林老師一同接任屏東地檢署藝廊無給職的策展人。

　　莊氏作品曾獲1976年全省學生美展國中一年級繪畫組第三名、1977年屏東縣國中二年級國畫組第一名、1980年屏東縣高中一年級國畫組第一名、1982年全省學生美展屏東縣初選國畫高中三年級組第一名、1983年全省美展國畫部入選、1984年華岡秋季美展國畫第二名。莊氏經常參加展覽，並舉辦個展，其作品曾展於1978年假屏東介壽圖書館舉辦里港國中書畫聯展、1992年臺北晶華藝術中心六人水墨聯展、1993年屏東縣立文化中心個展、1995年

臺北國父紀念館聯展（《擎天藝術群畫展》）、1996年新加坡河畔藝術中心聯展（《擎天藝術群畫展》）、日本奈良文化會館聯展（《擎天藝術群畫展》）、2000年怡然藝術中心「莊文瑞西畫個展」、2001年怡然藝術中心「莊文瑞師生展」、2014年個展於屏東地檢署藝廊（1）、2015年個展於臺電屏東營業處藝廊、2019年個展於屏東地檢署藝廊（2）、2022年屏東美術館「莊文瑞彩墨創作」。

　　莊氏在創作風格的探索上，秉持「師前人、師自然、師我心」的精神，以嶺南派及文人畫的筆墨為主，以寫實性西洋繪畫的明暗表現法與透視法為輔，再試著融合創作者的審美意念，使畫面兼具理性的寫實與感性的寫意。創作媒材以墨、宣紙和水性顏料為主。在創作形式上多為實地彩墨寫生，輔以照相、鉛筆與水彩速寫，以兼工帶寫的筆墨色彩和拓印、噴灑等技法來表現。在粗放的線條中，有一些細緻的筆觸；於艷麗的色彩裡，存幾分淡雅的光影。

　　近年來多以當代屏北地區城鄉景觀為主題，包含屏北的山林鄉野、歷史建物、街景和公園等，在對此景觀的觀照下，傳達現代東方彩墨與環境美學的理念，希望藉此開啟與屏北地區城鄉景觀之間的對話。

表三　莊文瑞彩墨作品舉隅

圖十八　〈北大武山群〉，2020年，彩墨，紙本，135×694cm

▲圖十九　〈北大武山群〉（局部1）
▶圖二十　〈北大武山群〉（局部2）

圖二十一　〈屏東可口便利商店〉，2018年，彩墨，紙本，67.5x87cm

圖二十二　〈大路關午後村景〉2024年，彩墨，紙本，68×47cm

圖二十三　〈屏東自來水塔〉2020年，彩墨，紙本 136×68cm

3　鄭吉村（1969-）

　　1969年生於臺灣屏東縣里港鄉。畢業於屏東民生工商美工科、澳洲雪梨KVB 視覺藝術學院（1993）、長榮大學藝術碩士（2012）。主要著作有《風景觀照與流變──鄭吉村創作研究》（2015年長榮大學美術研究所碩士論文，蘇憲法教授指導）、《皺之變法──鄭吉村油畫創作》。

　　鄭氏在幼年喜歡繪畫，國中時期由邱山木老師啟蒙及迎領下，進入素描與水墨的世界，高中時期由潘枝鴻老師帶領下，開始探索水彩油畫之路，喜歡繪畫的他，夢想著能夠成為一名藝術家，讓繪畫能夠陪伴其一生。在高中美工科時期，鄭吉村深刻體會到，臺灣的純粹美術，是難以支持生活所需的，

於是他開始學習室內設計，透過室內設計的收入來支持純粹美術的夢想。

1995年自澳洲雪梨學習歸國時，碰巧高雄寶成建設舉辦室內設計國際大賽，當時他以最新的設計概念獲得評審青睞，獲得最高的累積分數，並順利地將金牌留在臺灣。賽後設計工作接單不斷，設計業版圖拓及至臺北宏國建設，也因此成了室內設計、當代設計雜誌報導的常客。

儘管在設計工作忙碌之餘也不忘熱愛繪畫的初心，憑藉著國高中時期於學生美展常以西畫水墨畫雙料冠軍之勢轉戰社會組美術競賽，水墨作品〈心靈福音〉入選第12屆南瀛美展（1998），水墨作品〈風雨前夕〉獲行政院文化部「畫我地方之美」優選獎（1999），水墨作品〈里港大街西北雨〉入選第七屆大墩美展（2002），水彩作品〈午後後院〉獲第16屆全國美展佳作（2002），水墨作品〈府城古蹟之大天后宮〉第16屆南瀛獎（2002）。2006年適逢最後第60屆全省美展，作品〈月臺……人生舞臺〉獲國畫類優選、〈晨光序曲〉獲水彩類入選，水彩與水墨雙料獲獎，為停辦的60屆省展畫下國內美術競賽的完美句點，並開始思索個人繪畫的可能性！

自2002年榮獲南瀛獎後，他思索著如何將水墨畫中的意境，轉換至油畫布上，並展開了很長時間的摸索與實驗，直到2014年才初見曙光。實驗的過程中，一步步地熟悉材質的特性，將水墨皴法的思維做了解構與重組，在各種材料間進行拓印，產生不同的效果與不同的肌理演變。他發現將濕潤的布料或紙張褶皺，並且攤平、乾燥後，會產生石頭紋理類似皴法的效果，並嘗試著轉換到油畫顏料做進一步的實驗，漸漸發展出了屬於自己的「皴之變法」，當這一技法試驗成功時，他曾因過度欣喜而連續三週無法順利入眠，並且經常在午夜夢醒後，前往工作室觀看自己的「皴之變法」作品。

「皴法」是傳統水墨畫中的石頭紋路線條，透過不同運筆方式的交疊，形成了千變萬化的山石結構。鄭吉村將這樣的概念與油畫的「肌理」相互對照，創造出東方水墨與西方抽象藝術之間的獨特連結。透過類版畫的拓印效果，進一步地營造出山水畫的意境。但他仍然是以水墨氣韻，作為抒發情感的表現方式。畫面結構依循著傳統山水畫的傳承，詮釋著飄渺、虛實相襯的精神場域，憑藉著十幾年來對於油彩的拓印鑽研與畫刀運用，做出東方空靈

的境界，卻又不失西方油彩的特質，既有大山大水的疏闊，呈現氣場、大自然和物我的微妙關係，並在各式各樣的「留白」中，細膩地營造不斷流動變化的氣息。

　　每一次風格的轉變對鄭吉村而言，都是尋求自我定位的努力。藉由水墨式的空間、時間思維，鄭吉村提供觀者一個可以遊走其間的精神場域，2016完成的大作「向張大千致敬的〈廬山圖〉」，氣勢恢宏，在從近而遠的空間架構中，以適當的留白，在收與放之中，讓東方水墨強調的「氣、韻、生、動」，在作品中一覽無遺，確實地掌握虛與實之間交互關係，也展現了氣勢與純熟技法，作品在2018年 Asia Network Beyond Design（2018 ANBD）德國慕尼黑特展榮獲優秀獎，並獲得2019年東京都美術館金獎，讓他多年辛勤的實驗與創作，最終贏得了外界肯定，也讓自己的藝術創作之路更上一層樓。

　　2021年底，鄭吉村於里港鄉立圖書館舉辦了回鄉特展「行遠繪境」。他以油畫為媒介，結合畫布與顏彩，展現其深厚的繪畫功力，並以獨創「皴之變法」，營造出氣勢磅礡、氣韻生動的大山大河。在東西方藝術交融下，他獨創了半具象、半抽象的畫風，為里港鄉親帶來全新的藝術體驗。隨著色彩層次的千變萬化與虛實空間的巧妙布局，引領觀眾進入無限的想像空間，內心也得到了療癒與撫慰。鄭吉村對藝術創作的努力與堅持，為他的藝術之路開創了全新的局面。

表四　鄭吉村水墨及跨領域作品舉隅

圖二十四　〈風雨前夕〉，1999年，水墨，紙本，90×130cm

圖二十五　〈月臺……人生舞臺〉，2005年，水墨，紙本95×140cm

圖二十六　〈府城古蹟之大天后宮〉，2002年，水墨，紙本，90×130cm
（第16屆南瀛獎首獎作品）

圖二十七　〈後園記趣〉，2002年，水彩，水彩紙，79×114cm

圖二十八　〈靈山〉，2017年，油畫，全麻布，146×112cm

圖二十九　〈向張大千致敬的廬山圖〉，2016年，油畫，全麻布，210×1000cm

圖三十　〈向張大千致敬的廬山圖〉創作過程，2016年，油畫，全麻布，210×1000cm

圖三十一　〈向張大千致敬的廬山圖〉局部，2016年，油畫，全麻布，210×1000cm

圖三十二　〈境外知音〉，2017年，油畫，全麻布，80×65cm

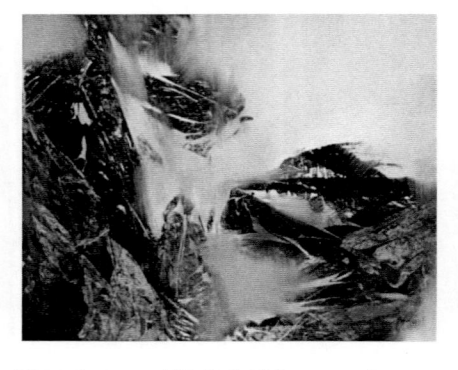

圖三十三　〈蒼窮之境〉，2017年，油畫，全麻布，80×65cm

4　林永明（1973-）

　　1973年出生於臺北市。中華民國工筆畫學會會員。高中初就讀私立祐德高中美術實驗班，高一下休學，報考華岡藝術學校美術科；大學初就讀玄奘大學視覺傳達設計學系，大三時轉臺南科技大學美術系；屏東教育大學視覺藝術學系碩士。工筆畫主要師從賴淑慎、江曉航、陳士侯。

　　幼時家境清寒，家中小孩眾多，於出生時便一度寄養他家。父親因身體微恙而無法外出工作，因此，家中小孩皆須自力更生，而林氏自小學時期便肩負起分擔家計的責任。

　　林氏自幼便喜繪畫，小學三年級時，便自己找水彩筆、毛筆作畫，並經常對著國語課本美術課本的圖片以及故宮月曆中黃君璧及張大千等大家的作品依樣畫葫蘆。國中美術老師賴淑慎見林氏喜歡繪畫，而林氏亦喜賴老師工筆作品之美，於是便結下師生之緣，林氏也因此踏入藝術領域，林氏便在賴老師無償指導下，一學三年。期間，因師徒二人皆住臺北南港，因此，林氏也常到賴老師家習畫，2009年林氏於臺中大墩文化中心舉辦個展時，賴老師亦受邀觀展。

　　高中時期，初入私立祐德高中美術實驗班，僅就學半學期便因無法負荷學費而休學進入職場當學徒。休學後，自購《楊恩生水彩技法手冊：靜物》在家練習，未因休學而放棄藝術。一日祐德高中林清溪教官便到家拜訪，關心休學原因，除說服林氏家人支持林氏學習外，亦鼓勵林氏再續學習之路，後林氏報考及報到華岡藝校皆由林教官騎車接送。林氏亦不負教官期許，順利錄取華岡藝校。儘管如願就學，然因家計困苦，高中三年皆半工半讀的形式完成學業，而三年期間亦常因家計而不時出生休學的念頭，儘管如此，林氏終以第一名成績順利畢業。

　　華岡畢業後林氏因家計所困，選擇就業。其高中時已在中廣錄音室、千弦出版社等多家出版社工讀，畢業後旋即入職鹿橋文化、旺文社任職，後轉任傳播業，辦理演唱會及各類企劃案，如前總統陳水扁先生參加之民國93年漁民節獎杯即是出自林氏之手。林氏就業期間，並未因工作而中斷藝術創作與學習。在佛畫的學習上，林氏於高三時，於誠品書店看到奚淞老師的作品

集，於是致電奚淞欲請益佛畫，奚淞首肯，於是便有了林氏拍照郵寄奚淞以及奚淞電話回訊的通訊教學。

入職工作期間，林氏於展場上，見江曉航（夏荊山入室弟子）老師的作品後，便欲向江老師學習，江老師初以課堂學員眾多，無多餘空間而拒絕，後林氏以拜訪及旁聽為由，帶了自己百餘張作品向江老師請益，並再次提出拜師之請，江老師同樣以空間不足拒絕，然而卻在課堂其餘女學員的推波助瀾下，最終，江老師應許林氏站著上課，於是林氏每週一請假半天學畫，一學三年半，並每週指導作品。江老師亦對林氏一視同仁，每有師生展覽，必邀其參展。江老師亦勉勵林氏：「永明，你不要急著出名，你只要默默的畫就好了，後面的舞臺就會是你的了！」此語影響林氏深遠，這類似的話語，亦出現在陳士侯老師的口中。一日，江老師對著林氏說：「永明，你可以下山了，因為來看展人，看著你的作品，以為是我的作品，所以，你可以下山了！」於是林氏便在江老師的認同下，離開了畫室，邁向下一個里程碑。

林氏花鳥工筆，初為自學，一次與友人到臺南白河寫生後，開始嘗試創作。就業期間先後於藝術教育館報名林淑女工筆畫班及空中大學報名張克齊寫意花鳥班。張老師嘉勉林氏苦學，還特別於課程上課前特別指導林氏。然這些課程皆因工作時間不許，而短暫結束。

林氏就業期間，曾擔任瑋氏傳播公司藝術總監，帶領之下屬，皆是大學及碩士，唯自己僅是高中學歷，就此又萌生進修大學的想法。後改以按件計酬的形式，一邊接案，一邊到升學補習班補習進修，並順利考取玄奘大學視覺傳達設計學系。在進入大學前已接觸媒體與網路傳播的林氏，因嘗試將作品上傳雅虎拍賣網，作品竟意外被高雄「五色五味」畫廊全數收藏，經聯繫後，畫廊亦知林氏就學所需，便於林氏大學入學前與林氏簽定每月交付一件作品的藝術合約，於是林氏求學期間即可免除經濟壓力，直至碩士畢業。林氏首個展，即由「五色五味」畫廊規劃展出（2004）。大學期間又於新竹文化中心（大一，2006）、國父紀念館（大二，2007）、臺中大墩文化中心（大三，2009）等臺灣指標性展場舉辦個人展覽，因作品不時為藏家收藏，故每次展覽皆為新作。

2005年就讀玄奘大學時，師事陳士侯老師，陳老師感受到林氏畫風及用色過於憂鬱，於是命其重新奠定基礎，在陳老師的指導下，林氏作品產生飛躍性的提升。惜陳老師僅教授一年，便因離家太遠而離職。林氏不忘授業之恩，其第二本畫冊「天正要亮了」序文即由陳老師執筆（2006）。2007年，大二學期結束後，因嚮往純美術而轉學臺南科技大學，又因三年級無轉學名額，故降轉二年級。2010年錄取屏東教育大學視覺藝術學系碩士班，為人生事業的一大轉變，自2011年起，林氏將生活重心轉移至屏東，深耕屏東，近年來曾擔任矯正署屏東監獄書畫班講師（2011-2017）、國立屏東大學視覺藝術學系兼任講師（2014-2024）、屏東大學推廣教育中心工筆畫講師（2014～迄今），以及佛光山人間大學屏東分校工筆畫講師（2014～迄今），為屏東水墨界注入一股新氣象，培育出眾多優秀學生，學生屢獲獎項，如學生殷曉虹即於2017年獲屏東獎首獎。

林氏雖不熱衷於獎賽，然作品亦獲獎無數，曾獲國立屏東教育大學視覺藝術學系美展墨彩類第一名（2012）、國立屏東教育大學64周年校慶美展水墨類第一名（2010）、臺南科技大學美術學系99級畢業作品免審查資格（2010）、中部美展優選（2009）、大墩美展優選（2007）、日本亞細亞水交流展優選（2004）、第一屆亞洲國畫銀牌獎（1996）等。作品〈那年夏天〉與〈容豔新妍〉獲國父紀念館典藏（2007/2016），〈水殿風來暗香滿〉獲佛光緣美術館典藏（2020）。

迄今為止在國父紀念館、大墩文化中心、高雄市文化中心、屏東縣文化處、新北市藝文中心、佛光緣美術館臺北館與屏東館等地舉辦超過二十場創作個展，參加之聯展更是不計其數。出版多部畫集，如：《花影留香——林永明彩墨畫選集》（2023）、《解語花II——林永明工筆彩墨作品選》（2017）、《心遊——林永明作品選》（2016）、《暗香——林永明工筆花鳥畫選集》（2014）、《淡墨探花——林永明作品選》（2013）、《墨法渡——林永明作品選》（2013）、《流光時醉——林永明作品集》（2012）、《花語——林永明作品集III》（2009）、《餘白——林永明作品集》（2009）、《觀微——林永明創作手稿集》（2009）、《紅塵——林永明作品集》（2008）、《天正要亮了——林永明作品集

II》（2006）、《謎‧妳──林永明個展作品集》（2004）。學術著作有《霧裡看花──林永明花鳥畫創作論述》（民國102年國立屏東教育大學視覺藝術學系碩士論文，張繼文教授指導）。

　　林氏擅長以水墨工筆重彩創作花鳥畫，作品中展現出光影變幻的虛無美感，善運用逆光技巧，精妙地呈現工筆畫中背景的明暗層次與線條的細膩對比、意境描寫，透過細緻的筆觸和獨特的視角，讓觀者感受到其中深刻的藝術內涵。創作源自對花卉的喜愛與栽培，從自然中汲取靈感，並秉持著「藝術即生活，生活即藝術」的理念，專注於追求天人合一的創作境界。擅用潑墨技法，營造自然的氛圍，並以工筆細膩描繪當下的瞬間，展現出對時光與生命的敏銳體悟。

表五　林永明水墨作品舉隅

圖三十四　〈花影留香〉，2024年，工筆彩墨，紙本，50×112cm

圖三十五　〈水殿風來暗香滿〉，2019年，工筆彩墨，紙本，47×180cm
（佛光緣美術館典藏作品）

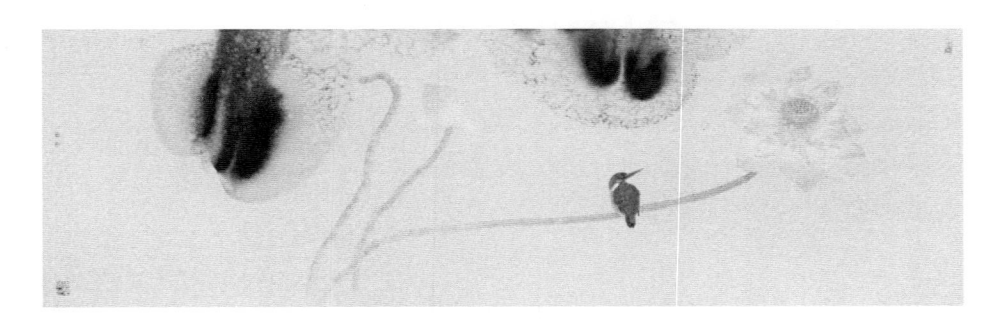

圖三十六　〈出水荷風帶露香〉，2015年，工筆彩墨，紙本，46×150cm

圖三十七　〈嬌紅醉舞〉局部，2022年，工筆彩墨，紙本，93×60cm

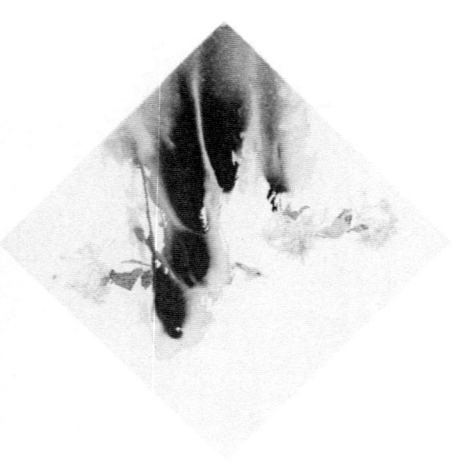

圖三十八　〈淡妝〉，2011年，工筆彩墨，紙本，60×60cm

5　陳柏志（1980-）

1980生於屏東縣屏東市。畢業於屏東高中美術班、國立臺南師範學院美勞教育學系、國立臺灣師範大學美術研究所創作組碩士班。陳氏在藝術創作的探索之路上，致力於繪畫研究及生活美學。其傳統山水師承邱山藤、邱山木、蔡茂松、王友俊、林昌德、洪顯超，工筆師承沈政乾，人物師承梁秀中，花鳥師承洪仁堡。主要學術著作有《現代工筆人物畫創作之研究》（2008年國立臺灣師範大學美術研究所碩士論文，林昌德教授指導）。

陳氏自幼便喜繪畫，在兩、三歲時，畫紙已無法滿足其繪畫需求，於是便於租屋處的牆壁上進行抽象彩繪，房東見此哭笑不得，於是便自掏腰包買了一塊白板供幼小的陳氏作畫。而陳氏也在這樣的環境下，不知不覺中積累了繪畫的基礎；就讀小學一年級時，已經能夠畫出相當成熟的線條和造型，因此，每當繳交美術作業時，都被誤以為是家中長輩代筆，後經其父母證實，校方老師才相信美術作業皆出自陳氏之手。國中時期，水墨師事邱山藤、洪仁堡，

圖三十九　〈蓮池觀音〉，2016年，工筆彩墨，紙本，143×73cm

初次接觸山水畫便熱衷其中，每每如廁，凡經過廁所門口擺放的畫桌，便不自覺地停下來，練習描繪石頭和樹木，在這樣的浸潤與勤奮練習下，為其日後的創作奠定了深厚的功底。

陳氏於高中時期，其藝術天分更是於作品中表露無遺，作品〈簷下生機〉於1997年獲屏東縣美術家聯展國畫類優選，並於1997-1998年相繼以作品〈高屏鐵橋之一〉及〈稻草人〉獲國父紀念館全國青年書畫比賽國畫類高中組第三名及第二名。高中畢業後，持續參加國父紀念館舉辦之國畫競賽，1999年〈高屏鐵橋之三〉一作獲國父紀念館全國青年書畫比賽國畫類大專組第一名，2001年〈憶兒時〉一作獲國父紀念館全國青年書畫比賽國畫類社青組第一名。負笈臺南大學美術系期間亦是系展及全國大專書畫競賽的常勝軍。作品〈高屏鐵橋之二〉（1998）、〈阿勃勒花〉（1999）、〈古趣〉（2000）在系展國畫類中連續三年榮獲第一名，西畫類〈老屋〉獲系展第二名（1998），〈童心〉獲全國大專院校書畫比賽國畫類甲組優等獎（1999），其水墨作品稱雄全系，在全國大專院校中亦頗具知名度。

陳氏作品經常被公家機構典藏，亦深受私人藏家青睞。作品〈高屏鐵橋〉（1997）、〈稻草人〉（1998）、〈高屏鐵橋之三〉（1999）、〈憶兒時〉（2001）獲國父紀念館典藏；〈籠中鳥〉（2003）獲屏東縣政府文化中心典藏，其私人藏家收藏之作品更不計其數。作品亦屢獲殊榮，其中多次榮獲全國性美展首獎、屏東美展屏東獎〈籠中鳥〉（2004）、臺北縣美展國畫類第一名〈高梁成熟時〉（2006）、雞籠美展國畫類第一名〈野趣〉（2007）。一次在臺師大碩士班上課時，於走廊遇見沈政乾老師與博士生們正在翻閱畫冊及評論得獎作品，陳氏好奇地湊前圍觀，方知師長所觀看與評論的正是其臺北縣美展國畫類首獎作品，並不時地讚賞陳氏後生可畏。此外，他在2000-2004年間參加屏東美展的經歷，同樣充滿了故事性，其作品〈傳承〉（2000）、〈天黑黑要下雨〉（2001）、〈夢〉（2002）、〈清韻〉（2003）皆獲國畫類優選，而未能順利掄魁，直至2004年〈籠中鳥〉一作始斬獲屏東美展首獎，時與陳氏素未謀面的評委莊世和於頒獎會場中，面帶喜悅，興奮地向他飛奔而來，並對著陳氏獻上深深的祝福，此情此景令其歷歷在目。

在全省美展（簡稱：省展）及全國美展（簡稱：國展）仍辦理的年代，陳氏作品也多有攬獲，2002年〈夢·紅色大地〉獲全省美展國畫優選、〈門·水中月〉獲全國美展國畫入選、2003年〈惑〉獲全省美展國畫優選、2004年〈秋風〉獲全省美展國畫入選、2005年〈遺忘的門〉獲全省美展西畫優選。在省展及國展競賽的年代，作品能獲得省展及國展優選或以上者，皆非易事，陳氏則跨領域於國畫及西畫類獲得優選獎，在競賽場上實屬罕見。

臺灣獎賽眾多，陳氏作品亦見於2004年高雄美展油畫類〈祈禱〉、2016年MAKAPAH 美術獎繪畫類〈少女〉、2017年璞玉發光——全國藝術行銷活動〈芙蓉·綻放〉、2018年彩筆畫媽祖水彩比賽、2019年第37屆桃園美展油畫類〈遺跡〉、第24屆大墩美展油畫類〈午後〉、墨彩類〈高粱成熟時〉、2020年高科大青年藝術家典藏徵件〈想飛〉、2021年第26屆大墩美展墨彩類〈清韻〉。陳氏的藝術創作力驚人，創作靈感源源不絕，至今仍有許多作品未曾對外發表。

陳氏出生屏東，深耕屏東，為屏東美術教育著力頗深，曾任教於金門社區大學、屏東國中小美術班、公正國中美術班，作育美術英才無數。在藝術領域上除工筆水墨外，水彩、油畫、複合媒材、室內設計……，無不精通，領域多元；在創作題材上，風景、山水、人物、花鳥……皆能信手拈來，是屏東藝術界實力派畫家之一。

表六　陳柏志水墨及跨領域作品舉隅

圖四十　〈蝶舞〉，2007年，工筆彩墨，紙本，136×89cm

圖四十一　〈百合花〉，2007年，工筆彩墨紙本，106.5×75.5cm

圖四十二　〈清韻〉，2021年，工筆彩墨，絹本，90×130cm

（第26屆大墩美展墨彩類入選）

圖四十三　〈野趣〉，2007年，工筆彩墨，紙本，90×135cm

（雞籠美展第一名）

圖四十四 〈富貴花開〉，2016年，工筆彩墨，絹本，180×55cm（私人收藏）

圖四十五 〈豐年祭〉2016年，水彩，紙本，78.8×78.8cm

圖四十六 〈遺侮的門〉，2005年，水彩，紙本，127×90cm

圖四十七　〈午後〉，2018年，油畫，畫布，116.6×91cm

圖四十八　〈綻放〉，2024年，複合媒材，畫布，65×53cm

6　許芳華（1981-）

　　1981年生於屏東市。畢業於新園國中美術班、屏東高中美術班、屏東師範學院美勞教育系、東海大學美術研究所。水墨膠彩先後師事郭和淳、張妙茹等老師，以及陳英文、黃冬富、詹前裕、高永隆、李貞慧等教授。主要學術著作有《男人私密後花園》（2006年東海大學美術研究所碩士論文，詹前裕教授指導）。主要藝術專長有水墨、膠彩、水彩、複合媒材、藝術行銷。

　　許氏自幼便對繪畫與藝術充滿熱情。在小學時，受到美術老師張文光的啟發與鼓勵，報考新園國中美術班。就讀新園國中美術班時，水墨老師郭和淳教授水墨技法並引領田野水墨寫生，郭老師的獨特的教學方式令許氏印象深刻。

　　高中則進入屏東高中美術班，並在張妙茹老師的悉心指導下厚植藝術基礎。大學時期負笈屏東師範學院，師事陳英文及黃冬富等教授，這段期間對水墨與膠彩的興趣尤其濃厚，並深受影響。畢業後於東海大學美術研究所持續深造，師事詹前裕、高永隆、李貞慧等教授，其藝術造詣日愈精湛。

作品曾獲臺北國際藝術評選賽新銳藝術家特別獎（2011）、第三屆綠水賞優選賞（2007）、第十一屆大墩美展入選（2006）、彩墨新人賞「新人獎」（2004）、全省美展優選（2004）、黃君璧先生美術獎助學金（2003）、全國青年書畫比賽第一名（2003）、屏東美展水墨類優選（2002）、屏東師院美教系美展暨聯信文教藝術季美展特優（首獎，2002）等。

作品參與之展覽有「ART 臺北新藝術博覽會」（2011）、「臺灣報到——2010臺灣美術雙年展」、「膠彩畫師生聯展」（2008）、「男人私密後花園」個展（2007）、「千膠百魅——大度山膠彩創作展」（2006）、「許芳華多元嘗試創作畫展」（2005）、「全國青年書畫展」（2003）、「屏東美展」（2002）、「全國大專院校美術、美教系所觀摩展」（2002）等。

2007年自東海大學美術研究畢業後，曾任職於「臺中藝術空間館」，擔任藝術行政工作，與相關檔案整理及展覽布置與銷售，同時編輯藝術相關出版品如《大象無形》、《太初‧追求生命本源的藝術之道》、《藝術‧讓你遇見自己》、《FU——感覺‧新世代女性創作者》等畫冊；並參與 ART TAIPEI 2008 臺北國際藝術博覽會、Young Art Taipei——臺北國際當代藝術博覽會（2009）、ART ASIA 巴塞爾藝術博會（2009）……。2008年受陳英文教授推薦於國立屏東教育大學擔任兼任講師，教授「膠彩」及「藝術概論」等課程。

在「臺中藝術空間館」任職期間，許氏深感藝廊中的作品多以高價流通於社經地位較高的族群，而難以觸及市井小民與普羅大眾。由於許氏創作的主要動機在於透過藝術撫慰人心，因此她選擇離職，開始思索如何以更廣泛的形式，讓更多人接觸到她的作品。在同為藝術創作者的夫婿支持與其在電繪影像處理上的協助下，夫妻二人進入文創藝術產業的領域，從臺中的「樂樂透天」文創產品開始，到臺北西門紅樓文創藝文場所正式創立了個人品牌——「好喵」（2012）。

儘管一路走來充滿艱辛，許氏憑藉對藝術創作的熱愛與執著，不僅成功透過作品帶給人們療癒與溫暖，也讓更多人有機會欣賞到她的創作。她憑藉自身的審美觀與創造力，以及夫婿的鼓勵與支持，堅定地踏上了自由藝術創作的道路。

表七　許芳華水墨及跨領域作品舉隅

圖四十九　〈他的花園 I〉，2007年，膠彩，紙本，100×100cm

圖五十　〈夜〉，2005年，膠彩，畫布，145.5×112cm

圖五十一　〈他的花園 II〉，2006年，膠彩，紙本，22.5×63cm

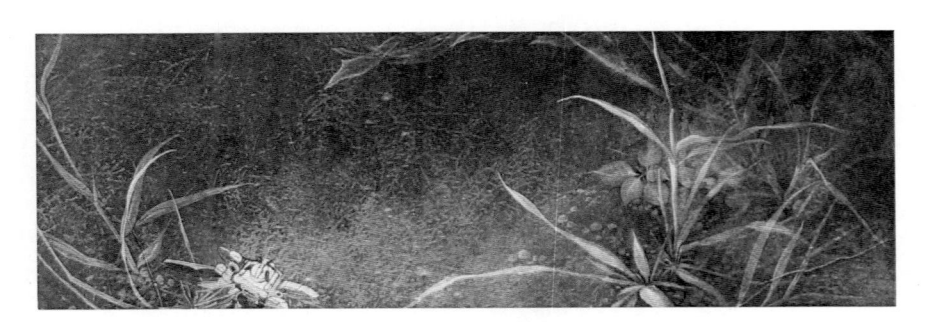

圖五十二　〈他的花園 IV〉，2007年，膠彩，紙本，22.5×63cm

圖五十三　〈此時此刻藍藍的、緩緩
（左上）　　的、悠悠的〉，2023年，複合
　　　　　　媒材，畫布，24×33cm

圖五十四　〈我的優雅世界〉，2023年，
（右上）　　複合媒材，畫布，24×33cm

圖五十五　〈時空‧迷蹤〉，2002年，水
（左下）　　墨，紙本，90×180cm

目前新收錄水墨藝術家有13人，因田野調查的訪談及撰寫的過程相當繁複，且許多資料還在蒐集與整理，故在此先例舉6名。

（四）「書法篆刻」類新收錄藝術家及藝術家小傳續編方向

書法、篆刻與水墨同為「文人四絕」之一，因此，在《台灣美術地方發展史全集——屏東地區》一書中，與水墨類最具高度相關的便是「書法篆刻」，故繼「水墨」類藝術家小傳的編撰後，「書法篆刻」便是下一階段要撰寫的部分。

《台灣美術地方發展史全集——屏東地區》收錄的「書法篆刻」藝術家有陳朝海（1908-2002）、馬國華（1909-？）、陳福蔭（1916-2009）、楊任之（慶珍，1916-2003）、張德旭（1917-）、李士銓

圖五十六　〈懷〉，2001年，水墨，紙本，70×136cm

（1917-）、王右文（鵬斌，1923-）、曾克平（1924-）、陳亭嘉（1925-）、吳松林（1925-）、田式五（1927-）、高翔（1928-）、王永誠（1931-）、蘇化（1934-）、曾人口（1937-）、柯杏霖（1937-）、鄭兵田（1939-）、劉坤正（1940-）、鄭大有（1941-）、李朝雄（1942-）、鄭傑麟（1944-）、李貞吉（1948-）、葉端明（1949-）、蔡誌山（1954-）、陳興安（1958-2014）、林耀宗（1963-）、陳俊光（1963-）、賴文隆（1964-）、李國揚（1965-）等計有29名。

筆者透過「屏東視覺藝術家資料庫」資料查詢及田野調查資料蒐集後，目前新收錄藝術家有吳桂森（1950-）、葉泉力（1951-）、黃坤燃（1953-）、

謝慶昇（1954-）、張亮光（1955-）、蘇永坤（1956-）、陳裕寬（1958-）、邱秀三（1960-）、王勢聰（1960-）、李銘煌（1961-）、伍展利（1961-）、林千發（1961-）、蔡武勳（1963-）、藍進士（1964-）、郭聰敏（1955-）、涂錦進（1964-）、張世榮（1964-）、葉苪（1965-）、林秋陽（1967-）、黃共和（1967-）、韋旭昇（1968-）、李讚桐（1969-）、李昭德（1972-）、林良州（1973-）、范文邦（1975-）、郭旭甯（1978-）、郭旭峰（1979-）等27名。

「書法篆刻」類是繼「水墨」類後要編寫的藝術家小傳，因此，在此僅以吳桂森作為例舉，藉以說明編寫的方向。

吳桂森（1950-）

字允中，號忞閑，以字行。1950年出生於屏東縣林邊鄉，潮洲高中畢業。大學入學成績達錄取輔仁大學，惜家境清寒而放棄升學。書法師承施春茂教授，自學篆刻，並與柯詩安、杜三鑫、李瑩儒等書篆家交遊，為前屏東縣中國書法協會會員。

吳氏37歲前從事百工，累積了多元領域的工作經驗，然仍經濟拮据。37歲後，處世風格急轉，成日酒池肉林，吃、喝、博奕，快意人生，偶涉風月，亦非鮮事。因常出入龍蛇混雜之處，故身旁友人，也不乏身分複雜奇特之徒。

50歲時，一次見友人分享九宮格毛邊紙之書法習作，頗感新奇，並在友人邀約下自此開啟書法人生，在初習書法三個月後，已能發覺學習的盲點，並在友人楊德勝為其示範書法筆法的啟發下，決心追求更高的書法境界。

吳氏時見蕙風堂出版修復放大版之《九成宮禮泉銘》於書後收錄施春茂教授臨書之作，而決定北上拜師習書，恰逢施教授於「鴻展藝術中心」辦理個展，施教授得知吳氏自屏東林邊北上觀展，深受感動，於是破例開放吳氏對作品拍照攝影。後吳氏發現展場得購買作品專輯，而轉購買專輯返家研究。

吳氏與施教授第一次見面時，便提出拜師之請求，因施教授考量吳氏住家地處屏東林邊而婉拒；然吳氏並沒有因此而動搖拜師學書的意志，於是再次北上，於施教授課堂上旁聽並再次提出拜師之請，同樣被拒；直至第三次北上後，施教授被其堅持所感動，欣然收徒。吳氏北上學習，除了921大地

震，南北通車中斷二個月而無法北上課外，十年間，從無間斷（每週二於凌晨4點自林邊發車，達臺北火車站時約已12點，每次皆連上二班課程1：30至3：30、3：30至5：30，課後返回屏東已經凌晨一點）。

　　十年的學習過程中，前五年在教室，後五年在施教授家上課。課程中，全程站於施教授身側觀摩施老師教授教學及評改的過程，從未運筆寫字於課堂中，故施教授亦從未見過吳氏運筆寫字。

　　吳氏學書第九年，即先後於屏東縣立文化中心（2008年12月31日～2009年1月18日）及臺南市文化中心（2009年5月）舉辦「吳允中書法展」。63歲時，因興趣開始自學篆刻，受施教授推薦觀看吳平的教學影片，並透過影片認識篆刻名家柯詩安，並與柯詩安等「聚奮三友」交遊。柯詩安讚賞吳氏忘年勤學，而將其自編教材及相關資料贈與吳氏，吳氏64歲始自學篆刻，並自製篆刻刀及放大鏡，以為己用。

　　65歲始對外參加書篆競賽，作品獲20屆大墩美展篆刻類入選（2015）、第十七屆明宗獎篆刻類入選（2016）、中部美展第一類──書法優選（2016）、106年全國美術展篆刻類初審入圍、年屏東美展篆刻類入選（2017）、花蓮美術獎篆刻入選（2018）。68歲時報考長榮大學書畫系，為應屆正取第三名，然因眼疾及家庭因素未能順利入學，成為其一大遺憾。

　　吳氏50歲始學書，初學書法的十年，前五年每日勤練書法，只睡二小時；後五年以參觀展覽代替練字，經常北上參觀各類展覽，培養視覺美感。吳氏書法主要以歐陽詢為主軸，真書小字酷愛文徵明書風，篆書則喜趙之謙及徐三庚書風，在刻苦勤學下，其書五體兼備。吳氏64歲始學篆刻，擅虞山印風，並能自出己意，於各大美展屢獲篆刻獎項，成果斐然，實屬難能可貴。

　　吳氏的學習歷程充滿曲折與故事性，在藝術界中實屬罕見。現已歸隱田園，雖不時受眼疾所苦，但亦不忘運筆揮刀，過著筆墨刻印的平淡生活。

表八　吳桂森書法篆刻作品舉隅

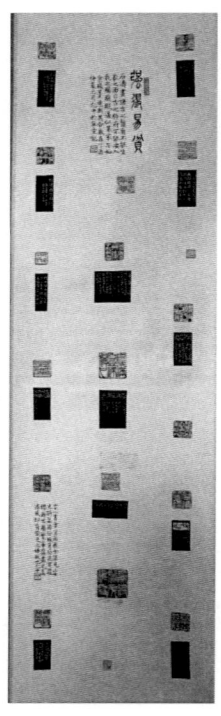

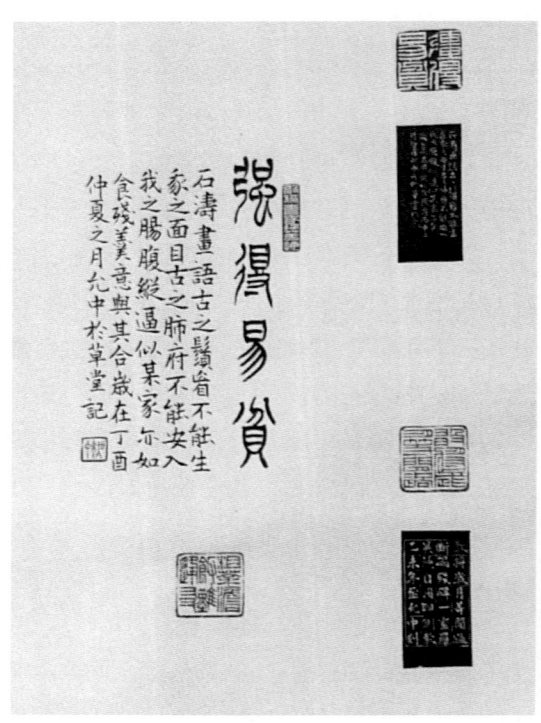

圖五十七　〈強得易貧〉，2017年，篆刻，紙本，35×140cm

圖五十八　〈強得易貧〉局部圖

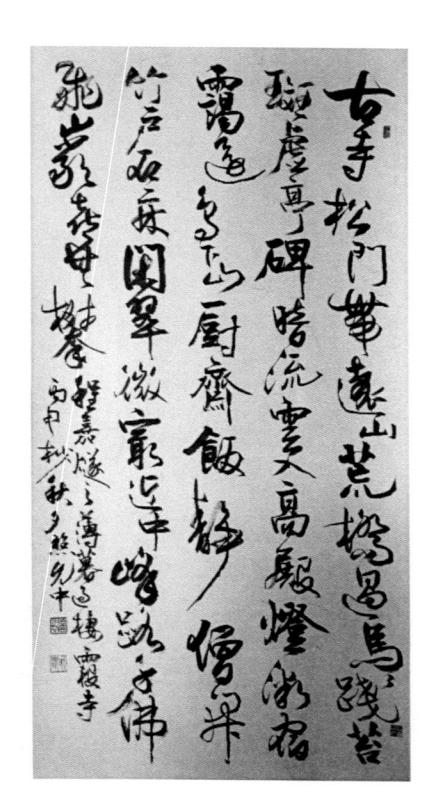

圖五十九　〈詩草梅花湖〉，2016年，書法，紙本，70×140cm

圖六十　〈薄暮至棲霞詩〉，2016年，書法，紙本，70×140cm

　　書法篆刻類藝術家小傳的編寫方向與水墨類一樣，唯屏東書法教育的發展過程中，在未受到少子化衝擊時期，於學校內課堂教學推動下，校外書法才藝也隨之蓬勃發展，因此書法藝術家人數相對於水墨藝術家人數而言，是成長較多的，而其所要田野訪談及資料整理的時間亦相對較多，故暫先舉1例。

五　結語

　　地方美術發展是永不間斷地，因此對地方美術之人、事、物進行記錄與編撰是屏東美術發展史重要的一環，作為屏東縣內唯一設有美術相關科系的

大專院校，屏東大學視覺藝術學系肩負著大學社會責任（USR）的重任，對屏東美術發展的續編工作更是責無旁貸。以下茲就本研究成果及研究心得臚列如次：

（一）**透過文本資料分析鑑往開來**：對《臺灣美術——屏東》一書的資料進行文本分析，並嘗試蒐集歸納近二十年的屏東美術發展狀況及對相關問題進行探討，目前雖多有不足之處，但資料的整理與彙整已具初步的成果。

（二）**田野調查耗時費力，成本不菲**：「時間即是金錢」，田野調查的過程必定須要耗費大量的「時間」及「人力」進行訪談及資料彙整，有時從訪談藝術家，從資料撰稿到定稿，便已耗時近一週的時間，因此，若無研究資金挹注以及研究團隊的成立，而僅憑二人之力，就資料蒐集和彙整的時間與效率上都極具挑戰。

（三）**老成凋謝，資料蒐集不易**：本文撰寫期間深感「老成凋謝，諮詢不易」之困境。自2005年以來，許多前輩美術家陸續辭世，如水墨畫家孫秋林、書法家陳福蔭的卒年資料，幸賴現任集賢書畫會理事長林良州提供；書法家楊任之的卒年則是透過與其遺孀訪談而得知；而陳興安的卒年則由郭聰敏及朱兆勤多方詢問後，最終經李朝雄轉述而得。這些前輩美術家的連結與資料取得，成為後續資料蒐集的重要目標。

（四）**原生屏東，後來移居他地，以及非原生屏東但與屏東產生在地連結的美術家之收錄**：屏東美術家依出生地可分為兩類：一類是原生屏東後因種種因素遷居他地者，另一類則是非屏東原生但後來與屏東產生高度在地連結者。這兩類美術家因其身分變遷，往往容易被忽略，其中又以屏東原生，後遷居外地者，特別容易被忽略及遺忘，例如水墨膠彩畫家許芳華與書法家涂錦進等皆屬前者，這類似的美術家，應存在一定的比例，後續資料蒐集時這類美術家在資料收錄上應予以重視，以免遺珠之憾。

（五）開設美術家通訊網路群組，以裨資料隨時更新：在沒有通訊軟體的年代，資料蒐集與訪談往往依靠實地走訪或電子郵件往來。隨著現代通訊科技的發展，如LINE、Facebook等通訊應用，使田野調查較往昔便利。然而，資料的彙整與編寫仍須投入大量時間與精力。因此，成立資料蒐集群組，並建立撰寫者與藝術家之間資料更新的默契，是十分必要且迫切的。

（六）美術家大量進修，並攻讀學位，已成趨勢：臺灣自1994年起廣設大學後，美術大學、碩博士班相繼開設，屏東美術家多數選擇於屏東大學視覺藝術學系、高雄師範大學美術系及書法碩士班、國文博士班、高雄市立空中大學文化藝術學系、臺南藝術大學各領域研究所、長榮大學美術系等學校進修。取得碩士學位者漸成趨勢，亦有少數美術家獲得博士學位。

（七）記錄藝術家之生命故事，裨益教學推廣：自1990年後，在「臺灣學」的架構下，從各地方縣市政府到鄉鎮里，開始逐步地建構各自的「地方學」，隨之，各地區的大學也逐步開設「地方學概論」的課程，其中「地方美術概論」即是課程中重要的一環，尤其是在地藝術家的介紹。因此，我們進行田野調查訪談時，特別關注藝術家的人文情懷與「生命故事」，透過「生命故事」的講述，可引起學生學習動機，提升學習興趣，有助於課程教學。

（八）出版《屏東縣美術家小傳》的構思：在《臺灣美術——屏東》一書中，第伍章「戰後美術家小傳」篇幅占全書近二分之一，如再加上前四章相關美術家及續編的補充資料，在資料充足且完整的情況下，亦可考慮出版《屏東縣美術家小傳》或《屏東縣美術家小傳選編》專書，以傳承地方美術史。

《臺灣美術——屏東》續編是一項龐大的研究計畫，在有限的時間與資源下，僅憑筆者二人之力，深知尚有諸多不足之處，懇請方家學者不吝指正。

參考書目

一　專書

徐芬春：《「穿越南國——屏東地區美術發展探索」畫冊》，屏東：屏東縣政府，2010年1月。

李錦旭主編：《屏東學概論》，臺北：五南圖書出版公司，2018年10月。

黃冬富：《屏東美術發展史》，屏東：屏東縣立文化中心，1995年。

黃冬富：《台灣美術地方發展史全集——屏東地區》，臺北：日創文化事業公司，2005年6月。

黃壬來（主持人），高業榮（專責研究人員）：《屏東縣藝文資源調查報告書——原住民藝術類》，屏東：屏東縣立文化中心，1999年。

黃壬來（主持人），黃冬富（專責研究人員）：《屏東縣藝文資源調查報告書——美術類》，屏東：屏東縣立文化中心，1999年。

張繼文：〈屏東地區美術發展的五個思考觀點〉，《「穿越南國——屏東地區美術發展探索」畫冊》，屏東：屏東縣政府，2010年1月。

張繼文：《藝象‧屏東》，屏東：屏東縣政府文化處，2013年9月。

二　網站資料

屏東視覺藝術家資料庫：https://www.cultural.pthg.gov.tw/News.aspx?n=DD9507A1F1946B4C&sms=4BEBDBD2D2EBECAE，瀏覽日期：2024年9月1日。

附錄

表一　補述屏東師院視覺藝術教育研究所碩士班之歷屆碩士論文簡表

研究生	指導教授	畢業年份	論文名稱
陳秋涵	林右正	2004	1989-2003年異次元空間在科幻電影上之表現探討
洪于茹	林右正	2004	1990-2003年臺灣電視廣告藝術化取向的視覺表現
林幸宜	黃壬來	2005	生命教育融入國小藝術與人文學習領域的行動研究
吳隆凱	黃壬來	2005	視覺文化藝術教育的課程理論與設計之研究
吳玉雯	李堅萍	2005	幾何圖形教學對學童造形創造力之影響研究
蕭筱倫	林右正	2005	臺灣八〇年代後之裝置藝術探討
呂孟穎	李堅萍	2005	電腦輔助國小高年級視覺藝術平面設計課程之教學模式研究
蕭勳鍾	陳朝平	2005	高雄市國小應用美術館資源實施視覺藝術教學現況及方式之研究
陳致豪	陳朝平	2005	藝術與人文學習領域課程綱要的問題探討
楊智欽	黃冬富	2005	文建會「版印年畫」徵畫活動得獎作品之研究
鄭雍鐘	陳英文	2005	陳壽彝膠彩畫風格研究
蘇建宏	黃冬富	2005	許武勇繪畫藝術之研究
李一峰	黃冬富	2005	近二十年臺灣省全省美展國畫部門得獎作品之研究（1985～2004）
許美蘭	陳英文	2005	南宋水墨減筆畫的概念形成及其表現形式之研究
尤美玲	陳英文	2005	「島戀」臺灣行腳系列——尤美玲油畫創作理念及作品解析
盧安來	黃壬來	2005	一所藝術學校小學部藝術特色課程設計之研究
陳威志	黃冬富	2005	1985年以來臺灣的大學校院金工藝術之發展

研究生	指導教授	畢業年份	論文名稱
林容如	黃冬富	2005	立體派觀念與風格在戰後臺灣油畫發展中的轉化與詮釋（1946-1979年）
鄭雅文	黃壬來	2005	臺灣光復後國（初）中美術科「設計課程」之演變
劉建增	李堅萍	2005	資訊科技融入視覺藝術教學對國小學童創造力影響之研究

表二 增述屏東教育大學至屏東大學視覺藝術學系碩士班之碩士論文簡表

研究生	指導教授	畢業年份	論文名稱
李郁頎	吳奕芳	2006	15-17世紀植物意象在西洋神話繪畫中之表現研究
蔡俊旭	黃冬富	2006	傅抱石與李可染山水畫風格比較之研究
林義雄	黃冬富	2006	楊文霓陶藝創作研究
江卓穎	林右正	2007	影像與空間的對話
郭哲志	黃冬富	2007	謝宗安書法藝術研究
林宜恒	林右正	2007	道教符圖在藝術上之應用——以玄天上帝為例
王佩雅	李堅萍	2007	學校師生對校園公共藝術的美覺態度之個案研究
黃碧純	李堅萍	2007	屏東忠實第古厝之木雕藝術研究
陳怡文	劉立敏	2007	當代藝術研究——以楚戈、董陽孜、索薇馮克蕾、昆特于克為例
王育賢	李堅萍	2007	國小學童情緒圖像之表現內涵與差異研究——以高雄市某國小為例
張耀仁	吳奕芳	2007	屏東縣原住民地區教堂風格之研究
歐秋媛	黃壬來	2007	Kerry Freedman視覺文化藝術教育理論與應用
雷紫玲	劉立敏	2007	女性生命場域之釋放與凝聚——雷紫玲創作研究
賴玉芳	吳奕芳	2008	羅傑・弗萊與形式主義批評

研究生	指導教授	畢業年份	論文名稱
陳嘉湧	林右正	2008	記憶・迴蕩
王偉全	陳英文	2008	「莫見忽隱・莫顯忽微」——王偉全彩墨插畫創作理念及作品解析
陳俐利	陳燕如	2008	探討女體形變之美感經驗——陳俐利的創作論述
林秀珍	陳燕如	2008	自然與禪意——林秀珍創作論述與作品解析
陳君雅	張繼文	2008	國小學生對電視卡通圖像中性別概念之研究：以《航海王》圖像為例
吳幸枝	黃壬來	2008	以藝弘法——以圓照寺宗教藝術為例
林貝霖	張繼文	2008	走過生命——林貝霖水墨畫創作研究
林耿賢	焦正一	2008	心靈意象——林耿賢創作論述
洪孟佳	林右正	2008	色域構成——思維與時間的置入
劉慧容	林右正	2008	虛實空間在視覺藝術表現形式之探討
莊哲彥	黃冬富 林文彥	2008	古璽章法於閒章篆刻之創作研究
李武祥	陳英文	2008	網路同儕互評在國小六年級「非水墨」教學之研究
郭惠宜	黃冬富 吳奕芳	2008	弦外之音：夏卡爾與小提琴圖像之探究
李秀芬	吳奕芳	2008	唯美主義與沃特豪斯繪畫中的死亡題材
涂蘇文慧	黃冬富	2008	何文杞水彩畫藝術之研究
廖偉良	林右正	2008	生死哲思之於玄天上帝——永恆的靈體——
洪武宗	林右正	2008	玄天上帝之思想意涵——形構、解構——
盧虹妙	陳英文	2008	道是無情還有情——盧虹妙書藝創作理念及解析
鄭惠碧	陳英文	2008	「華麗的蒼涼」吳哥圖像創作系列——鄭惠碧皮革藝術創作理念及解析
藍進士	陳英文	2008	書說千文——藍進士書藝創作研究

研究生	指導教授	畢業年份	論文名稱
謝仁峯	林右正	2008	玄天上帝之重生意象——天地常清靜——
陳進成	林右正	2008	玄天上帝之星象意涵——影射與傳輸——
簡佑誠	陳燕如	2008	自話相簡佑誠創作論述
陳　臻	陳英文	2009	非定中定者之線態——陳臻創作論述
王靜怡	陳燕如	2009	「衝擊與蛻變」——女性思維之創作論述
戴筱秦	李堅萍	2009	問題解決教學策略於學童科技創造力與認同態度之影響研究
林玉卿	陳燕如	2009	母性思維：「子宮孕涵」之創作論述
朱怡靜	陳燕如	2009	荷・蓮之心靈意象
陳一瑋	林右正	2009	極線・無限中的Q&A
張邵瑜	黃冬富	2009	馬王堆一號墓和三號墓T形帛畫之研究
周怡君	黃冬富	2009	楊造化繪畫藝術之研究
施幸宜	林右正 何明泉 林大維	2009	生命教育課程融入國小藝術與人文領域教學案例研究
洪瑞吟	陳英文	2009	「男」以想像——異世遊創作系列洪瑞吟紙漿塑形創作論述
蔡凱婷	林右正	2009	記憶與空間的軌跡
駱昀萱	林右正	2009	觀察・想像・心靈空間
廖丹鳳	黃冬富	2009	日治時期東洋畫的地方色彩探研——以林玉山為例
陳芬玲	陳英文	2009	「飄零・生根・繁衍」陳芬玲油彩創作及作品解析
黃敏芳	黃冬富	2009	臺灣現代花燈藝術研究
張劭勻	陳燕如	2009	女性主義之內在空間研究——「月經」經驗再現之創作論述
林哲偉	陳燕如	2009	河——液態神話
林可凡	黃冬富	2009	李奇茂繪畫藝術之研究

研究生	指導教授	畢業年份	論文名稱
林大賢	張繼文	2009	消費意象——林大賢繪畫創作論述
洪文濱	林右正	2009	行旅者創作論述
陳建誌	林大維	2009	安平風華：彩墨寫生創作論述
李敏綾	張繼文	2009	城市與河流的對話——高雄市愛河流域油畫創作論述
林建宏	林右正	2009	身體的建構與表象
鄭惠芬	陳英文	2009	「蒼穹的界限」大地關懷系列——鄭惠芬現代水墨創作理念及解析
林傳貴	陳英文	2009	「人性的枷鎖」生命探索系列——林傳貴多媒材創作論述及作品解析
何清心	陳燕如	2009	鄉土關懷——東港港邊創作論述
楊得崑	陳燕如	2009	翱翔於抽象與具象之間
李坤德	陳燕如	2009	暴力性——繪畫創作與論述
陳香珍	陳燕如	2009	生命的律動——繪畫創作與論述
楊麗美	林右正	2009	藝化世界——海韻的迴響
蔡佩玲	張繼文	2010	找尋框架外的自由——蔡佩玲都市意象創作研究
利鴻彥	張繼文	2010	從隱藏處出發——利鴻彥油畫創作理念及解析
冼柏源	陳燕如	2010	「未來人」之藝化
曾守鴻	林右正	2010	出軌的情感
傅冀玲	林大維	2010	排灣族神話傳說之現代藝術創作
陳怡如	陳英文	2010	「幻化之城」系列——陳怡如現代水墨創作理念與解析
陳怡欣	陳英文	2010	「情愫在時間的記憶中蔓延」系列——陳怡欣膠彩畫創作理念及解析
吳佩穎	黃冬富	2010	劉錦堂、陳澄波、郭柏川民族油畫風格之探研
林揚偉	黃冬富	2010	漢代至唐代陵墓石雕天祿、辟邪之造形發展研究

研究生	指導教授	畢業年份	論文名稱
陳逸蘭	黃冬富	2010	唐與五代十國仕女髮式造型研究
楊佳芳	黃冬富	2010	畢卡索具人道主義精神作品之研究
洪政東	陳燕如	2010	空間印記——洪政東創作論述
莊詩瑩	陳燕如	2010	醞・孕——女性身體內在空間之運行
張琴雯	陳英文	2010	「妙合生機」生命系列——張琴雯彩墨創作論述及作品解析
陳巧婚	黃冬富	2010	高業榮生命史及其畫藝之研究
呂金波	焦正一	2010	澎湖國際地景藝術節入選作品之研究（2001～2009）
莊瑷蓉	李堅萍	2010	國小學童對網頁版面形式的喜好度研究
吳宜婷	焦正一	2010	自畫像——吳宜婷彩墨創作論述
黃美蓮	黃冬富	2010	黃光男水墨畫藝術之研究
陳秀芬	陳英文	2010	「鳳起・紋湧」心觀天地系列——陳秀芬彩墨創作論述及解析
葉素月	陳英文	2010	被驅動的靈魂——過動影像系列葉素月水墨圖文書創作研究作品解析
李詩婷	陳英文	2010	「藝瞳」——愛異想系列李詩婷多媒材創作研究論述及作品解析
李孟芳	張繼文	2010	美術鑑賞教學對國小學童的色彩知覺影響之研究——以屏東縣恆春國小五年級美術班為例
林妍岑	張繼文	2010	用藝術史理論分析兒童繪畫作品之研究——以全國學生美術比賽兒童繪畫類得獎作品廟會題材為例
陳柏均	陳燕如	2010	奮鬥的靈魂
陳柏成	張繼文	2011	臺灣民間無主冥魂信仰意象創作研究
吳佩樺	林大維	2011	排灣族神話傳說之《原生物語》在藝術遊戲應用之研究

研究生	指導教授	畢業年份	論文名稱
吳念真	陳燕如	2011	不存在的存在——「潮間帶」之自我空間探尋
江怡蓉	張繼文	2011	身體的局部形象與情慾關係之創作研究
陳怡萱	張繼文	2011	藝術與色情之分界——國中生對於女性裸體藝術作品鑑賞態度研究
胡師銘	陳燕如	2011	生活夢境之圖像記憶
黃秉洵	陳燕如	2011	錯視饗宴——視覺藝術探研
蔡聰哲	陳燕如	2011	印象安平
李耀坤	陳燕如	2011	次垃圾的封存——廢棄物藝術創作
馬英豪	張繼文	2011	海洋教育融入國小六年級藝術與人文學習領域課程與教學研究
丁建順	李堅萍	2011	燒成兔毫釉面的影響因素與施作技術之研究
賴郁雯	陳燕如	2011	靈魂質變——破碎、重建
涂耀中	林大維	2011	影像、御宅之創作論述
呂岐衡	林右正	2011	「108臉譜」創意設計——以高雄市內門區宋江陣文化為基礎
李宜玲	李堅萍	2011	龍眼樹灰釉之實驗研究
黃勳婷	林右正	2011	記憶‧共鳴‧媒介
林岑璋	陳燕如	2011	密謀——漫步黑暗
羅慧芬	黃冬富	2011	日治時期鳥瞰圖之研究——從日本繪師之眼見臺灣
葉珮甄	林右正	2011	書寫‧意象
蔡榮文	張繼文	2011	一場生死榮枯的對話——蔡榮文油畫創作論述
郭謙民	黃冬富	2011	曾文忠繪畫藝術之研究
林文珍	張繼文	2011	心靈的殿堂——宗教建築色彩之繪畫創作研究
劉素玲	林右正	2011	摺合性的時間與空間
莊美月	林右正	2011	心靈空間旅行——悸動的影像
廖毓瓊	林右正	2011	風之頌

研究生	指導教授	畢業年份	論文名稱
盧佳瑋	林右正	2011	光的印記
陳柏男	陳燕如	2011	空無——情緒轉化的歷程
黃曉音	陳燕如	2011	闇影
黃儀君	陳燕如	2011	植物・形變
黃以成	劉立敏	2011	鸚鵡螺的悲歌——黃以成創作論述
陳秀金	李堅萍	2011	國小學童於Charles Koch畫樹測驗之表現內涵與焦慮心理的相關性研究
楊道生	林大維	2012	3D水墨動畫表現方法與創作研究
洪國峻	林大維	2012	「黑洞」之藝術遊戲實驗企劃創作研究
劉百育	林大維	2012	變異獸在遊戲中靈魂角色的創作研究
王慶祥	林大維	2012	奇幻機械王國之創作與論述
傅燕雀	林大維	2012	幻形獸藝術創作論述
張鳳玲	林大維	2012	山寨藝術之水墨創作論述
黃莉棋	張繼文	2012	校樹青青——校園植物生態融入兒童繪本之創作研究
張雅舒	林右正	2012	嫐
黃惠萱	陳燕如	2012	「家」——愛的延續
陳香伶	黃冬富	2012	楊英風不銹鋼龍鳳系列作品中天人合一思想之探研
蔡怡芳	李堅萍	2012	國小學童工藝鑑賞能力發展及欣賞態度變化之研究——應用批判思考教學法於壺藝課程為例
蕭卓宇	張繼文	2012	能量劇場：蕭卓宇水墨創作論述
鄭麗華	林大維	2012	鄭成功傳說之遊戲藝術創作之研究
張嘉芸	黃冬富	2012	袁金塔繪畫藝術之研究
陳佑承	林大維	2012	宅藝術：一個宅男的精神夢囈
林雨璇	林大維	2012	女性美麗枷鎖繪畫創作研究

研究生	指導教授	畢業年份	論文名稱
楊雅婷	劉立敏	2012	六堆客家生活印象——楊雅婷創作研究
夏嘉宏	林大維	2012	透視末日前的潘朵拉——災難藝術創作
張君泰	劉立敏	2012	「土地之歌」水中的音符張君泰創作論述
李寶春	劉立敏	2012	中國幻境之美——李寶春創作論述
鄭舒云	張繼文	2012	「雲之境」——鄭舒云油畫創作論述
黃咨樺	張繼文	2012	「心影」——黃咨樺創作研究
謝銀鏞	林大維	2012	高雄市國民小學視覺藝術教師教學態度對教學效能感之影響
曾淑敏	陳燕如	2012	「視界」——繪畫中的視覺影像
楊惠珺	劉立敏	2012	40＋女性之生命敘說——以花樣容華演繹
黃姿尹	黃冬富	2012	梁秀中生命史及其畫藝之研究
鄭舜文	林大維	2012	應用異質混種方法於墨菲俄西亞生物群的角色創作
曾治瑒	張繼文	2013	生與死的組合與解構——水墨複合媒材創作研究
張美香	陳燕如	2013	心樹——生命的張力
陳逸君	張繼文	2013	女性炫耀性消費意象——陳逸君數位影像創作論述
曾嬌媛	陳燕如	2013	痕——解構生命內在符碼
楊詠程	林大維	2013	水墨的轉變與革新——水墨數位化之研究
陳永煜	黃冬富 葉宗和	2013	生存・反生存陳永煜繪畫創作研究
余凱妍	林右正	2013	木質造型的美感經驗研究
莊惠婷	劉立敏	2013	愛呷甜——懷舊糖果之食器創作研究
蔡昉彣	張繼文	2013	從同人誌與Cosplay透視臺、日「耽美」之次文化現象
劉宇葳	林右正	2013	解・構
廖金滿	陳燕如	2013	抽象繪畫中的禪意表現

研究生	指導教授	畢業年份	論文名稱
陳智輝	黃冬富	2013	朱邦雄陶壁公共藝術研究
蔡珍娜	陳燕如	2013	生命的軌跡
吳俊賢	張繼文	2013	無字圖畫書的版面編排與超現實表現研究——以大衛・威斯納為例
吳順文	劉立敏	2013	人間獸
張智能	劉立敏	2013	好機車——機車零件集合藝術創作
黃靖雯	張繼文	2013	城市族群之生命意象
謝佳子	劉立敏	2013	關係的連續延伸與顯現——謝佳子創作研究
林秋娟	張繼文	2013	逛花園——林秋娟生命之花創作論述
張簡景鈴	張繼文	2013	「物化」與「反物化」女性身體影像之研究
楊侶芝	劉立敏	2013	身體書寫的視覺呈現——以雲門作品為例
劉芮孜	劉立敏	2013	感官經驗與美學沉思——劉芮孜創作研究
戴雄祺	林大維	2013	趣味化公共藝術之幽默美學
李恭墨	李學然	2013	「成住壞空生滅相續」——李恭墨創作論述
白芸瑄	林大維	2013	東港迎王之平面水墨動畫創作
林永明	張繼文	2013	霧裡看花——林永明花鳥畫創作論述
陳涵懿	陳燕如	2014	微形胚體之鏈結系統——藝術胚體影像構成探討
謝宜潔	張繼文	2014	中藥元素置入角色造型設計之創作研究
楊尊丞	劉立敏	2014	川龍食堂品牌與視覺形象創作之研究
梁君輔	林大維	2014	遊戲人間——油畫創作論述
陳彥蓉	黃冬富 姚村雄	2014	《良友》畫報視覺圖像研究
謝佩妤	朱素貞 張振輝	2014	蠟畫研究與應用——謝佩妤創作論述

研究生	指導教授	畢業年份	論文名稱
黃鈺媛	陳燕如	2014	「心靈的祭壇」——宗教信仰與心靈關係之藝術創作探討
林家宇	陳燕如	2014	「解剖」——與生命對畫
鄭如意	黃冬富 吳冠嫻	2014	魚紋圖象意涵在創意表現之運用
余孟璇	劉立敏	2014	「三視」的關聯性探討——余孟璇創作論述
許元臻	張繼文	2014	蕾思——女性內在思維創作研究
葉懿嫻	林大維	2014	關懷幼兒心理衝突現象之藝術創作
錢惠君	林大維	2014	繪畫與音樂整合之創作研究——與德布西音樂感通之藝術表現
李思慧	劉立敏	2014	奇異恩典——李思慧創作論述
黃溫庭	劉立敏	2014	來自南國的明信片——黃溫庭創作論述
李逸軒	李學然	2014	「我們這一班」——探討霸凌議題之繪本創作論述
葉茜芸	張繼文	2014	生命歷程之心靈意象：葉茜芸繪畫創作論述
王美淳	張繼文	2014	「珊瑚」：心象之生命探尋
謝柏毅	陳燕如	2014	情緒建構中的——線・界
陳俐君	陳燕如	2014	孕、育——母職自我經驗探討
黃義舜	李學然	2014	看見頸上的一彎彩虹：關注排灣族琉璃珠文化之藝術創作研究
林宜璇	張繼文	2014	綠意・重生——林宜璇之創作論述
朱淑華	林大維	2014	幸福感的藝術表現——壓克力繪畫創作
陳信宏	陳燕如	2015	夢境旅人：夢境的烏托邦
王韻筑	林大維	2015	詐騙藝術之油畫創作論述
何滙百	陳燕如	2015	「城市節奏」——空間・幾何之構成
吳思漢	張繼文 林右正	2015	新視覺影像與感知記憶之美學探討

研究生	指導教授	畢業年份	論文名稱
賴冠汝	林大維	2015	顛倒夢境之藝術創作
林苡璇	林大維	2015	「療癒貓」之水墨繪畫創作
鄭瀅禎	李學然	2015	「心遊幻境」——日式可愛風格插畫創作研究
吳妙純	林大維	2015	凝示青春——蠟畫創作研究
洪楸淳	李學然	2015	關注七佳靈媒文化之3D影像動畫創作
吳東倫	陳燕如	2015	鄉土紀實攝影探討 ——以屏東攝影家林慶雲、李秀雲、劉安明為例
蔡佩君	張繼文	2015	童心印象——蔡佩君之創作論述
王華慶	黃冬富	2016	書由心生——王華慶書藝創作研究
蔡麗津	張繼文	2016	生活經驗中的內視覺——超現實想像與表現
陳聿君	陳燕如	2016	蕨——空間思維
劉勝騰	陳燕如	2016	「逐夢者」——個人生命經歷之創作探討
洪麗華	張繼文	2016	生命的出口——洪麗華繪畫創作論述
栢衣瑩	黃冬富	2016	臺灣歷史建築之時空並置——栢衣瑩油畫創作論述
陳靜智	陳燕如	2016	身體、意識——繪畫融入窯燒玻璃藝術探討
黃敬容	黃冬富	2016	「心印‧華」——黃敬容花鳥畫創作論述
巫怡瑩	張繼文	2016	精靈公寓：以「家」為主題之創作研究
林婉琪	林大維	2016	福爾摩沙生態議題之藝術創作
劉宜政	張繼文	2016	彩虹情感的藝術出口
張家甄	朱素貞	2016	夢境的旅途——數位插畫創作
林耿立	張繼文	2016	「漫遊者」的化身：城市文化主題之攝影研究
郭金芬	張繼文	2016	遷徙‧牽繫
仇琬溎	陳燕如	2016	「罪」的形變
王毓誠	張繼文 黃冬富	2017	人與環境的平衡——王毓誠複合水彩創作研究

研究生	指導教授	畢業年份	論文名稱
鄭新卯	張繼文 黃冬富	2017	「安平意象」——鄭新卯繪畫創作研究
陳奈霏	林大維	2017	以紀錄片形式探討刺青藝術之審美價值
王姿權	黃冬富	2017	尋找記憶——王姿權繪畫藝術創作論述
林寶發	黃冬富	2017	潘枝鴻生命史及其繪畫藝術之研究
陳韋芸	林大維	2017	癡人藝夢之藝術創作——陳韋芸之繪畫創作論述
謝永山	黃冬富	2017	蔡邕《九勢》之研究
夏藝方	李學然	2017	佛陀紀念館攝影創作論述
呂佳螢	李學然	2017	禪繞畫魅力特質之研究
李昀峰	李學然	2017	「礁頂之洋」海洋生物教育動畫製作分析研究
田智慧	張繼文	2017	陳處世佛法融入美育教學之研究
吳子菁	張繼文	2017	吳子菁數位創作論述——以「嫁」為主題
林怡慧	朱素貞	2017	「庶民的世俗觀察」——林怡慧油畫創作論述
呂亭瑤	陳燕如	2017	「愛情」牽引「幸福感」之創作探討
尤秀蓉	林大維	2017	環境藝術教育之行動研究——以吉洋社區為例
莊雲翔	林大維	2017	《旅途映相》：旅行之影像書寫創作論述
李怡萱	陳燕如	2018	晝夜之花——墨與蠟創作研究
鄭開翔	陳燕如	2018	臺灣街屋中的繁複之美
楊雅潔	朱素貞	2018	臺灣辦桌文化之食物模型與實境演示 ——楊雅潔創作論述
陳亦如	黃冬富	2018	陳亦如刺青藝術創作研究
洪慈萍	陳燕如	2018	「花之心象」繪畫創作探討
陳言宸	林大維	2018	屏東人文建築景觀水墨藝術創作論述
黃子揚	林大維	2018	景觀社會的荒謬性理性之創作論述
陳岳孝	黃冬富	2018	神畫與神話——陳岳孝現代水墨人物創作研究

研究生	指導教授	畢業年份	論文名稱
高麗香	朱素貞	2018	光影流彩——高麗香繪畫創作論述
黃怡慈	許有麟	2018	頂林仔邊的風華與感歎
顏思典	黃冬富	2018	魚腸V.S.十二生肖 ——顏思典視覺雙關油畫創作論述
吳麗泰	黃冬富	2018	虞世南《筆髓論》之研究
吳慶瑞	張繼文	2019	化醜為美——綜合媒材創作論述
蔡珮君	林大維	2019	山水意象——蔡珮君抽象彩墨繪畫創作論述
張國紋	林大維	2019	昌黎祠意象融入文創商品視覺設計之研究論述
余采珊	陳燕如	2019	懷舊記憶盒——水墨工筆創作研究
傅雨姎	陳燕如	2019	思路——空間藝術創作研究
鄭子韻	林大維	2019	以臺灣特有動物為主題之LINE貼圖創作論述
李佳明	林大維	2019	以臺灣神明為主題之LINE貼圖創作論述
蔡木發	張繼文	2019	生命影記——水彩畫創作論述
余宛沚	陳燕如	2019	「迷‧悟」山間——蠟彩與水墨創作研究
方美麗	李堅萍	2019	陶藝仿生壺組之創作
孔慶興	陳燕如	2019	孤獨之旅——抽象繪畫創作探討
李孟麗	張繼文	2019	萬年溪畔——粉彩畫創作研究
謝聖媞	張繼文	2019	六堆客家花卉——繪畫創作論述
方伯軒	張繼文	2019	「蝕光機」——以樂高為題材之複合媒材創作論述
賴晉毅	林大維	2019	鬼湖戀動漫風格藝術創作
卓俊佑	陳燕如	2020	「浪」——存在過往之中的未來本質： 鐵雕藝術創作
賴湘婷	張繼文	2020	性器官之妖魔化水墨創作論述
陳青妮	張繼文	2020	移動的太陽——油畫創作研究論述
譚佳玲	李學然	2020	陶瓷碗之裝飾樣式的感性分析——以肉燥飯碗為例

研究生	指導教授	畢業年份	論文名稱
潘俐燕	張繼文	2021	「家」之情感交疊——立體造形創作研究
謝子涵	張繼文	2021	「府城日治建築之空間記憶」 ——謝子涵水墨創作論述
許智媛	陳燕如	2021	「邂逅」之旅——繪畫創作論述
吳柏翰	陳燕如	2021	動物印記——多元媒材創作論述
許夏萍	陳燕如	2021	詩意的日常——抽象繪畫創作探討
曹雅茵	陳燕如	2021	內在衝突——表象與真實之間創作論述
葉怡安	陳燕如	2021	愛美的迷失——油畫創作論述
呂葦鈞	張繼文	2021	「澎湖海洋生態之悲歌」水墨創作研究
吳春香	張繼文	2021	荼蘼之年——銀髮印象水墨創作
劉憶萱	張繼文	2021	以「翰墨元素」營造國小校園空間的美感教育實踐之案例研究
徐怡青	張繼文	2021	追戲人——歌仔戲主題繪畫創作研究
蔡宜妙	張繼文	2021	愛情主題之彩墨花鳥畫創作論述
許麗香	李學然	2021	玫瑰之戀——陶藝裝飾品創作研究
蔡昀伶	林大維	2021	中華年菜奇幻工廠之創作論述
林皓翔	張繼文	2021	「網路迷因」電腦繪圖創作研究
馬薏萍	李學然	2021	鄭問漫畫魅力因子之研究——以《鄭問之三國演義畫集》為例
黃子晏	林大維	2021	「集合啦！動物森友會」遊戲魅力因子之研究
簡正原	李學然	2021	沉默的禮物 ——關於選擇性緘默症之紙雕繪本創作論述
潘佩珊	陳燕如	2021	心之所憩——蠟彩畫創作研究
劉育伶	陳燕如	2022	夢之物語——油畫創作研究
黃愛德	陳燕如	2022	記憶的溫度——油畫創作論述
陳淑芳	張繼文	2022	尋幽探勝——旅人風情畫創作論述

研究生	指導教授	畢業年份	論文名稱
李映嬅	陳燕如	2022	母職心境的重生木口木版畫創作探討
蘇孟如	張繼文	2022	親情與教養——壓克力彩結合紮染棉布之繪畫創作論述
李函潔	林大維	2022	「疫情‧藝情」：李函潔之數位繪畫研究創作論述
張皓婷	張繼文	2022	予香馥郁——複合媒材創作論述
詹麗凰	張繼文	2022	「花容點金」繪畫創作論述
莊碧惠	張繼文	2022	「高屏溪之美」水墨創作論述
彭慧玉	陳燕如	2022	母質轉換——綜合性媒材創作論述
張素涵	李堅萍	2022	古今風華再現——張素涵茶碗創作論述
曲璽齡	朱素貞	2022	品牌視覺識別系統設計——以手印水餃為例
謝新昌	林大維	2022	彩金寶石能量畫之創作論述
賴其泃	李學然	2022	時間記憶——代針筆創作論述
曾詩云	張繼文	2023	禪心藝境——彩墨工筆畫創作論述
許培璟	張繼文	2023	醉憶金門——油畫創作論述
莊鈺堂	黃冬富	2023	金農書法藝術研究
洪慈君	朱素貞 李億勳	2023	現代旗袍創作之研究
郭行義	楊安東	2023	我的修行之路——水彩畫的蛻變
蔣麗莉	張繼文	2024	瓦屋記憶——油畫創作論述
王孝珍	張繼文	2024	花現花見——工筆花鳥畫創作論述
邱秀三	朱素貞	2024	觀～看‧見‧性‧境：邱秀三茶器創作論述
李翔濬	陳燕如	2024	重「心」凝「礙」：一位腦性麻痺障礙者自我療癒歷程創作論述
黃性貞	楊安東	2024	太陽背後的創造啟示與表達——黃性貞繪畫創作論述
曾稚淳	張繼文	2024	異界之靈——曾稚淳水墨創作論述

研究生	指導教授	畢業年份	論文名稱
劉姿廷	楊安東	2024	「流動」——流體畫與攝影創作研究
賴宥心	林大維	2024	玉尖之彩——自動性技法應用之美甲藝術創作論述
素提光	楊安東	2024	關於泰國社會政治衝突和暴力局勢的抽象藝術創作

表三　屏東教育大學至屏東大學視覺藝術學系在職碩士班之歷屆碩士論文簡表

研究生	指導教授	畢業年份	論文名稱
陳學儀	張繼文	2020	陰陽五行意象——陳學儀繪畫創作論述
陳虹聿	張繼文	2020	「數人・束人」之繪畫創作論述
莊文瑞	張繼文	2020	屏北地區城鄉景觀之彩墨創作研究
楊士興	張繼文	2021	「生命印記」綜合媒材繪畫創作論述
黃景濬	張繼文	2021	森靈——妖怪異獸陶塑創作論述
董家嫻	林大維	2021	「秘境冥想」油畫創作論述
李美照	黃冬富	2021	「詩情畫意」——李美照荷畫創作論述
許育菁	林大維	2021	抽象繪畫中的即興與意象 ——北港迎媽祖之油畫創作與論述
鄭衣洛	張繼文	2021	幼兒美術創造力教學之行動研究 ——以二歲六個月至四歲分齡課程為例
陳玉慧	陳燕如	2022	失樂園——人與自然的共生共癒綜合媒材創作研究
蘇柏蓁	劉懷幃	2022	人稱——壓克力繪畫創作論述
夏麗敏	劉懷幃	2022	「神的部將」紀實攝影創作論述
許鈺珮	李堅萍	2022	東港東隆宮迎王平安祭典之陶板畫創作
邱文助	林大維	2022	境生不息——臺灣田園風情創作論述
鄭志輝	黃冬富	2023	王俊盛墨彩創作之研究
黃煥盛	張繼文	2023	「孩」有我在——陶瓷絞胎創作研究

研究生	指導教授	畢業年份	論文名稱
林玟俞	林大維	2023	褐樹蛙生態保育繪本創作論述
賀文漪	張繼文	2024	再行——彩墨工筆畫創作論述
陳昭芬	張繼文	2024	佇足靜觀——風景油畫創作論述
黃曼菁	林大維	2024	宅經濟時代的「大口市集」電商之包裝設計創作論述
李立心	張繼文	2024	「屋」內外的視界——油畫創作研究
崔振興	朱素貞	2024	意塑隨形：崔振興機件藝術創作研究
李妙芳	張繼文	2024	「花與綠的繆思」綜合媒材繪畫創作論述
白淑方	陳燕如	2024	家的時光跡——繪畫創作論述
蔡豐吉	黃冬富	2024	蔡豐吉書藝實踐和推廣之創作論述
劉瑞娟	張繼文	2024	夢境探索——油畫創作研究
孔美惠	朱素貞	2024	「東港漁鄉風情」——孔美惠油畫創作研究

表四　屏東大學視覺藝術學系數位媒體設計碩士班之歷屆碩士論文簡表

研究生	指導教授	畢業年份	論文名稱
劉雅元	林大維	2020	3D遊戲美術設計實務創作論述
蔡宗勳	李學然	2020	香蕉宣傳廣告之創作論述
布東輝	李學然	2020	「玉龍寶箱」之創作論述及3D建模於遊戲引擎中呈現之探討
李安甡	牟彩雲	2022	《魔女的合成手札》手機遊戲之小楓靈角色設計創作論述
宋佳學	林大維	2022	竹田鄉動漫代言人設計應用之創作論述
黃馨葶	李學然	2022	玻璃高腳杯之3D造形意象探討
廖雅君	李學然	2022	應用動作捕捉及賽璐珞風格於3D角色之創作論述

研究生	指導教授	畢業年份	論文名稱
洪安	劉懷幃	2022	虛擬實境應用於屏東大學附設實驗國民小學天文教材——以八大行星為例
蘇郁荃	劉懷幃	2023	虛擬實境應用於屏東大學附屬國民小學天文教材——以四季星象為例
鄭卉溱	李學然	2024	資料視覺化之美術設計——稻米生產系統介面設計
劉恒修	劉懷幃	2024	虛擬實境應用於屏東縣立明正國民中學理化教材——以溪流水質檢測為例
張家豪	劉懷幃	2024	虛擬實境技術應用於屏東縣立明正國民中學生物教材溪流生態系——以屏東縣萬年溪為例

「2024第四屆屏東學學術研討會
——地方書寫與教學實踐」
會議議程表

日期：2024年11月1日（五）

時間	議程
09:30 ｜ 10:00	報到
10:00 ｜ 10:10	開幕典禮
10:10 ｜ 10:25	陳永森校長（國立屏東大學）致詞 黃國榮副縣長（屏東縣政府）致詞 賀瑞麟院長（國立屏東大學人文社會學院）致詞
10:25 ｜ 11:00	《屏東學概論》二版新書發表會 主持人：施百俊副校長（國立屏東大學） 與談人：賀瑞麟、李錦旭、余昭玟、黃文車、張繼文、李馨慈、佐藤敏洋
11:10 ｜ 12:00	主題演講 題　目：桃園學作為地方歷史知識梳理的教學策略 主講人：鄭政誠教授（國立中央大學歷史研究所特聘教授兼桃園學研究中心主任） 主持人：賀瑞麟院長（國立屏東大學人文社會學院院長）

12:00 | 13:30	午餐			
13:30 | 14:50	論文發表（一）地方書寫			
^	主持人	發表人	講題	與談人
^	劉煥雲 國立聯合大學 文化觀光產業學系 教授	余昭玟 國立屏東大學 中國語文學系 教授	二戰末期的屏東——曾寬散文在地敘事研究	顏美娟 國立高雄師範大學國文學系教授
^	^	郭澤寬 國立東華大學 臺灣文化學系 教授	從文學認識地方——文學地景的教學策略與實踐以《熱帶魔界》及《秋菊》為例	陳志峰 國立屏東大學中國語文學系教授兼系主任
^	^	黃贊蒼 國立中山大學 中國文學系 研究生	從戰後臺灣方志到屏東縣地方志的纂修：論新園鄉鄉志書寫的困境與可能的解決途徑	劉煥雲 國立聯合大學文化觀光產業學系教授
^	^	劉誌文 國立中山大學 中國文學所 博士候選人	屏東古典詩人陳明鏘研究	王玉輝 國立屏東高中學務主任
^	論文發表（二）地方學			
^	主持人	發表人	講題	與談人
^	林大維 國立屏東大學 人文社會學院 副院長	郭東雄 國立屏東大學 文化發展原住民專班副教授兼主任	當代屏東原住民地方文化發展	王昱心 國立東華大學原住民族樂舞與藝術學士學位學程教授

時間	主持人	發表人	講題	與談人
13:30 ｜ 14:50		黃信洋、鄒家鈺 國立臺灣科技大學通識教育中心助理教授、助理教授級專業技術人員	臺科大城南學院的城南學可能建構方式之探討——從城南小旅行的角度出發	邱毓斌 國立屏東大學社會發展學系副教授兼系主任
		利天龍 屏東縣立大同高級中學教師	火山與堡壘：解開羅發號事件的協議地點之謎	黃淑芳 國立屏東科技大學時尚設計與管理系副教授
		鄭羽芳 國立臺灣大學建築與城鄉研究所研究生	在心中放一座家鄉的大武山——從「大屏共讀」分析南方青年的在地實踐與認同	鄭春發 國立屏東科技大學客家產業研究所教授兼所長
14:50 ｜ 15:10	茶敘			
	論文發表（三）教學實踐			
	主持人	發表人	講題	與談人
15:10 ｜ 16:30	李思穎 國立臺灣科技大學通識教育中心主任	潘怡靜 國立屏東大學應用英語系副教授兼系主任	英文專業教學於屏東學課程實踐	余慧珠 國立屏東大學英語學系副教授兼系主任
		黃雅鴻、李馨慈 國立屏東大學	透過身體到達部落遺址瞭解你／妳的明白：以大學課程參與來義尋根活動的經驗為例	劉正元 國立高雄師範大學

時間				
15:10 ｜ 16:30		人文社會學院專案助理教授、文化發展學位學士學程原住民專班副教授		語言與文化學士原住民專班副教授兼主任
		李健宏 屏東縣立大同高級中學老師	從「無感」到「有感」：用學習共同體與PBL解謎屏東三城	林思玲 國立屏東大學文化創意產業學系教授兼系主任
		郭家瑜、廖怡鳳 屏東縣立大同高級中學圖書館主任、教務處課務組組長	從在地到全球，從閱讀到行動——高中校訂必修課程之在地教學實踐	林慧年 國立屏東大學文化發展學位學士學程原住民專班副教授
	論文發表（四）地方藝術			
	主持人	發表人	講題	與談人
	陳立民 國立高雄師範大學藝術學院院長	張繼文 國立屏東大學視覺藝術學系兼任教授	屏東地方美術發展的歷程與特色	黃冬富 國立屏東大學視覺藝術學系藝術講座教授
		周美花 國立高雄師範大學藝術學院原住民藝術產業學士專班助理教授	濕壁畫藝術的考證與教學實踐	蔡獻友 正修科技大學視覺傳達設計系教授

時間	主持人	發表人	題目	評論人
15:10 ｜ 16:30		黃敬容、莊哲彥 國立臺南藝術大學藝術創作理論研究所博士生、國立屏東大學視覺藝術學系兼任助理教授	《台灣美術地方發展史全集・屏東地區》的續編及相關問題探討——以戰後美術家小傳之水墨、書法篆刻類為例	李學然 國立屏東大學視覺藝術學系副教授兼系主任
16:30 ｜ 16:40	中場休息			

時間	圓桌論壇——地方學發展的對話與交流		
	主持人	與談人	主題
16:40 ｜ 17:50	簡光明 國立屏東大學中國語文學系特聘教授	鄭政誠 國立中央大學歷史研究所特聘教授兼桃園學研究中心主任	桃園學與大眾史學的接軌
		廖英杰 宜蘭縣史館館長	地方知識、資料典藏與公共性——以宜蘭經驗為例
		李錦旭 國立屏東大學人文社會學院兼任副教授	屏東學的展望
		黃信洋 國立臺灣科技大學通識教育中心助理教授	城市地方學的局限：城南學觀點下的「地方」

16:40 | 17:50		利天龍 屏東縣立大同高級中學教師	故事與產地：南岬風雲繪本的發展與發表
		鄭羽芳 國立臺灣大學建築與城鄉研究所研究生	從逃離到返家：以經驗串聯起的南方共讀社群
17:50		賦歸	

【議事規則】

1. 新書發表：主持人5分鐘，與談人3分鐘
2. 論文發表：主持人5分鐘，發表人15分鐘，與談人5分鐘，綜合討論5分鐘。
3. 圓桌論壇：主持人5分鐘，與談人8分鐘，綜合討論10分鐘

學術論文集叢書 1500045

地方書寫與教學實踐
——2024年第四屆屏東學學術研討會論文集

主　　編	賀瑞麟、林大維
助理編輯	郭佩蓉、陳思雅、吳若語
責任編輯	林以邠
特約校對	張逸芸
發 行 人	林慶彰
總 經 理	梁錦興
總 編 輯	張晏瑞
編 輯 所	萬卷樓圖書股份有限公司
封面設計	吳華蓉
印　　刷	博創印藝文化事業有限公司
發　　行	萬卷樓圖書股份有限公司

臺北市羅斯福路二段 41 號 6 樓之 3
電話 (02)23216565
傳真 (02)23218698
電郵 SERVICE@WANJUAN.COM.TW

香港經銷　香港聯合書刊物流有限公司
電話 (852)21502100
傳真 (852)23560735

ISBN 978-626-386-277-7

2025 年 7 月初版一刷

定價：新臺幣 620 元

如何購買本書：

1. 轉帳購書，請透過以下帳戶
　合作金庫銀行　古亭分行
　戶名：萬卷樓圖書股份有限公司
　帳號：0877717092596

2. 網路購書，請透過萬卷樓網站
　網址 WWW.WANJUAN.COM.TW

大量購書，請直接聯繫我們，將有專人為您服務。客服：(02)23216565　分機 610

如有缺頁、破損或裝訂錯誤，請寄回更換

版權所有・翻印必究

Copyright©2025 by WanJuanLou Books CO., Ltd.
All Rights Reserved　　　Printed in Taiwan

國家圖書館出版品預行編目資料

地方書寫與教學實踐：2024 年第四屆屏東學學術研討會論文集/賀瑞麟，林大維主編. -- 初版. -- 臺北市：萬卷樓圖書股份有限公司, 2025.07
　面；　公分. -- (學術論文集叢書；1500045)

ISBN 978-626-386-277-7(平裝)

1.CST: 區域研究　2.CST: 文集　3.CST: 屏東縣

733.9/135.07　　　　　　　　　114007751